RE: formation thoughts

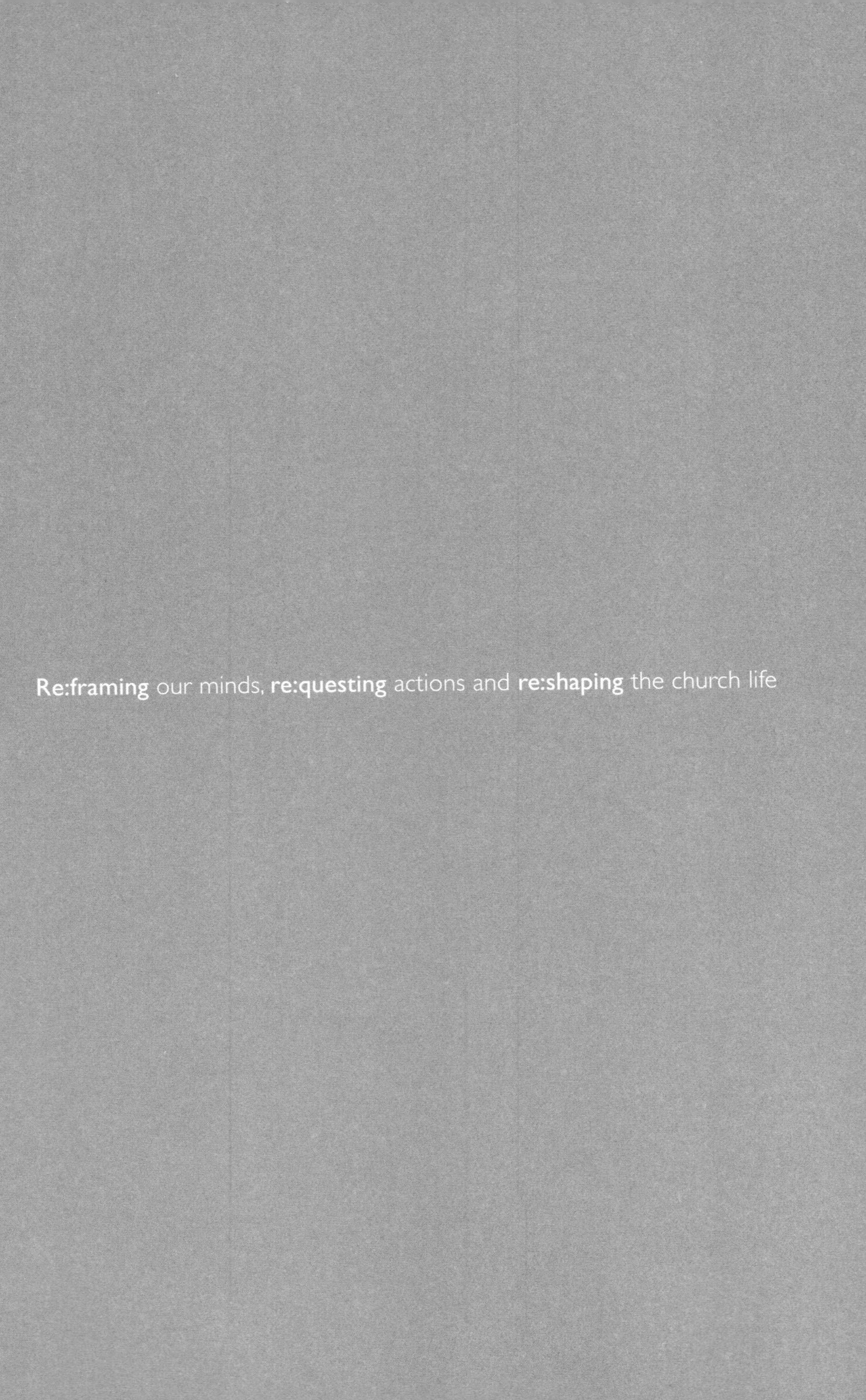
Re:framing our minds, **re:questing** actions and **re:shaping** the church life

靈巧好牧人

他按心中的純正牧養他們，用手中的巧妙引導他們。

（詩篇七十八篇72節）

獻給我的妻子

黛安娜(Dianne)

她體現了箴言十八章22節和三十一章10節

RE: 牧養職事系列

Skilful Shepherds:
Explorations in Pastoral Theology

靈巧好牧人

牧養神學導論

| 二版 |

德里克．蒂德博爾 著
陳永財 譯

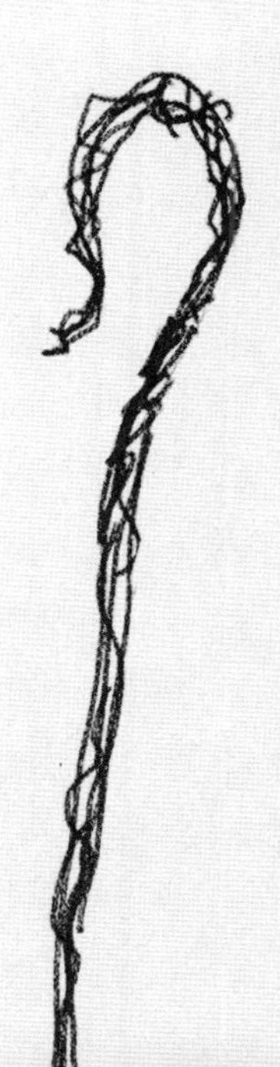

基道出版社

▼

Re: 牧養職事系列

靈巧好牧人

牧養神學導論

Skilful Shepherds

Explorations in Pastoral Theology

作者

德里克・蒂德博爾 Derek J. Tidball

譯者

陳永財

顧問

關瑞文

責任編輯

蔡錦圖

裝幀設計

奇文雲海・設計顧問

■

出版 / 發行

基道出版社

香港沙田火炭坳背灣街 26 號富騰工業中心 10 樓 1011 室

LOGOS PUBLISHERS

Unit 1011, 10/F, Fo Tan Ind. Centre, 26 Au Pui Wan St., Shatin, Hong Kong

電話：(852) 2687-0331 傳真：(852) 2687-0281

網址：http://www.logos.com.hk

承印

陽光 (彩美) 印刷有限公司

●

7/2004 初版 9/2020 二版

Cat. No. LP351-2

ISBN-10: 962-457-263-1

ISBN-13: 978-962-457-263-6

Published by Apollos (an imprint of Inter-Varsity Press)

Printed in Hong Kong

刷次	10	9	8	7	6	5	4	3	2	1
年份	2029	2028	2027	2026	2025	2024	2023	2022	2021	2020

目錄

歷史考察

當代應用

附錄

英文版原序

本書自 1986 年首次出版後，就深受歡迎，令我（和其他人）深感欣慰，我們都覺得這個新課題或許還會繼續有它的用處。

現在有好些關於牧養神學的書，但我膽敢認為，在現時仍然不太多的同類著作中，本書佔有一個獨特的位置，這也證明了本書仍然有生命力。大部分處理牧養神學這個課題的書籍，都是從當代對人文科學的理解，或牧養過程中遇到的實際困難入手。不過，本書卻以聖經對牧養神學家和領袖的教誨作為開始。接著，本書探討了多個世紀以來有關牧養神學的故事，從而豐富我們對這個任務的理解，也讓我們鑑古知今。循此，我們應能明白形成當今思想的各種力量。然後，本書才探討一些更近期的課題，展示牧養神學家可以採用的不同方法。本書植根於聖經和歷史，顯示它仍然可以填補這個課題的一個缺口。

在本書初版之後，我繼續有六年愉快的時光從事牧養工作。這幾年的經驗，證實了我構想本書時採用的方式是多麼的重要。我對牧養工作的熱情從沒有減退，雖然牧師面對許多壓力，背負不少重擔。我覺得這些重擔的部分成因，源自我們對這個呼召的理解沒有穩固的聖經基礎，對牧師身分的認識也太過膚淺。我認為，事奉愈來愈像管理，再加上聯合組織化（unionization）這個趨勢的配合，我們的擔子只會變得更沉重。此外，文化的高速轉變，以致牧師迫切地要面對教會的性質和領導等問題。這一切都讓我們更需要把對牧養職責和牧師身分的認識，建立在穩固的根基上，而這些根基必須建基於聖經和歷史。

本來，在好些地方更新這本書是一件好事。例如，我們可以加入一個部分，討論牧養神學的最新發展，而且修訂應用的部分，處理其他熱門課題。不過，這些修訂都要遲一點才能夠進行。遺憾地，這次再版我們仍然使用男性用詞來代表兩性，如果我作出重大修訂，就會改正過來。我最初寫作本書時，使用這種用語並沒有甚麼問題，但後來卻不然了。今天我會努力使用包括兩性的用語，不只是為了顧及別人，也因為我真誠地相信，神使用男性和女性作為牧養的領袖。所以，我必須道歉，並請讀者將我使用的「他」和「男人」理解為包括「她」和「女人」。

近年在牧養神學有一個令人鼓舞的趨勢：大家愈來愈明白，我們需要重新發掘我們的歷史和屬靈根源。關於我們的歷史根源，奧登（Thomas Oden）的著作極具建構性。他的《古典傳統中的靈性關顧》（*Care of Souls in the Classic Tradition*, Fortress Press, 1984）以及四冊的《經典牧養關顧》（*Classical Pastoral Care*, Crossroad, 1989）很能夠將牧養神學帶回正途。牧養神學因為跌入當代人文科學的臂彎而失衡，誤入歧途。至於我們的屬靈根源，在此可以特別提出畢德生（Eugene Peterson）和李卓（Kenneth Leech）的作品，他們的著作與其他一些作品，將我們從對自己職責的膚淺理解中拯救出來。

本書的第一部分討論牧養神學的意思。對有關定義的討論感到不耐煩的讀者，可以跳過這一章，從下一部分開始。這沒有甚麼問題。探討聖經的部分，嘗試回答兩個問題：第一，聖經對牧養領導說了甚麼話？第二，聖經本身在哪一個層面上是牧養神學的著作？跟著的部分是歷史性的。歷史是一個寶庫，讓我們可以從中發掘許多有用的洞見。不過無可避免的是，我們會走馬看花地經過這個寶藏，意味著我們只能快速穿越某些街道（例如中世紀），甚至略過其中一兩條巷子（例如牛津運動和較近代的天主教取向）。第四部分是說明性的，把牧養神學的不同工具應用到五個牧養的課題上。我相信這些例子可以闡明如何將聖經和實踐，真理和經驗連繫起來。

我要感謝倫敦聖經學院（London Bible College）的同事協助我撰寫本書。現在他們讓我有幸回到這學院擔任院長，我更要感謝他們。與 1986 年一樣，我現在也摯誠地將本書獻給我的太太戴安娜。

查利斯（William Challis）在他的近著《生命之道》（*The Word of Life*, Marshall Pickering, 1997）中，正確地總結了我對牧養神學的觀點。這本書堅持聖經的優先性，合乎福音派的信仰；書中也倚賴謹慎地釋經的艱巨工作；雖然有些聖經原則是十分清晰的，但這本書避免相信任何簡單的系統或結構；這也是一個艱巨的任務，應能容許我們審慎地運用當代的人文科學。

本書以對教牧（不論男女）的關注為中心。對於牧養事奉，我十分喜愛在聖經以外的一幅景象，那是來自屈梭多模（Chrysostom）的。他提到，沒有人會讓一個生手駕駛一艘載滿貴重貨物的商船，越過海上的障礙和危險進入港口。他指出，要求一個不熟練的人帶領滿載具有永恆價值之珍寶的教會，橫過洶湧的波濤，更是愚不可及。如果這幅景象適合屈梭多模的時代，那麼它對我們今天更具意義。我的禱告仍然是：那些蒙召的人能像大衛一樣，懷著正直的心牧養教會，並且以靈巧的手引導會眾。

德里克．蒂德博爾 (Derek J. Tidball)
1997 年 3 月

中文版編序

近年不少牧養神學的著作，若不是強調現況和個案的技巧處理，就是流於抽象理論的描述，甚至是過分涉及當代管理或輔導的理論，極少像《靈巧好牧人——牧養神學導論》一書，把聖經的基礎、歷史的發展與當代的應用，提出平衡的探討處理，而且全書讓人讀來趣味盎然，絲毫沒有學術著作的沉悶感覺，反倒時有值得深思的提醒。

本書作者德里克·蒂德博爾(Derek Tidball)博士是倫敦神學院(London School of Theology)的院長。該院的前身是倫敦聖經學院(London Bible College)，由蒂德博爾博士於1995年開始擔任院長，一直是訓練牧者事奉的基地。該院老師共同合撰的 *The Illustrated Survey of the Bible*，正好曾經由我翻譯，以《聖經點與線》(2002)為題出版，書中深入淺出地介紹聖經的內容，反映了該院對聖經真理的教導取向。事實上，蒂德博爾博士在聖經研究的著作上出版甚豐，尤其注意聖經與當代生活的結合，例如他近年出版的 *The Message of the Cross: Wisdom Unsearchable, Love Indestructible* (2001)，對十字架的教導在當代有何意義，就極具啟發性。此外，蒂德博爾博士不只任教於神學院，撰寫聖經註釋，多年來也是浸信會的牧者，對牧養事工有深度的經驗和睿見。《靈巧好牧人——牧養神學導論》正反映了作者對牧養事工在聖經、歷史與應用上的深邃智慧與洞見。

英文版原序

《靈巧好牧人——牧養神學導論》自從初版於 1986 年出版以來，深受讚賞，被許多神學院採納為牧養課程的標準教科書。基道出版社幸蒙原書出版社惠允，以 1997 年的再版為藍本，翻譯成中文，並且增補了中文書目的部分，期望祝福華人教會的牧養事工。本書並不是象牙塔內的作品，而是深深地把聖經與當代生活結合在一起，不論是教牧同工、神學生或任何參與牧養事奉的信徒，都必然可以從書中得到事奉的啟發，從而祝福華人教會的見證和成長。

蔡錦圖

基道出版社

2004 年 6 月

縮略語表

AB	*Anchor Bible*
A-NCL	*Ante-Nicene Christian Library*
Black's *NTC*	Black's *New Testament Commentaries*
BSTBible	*Speaks Today*
CC	Calvin's *Commentaries*, edited by D. W. and T. F. Torrance
CGTC	*Cambridge Greek Testament Commentaries*
ECW	*Early Christian Writings*, translated by M. Staniforth
EQ	*Evangelical Quarterly*
ICC	*International Critical Commentary*
Interp.	*Interpretation*
JBL	*Journal of Biblical Literature*
JPT	*Journal of Psychology and Theology*
LCC	*Library of Christian Classics*
LW	Luther's *Works*
NCB	*New Century Bible*
NICNT	*New International Commentary on the New Testament*
NICOT	*New International Commentary on the Old Testament*
NIDNTT	*New International Dictionary of New Testament Theology*, edited by C. Brown
NIGTC	*New International Greek Testament Commentary*
Nov.T	*Novum Testamentum*
NP-NF	*Nicene and Post-Nicene Fathers*
NTS	*New Testament Studies*
OTL	*Old Testament Library*
SNTS	Society for New Testament Studies
TDNT	*Theological Dictionary of the New Testament*, edited by G. Kittel
TNTC	*Tyndale New Testament Commentaries*
TOTC	*Tyndale Old Testament Commentaries*
WBC	*Word Biblical Commentary*

初部定位

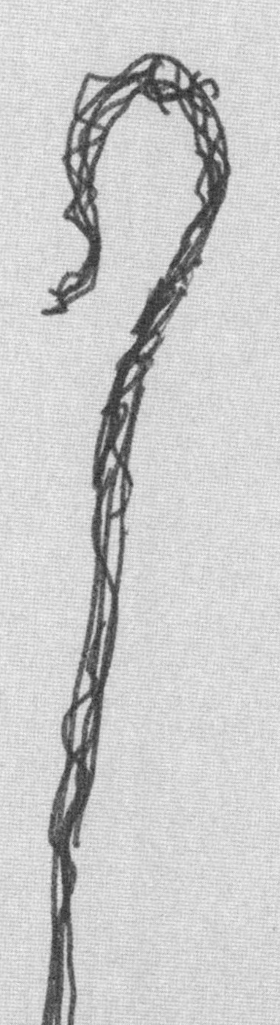

[1]

何謂牧養神學？

牧養神學有一點八爪魚的特質。對任何想掌握這門學問的人，我們都應該提出警告：他們開始時可能會發覺自己處身困境之中，好像一個深海潛水員，雖然不願意，但卻被這條八爪魚纏著。雖然牧養神學關注很多事情，但它在神學菜譜上仍然是一道罕有的菜式，除了那些深入其中的人以外，大部分人與它都沒有接觸。好像八爪魚一樣，人們對牧養神學的確實性質感到疑惑。同樣，它既可以相當細小和微不足道，也可以變成十分有分量的龐然大物；它的手臂似乎可以同時向四面八方伸展，而它的顏色也可以從道德和傳統的，轉變成前衛科學的膚色。難怪它總令人感到困惑！

對牧養神學的迫切需要

在20世紀的大部分時間，牧養神學都陷於低潮。在這個世紀初，牧養神學在很大程度上，由嚴肅的神學學科退化為差不多等如「怎樣」實踐這事奉的一些合用提示。眾多的簡單技巧本身都是珍貴的，但隨著社會改變，這些技巧變得愈來愈不能令人滿意，而且更令牧師在神學上變得營養不良。

在20世紀中葉，行為和社會科學藉著為牧養神學提供以前厥如的神學框架，試圖拯救牧養神學。雖然這個嘗試有點價值，但它本身卻有困難之處，對牧養神學的靈性和神學成分也帶來很大損害。很多人都質疑，牧養神學最終會否與從世俗角度研究社會科學沒有明顯分別。

不過，牧養神學終於有一些復興的迹象。[1]這是我們迫切需要的復興。20世紀的重大轉變——尤其是自二次大戰以來的轉變——對教會的影響，令很多本來懷著清晰異象和崇高理想開始事奉的牧師受到重創、感到迷惑、迷失方向。有六個因素令他們迷失方向。

首先，牧職角色被取代了。以前，神職人員是堂區裏惟一受過良好教育的人，但他們負責的很多工作現在都已經交給從事其他職業的人處理。神職人員早已經不再擔任有關法律、衛生、教育等事務的官員或政府的地方官員。到了更近期，關顧別人的任務也交給其他專業人士負責。隨著坊間的治療方法的興起，以及社會服務的迅速擴展，教牧面對很大的挑戰。他們經常感到自己好像一個業餘的人，處身專業人士之中，對現實世界的問題沒有甚麼貢獻。因為這樣以及其他原因，羅素（Anthony Russell）表示：「教會的各個階層都發覺，牧職不單正在經歷一個暫時性的不明朗時期，更面對一個深刻的危機。」[2]牧師成了社會上的邊緣人，他們擁有的技能、專長和想法「都沒有市場價值」。[3]

部分人的回應方法是裝備自己，學習有市場價值，能夠幫助他們回到主流社會的專門知識——甚至為了實踐自己的事奉而離開牧職。箇中原因很容易明白。既然缺乏牧養神學，這似乎是一個相當有吸引力的選擇。不過，長遠來說，事實必定會證明，這樣遷就現代社會，效果會適得其反。[4]

第二，牧羊人這個比喻已經過時。在以農業社會為主的世界，用牧羊人來比喻教牧很有意義。這個比喻提供了一幅大家都很熟悉的圖畫，可以很精煉地表達教牧的角色和關係。不過，今天我們生活在一個由城市和技術性世界觀主導的世界。羊和牧羊人都是人們不熟悉的意象，這個比喻的細節也不再能夠讓人明白。社會結構的改變對我們的影響比我們知道的更深。我們不單不熟悉農田和羊；也不再用這些個人性和自然界的詞彙來思考。我們為世界加上一個科學和理性的框架，不再將世上的問題當為很大的奧祕，而是看為單單透過技術進步便能夠解決的問題。我們可以應付治療師、分析員或輔導員，但牧師卻似乎有點古怪和古老。

第三，教會的教牧結構已經過時。在工業革命還未帶來劇變以前，將英國分為不同教區，藉著在每一區安排足夠數目的職員，確保整個國家的屬靈需要都得到滿足，似乎是一個恰當的做法。這至少在理論上是對的。為了支持這個做法，人們可以說無論個人信仰實際上是怎樣，大部分人都會上教堂，差不多每一個人都在教會範圍以內。工業革命給這個教區體制 (parochial system) 帶來很多張力；隨著工業革命而來的人口遷移，令這個體制變得更有問題，以致保羅 (Leslie Paul) 在研究這個教區體制的靈活性後，斷然表示，現在這個體制已經完全不合時宜。[5]

認為目前的安排不恰當這個結論，不應該只是建基於與管理有關的研究。更重要的是，這個教區體制所以不合用，是因為它建基於一個前設：這是一個基督教國家，需要做的只是將羊羣放在羊圈裏。但正如「全國福音聖公會會議」(National Evangelical Anglican Congress, 1977年) 的正式宣言那樣宣稱：「我們很清楚地察覺到，教會不再是一個主要由基督徒組成的國家中的牧養機構，而是在宣教狀況下的少數派。」[6]

自由教會可能不受教區體制帶來的官僚問題影響，但卻不一定能夠避免類似的教區偏狹心態。個多世紀以前，戴爾 (R. W. Dale) 這位公理宗牧者在評論不信奉國教的基督徒時說：「有關麵酵的比喻，包含他們對基督教會正常增長的概念。」[7]家庭和朋友暗暗的影響，以及那些已經受到教會薰陶的人的影響，已足以在靈性上造福國家。

但實行起來時，這個穩定增長的觀念卻變成沒有增長，很多不從國教的教會變成與世隔絕的隔離區，直到出現福音大復興時才甦醒過來。現在這個危險仍然十分明顯。今天，如果牧養神學要能夠滿足當代教會的需要，必須考慮教會現在身處的宣教狀況，這狀況令教會目前的牧養結構變得完全不合時宜。牧養神學不單必須關注令現時的羊羣留在羊圈中，也需要關心怎樣令更多新羊誕生。

第四，牧職正受到攻擊。教會本身正處於改變的紛擾之中。除了主流宗派以外的新獨立團體外，很多宗派內部都正在尋求不同的牧職安排。有人質疑「一人事奉」這個觀念。很多人都認為這並不符合聖經，而且為事奉的人帶來很大壓力。因此，很多人都重新發現，事奉是整個教會的活動，而不單限於領袖。而且，在教會內外都尋求給牧師更多支持，很多時都是以設立長老或類似職位實行。在自己的羣體以外，則成立更大的聯盟，以及恢復使徒身分這個觀念。

這紛擾源自對制度性權力的廣泛質疑。在1960年代，人們拋棄了一個觀念。根據這個觀念，擁有一個銜頭或職位，就足以要求別人毫無質疑地聽從你的話。但現在，權威是需要贏取的，而且需要個人經驗而不是制度性稱號證明。

第五，有人認為牧養這個取向已經過時。如果將牧養神學籠統和暫時性地定義為將基督教真理應用到牧養上，便會引出真理的地位這個問題。近年的社會評論主張，真理的概念已經不再重要。是否真實並非十分重要，更重要的是，**看來**是否真實，或者對人們來說是否**變成**真實。人們用來衡量信念的準則是，信仰有多容易令人相信，以及看來是否行得通。「一個羣體的信念是否真實，可能永遠都不會成為一重要的問題。」[8]

教會也並非完全不受這種對待真理的態度影響。正如在社會人士中一樣，教會也有成員以可行性和實用性來決定接受甚麼。事實已經證明，在牧養上這是一條充滿災難的道路，但仍然有很多人熱切地跟著這條路走。牧養神學其中一個迫切的任務是，提供一個比這薄弱和易變的選擇更好的基礎，建立生命和教會。

第六，牧養的界線已經變得模糊。我們很難掌握這個令人迷失方向的原因，因為它以很多不同面貌出現。這個現象源自愈來愈多人同意，神並不限於在教會裏和透過教會作工，真理也非只限於教會的範圍以內找到。身為創造者，神能夠在祂的世界作工，在教會以外傳遞真理。驟眼看來，這見解似乎將創造的教義帶回正確的位置。但如果走向極端，就會令教會和世界之間的分別變得模糊不清，以致出現「世界必須決定教會的議程」這類言辭、相信有隱名的基督徒 (anonymous Christians) 存在，以及以世俗中各種解放形式等同基督教對救恩的看法。[9]

在牧養神學以內，這些趨勢也同樣明顯。例如：懷特 (J. A. Whyte) 寫道：「將實踐神學限制在教會的實踐，或宗教的實踐上，可能仍然是不必要地限制了它的範圍。」[10]他論證説，如果正如他相信那樣，發生在教會以外的事情對教會有神學上的重要性，那些事情也應該是牧養神學的主要內容。因此，我們應該拒絕認為牧師只服事蒙揀選的人這個古老觀念。

我沒有在這裏詳細研究以上提出的問題。我的目的只是強調，這些都是事奉上仍未解決的問題，無論是好還是壞，它們都令我們迫切需要為牧養任務提供新的神學基礎。以上述勾畫出來的背景重新檢視牧養神學，是刻不容緩的事情。

如何界定牧養神學？

我們有可能知道自己需要一些東西，但卻不能夠清楚定義那東西是甚麼。牧養神學是一門複雜和難以表述的學問，但我們必須嘗試給它一個定義。這門學問難以表述的部分原因是，這個領域有很多不同的名稱，而人們使用這些名稱時，對它們的正確意思或關係都似乎沒有共識。這些名稱包括：實踐神學、牧養神學、牧養學、應用神學、牧養關顧的神學、牧養輔導。這門學問難以表述的另一個原因是，人們將很多實踐神學的分支都等同為牧養神學。回到這一章開頭提及的八爪魚比喻，我認為這些都只是八爪魚的「手臂」，而不是牠的身體。我們可以識別出五隻這樣的手臂。

第一隻手臂是研究教會的教制。新約學者和早期教會歷史學者，聯同實踐神學家一起研究教會的本質和形式。他們特別著重討論教會的品級，以及主教、教牧和執事的角色。他們也考慮教會對會友的管轄權，教會與教會之間的關係，魅力型和制度性權威之間的關係。林賽（T. M. Lindsay）[11]、斯特里（B. H. Streeter）[12]和柯克（K. E. Kirk）[13]都寫過有關這方面的著作。他們這些作品已經成了這個範疇的經典。近年很多研究將討論推回到新約的學術領域，[14]並將當代社會學的洞見應用到討論中。[15]這種研究對牧養神學是必須的輔助，但本身卻不能構成牧養神學。

第二隻手臂比較接近牧養神學的核心。奧登將牧養神學定義為「基督教神學的一個分支，研究牧師的職位和功能」。[16]後來他又在他的定義中加入牧師的「恩賜」，並且說牧養神學「致力於反省神的自我顯示，而這自我顯示是由聖經見證，以傳統作中介，經過審慎的論證，並在個人和羣體經驗中體現出來」。[17]奧登的著作相當出色，既達到他提出的目標，又以聖經和傳統為今天牧養事奉的實際運作提供一個堅實的基礎。這本書關注的課題包括按牧、帶領敬拜、講道、守聖禮、探訪，還有病人、窮人和瀕死的人。然而，如果說這本書是完整的牧養神學著作，它卻仍然有缺失，因為它只是涉及受按立的牧者，而且基本上是從事奉的功能出發。這兩個因素都限制了牧養神學。充足的牧養神學絕對不能只包括牧師做甚麼，更必須包括教會的生命這個更大的牧養範疇。

奧登著作的優點是以堅實的神學作為基礎。過去，有關牧養神學的這一隻手臂的討論大都缺乏這些基礎，淪為好像「永遠不要在星期一早上探訪會友，因為那天是洗衣日」這類給牧師的小提示！

第三隻手臂也以牧養事奉為焦點，但卻集中研究有關管理和領導的問題。委派工作、應付轉變和衝突、計劃增長、溝通、小組動力等都是我們必須關注的課題，也有人提出了一些相當精闢的見解，教會絕對不能忽視。[18]但雖然如此，我們仍然必須堅持，這些研究本身並不是我們所指的牧養神學。它們只是現代管理學的洞見，就好像一些衣服一樣，稱身只是因為巧合，而不是由於設計。當然，有些洞見在聖經也有先例可援，甚至背後有聖經原則支持。例如：摩西便是從痛苦的經驗中學懂委派工作的原則（出十八章）。但由於聖經不是一本管理學課本，而且也不是要有現代的意義，我們很多時都只是假定經文蘊含一些管理學原則，然後將這些原則「讀入」聖經之中。所以雖然這樣的研究是必不可少的，但聲稱這是牧養神學惟一正當的主題卻是不智的。

第四隻手臂近年佔了支配地位，有完全將牧養神學等同牧養輔導的危機。由於與心理學和其他人類科學的緊密關係，這個概念在某些圈子得到發展。這些學科都有為牧師提供專業工具這個優點。泰勒（Michael Taylor）提出好些理由，反對將牧養神學等同牧養輔導。牧養關顧往往由平信徒進行，很少由受過訓練的專家負責。當中包括一系列技巧，但很少可以真正稱得上是輔導的。牧養關顧除了關心人們的困難外，也同樣關心他們的長處。[19]如果牧養關顧真的是這樣，牧養神學便更是如此。將牧養神學變成以困難為本的專門學問，是選擇性過強，沒有顧及聖經對牧師的角色那個更平衡的觀念。

第五隻手臂差不多將牧養神學等同於道德神學或基督教倫理學。這個傳統以德曼特(V. A. Demant)和桑頓(Martin Thornton)為代表。1950年，在牛津大學的就職演講中，德曼特批評大部分基督教倫理學都喪失了神學根源，將「基督教」這個詞語的意思消滅到差不多等於「安好」，從而貶低了這個詞語。當時世界正面對「黑暗勢力增強」，意味著在牧養神學的各種需要中，最重要的是建立一個道德基礎，和發展基督教的靈性生活。德曼特確實也想將網撒得廣闊一點，例如把護教學等也包括在內，但上述問題仍然是這門學問的核心。[20]

與德曼特相似，桑頓也寫道：

> 由此我們得到一個結論，以道德神學為連繫的修道神學是牧養實踐的真正核心。而考慮到有很多不同的主題都偷偷走進牧養神學的門檻，我們必須很清楚和堅定地指出這一點。[21]

後來，桑頓提出一個更具體的定義。牧養神學是「牧師將教義應用在對羣羊的整體照管上」，他以前所謂「牧養實踐的核心」，現在則稱為「應用或修道神學」。[22]但即使這樣，他強調靈性生活是這門學問的主題，仍然是十分明顯的。

因此，關於牧養神學的本質明顯沒有共識。如果我們將「實踐神學」或「應用神學」當作一個統稱，涵蓋上述所有範疇，並包括好像講道學這類經常被人過分地與牧養神學混為一談的範疇，將會有助消除混亂。[23]所有這些將神學加以應用的範疇，都同樣可以稱為實踐神學或應用神學。牧養神學不應用作一個統稱，而應該特別用來指實踐或應用神學的一個分支。不過，這個分支是應用神學的核心。

1958年，希特納(Seward Hiltner)提出一個後來成了經典的牧養神學定義。他寫道：

> 牧養神學在此定義為神學知識的分支或範疇和探討，以牧養的觀點(shepherding perspective)連繫教會和牧者的一切運作和功能，然後從反省這些觀察中，得出神學的結論。[24]

這個定義有幾個優點。牧養神學的本質必定不能是事工的某一個特定功能，而應該是一個「牧養的觀點」，能夠影響一個人怎樣看整體牧養任務和執行這任務時包含甚麼內容。其次，正如希特納自己指出，這個定義保證牧養神學本身已經是一門神學。有一點是他沒有強調，在實踐上有時甚至似乎忘記了：這門學問的基礎因而是神學而不是當代的社會科學。[25]第三，這個定義強調神學和牧養經驗的緊密互動，以及經驗怎樣可以帶來神學反省。

不過，這個定義也有它的困難之處。拉普斯利(James Lapsley)批評它的處境化取向(perspectival approach)，認為這種取向暗示，這只是看問題的其中一個方法，缺乏一門有本身資料的學科的完整性。拉普斯利還指出，由於天主教神學的發展[26]（我們也可以補充說，也因為近年復興運動某些部分的發展），「牧養」現在有了「管治」這個不大好的含義。但這些反對論點並非很有說服力。近年神學有那麼多困難，正是因為缺乏教牧取向。如果按照拉普斯利的意思，抱怨牧養神學因為有上述困難而不能成為一門嚴謹的學問，便是在傲慢的學術祭壇前下跪，付出的代價卻是未能給予牧師足夠的訓練，應付他們面對的真正任務。「牧養」這個詞確實有問題，但即使這樣，我們仍然能夠發掘它的根源，它受到的玷污也不致令它不再有任何用處。

更嚴重的問題在於以「教會和牧職的運作和功能」為出發點。這樣做的後果是，忽視了與神學的連繫，雖然這個取向聲稱有這種連繫。如果純粹從這個歸納性立場出發，便會帶來有選擇性和不充分的神學。觀察和反省牧養經驗，並單從這途徑作出神學性結論，會將觀察者限制在自己個人主觀和狹窄的視野之中。在不會以任何方式放棄堅持牧養神學的「基礎性」這個情況下，我們必須堅持，神學的支點一定要比希特納所承認的更重要。希特納的定義的根本問題是，它向牧養神學打開的大門是那麼相對化，以致牧師最終會失去他們因為蒙神呼召而擁有的權威。它極其量只能是一種**專門性**（*ad hoc*）的神學。

克羅明加（Carl Kromminga）這樣表達他的激烈反對：

> 不過，功能的取向正是在**神學**層面這個最重要之處上，限制了這學科的定義。神學的本質是從檢視實踐事奉，以神學的法則提出問題和得到答案；

功能取向卻不能這樣定義神學的本質……這個研究領域的首要任務，不是研究實踐本身，而是根據這些實踐的來源、標準和目標，確立有效的實踐。只有清楚地看到聖經在神學科學方面的獨一權威，才能夠將神學研究的這個範疇，從歷史相對主義中拯救出來，因為只有聖經才能夠提供絕對的準則，用來判斷來自經驗的事奉功能是否有效。[27]

一個最近的例子或許能夠說明這點。泰勒在一本相當有啓發性的書中，充分流露出他敏鋭的牧養能力。他提出一個有關牧養關顧的觀點，排除「一個對正統性的固定觀念」。他認為，令牧養關顧具有基督教特質的是，「我們刻意考慮信仰」。[28]這種信仰必須由基督徒和他們的主之間，以及基督徒羣體之間的對話所充滿。聖經是一本古遠和相當有趣的文集，收錄了為耶穌作見證的文件，在我們作決定時提供有用的資源。但它與其他好些資源並非不同種類。

泰勒沒有貶低教義，認為它並不重要。事實上，他以想像的方式顯示教義和各種牧養處境的關連。但他沒有解決怎樣判斷正確教義這個問題。他拒絕任何可以藉以作最終裁決、能夠告訴我們甚麼才是對的參照，並完全接納多元主義，作為解決我們困難的積極方法。[29]除了教義外，他的取向是思考一些故事。這些故事往往圍繞一些重要的詞語或象徵而建立，例如艾略特（T. S. Eliot）的《四個四重奏》（*Four Quartets*）。這樣運用當代的想像或許能夠讓人明白一個牧養方面的難題，令問題最終得以解決。[30]不過，這一切都不能令我們知道，我們的牧養關顧是否能夠從根本有效地解決問題，還是只是一種安慰劑，暫時緩和病情；甚至是一種危險的藥物，雖然能夠帶來一時的暢快感覺，但長遠來説，卻會帶來更嚴重的問題。

跟圖爾奈森（Eduard Thurneysen）一樣，我們希望必須實踐的牧養神學最終是讓「神的聖言能夠維持自足」，而且必須監督凡人，作他們的老師，並以各種形式，阻止凡人一切避免作聖言學生的意圖。[31]

因此，牧養神學一方面正當地與神學和基督教教義的連繫有關，另一方面也關乎牧養經驗和牧養關顧。正因為這樣，這是一門處於張力之中的學問。它不是抽象的神學，而是從牧養的角度看神學。牧養的角度可以影響和質疑神學，但在更基本的層面，神學要影響和審斷牧者的工作，而且這種關係不能顛倒過來。這樣可以為教會生活的牧養向度提供一個牢固的出發點，防止它出現各種偏差。

如果我們同意這點，便會出現一些更具體的問題，作為這門學科的主題的例子。牧養工作的性質和目標是甚麼？就應該怎樣進行牧養，聖經和神學有沒有提供甚麼洞見？關於客觀的基督教真理和主觀的基督徒經驗之間的關係，聖經又有甚麼洞見？對於教義和特定的牧養課題或困難之間的關係呢？在以下各章，我們會處理這些基本問題。

教義的必需

格里夫斯（Frederic Greeves）在《神學和心靈醫治》（*Theology and the Cure of Souls*）的開首寫道，他確信「所有人，作為『羊』和『牧羊人』，需要基督教教義的程度，遠遠超過現時人們的普遍認識」，[32]雖然他們需要的不單是教義。本書也認同這份確信。與格里夫斯在1960年撰寫《神學和心靈醫治》的時候相比，現在人們更忽視基督教教義。我們往往看不到我們的實踐和我們相信的真理有任何關連。即使我們相信有這樣的關連存在，也不懂得怎樣將它建立起來。

懷特提供了一個很有啓發性的例子，表明這種關連的缺乏。他描述自己向一個牧者的聯合組織發表有關堅信禮的演講。在場的牧者十分支持高度重視堅信禮，認為藉著這個禮儀，聖靈會降臨在接受堅信禮的信徒身上。但稍後，在交談時，他們卻面對一個困難：怎樣才能夠令接受堅信禮的少年人留在團契裏？所有在場的牧者的教會都有大量少年人流失。其中一位牧者說：「我的教會有一間健身室。如果他們不領聖餐，我便不准他們使用健身室。我就是這樣將他們留在教會。」懷特給予的敏鋭回應是：「朋友，你不相信聖靈在堅信禮中的恩賜。你不能相信，因為你的所有經驗都與這個信念背道而馳。你相信健身室的力量，而不是聖靈的能力。」[33]

這個問題相當普遍，即使我們不會在討論堅信禮時提出，或者在教會圈子內以其他方法留住會友。我們同樣會懷著罪疚感暴露自己的失敗——我們不能將自己的經驗連繫到我們的教義。我們的佈道、牧養關顧和教會關係往往由實用的論證決定，犧牲了從教義角度上的理解。

我們在神學和實踐之間製造的鴻溝，為教會帶來一些嚴重問題。只有很少教會能夠處理這些問題，也只有部分教會有能力阻止這些問題惡化。如果教會內部有分歧，應該怎樣解決？如果有人揭發教會領袖犯了姦淫罪，教會應該怎樣對待他？如果人們受苦，我們應該怎樣解釋？如果積極的信徒發覺，他們的事奉令他們感到擔子很重，筋疲力竭，而不是在靈性上自由自在，我們能夠說甚麼？教會裏的權力應該由誰行使？我們可怎樣處理重大疑惑這種經驗？長久以來，我們都是從實用而不是神學的角度，回答這一切諸如此類的問題。如果我們超越了實用層面，很可能只是勸勉人們堅持下去，或者更努力一點。這種勸勉是有根據的，但我們運用這方法遠比聖經所述的為多。我們往往忘記了，在羅馬書十二章1至2節前，保羅花了十一章篇幅建立勸勉的基礎。很多時候，我們是那麼熱切地提供答案，以致我們對別人的勸勉建立在一個過分薄弱的基礎上，甚至完全沒有基礎。這種取向可能引致不健康的行動主義，或者虛偽的道德主義。然而，這兩者都與真正的基督徒經驗格格不入。[34]

沒有人比鍾馬田（Martyn Lloyd-Jones）醫生更充分地闡釋基督教教義和經驗之間的重要關係。當他用以弗所書四章17節作為講道經文時，集中在「所以」這個詞語上，解釋教義和實踐之間的關係。[35]他責備他教會中那些以為現在來到書信的應用部分，可以將教義置諸腦後，感到鬆一口氣的會友。他也指出，即使書信裏這下半部分，一般人都認為神學性比較弱，但保羅仍然沒有滿足於只從實際角度討論。就是在這裏，每一個實踐上的問題，都應用了屬靈真理。因此，由於我們在基督裏是完全新造的人，四章17至24節提到，我們需要有某些行為標準。五章1至2節提到我們是神的兒女，所以五章3至17節要求我們拒絕某些行為模式。五章18至21節建立有關由聖靈掌管的教義性原則，帶出五章22節至六章9節關於關係的教導。

鍾馬田醫生指出，保羅是一位十分謹慎的教師。他永不容許人們倚靠運氣，也不滿足於只是闡釋原則，而不加以應用。「基督徒生命並非只是一般性的哲學——它包括這種哲學，但並不停留在那裏！基督徒生命需要活出來——藉著某些特定的細節活出來。」[36]即使是處理最實際的問題，也必須考慮教義。基督徒生命不是一套我們必須遵從的行為守則、道德或倫理規條。它是從我們的信仰必然衍生出來的。教義有助我們明白「為甚麼」。可惜很多講道、教導或牧養關顧，都因為過分專注於告訴我們「怎樣」或「甚麼」，而從來都不告訴我們「為甚麼」。

由此，鍾馬田醫生論證說：「因此，基督徒生命的失敗，歸根結底必定是源於未能理解教義和真理的某些方面」。[37]他本人的牧養經驗令他相信，最失敗的基督徒生命，就是那些詆毀教義，吹噓自己是講求實際的人。沒有甚麼比抱持這種立場更致命。

對很多事奉的人來說，這見解的意義在於，我們往往瞄準錯誤的目標。我們直接訴諸人們的意志，但我們需要透過人們的理智和心思，間接地觸及他們的意志：「你們不能藉著訴諸人們的意志，令他們聖潔；你們應該令他們明白教義。那與決定無關，而是理解的問題。」[38]這個觀點顯示對當代牧養神學取向的強烈批評，並再次強調，我們需要重新思考這門學問。雖然這個時代強調實際、主觀和人性，這樣的批評顯得不合時宜，但我們不應該因而不嘗試以更著重聖經的取向研究牧養神學。事實上，由於缺乏聖經的取向，很多基督徒經驗都相當貧乏，我們應該有強大的動力，重拾這個取向。我們迫切需要恢復信心，相信基督教真理，以及這真理有力量改變生命。

總結

我們首先探討牧養事奉面對的困境和不安。這個狀況正顯示，這是適當的時候，進一步研究牧養神學。外在環境和內在發展，都令很多牧師對自己的身分和與別人的關係感到疑惑。如果要提供幫助，我們需要問：牧養神學是甚麼？

在這裏，我們嘗試提供一個初步的藍圖，讓大家在相關的學科和令人混亂的術語中找到方向。我們的結論是，牧養神學並不是一個概括的名稱，包括對神學的各種實際應用；而是一門有特定範圍的學科，處於實用神學的中心，處理的是在牧養事奉本身和牧者的一般任務中，教義和實踐之間的關係。牧養的角度雖然全面考慮經驗和牧者的作用，但仍然植根於教義。

我們明白今天很少基督徒相信教義的重要性，所以嘗試說明，教義往往比我們以為的更重要。我們也揭露了我們陳述的信念和牧養實踐之間的鴻溝，並指出膚淺的實用主義，以及那些表面的勸勉的失敗之處。我們已經除去了雜草，預備好土壤，以全新的取向處理牧養神學，更認真地看待聖經怎樣看教義和行為之間的關係。

註釋：

1. 例如 A. V. Campbell, *Rediscovering Pastoral Care*; T. C. Oden, *Pastoral Theology: Essentials of Ministry*; M. H. Taylor, *Learning to Care, Christian Reflection on Pastoral Practice*。（詳情參本書書目部分。）
2. A. Russell, *The Clerical Profession,* p. 262。
3. Russell, *The Clerical Profession,* pp. 281f.; R. Towler and A. P. M. Coxon, *The Fate of the Anglican Clergy,* pp. 187～205。
4. A. D. Gilbert, *The Making of Post-Christian Britain,* pp. 102～158。
5. L. Paul, *The Deployment and Payment of the Clergy*; *A Church by Daylight*。
6. *The Nottingham Statement,* p. 6。
7. R. W. Dale, *The Evangelical Revival,* p. 14。
8. O. Guinness, *The Gravedigger File,* p. 35。另參P. L. Berger, B. Berger and H. Kellner, *The Homeless Mind,* pp. 62～67。
9. 關於從福音派的角度解釋和回應這些見解，參 P. Cotterell, *The Eleventh Commandment,* pp. 9～16; H. T. Hoekstra, *Evangelism in Eclipse*。
10. J. A. Whyte, 'New Directions in Practical Theology', *Theology* 76 (1973), p. 235。
11. T. M. Lindsay, *The Church and the Ministry in the Early Centuries*。
12. B. H. Streeter, *The Primitive Church: studied with special reference to the origins of the Christian Ministry*。
13. K. E. Kirk, *The Apostolic Ministry*。
14. 例如 J. D. G. Dunn, *Unity and Diversity in the New Testament,* pp. 103～123; E. Käsemann, *Essays on New Testament Themes*; J. H. Schütz, *Paul and the Anatomy of Apostolic Authority*。
15. 例如 L. Grollenberg *et al., Minister? Pastor? Prophet?*; B. Holmberg, *Paul and Power*; G. Theissen, *The Social Setting of Pauline Christianity,* pp. 27～54。
16. Oden, *Pastoral Theology,* p. x。
17. Oden, *Pastoral Theology,* p. 311。
18. 例如 T. W. Engstrom and E. R. Dayton, *The Art of Management for Christian Leaders*; E. Gibbs, *I Believe in Church Growth*; P. F. Rudge, *Management in the Church*; L. Schaller, *The Change Agent*。
19. Taylor, *Learning to Care,* pp. 14～18。
20. V. A. Demant, *The Responsibility and Scope of Pastoral Theology Today*。
21. M. Thornton, *Pastoral Theology: A Reorientation,* p. 6。
22. M. Thornton, *The Function of Theology,* p. 37。

23. 例如 W. G. T. Shedd, *Homiletics and Pastoral Theology*; E. Thurneysen, *A Theology of Pastoral Care*。
24. S. Hiltner, *Preface to Pastoral Theology,* p. 20。
25. 參 J. L. Adams and S. Hiltner, *Pastoral Care in the Liberal Churches,* pp. 111f.。
26. W. B. Oglesby Jnr (ed), *The New Shape of Pastoral Theology,* p. 43。
27. 引自 S. Volbeda 的 *The Pastoral Genius of Preaching* 引言，沒有頁碼。另參 R. S. Anderson (ed), *Theological Foundations for Ministry,* p. 7。
28. Taylor, *Learning to Care,* p. 35。
29. Taylor, *Learning to Care,* pp. 42～58。
30. Taylor, *Learning to Care,* pp. 59～72。
31. Thurneysen, *Theology of Pastoral Care,* p. 31。
32. F. Greeves, *Theology and the Cure of Souls,* p. 1。
33. Whyte, 'New Directions', p. 238。
34. 關於進一步的討論，參 R. Lovelace, *Dynamics of Spiritual Life,* p. 214。
35. D. M. Lloyd-Jones, *Darkness and Light,* pp. 11～24。整本書是優秀牧養神學的典範。
36. Lloyd-Jones, *Darkness and Light,* p. 17。
37. Lloyd-Jones, *Darkness and Light,* p. 21。
38. Lloyd-Jones, *Darkness and Light,* p. 22。

聖經基礎

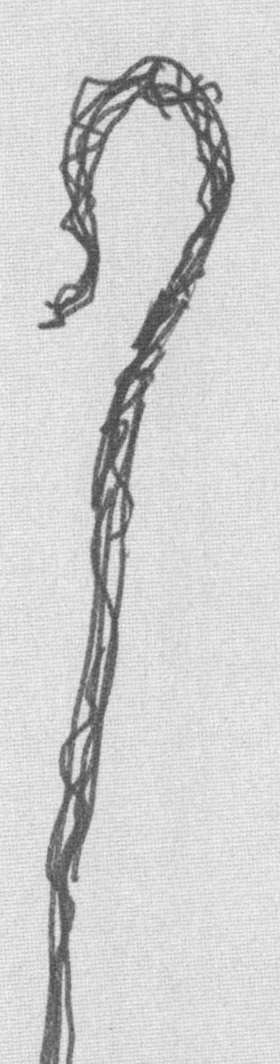

[2]

舊約

神的作為

雅各在其不平凡的一生結束之時，回想自己與神的關係，他提到：「一生牧養我直到今日的神」(創四十八15)。對於一個一生經歷了那麼多起跌的人來說(雖然他的不幸大多是自討苦吃)，這樣的宣告頗不簡單。不過，不只是雅各，舊約所有屬神的人都樂意肯定這一點。

舊約人物極少稱神為「牧者」。除了雅各那句話外，只有創世記四十九章24節、詩篇二十三章1節和八十篇1節直接這樣稱呼神；但我們在整本舊約都可以清楚看到，他們將神看為自己的牧者。即使在他們歷史中最黑暗、最迷惘的經歷背後，仍然有一位神。祂呼召、帶領、放牧、醫治和揹起祂的子民。他們所有禱告(詩二十八9)和盼望(賽四十11)都以這個信念為基礎。

倒過來說，這個信念也有助他們明白自己的身分。詩篇一百篇3節宣告：「我們是他的民，也是他草場的羊」。這樣看來，他們察覺到自己可能是愚昧的，偏行己路(賽五十三6)；可能迷途(詩一一九176；耶五十6)；可能易受傷害(詩四十四22；耶二十三1)。他們甚至可能要承受牧者的憤怒(詩七十四1)。但牧者這樣發怒時，也正是因為他們是祂的羊，在正常的情況下都受到祂保護(詩七十八52～53)，能夠從經歷牧者的憤怒中得益。

牧者這個比喻絕對不能訴盡神對祂子民的作為，我們還必須加上神作為父親這幅圖畫。何西亞書十一章1至11節以感人的筆觸，描繪了這幅圖畫。神不單呼召祂的子民脱離奴役(1節)，更好像父母在子女出生時那樣，向他們傾出充滿期盼、自豪和溫柔的愛。神既憂且喜地看著以色列學步，顯出祂的慈愛，以親吻治療他的傷口，溫柔地以愛的繩套引導他，供應他的所需。一切都做得那麼完美。

不過，這種關係也包含受造物與生俱來的冒險成分。由於這關係建基於自由而不是強迫，父親的愛可能得不到任何回應。正如很多青少年一樣，以色列在得到一些自由後，就得寸進尺，後來更反叛地獨立起來，走自己的路。人類的父親可能會失去耐性(9節)；然而，神卻不同，祂的愛雖然遇到挫折，但仍沒有窮盡。以色列的冷漠令祂心碎，但祂忍受並克服了這痛苦(10～11節)。這份神聖的耐性，正是真正牧者心懷的記號。

神對祂子民的愛並非感情用事，也不是縱容，容許他們胡作非為。雖然人們往往誤以為溺縱就是愛，但這其實是否定了真愛，因為這表明父母沒有真正關心子女，也並不真正關心他們的行為會帶來甚麼後果。由於神讓人認識祂是一位聖潔的神，溺縱的態度並不符合祂的本性。神的愛是有目標的。[1]因此，祂對以色列的作為，就包括了管教和審判他們。祂也曾經警告他們，如果他們破壞祂與他們所立的約，祂便會施行管教和審判(申二十八1～68)。神多次警告以色列人，如果他們犯罪，便會引來懲罰；祂的審判，最終以被擄的形式出現（結七1～9），讓以色列人明白，這位神不容許他們輕視。即使在這時候，神對以色列人的愛仍然是那麼堅定，祂從沒有打算要他們與祂永遠分離（賽五十1）。如果有人以為，神只對以色列人施行審判，僅是由於祂與他們的特殊關係，那就是誤解了。身為受造物至高的主宰，神絕對有權要求列國為自己的行為負責，祂對他們的要求，並不比對以色列人低。阿摩司（一3～二5）、以賽亞（十三～二十一章）、耶利米（四十六～五十一章）、以西結（二十五～三十二章）等人，都令我們對此深信不疑。

被擄以後被第二次「出埃及」這個大行動所取代。以色列人再次看到神的本性——祂是一位救主。從第一次出埃及開始，他們已經確信，「神是我的拯救」（賽十二2），只有在祂那裏，才能夠得到拯救（詩六十二2、6）。在相對和平的日子，拯救的意思是以色列人可以脫離恐懼，信靠神，充分享受生命和受造物。在個人或國家遇到危難時，拯救則表示在悔罪後，他們可以懷著信心，仰望神的解放。他們在被擄後經歷的解放，帶來了一個新時代，這個新時代甚至會影響整個世界（賽六十～六十五章）。他們救主的能力就是這麼大。

這樣理解拯救，與以色列一開始已經不配與神建立那特別的關係這個觀念一致（申七7～8）。神揀選了他們，一直都只是出於祂的恩典，祂與他們的關係，一直都是藉著祂的應許來維持。神自始至終都是以這個方式和祂的造物交往。

其後所有對事奉的理解，都是以神對祂子民的作為成為出發點。人類的事奉，永遠都只能暗淡地反映神的部分作為。

神這位大牧者決定了牧師與羣羊的關係，以及他們對羣羊有何作用。神的父性同時說明，愛需要付出的忍耐，以及冒險得不到回報時產生的痛苦。這也是一幅圖畫，顯示教導別人所需要的溫柔。神的審判提醒我們，愛不能不加分辨；人最基本的問題是罪，為此，他們招致神的審判，所有人最終也要向他們的創造主負責。拯救說明我們一切事奉的目標：讓人們愈來愈能夠經歷神藉著基督賜下的救恩，直至救恩在終末時完全實現為止。拯救同樣警告牧者，承認自己和別人處於同等，就是他們惟一能夠藉以服事別人的立場，因為他們也是要神的恩典，並且只是因著那恩典，他們才適合事奉神。

說一切事奉都是源自神的作為，雖然正確，但卻非沒有難題。最主要的問題是這個主張所包含的範圍，容許學者在這個基礎上建構很多不同的觀念。從安德森（Ray Anderson）[2]、布格曼（Walter Brueggemann）[3]和沃頓（James Wharton）[4]近期的著作，可以看到這一點。

安德森以巴特思想（Barthian）的架構作為基礎，強調神是一位啓示的神，一切事奉都必須以這個啓示為出發點，而不是像常見的情況那樣，從人類以及人的問題和欲望開始。因此，事奉的首要關注，不應該是復和；我們應該倒過來，將事奉的首要關注看為是對啓示的回應。所以，事奉絕對是聖言的事奉，而那聖言同時是審判和恩典的聖言。只有當牧者宣告神啓示的實在性，人才有可能發揮自己的潛能。當代的牧養實踐，使神的實在性從屬於人的可能性，完全脫離了本身的支柱。所有這一切都清楚地聚焦在基督裏，在今天藉著聖靈實現。安德森為事奉所提供的基礎，完全是三一論性（trinitarian）的。

布格曼則選擇以約(covenant)作為神啟示的關鍵課題，探討約對牧養關顧有甚麼含義。與舊約神學家的慣常做法不同，他以比較寬鬆和喻意性的手法，而不是以嚴謹的方式來使用約這個詞。他論證説，人只有在約裏才能夠自由地生活，因為他們由神的創造規限，只能夠以這種方式與神交往。神是從無中(*ex nihilo*)創造的獨一本性，以祂的聖言創造萬有，並且繼續積極參與受造界，引發我們的牧養取向。布格曼舉出幾個例子，其中兩個是：如果神是活躍的創造之神，人必須以盼望回應祂的世界及其問題，因為絕望是無神論的一種隱晦形式。此外，如果神是説話的神，人的回應必須是聆聽，而不是總想自己來説話。

沃頓的一篇文章最能透徹地探討神的作為。他指出，對別人的事奉既是事奉神，也是「片段地參與」(fragmentary participation)神自己的作為。沃頓的很多論點都已經有人提過，但他也提出了四個新的觀點。

首先，神不是治療師，客觀地分辨以色列的問題，而是投身於「真實關係的整個交織結構」(the whole fabric of real relationships)之中，包括衝突、失望、分離和復合、憐憫的行動和提供安慰。其次，當人參與真正的敬拜時，便會變成最完滿和最自由的人。人的疾病源自參與「過渡期的敬拜」(interim worship)或者崇拜偶像，兩者都是神所要廢除的，為了令人真正變得健康。第三，以色列人對別人的事奉，源於他們自己在埃及作「異鄉人」的經歷。當他們仍是外人和客旅時，神與他們接觸，所以他們也必須摒棄安舒的鄉土觀念，以神對他們的愛，對待其他異鄉人。他們這樣做，一定不能懷著隱藏的動機，要令異鄉人接受他們的信仰，因為真正的關係，必須不帶任何強迫性，就好像神對他們的愛那樣。

第四，沃頓評論事奉的本質，試圖縮窄它所涵蓋的範圍。當他這樣做時，澄清了事奉的某一方面，卻可能因而犧牲了其他同樣重要的方面，例如權威和問責。沃頓論證說，雖然事奉是高尚和神聖的呼召，但牧者的責任不是促成復和，也不是為別人是否敬虔負責。那是神的責任。牧者的責任只是謙恭地「將神立約的愛，轉化為人類具體的態度和行動，在個人的生命中肯定這份愛」。[5]如果牧者以為自己的地位比其他信徒高，對自己的責任看得過分偉大，那麼當他們事奉時，大部分時間都會感到疲累，看別人為負累或問題。事實上，牧者應該得到釋放，明白「建基於神的愛之事奉，最重要的是神賜下能力，讓我能夠為自己和別人接受、分享、表達神的愛而歡慶」。[6]

因此，神和以色列的關係是一個豐富的寶庫，不只充滿寶貴的洞見，更有我們事奉所必需的資源。雖然我們可能要以嚴謹的態度開發這些資源，但只有源自神的事奉才是正當合理的。

以色列的早期歷史已經清楚表明，神嘗試透過可以帶領和引導以色列的人，施行祂的作為（民二十七16～17；申十八14～20）。只有當最終證明這些領袖是完全失敗時，神才宣告祂會直接恢復祂的親自作為（結三十四1～31）。不過，在神這樣做之前，出現過一個接一個的領袖，他們都是神給自己子民的恩賜。[7]

摩西的領導

舊約學者早已發覺，甚難把摩西歸類。[8]不過，大家都同意，他是使以色列成為一個民族和信仰羣體的核心人物，他也比以色列所有其他領袖都更優秀。[9]艾希羅特（W. Eichrodt）[10]解釋了將摩西歸類的困難所在。摩西雖然決定人民前進的方向，卻沒有軍事才能，也沒有安排自己的兒子作繼任人，因此，他既非君王，也不是軍隊的指揮。他指導神的子民敬拜神，卻不是祭司，也不曾獻祭。他頒佈律法，施行審判，卻遠遠不單是一位法官，因為他向人們傳遞了對神的全新理解。從某方面來看，他是一位先知——甚至可能是最偉大的先知（申十八15）——但他卻與其他先知明顯不同，他與神有直接的接觸（出三十三11；民十二8）。稱他為先見或行奇事的人，絕對不足夠。

試圖將摩西歸類是徒然的，因為正如申命記三十四章10至12節指出，以前從未有過像他這樣的人，以後也不會有。他的偉大，在於他結合了所擁有的多種傑出恩賜。雖然這樣，摩西並沒有完全脱離其他人類領袖的層次，而且他成為其後所有領袖的典範。正如巴特勒（Trent Butler）所說：「以色列的所有領袖都在摩西的影子下出現。他……死了，但每一個繼任人都要面對他的榜樣和教導。以色列的領袖必須是摩西的人員，摩西的部下。」[11]那麼，我們應該怎樣評價摩西那恆久重要的領導地位？

馮・拉德（G. von Rad）指出，有一個原始資料將摩西描述為只是「一個得到啓示的牧者，讓雅威（Jahweh，即「耶和華」）透過他公佈自己的旨意」。[12]雖然這是事實，但摩西是一個經過特別預備的牧者，並且由神呼召承擔責任。他在誕生時出人意表地倖免於法老的憤怒，及後又在埃及的王宮長大，令他成為最適合解放以色列的人選。不過，弔詭的是，如果神要用得著他，他要忘掉的東西和他在埃及所學到的東西同樣多。他試圖以自己的方法為以色列人帶來公義（出二11～15），卻因而被迫逃離埃及。當時他和別人都一定認為，那是一個可悲的錯誤，令他浪費了很多潛能；但神卻利用這件事達到自己的目的，讓摩西能夠摒除埃及的生活方式（來十一24～26），選擇神為他預備那個更重大的現實。

在米甸的曠野生活四十年，是相當艱苦的訓練，但摩西必須先通過忍耐這個考驗，才能夠嘗試帶領以色列人經過曠野。當時機成熟時，在對摩西來説是平常的一天，神突然出現了，向摩西顯現，將他從暗淡卑微中拯救出來。如果摩西要脱離牧羊人的生涯，就必須這樣與神相遇。摩西的回應也同樣重要。早年魯莽行動的心態不再，摩西已經準備好敬拜神，承認自己的不足。桑德斯（J. O. Sanders）指出，像年輕時的摩西一樣，「我們大部分人都覺得，穿上鞋子忙於活動，比脱下鞋子謙卑敬拜容易得多。我們更願意出現在鎂光燈下，而不是因為意識到自己的不配而隱藏起來」。[13]摩西的反應證明，他已經準備好成為神的器皿，雖然他提出很多理由反對。與出埃及記三章8和10節比較，我們可以看到從現在開始，神和摩西要一同作工。那不是二取其一的心態（神或摩西），而是神要透過摩西解放祂的子民。

神在燃燒的荊棘中第一次向摩西顯現，以後祂多次這樣做。祂的顯現，成了摩西領導的標記。他成功的秘訣其實頗為簡單。首先，他確信神呼召了他；其次，他保持與神面對面的交往。[14]雖然神最終不容許摩西看見祂的臉（出三十三23），但從沒有人好像摩西那樣與神有親密的接觸（出三十三11；民十二6～8）。摩西用在與神同在的時間，證明他的領導是真實的（出三十四29～35）。

福賽斯（P. T. Forsyth）有力地指出：「如果我們在自己裏面找不到任何超越自己的東西，我們便會向圍繞我們的東西屈服。」[15]以色列人不只一次可能會屈從於環境（例如出十四11～12，十七2～7，三十二1～35；民十一4～十四45）。回顧起來，埃及似乎比起那從未見過，也從未經驗過的應許之地更有吸引力。然而，摩西這個有信心的人卻忠心地和那至高者保持接觸，令人民不致墮入不信之中。他阻止了短暫摧毀永恆，也阻止了現實消滅應許。

身為領袖，摩西並不是蒙召作有原創性或創新的人，他只是要作神忠心的傳言人（申五23～27）。他的任務是按著神給他的啓示，宣告神約的規定，他從道德、宗教和社會幾方面詳述這些規定。國家和日常生活，都要符合神的要求。神透過摩西令以色列人明白祂的旨意。摩西藉著這方式建立這民族，令以色列人成為一個信仰的羣體。

摩西與神的親密關係，直接令他成了一個代求者。無論是為了個別犯罪的人（例如民數記十二章13節中的亞倫和米利暗），還是整個民族（例如出埃及記三十二章31至32節和民數記十四章13至19節），或是面對民族的另一個危機（例如民數記十一章11至15節和十六章22節），摩西的禱告總是迫切和大膽的。他的信心是那麼完全，以致多次經歷到祈求即時和出人意表地得到應允。與布里奇斯（Charles Bridges）一樣，他一定有過這樣的猜想：「我們將會發現，我們為自己人民最有成效的努力，不是向他們傳達神的聖言的時候，而是為他們向神說話的時候」。[16]摩西作為人民的代表，侍立在神面前；也以神的代表這個身分，站立在人民面前。

摩西還有另一方面使其成為其後的領袖的原型模範。他是一位號召人民作決定的領袖。他不斷將一個挑戰放在他們面前：他們是否願意藉著遵守約的條件，選擇跟從神。在自己的生命結束之際，摩西比任何時候都更清楚地重申這個挑戰。向以色列人陳明順從會帶來甚麼祝福，叛逆會引致甚麼咒詛之後，摩西總結說：「我將生死禍福陳明在你面前，所以你要揀選生命……」(申三十19)。他並非抱著「接受與否，悉隨尊便」的態度。他強烈渴望百姓做正確的事情。從約書亞(書二十四14～24)開始，他那些真正的繼任人都效法他，不斷挑戰百姓在生命和死亡之間作抉擇。

由於摩西承擔許多責任，無可避免地，不用多久，壓力便會大得令他無法應付。出埃及記十八章記錄了這個問題怎樣得到解決。那個故事暴露了基督的工人兩個相當普遍的錯誤期望。第一個，基督徒領袖應該有能力應付超乎常人所能承擔的任務。其次，他們應該預期，所有問題的答案都會直接從西乃山傳達給他們。

毫無疑問，一切都是在神的供應和掌管之中，但摩西似乎以偶然的方式，從葉忒羅那裏找到答案。葉忒羅的勸告是「從他在俗世得到的經驗，摩西應該在百姓中，根據他們天賦的能力，揀選有判斷力和正直的人分擔他施行審判的擔子……」[17]接著，摩西完全沒有半點為難，便採納了這個在管理上的世俗智慧，以提高自己屬靈領導的質素。很少牧者表示自己喜歡行政工作，雖然他們要花很多時間在這種工作上。或許，今天的教會需要現代的葉忒羅，學習怎樣卸下行政工作的重擔，以免損及牧者蒙召從事的主要任務。

摩西的性格和他的職位一樣複雜。在好的方面，他肯定是一個相當了不起的人。他能夠有那麼大的成就，並說服以色列人盡力和他合作。他配得上是「神的朋友」（出三十三11）、比世上眾人都謙和（民十二3），以及精神沒有衰敗（申三十四7）這些稱讚。

不過在不好的一方面，他一定是最不情願接受召命的先知（出三11～四17），他趑趄不前，甚至要神遷就他（四14～16），但最終還是不由自主地為神發言。確保信心完全在於神而不信任自己，跟能夠引致靈性麻木那種對自己的不信任，兩者之間的分別相當微妙，卻是完全不同的。經文也告訴我們，摩西的脾氣十分暴躁，在禱告時會發怨言和變得消沉（出十七4；民十一10～15），他也會貿然行動，亦令人害怕與他接觸（出三十二27～29；民十六28～34），甚至信心不足（民二十1～13）。就像所有人一樣，他「經歷過人類的各種不同經驗：從有耶和華同在，面容發光，到因疑惑和退縮而感到絕望」。[18]他的人性和限制，對那些蒙神呼召作領袖，而又沒有他那麼偉大的人來說，是很大的鼓勵。不只這樣，他的人性和限制確保了「在整個故事中，居領導地位的是耶和華。摩西是一個很有恩賜的人，但只有靠著耶和華的恩典，他才能夠運用這些恩賜」。[19]神不會與任何人分享自己的榮耀，無論那是一個多麼偉大的人。

最後，我們還必須指出，摩西是指向未來的先知。他在申命記十八章15節宣告說：「耶和華你的神要從你們弟兄中間給你興起一位先知，像我，你們要聽從他。」新約經常將耶穌的工作描述為設立新約，相對於摩西的約（例如約一17；林後三1～18）。不過同樣真實的是，當預言在猶太教結束時，摩西的話被解釋為預告彌賽亞降臨，而新約的作者肯定是這樣理解的（例如約一21、45，六14，七40；徒三22）。耶穌不只是和摩西形成對比，也是他的延續。[20]因此，舊約最偉大的先知，最終也只不過是指向耶穌的一個路標。

以色列的眾牧者

約書亞死後，沒有穩定的領袖階層帶領以色列人經過其後的混亂日子。突然出現的士師成了領導施行的形式，他們在管理國家方面沒有固定的位置。[21]我們很難確定，他們領導的方式究竟是配合當時躁動不安的特點，還是造成那個特點的部分原因。然而，國家正面臨瓦解的危機，因為沒有領袖，「各人任意而行」（士十七6，二十一25）。最後，以色列人從君主政體中尋找領導。不過，除了君王以外，還出現了三類人成為以色列的牧者，他們是祭司、先知和智慧人（耶十八18）。

不過，在衡量他們的角色之前，我們應該留意麥克尼爾（John McNeill）明智的提醒：在這三種人變得舉足輕重的前後，以色列人都十分強調父母在牧養方面的責任。[22]申命記一再強調，父母在為兒女提供靈性教育方面的重要性（四9，六7、20，十一19，三十一13，三十二46）。傳遞信仰的責任，牢固地確定在家庭中實行，父母不能逃避這個責任，找宗教專家做教師來代替自己。申命記六章7節顯示，不論以色列人在哪裏，一天的宗教談話是應該怎樣進行的。這些談話不能有任何限制，要影響生命的各方面。只有這樣，才能夠確保傳統能夠傳遞下去。

父母的教導應該是個人性而不是學術性的，而且要來自他們自己對神的經歷。他們看見神的啓示、審判和解放的方式，是他們的兒女未曾見過的（申十一2～7）。忘記這些經驗，就等如靈性上的自殺（申八1～20）。他們的教導也應該是源自他們對神啓示的理解——這也是只有他們才享有的榮幸（申五3）——因此，他們要敦促兒女順從神的律法。可以說，父母是以色列人信仰的主要守護人。

不過，到了耶利米的時代，百姓卻向祭司尋求「律法的教導」。有些舊約學者拿祭司和先知比較，他們把祭司的作用描述為相對狹窄和制度化的，但這樣做只是掩飾了情況的複雜性。[23]祭司絕對是人們賴以明白神旨意的途徑。從一開始，他們便受命負責辨別神的旨意（申三十三8），不過這個任務沿著特定的方向發展。神的旨意被看為是銘刻在神聖的傳統，並確立在律法之中。結果，他們的任務就被視為在與律法有關的廣闊範圍以內，將律法應用到人民的生活中（例如結四十四23；該二11～13）。

此外，他們從祭禮（cult）這個立場執行自己的任務，相信「外在形式與宗教的內在關注並非毫不相干，而是能夠有效地傳遞神的同在」。[24]因此，他們成了實踐和維護祭禮的人。他們的日常職責包括獻祭（申三十三10）、宣告祝福（民六22～27），以及維持道德、身體和社會的純潔。藉著探討祭司所事奉的神有何本性，我們更能看見他們的職責之重要性。祂那「使人心生敬畏所導致的不可親近性」，以及祂的崇高和聖潔，令祂遠離世界。有一位這樣超越的神，那麼必須以絕對正確的方式親近祂，而且對祂旨意的認識連最細微的細節也必須清晰無誤，原因也就清楚不過了。

我們很容易在祭司和先知之間，豎立起一連串虛假的對比。[25]撒母耳是由士師時代的混亂過渡到君王統治時期的關鍵人物。他同時是士師、祭司和先知。這顯示，上述不同職位不一定是彼此衝突的。祭司和先知的基本分別，不是贊成祭禮與否，也不是制度與個人魅力之分，而是在於他們各自強調律法和聖言。先知時代大約在撒母耳時期開始。從先知時代的初期，到耶利米和以西結等偉大先知的作品，先知關注的都是聆聽和宣告神對當時處境所說的話。新約只稱撒母耳為先知。他在「耶和華的言語稀少」的時代開始事奉，並立即得到以利的教導，以「耶和華阿，請說，僕人敬聽」這個先知的典型態度回應（撒上三1～10）。這是十分重要的。

耶和華的話臨到先知。他們是由神個別呼召的，而不是藉著血統承繼職位。大多數先知都清晰無誤地聽到神的呼召，雖然早期也有先知看見異象，或以更出神的方式接受呼召。先知對神的觀念，比祭司更富動力，他們將神描述為從更廣闊的倫理和道德層面發言。神的聖言所針對的，是現在或將來特定的歷史狀況。先知的即時性，往往使他們與傳統比較穩定的觀念產生矛盾。

先知有一個特點：他們永遠都不會說他們所沒有領受的話（申十八20；王上二十13～14），宣告自己的計劃，至於他們所聽到的話，一個字也不能遺漏（耶二十六2）。不過，由於他們顯出他們有一定程度的自由，所以很容易有假先知出現。因此便發展出一些測試，以便找出假先知（申十三1～4，十八21～22；耶二十三14、22）。但即使這樣，仍然不可能確保這個牧養羣體的純潔性，不會受到污染。

第三類牧者的性質完全不同。[26]智慧人的目標是就生活中日常事務提供切合實際的建議，同時也為年青人提供訓練。對先知關心的國家大事，他們完全沒有地位；他們也不像先知那樣，訴諸人們的感情。他們的做法是以穩定的論證，思想隱藏在人們的本性和創造裏面的真理，藉此找到能夠構成人們生活和勸勉之基礎的規律。他們的思想並非由即時的神聖啓示所激發的，有時他們似乎很少提到神。他們也頗為受到人性的影響。他們是尋找真我的人。[27]他們的工作背後的假設是，創造能夠反映真理，在一切「原創藝術性的愉悦」（artful pleasure in originality）[28]——智慧地運用圖像和比喻，富創意地使用比較和對比——背後，有相當世俗的目的。

智慧人的具體面貌相當模糊。所羅門顯然是傑出的智慧人（王上三1～15），但聖經只提及過幾個智慧人的名字（王上四31；箴三十1，三十一1）。我們知道，所羅門的父親宮中有智慧人作為顧問（代上二十七32～33），也知道耶利米曉得有很多這類人存在（耶八8～9，九23）。但我們對他們的認識，很大程度上是透過他們在舊約智慧作品中所留下的大量遺產。這些遺產的內容包羅萬有，由世俗事務到奧秘的事情。馮・拉德深入研究這些著作，發現它們的主題包括：糾正社會行為、應付現實必不可少的東西、關於適當時機的教導、智慧在創造中的自我啓示、反對偶像的論辯、信任的基礎、苦難的問題和人生的目標。[29]

這些作品對知識的追求，絕對不是冷靜地尋求理性學問，因為那樣做不會有甚麼成果。雖然這些作品表面上沒有提到神，卻表明只有向祂委身，才能夠顯明真理，因為除了由祂控制的現實外，再沒有現實。這些作品以不同方式，五次重複一切的關鍵是：「敬畏耶和華是知識的開端」(箴一7)。[30]

因此，以色列的牧養領導從來都不是龐大而穩定的結構。它總是充滿變化，隨著時間而改變，即使到了後期猶太教興起時，情況仍然是這樣。[31]在照顧自己的百姓時，神透過不同途徑，傳遞祂的愛。這些途徑分別是強調律法、言語和智慧，它們都有本身獨特的貢獻；因為它們也有各自的限制，所以是彼此依存，互相補足的。

牧羊人的類比

借用奧登的話，[32]在以色列中不同的領導形態背後，就是牧羊人這個「中樞類比」(pivotal analogy)。若要全面理解聖經牧養領導的本質，仔細研究這個類比是十分重要的。要了解這幅我們那麼熟悉的圖畫，困難就在於：人們已經假定了它的意思，所以對它只有表面的理解；又或者它提供了肥沃的土壤，讓人們發揮想像力，令這個類比有點深度，不過卻歪曲了它的原意。

對最初以遊牧為業的民族來說，牧羊人這個類比是很自然的選擇，而且摩西(賽六十三11)和大衛(詩七十八70～72)這兩位以色列最偉大的領袖，曾經都是牧羊人。在古代世界中，其他地方也廣泛使用「牧羊人」作為神祇和君王的稱號。管治，就是放牧人民。外邦人這樣廣泛地使用這個類比，可能解釋了為甚麼舊約似乎不大願意用這個詞來描述神或以色列人的領袖，雖然舊約完全承認神和這些領袖履行了牧羊人的職務。[33]

更廣闊的背景清楚表明，牧羊人必定是領袖，為了完成任務，他們要有權力。以色列真正牧者的權力，與其他國家的專制君主和統治者有不同的風格，因此舊約不願意隨隨便便地使用這個稱呼，以免過分認同外國的統治者。然而，牧羊人確實擁有真正的權力。即使是詩篇二十三篇這首最溫柔、最能安慰人的詩篇，也將牧羊人描述為有一根象徵權力的杖。他以這根杖管教他的羊，檢查它們有沒有染病，守衛和保護它們。他的權力基礎，不在於他的職位，而是源自他的能力，由於他的羊不能與他溝通，這能力就由他能否敏鋭地體會它們的感受所決定。因此，牧羊人的工作要求微妙地結合權力和關懷。兩者都不可或缺。不過，有一點可能頗為重要。在舊約，牧羊人這幅圖畫主要出現在詩篇和被擄後的先知信息中。在那些地方，安慰這個主題比管治更為重要。

神在以西結書三十四章譴責以色列的假牧羊人時，揭示了牧羊人之責任的真正性質。假牧羊人剝削百姓，沒有餵養他們，反倒以他們為食物（2、3、5、10節）。他們也沒有顯出任何牧養所需要的質素（4節）。最糟的是，他們使羣羊分散，不是由於漠不關心和疏忽，令羣羊流散，而是因為他們濫權，使羊羣驚慌恐懼。因著這嚴重的失敗，神宣告祂自己會直接負起牧養以色列的責任（11～16節）。在這一章稍後，神將這個任務委派給「我的僕人大衛」（23～24節）——正確的解釋是一個彌賽亞式的人物。[34]然而，神承擔的是甚麼任務？

在一個整體的框架內，這一章詳述神的三重任務，首兩個特定任務都從兩方面提出來。整體的框架假設，牧羊人的責任是餵養羣羊，保護他們，確保他們有良草可吃，維繫他們聚集在一起。管理羊羣，必須嚴守公平和公正的原則。

在這個框架中，神說：「失喪的，我必尋找；被逐的，我必領回；受傷的，我必纏裹；有病的，我必醫治；只是肥的壯的，我必除滅」(16節)。尋找失喪和領回被逐，幾乎可以肯定是互相補充的陳述，而不是描述不同的任務。接著的兩個詞組也是這樣。我們很容易傾向將最後一句好像《修訂標準譯本》(RSV) 那樣翻譯為：「肥的壯的，我會照管」("the fat and the strong I will watch over")，也的確有很多人這樣做，因為這樣可以令人留意到，確保羊羣中的健康成員得到好好餵養，受到鼓勵成長，而且牧羊人不能將所有時間都花在有問題的成員上，那是十分重要的。但我們差不多可以肯定，經文的證據不接納這樣的翻譯，而是支持比較嚴苛的迻譯。[35]

布塞珥 (Martin Bucer) 對牧養任務的闡釋，與這些經文的教導是一致的。他認為事奉的責任是：

(1) 吸引遠離的人到基督那裏。
(2) 引導被帶走的人歸回。
(3) 確保陷入罪中者的生命得到糾正。
(4) 堅固軟弱和愚昧的基督徒。
(5) 保存健全和強壯的基督徒，鼓勵他們繼續朝好的方面發展。[36]

以西結書三十四章提出神對事奉不變的宣言，也是向所有牧羊人發出的深刻和動人的呼召，要求他們履行他們的責任，考慮他們在傳道、挽回、教導、鼓勵和餵養方面的優先次序；這些都是牧羊人這角色的不同範疇。

最近，坎貝爾（Alastair Campbell）注意到在牧羊人的生命中，有一個往往受到忽略的層面。[37]沒有人能夠在以色列承擔這份職業，除非他們迅速地留意到它所需要的勇氣。那裏的夏天既漫長又乾燥，牧羊人要不斷不懈地尋找新的草原。他們往往需要長時間遠離家人，在荒山渡過多個孤獨的晚上。在夏季，牧羊人在較高的原野尋找草原時，要經過陰涼的山谷。雖然這些山谷讓他們避過部分灼熱的陽光，卻是「死蔭的幽谷」，他們會遇到危險，感到焦慮。大衛從自己的經驗中，肯定明白牧羊人面對多大的危險，要有多大的勇氣（撒上十七34～37）。坎貝爾指出：「不穩定和充滿危險的生活，令牧羊人的角色不大鮮明——或許就像『蠻荒西部』的牛仔，多於像現代已安頓下來的農業羣體中的牧羊人」。[38]

無論這個說法有多真確，強調牧羊人的工作所涉及的艱苦不少於溫柔，所包含的勇氣也不少於安慰，這些都是對的。今天的牧羊人仍然必須有勇氣，因為要進入另一個人的迷失和痛苦的黑暗中，分嚐他的迷惑、傷痛和苦難，這些都是需要勇氣的。沒有準備這樣開放，只關心自己是否安舒的人，永遠都不能作真正的牧羊人。

在舊約中，以西結書三十四章23至24節間接提及彌賽亞式牧羊人（messianic shepherd）。撒迦利亞進一步發揮這個觀念，增強了牧羊人受苦這一面。在撒迦利亞書中，好牧人被拒絕（十一7～11），人們轉而跟從一個乏善足陳的牧人

(十一15～17)。好牧人被擊打(十三7)和刺死(十二10,往往與十三7相提並論)。[39]藉著他的代死,人們的命運得以扭轉,救恩的曙光開始顯露(十三1～9)。牧羊人要作好準備,為照顧他的羣羊付上最大的代價。

或許在整本舊約有關牧羊人的描述中,最令人驚訝的是以賽亞書四十四章28節。在那裏,神說古列「是我的牧人」。神故意用這個稱呼來形容一個外邦君王,給以色列的震盪,大得足以用黎克特制的地震級數來記錄!給古列這樣的稱號,不單顯示這個類比的複雜性,也再次指出神至高的主權,祂有自由決定怎樣實行對自己百姓的牧養關顧,因為只是在幾章之前,神已表明自己會好像牧羊人一樣照顧祂的羊羣,將羊羔抱在懷中(賽四十11)。神的道路不應該受到人所加諸自己的方式限制。神是萬國至高的主宰,可以隨自己的意思使用任何人。祂對羊羣的關心超過一切,為了他們的利益,在需要時,祂會打亂人的期望。

權力、關懷、勇氣和死亡,都是牧羊人這個主題的最重要特點。這個主題也給人一個不容忽視的提醒:神對一切人民都有主權。

以賽亞書四十至六十六章的例子

在很大程度上,我們可以稱以賽亞書四十至六十六章的預言為卓越的牧養神學。經過成功與失敗的不斷循環後,被擄的悲劇終於發生,以色列人似乎已經失去了一切。在籠罩著以色列人的一片黑暗中,神傳遞安慰的信息給以賽亞。正如諾思(C. R. North)所說:「如果沒有以賽亞,我們很難看見以色列怎樣能夠重返故土，他們甚至不能捱過被擄這個災難。」[40]

以賽亞書四十至六十六章在神的啓示方面，達到了新的高峯。以賽亞比任何先知都更高瞻遠矚，無論他自己有沒有察覺到。通過莊嚴的詩歌，以賽亞解決了表達這種無與倫比的思想時所遇到的困難。不過，以賽亞並非從事學術性的神學研究，也無意為當時的文化和文學界作出任何原創貢獻。他的發言和寫作，都是為了回應當時在牧養上的迫切需要。

被擄的以色列人面對的最明顯困難，就是失去自由。雖然他們被迫辛勞地參與興建巴比倫的宏偉建築，他們被擄時的遭遇，至少在開始時，仍然是比較人道和可以忍受的。就像有點自由的拘留，多於被囚禁在集中營。在那些年間，以色列的人口增加了，他們能夠有一些自主的生活，對巴比倫的政治活動也有貢獻。但即使是這樣，他們仍然沒有自由。他們遠離故土，要三個月才能走回去。那裏一片荒蕪，祖先留給他們的產業已經破敗不堪。他們像今天很多人一樣，渴求一種解放神學。

被擄令他們遠離故土，引致一種與被擄本身同樣有問題的心態。他們深深感受到被擄所帶來的恥辱和苦難，很多人都容許沮喪好像厚雲一樣籠罩著自己。以史密斯（George Adam Smith）的話說：「在被擄期間，真正的猶太人一直都活在精神世界裏。與其說他們居住在外國的監獄，倒不如說他們被囚禁在自己破碎的心靈裏面。」[41]

在更深的層面上，被擄引致深刻的屬靈危機。我們可以大致將危機的各方面，歸納為三類。首先，要為被擄提供一個解釋。為甚麼神容許這樣的事情發生？考慮到祂揀選了以色列，並且應許會鞏固大衛的王位，他們應該怎樣理解被擄？其次，他們怎樣在被擄中敬拜神？祭司無疑最關心這個問題。敬拜需要有聖殿，需要遵守祭祀的各種細節。然而，現在兩者皆缺。在異邦的文化中怎樣敬拜神？

第三類問題是最深刻的。被擄的經歷令一些人持著極度懷疑的態度，不少人至少也曾經泛起疑問。他們的神去了哪裏？瑪爾杜克(Marduk)和巴比倫的其他神祇，卻似乎無處不在。而且，從當時政治事件的發展來看，在世界上真正擁有和行使權力的，似乎就是這些神祇。因此，即使神仍然活著，祂還能夠為自己的百姓行動嗎？即使祂有這樣的能力，祂還會這樣做嗎？被擄的經驗，以最嚴肅的方式向他們信仰的有效性提出疑問。

以賽亞給這些問題的回答是神學性的。這是沒有必要的。以賽亞可以用政治的方法解決問題：鼓吹徒勞無功的革命，或者嘗試和統治者交涉，要求他們將以色列人從被擄中釋放出來。他也可以從心理方面著手。人民感到沮喪，他可以透過解開埋藏在他們心裏、引致沮喪的心結來釋放他們，令他們能夠面對自己生命中的現實。只要他們接受現實不大可能改變，他們至少就能夠開始自由活動，發揮他們未曾釋放的潛能。以賽亞可以再次好像社會工作者那樣給他們答案，嘗試為被擄的人爭取較好的待遇。不過，以賽亞卻宣講一些講章——這個取向在當時和今天，同樣都可能一開始就受到嘲笑。他所看到的根本問題，只不過是他們對神抱持錯誤的觀念。

以賽亞所用的文筆是經過籌算的，最能夠吸引別人聆聽的。除了四十七章之外，他的信息極少是指斥罪惡和譴責，甚至對巴比倫也是這樣。不過，他對犯罪的可惡並非漠不關心，而且直接要百姓負起引致被擄的責任（五十1）。他的信息和阿摩司及彌迦一樣，對罪惡毫不妥協，卻以不同的語調宣告出來。有關這點，史密斯對五十八章的評論值得引述：

> 這一章的主題是正式的宗教和不可愛的生命的聯合。或許沒有甚麼主題比它更容易激起譏諷和輕蔑。不過，這一章由始至終都完全沒有任何輕蔑的成分。以賽亞抑制了運用刺耳的音調這個引誘，以先知而不是嘲諷的口吻說話。他的目的不是要以百姓的偽善來開玩笑，而是清除他們的偽善。在他完成任務前，他沒有拖長他迫切的演辭，藉以輕蔑他們，也沒有因為高聲呼喊而聲嘶力竭，而是竭盡最後的應許和福音那不受制止的推動力。這是來自一位講道大師的明智教訓。現代的講道毫無果效，有一半原因就是忽略了這一點。講壇給人的試探是，令他們對罪惡過分勇敢或過分懦弱；不是低聲呢喃，便是高聲責罵；不是委婉迴避，便是誇張失實；不是過分拘謹，便是歇斯底里。但有兩件事是必不可少的：必須說出事實，以及講員整個人都應該對講道有所影響，而不單是顯露他們的輕蔑或憤怒，或例行的脾氣。[42]

以賽亞當然可以輕蔑巴比倫的偶像（四十一5～7，四十四9～20），好像現代律師盤問不合作的證人那樣，不斷嚴厲地與對方爭辯（四十一1～4、21～29，四十三22～23，四十五20～21）。以賽亞從沒有輕看以色列人犯罪的嚴重性，也沒有低估他們對罪負有的責任，但他的用詞卻是邀約，而不是控訴，勸說，而不是傷害。

以賽亞邀請以色列人再次注視他們的神。他在四十章中，以像誓言多於論證[43]的言語描述神。他將神形容為宇宙的至高創造主，管轄人類、政府和眾星。眾星是巴比倫人崇拜的對象。祂身為掌管歷史的主，不單預知會有甚麼事情發生，更自由地決定事情應該怎樣發生（四十六8～13）。因此，被擄並非意外，而是在神的計劃之中，目的是懲罰他們的罪。而且，雖然神讓別人將他們擄去，但祂的至高能力，也可以藉著決定列國的興衰，安排他們得到解放。古列對自己的能力充滿信心，但也只不過是耶和華手中的一件工具（四十四8～四十五7）。以色列需要聽到，惟獨祂是神，除了祂以外再沒有神。

以賽亞不單巧妙地傳達神的偉大，也以最溫柔和個人的言詞，向以色列描述神。祂是他們的愛人（四十三4）、他們的母親（四十九15）、他們的丈夫（五十四5），不可能想像祂會遺棄他們。祂既有能力為他們行動，也願意這樣做。他們不可能證明這個神存在，也不能證明祂的本性，但祂並非好像他們以為那樣是不能親近的（四十五15）。以賽亞一再邀請他們考慮神所宣稱真理的證據（例如四十八1～11），回想他們過去的經驗，藉以衡量神的宣告（四十六9）。以賽亞描述的神，不單本性仁慈溫柔，而且有耐性，體諒其百姓的需要，處理由被擄對他們的關係產生震蕩所造成的後遺症。

這些大膽的宣告都是十分好的，但以色列人還有更多需要。所以，以賽亞進一步宣告，這個神的存在有何含義。祂會做「一件新事」(四十三19)，讓祂的百姓返回以色列(四十九8～26)。為了描述這件新事多麼奇妙，以賽亞用出埃及這幅以色列人熟悉的圖畫，增強色彩，並將它投射到未來(四十三16～21)。[44]這次的出埃及，不單會帶來輝煌得不能想像的錫安(六十～六十一章)，它的重要性更是宇宙性的(六十五17～25)。

簡單來說，神的信息是「我的救恩發出」(五十一5)。這救恩並不只是因為古列興起便會實現，而是要透過那僕人的死來完成的。以賽亞沒有清楚說明這個僕人的身分，但基督徒合理地將他理解為耶穌，不單因為耶穌自己有意識地採納這個身分。[45]為了確保被擄的最初原因——百姓的罪——得到徹底的處理，而又不致損及神的聖潔，耶穌的角色是必不可少的(五十二13～五十三12)。[46]百姓透過祂的話得到醫治。因此，以色列人絕對不能輕言政治上的必勝心態(political triumphalism)，而是必須為自己的罪——包括過去和被擄期間犯下的——深深悔改(五十八～五十九章)。

百姓重返故土的經驗，與他們被擄的經驗完全相反。他們會有新的地位、新的美麗和新的名字，不再是其他國家的僕人，不再被他們輕蔑，反而會接受他們服事，得到他們效忠(五十二1～12，六十1～22，六十一4～7)。不過，在新耶路撒冷，他們不能只是繼續以前的生活方式。他們的行為要有新的模式，需要接納新成員和他們一樣成為公民(五十六1～8)。這些人民會成為宣教的羣體，不是因為他們差派宣教士到別國傳福音，而是由於透過展示在他們當中作工的救恩，讓人感到驚訝，許多人就會到他們那裏提問，並且自行找得答案（四十二6，四十四5，四十五14，六十3）。

以色列人對於成就上述的解放，可以做的甚少。不過，有兩件事情是必不可少的：真誠的悔改和更新的信仰。以賽亞努力令百姓的悔改和信仰都是真誠地發自內心的確信，而不是由別人強加給他們的外在行動。他一切的策略，都是為了這個目的。因此，他所做的是描繪信心的圖畫，鼓勵百姓參與其中。以賽亞鼓勵他們走出幽谷，驅走沮喪，除去阻礙他們視線的障礙，移平高山。這是時候「預備耶和華的路」（四十3）；聆聽、細察、觀看（四十二18）；醒來，披上能力（五十二1），而且「興起，發光！因為你的光已經來到」（六十1）。只有當他們這樣做時，「你的上帝掌權了」才不再是虔誠卻毫不相干的口號，而會變成有意義的現實。

總結

舊約為理解牧養神學立下必要的基礎。一切事奉都始於神的作為。其他所有事奉都源自祂的作為。

摩西的人性堪作以後所有神僕的典範，他顯示一切事奉都單單是基於神的恩典。他的領導證明，神的呼召十分重要，而且必須與神保持緊密的接觸。摩西的領導也是一個例子，說明事奉的職責是讓人認識神的聖言，即使在信仰與氛圍不協調的時候，仍然指出神的終極要求。這樣的領導也釋放我們，讓我們毋須說，自己不能夠從世俗資源中找到協助實踐我們的責任，同時，也確保我們永不會遠離神的啓示。

我們指出，在以色列人的牧養結構中，父母一直都佔一席位。而且，以色列其後牧養領導的發展顯示，沒有任何一個組成部分，可以成為無所不包的指引。祭司強調神的神聖律法，先知重視神有活力的聖言，智慧人著重實際的智慧。他們都有自己的位置，相輔相成，互補不足。

牧羊人這個類比是事奉背後的典範。只是這一個類比，就意指牧者需要有的權力、溫柔的關顧、具體的工作、勇氣和犧牲。

最後，我們研究了以賽亞作為一個牧養神學家的例子，說明他的工作，如何處理被擄百姓所面對的困難。他顯示了怎樣為重大的困難提供神學上的答案，示範了如何為了達到預期的效果，審慎從事的態度。

註釋：

1. J. A. Wharton, 'Theology of Ministry in the Hebrew Scriptures', in E. E. Shelp and R. S. Sunderland (eds), *A Biblical Basis for Ministry,* p. 34。
2. R. S. Anderson, 'A Theology for Ministry', in *Theological Foundations For Ministry,* p. 6～21。
3. W. Brueggemann, 'Covenanting as Human Vocation', *Interp.* 33 (1979), pp. 115～129。
4. Wharton, 'Theology of Ministry', pp. 17～71。
5. Wharton, 'Theology of Ministry', p. 48。
6. Wharton, 'Theology of Ministry', p. 70。
7. W. Zimmerli, *Old Testament Theology in Outline,* p. 81。
8. D. M. Beegle, *Moses, The Servant of Yahweh,* p. 348; G. von Rad, *Old Testament Theology,* p. 289～296; Zimmerli, *OT Theology,* p. 82。
9. 關於近年縱覽舊約學者就摩西在歷史上的真實性所提出的觀點，參 C. Brown and H. Seebuss, 'Moses', *NIDNTT,* vol. 2, pp. 635～643。
10. W. Eichrodt, *Theology of the Old Testament,* vol. 1, pp. 289～291。
11. T. C. Butler, *Joshua,* p. 13。
12. 馮．拉德根據不同的資料，衡量有關摩西的敍述，他相信這些資料構成有關敍述。他認為這個觀點是源自 J, *Theology,* p. 292。
13. J. O. Sanders, *Men from God's School,* p. 63。
14. Beegle, *Moses,* p. 346。
15. P. T. Forsyth, *Positive Preaching and the Modern Mind,* p. 47。
16. C. Bridges, *The Christian Ministry,* p. 149。
17. B. S. Childs, *Exodus,* p. 335。
18. Beegle, *Moses,* p. 348。
19. Beegle, *Moses,* pp. 347f.。
20. 比較 P. C. Craigie, *The Book of Deuteronomy,* p. 263f.; J. A. Thompson, *Deuteronomy,* pp. 212f.。
21. Zimmerli, *OT Theology,* pp. 83～86。
22. J. T. McNeill, *A History of the Cure of Souls,* p. 2。關於更廣泛地討論父母的角色，參 H. W. Wolff, *Anthropology of the Old Testament,* pp. 178～184。
23. Eichrodt, *Theology of OT,* pp. 402～436; Zimmerli, *OT Theology,* pp. 93～99。
24. Eichrodt, *Theology of OT,* p. 404。
25. 相反的一面，參 Eichrodt, *Theology of OT,* pp. 416～418, 433～436。
26. McNeill, *Cure of Souls,* pp. 5～11; G. von Rad, *Wisdom in Israel*; Zimmerli, *OT Theology,* pp. 107f., 155～166。

27. Von Rad, *Wisdom,* p. 309。
28. Zimmerli, *OT Theology*, p. 157。
29. Von Rad, *Wisdom,* pp. 74～96, 113～239；另參 D. Kidner, *Wisdom to live by*。
30. 箴言一章7節的平行經文是約伯記二十八章28節；詩篇一百一十一篇10節；箴言九章10節和十五章33節。比較傳道書十二章13至14節。參 von Rad, *Wisdom,* pp. 64～66。
31. McNeill, *Cure of Souls,* pp. 11～16。
32. Oden, *Pastoral Theology,* p. 49。
33. E. Beyreuther, 'Shepherd', *NIDNTT,* vol. 3, pp. 564～569; J. Jeremias, '*poimen*', *TDNT,* vol. 6, pp. 485～502。
34. 泰勒(J. B. Taylor)指出：「這一章每一個新的段落，都將比喻進一步展開。如果我們將這一章當為一個整體看待，便會有很多不一致的地方；但如果我們將每一段獨立地看，便會明顯見到，經文一直在加入了一些新觀念。」*Ezekiel,* p. 222。
35. J. B. Taylor, *Ezekiel,* p. 221。比較W. Eichrodt, *Ezekiel,* pp. 471f.。
36. M. Bucer, *Martini Bucer Opera Omnia Series 1: Deutsche Schriften,* vol. 7, pp. 67～245。
37. A. V. Campbell, *Rediscovering Pastoral Care,* pp. 26～36。
38. A. V. Campbell, *Rediscovering Pastoral Care,* p. 27。
39. 關於這些難解經文的詳細解釋，參 J. G. Baldwin, *Haggai, Zechariah, Malachi,* pp. 179～182。
40. C. R. North, *The Second Isaiah,* p. 28。
41. G. A. Smith, *The Book of Isaiah,* vol. 2, p. 63。
42. G. A. Smith, *The Book of Isaiah,* vol. 2, p. 417。
43. G. A. Smith, *The Book of Isaiah,* vol. 2, p. 90。
44. W. Zimmerli, *Man and his Hope in the Old Testament,* p. 126。
45. 參 C. Kruse, *New Testament Foundations of Ministry,* pp. 34～45。C. Westermann 認為，僕人的身分含糊是故意的，*Isaiah 40～66,* p. 93。
46. 在以賽亞書四十至六十六章中，13次稱耶和華為「以色列的聖者」。W. S. La Sor 指出：「如果這個國家受懲罰是因為不潔，也就是違反了神的聖潔，那麼復國便必須有某種包括在救恩和救贖中的潔淨。提出對不潔的指控，卻沒有提到以神的救恩為解決方法，沒有多大幫助；提到救恩和救贖，卻沒有清楚說明這個神聖行動的原因——正如現今很多講道一樣——則簡直是毫無意義。」W. S. LaSor, D. A. Hubbard and F. W. Bush (eds), *Old Testament Survey*, p. 383。

[3]

符類福音和使徒行傳

新約聖經的牧養神學，由兩條主線交織而成。明顯的一條主線，處理教會這個組織的性質，直接談及教會的事工。這條主線既顯而易見又沒有系統，所以學者通常都對這條主線感興趣，專注於研究它，也就不足為怪。不過，這條明顯的主線並不是獨立存在的，還有一條隱蔽的主線伴隨著它，而這條隱蔽的主線比較不受重視。雖然並不明顯，新約的文獻就是牧養的文獻。它們的神學是由教會的牧養處境所引發，也是為了回應特定的牧養處境而形成。

在某程度上，形式鑑別學和編纂鑑別學都涉及福音書背後的現實生活情況。這兩類鑑別學的結論往往過分極端，對聖經的權威帶來令人困擾的後果。[1]若要論證新約的寫成是為了回應教會在牧養方面的需要，而不是沒有關連的抽象神學，無須令人懷疑新約作為啓示真理的有效性。我們可以指出，聖靈選擇以這個方式傳遞和記錄真理，而沒有用神學教科書的形式。這樣也不會將新約局限在一段特定的時間之內。聖靈的感動大可保證，新約包含了足以滿足當時和以後教會所需的一切。無論如何，研究新約時代的牧養需要，顯示新約作者心目中的許多牧養處境，在多個世紀以後都仍然存在。

忽略了這個簡單的事實，對神學和牧養事奉都有很壞的影響。在神學方面，它引致謬誤和毫不相干的辯論。例如，就目前有關新約的一致性與歧異性的辯論，卡森(Donald Carson)最近便指出，「新約的歧異性往往反映不同的牧養關懷，並不表示有不同的信仰體系」，正如有些人提出那樣。[2] 由於大部分牧者接受的都是學術性神學訓練，他們當中很多人都無視新約的牧養策略和牧養價值。在事奉上，他們面對的困難與在神學院所面對的並不相同，他們因而認為，在神學院學習的理論與事奉沒有關係，於是便將這些理論拋諸腦後。由於得不到更好的教導，他們不明白許多教義在牧養方面的價值，也看不見新約的牧養策略能夠豐富他們的牧養事奉。因此，牧養事奉往往脫離了它的神學根源，在神學上也相當貧乏。

主張新約只不過是牧養的文獻，這是荒謬的。它明顯不止這樣。新約也有福音性、宣教性、護教性、倫理性、社會政治性、純粹神學性、甚至是論辯性的向度。本書對新約的研究將會顯示，由於有這些不同的關注，牧養神學的連貫性並不是均等的。不過，牧養的向度仍然是合理和明確的。

我們採用的方法是研究新約書卷中的這兩條主線，不過重點落在那條隱藏的主線上。我們的信念是，新約的許多書卷不單包括牧養神學，它們本身就是牧養神學的著作。

馬太福音

學者近年重拾對馬太福音的興趣，提出大量關於這卷福音書的問題，不少尚未得到解答。[3] 不過，近期的研究則集中在馬太福音中所見的牧養角度。馬索（E. Massaux）有力地指出，馬太福音是最受初期教會歡迎的福音書，對基督徒生命的理解也起了規範的作用。[4]揭示馬太福音對牧養的關注，可以進一步闡明馬索的主張。

馬太福音具有牧養的意圖，不證自明。在福音書的作者中，只有馬太用教會這個詞語（十六18，十八17），也只有他公開談論教會紀律（十八15～20）。馬丁（Ralph Martin）[5]也提出另外四條線索，令人留意到馬太是一位牧者。我們比較馬太和馬可怎樣處理福音故事時，尤其能夠看出這些線索。

首先，馬太懷著一種訓誨的關懷。他的福音書包含了一些記錄耶穌教訓的大段落（五1～七29，十5～42，十三1～52，十八1～35，二十三1～二十五46），顯示他真的十分重視要給基督徒羣體提供指導。不單教導的內容，教導的風格也表明了這一點。這些教導以摘要敍述的形式寫成，既適合讓初信的年青人掌握和記憶，也適合牧者和教師用作教科書。馬可記錄的細節，若不能服役於這個目的，馬太便不會將之記入自己的福音書裏。

其次，當馬太將馬可的材料擴充時，是懷著牧養意圖的。馬丁以馬太怎樣描述彼得試圖在水面上走到耶穌那裏，來說明這一點（十四22～31；比較可六45～52）。馬可沒有提到彼得和他的信心不足，馬太卻明顯想提出教導：在危難中不應該缺乏信心，倒應該仰望耶穌。

希爾（David Hill）[6]更深入探討馬太福音這個特點。他引用黑爾德（Heinz Joachim Held）[7]的著作，研究馬太怎樣描述耶穌施行神蹟。希爾相信，神蹟本身對馬太來說並不重要，它們的價值主要在於作為給教會提供指導的工具。希爾提出，這些神蹟有三個互有關連的主題：需要信心和信心的本質（八5～13，九18～26，十五21～28）、門徒訓練（八23～27，十四13～21、22～33，十七14～21）與基督的權柄和位格（八16～17、28～34，九2～7）。

馬丁提出的第三條線索是，馬太福音將十二使徒刻畫成一間門徒學校的學生。他們接受老師的教導，在信仰上有進步，漸漸變得成熟。馬可福音往往將他們描述為迷惘和沒有信心，不可能有進步；但馬太卻改善了他們的形象，他們不再是冥頑不靈的。[8]馬丁引述馬太福音十一章28至30節和二十三章8至10節作為例子。我們還可以加上十三章12節這個例子。而且，門徒本身也被視為有作教師的潛質（例如：十三52），雖然我們也應該留意盧斯（U. Luz）的觀點。他認為使徒代表整個基督徒羣體多於教會的領袖。[9]馬太關心的不是確定領袖的職能，而是確保教會是一個互相教導和渴望學習的羣體。

第四，馬丁指出馬太怎樣塑造耶穌的教導。與馬可相比，馬太往往將耶穌的教導簡化，集中在訓誨方面。馬丁以馬太重述耶穌和富有的少年官員見面的故事（十九16～30），作為一個合適的例子進行研究。那些分別顯示，「馬太的關注就是：向這間正面臨對倫理問題漠視的試探的教會，提出道德鬆懈的責備」。[10]

發現這個與牧養有關的連繫，對馬太福音中猶太人和外邦人之間的張力帶來進一步的啓示。長久以來，人們都在辯論馬太究竟是親猶太人、反外邦人，還是親外邦人、反猶太人。這兩個不同的立場，似乎都得到有力的支持。

不過，對牧養的強調令頗多人同意，馬太是為了一個由猶太人和外邦人組成的教會而寫作，這個教會令人惋惜地分裂了。[11]因此，馬太寫作的目的是澄清基督徒門徒身分的本質，特別是這個身分與猶太傳統（基督教正是從那裏興起）和向外邦人宣教的正當性的關係。

岡德里（R. H. Gundry）的馬太福音註釋對這些分歧有略為不同的強調。他同意主要問題是猶太和外邦信徒的分裂，但他更具體地描述了教會的混合性質。[12]教會出現問題，不單因為信徒的宗教背景不同，更主要是因為教會正在增長，有很多新信徒加入。他們並非全都完全明白福音，也不是每個人對信仰都真誠的（十三24～30、36～43、47～50；二十五1～46）。分歧不單存在於猶太和外邦信徒之中，真假門徒之間也有分歧。岡德里較廣泛的解釋，令我們更明白馬太福音包含某些課題的原因。教會分裂和混合這兩個特點，決定了馬太的議題。

馬太的牧養方法是提醒教會，耶穌對相關課題的清晰教導。由始至終，馬太都將耶穌描述為有權發施號令的那一位（尤參十六16，二十八18），祂的真門徒則是追隨者和學生（四22，八22～23，十38，十一29，二十四32）。學習的真正考驗是服從（十三13～15，二十一28～32，二十八20）。

因此，作門徒就是服從耶穌基督。這位耶穌應驗了舊約先知的預言，以猶太人的彌賽亞這個身分來到。十二段有關預言應驗的經文、登山寶訓、離婚問題（十九1～12）、繳納聖殿稅的問題（十七24～27）、預言會受到猶太人迫害、二十三章對法利賽人的譴責，以及很多其他經文，目的都是確立基督教和猶太教的關係，既為了闡明在猶太人面前為信仰辯護這個任務，也藉以紓解教會內部的張力。

教會面對的其中一個重大課題是沒有確定律法的地位。猶太人自然更傾向強調律法的重要性，外邦信徒則明顯有反律法的傾向。為了回應這個問題，馬太將耶穌描述為一位公義的教師，幾乎是頒佈新律法的人，雖然這樣形容祂的意圖可能有點誤導。毫無疑問，耶穌拒絕外在的律法主義（例如五21～六18，十五1～11），[13]但律法並非因而變得毫不重要。耶穌來到世上，是要成全而不是廢除律法，並呼召祂的門徒實行更大的公義（五17～20）。在整卷書中，耶穌都要求門徒拒絕遷就外邦社會，在生活的具體事務中培養公義。教導別人在道德上放縱的人，就是假先知（七15～23）。耶穌所有真門徒，都可透過他們對「完全」這個目標的委身，讓別人把他們認出來（五48，十九21）。

馬太處理的另一個問題是需要公開承認耶穌。隨著教會增長，福音的刀鋒變鈍了也不足為怪，但馬太對那些接受暗地裏作門徒和封閉式團契的人，完全不感到放心（五13～16，十32～33，二十六69～75）。面對受迫害的威脅——這個威脅很可能會在末時臨近時加劇（二十四9～10）——對為基督作見證的恐懼變得更加強烈，但門徒蒙召忍耐到底，這樣才能夠忠於耶穌（十16～31）。馬太一再要求讀者留意，不忠誠等如在信仰上失敗（六30，八26，十四31，十六8，二十八17）；另一方面，禱告和禁食能夠給他們維持忠誠所需要的勇氣（六16～18，二十六36～46）。

馬太不只談到作門徒的本質，也經常提到門徒羣體。對他來說，門徒羣體首先是一個情同手足的團體，而不是一個機構（五21～26、47，十八15～17、35，二十三8，二十五40，二十八10）。這個情同手足的團體，需要特別照顧那些軟弱及容易受傷害的「小孩子」（十八2～14，尤其是10節，二十一14～16）。那些強壯和自足的人要不是毋須注意，便是即使得到注意也不會理會（九12～13）。

驟眼看來，馬太似乎在談論領導教會的聖職制度，特別是馬太福音十六章16至19節。彼得接受了天國的鑰匙，而且基督明顯提到會將自己屹立不倒的教會建造在彼得這塊磐石上。不過，大部分學者都同意，認為以這幾節經文確立彼得或他的繼任人的權威是錯誤的。彼得一直都被視為門徒的代表，我們解釋這幾節經文時必須以此作為依據。[14]而且，領袖一直都是整個羣體的代表。[15]彼得代表所有開放自己，接受神的啓示，承認耶穌是基督的人。正因為這樣，彼得是磐石。因此，相信彼得開始了任何聖職階級，都是毫無根據的。

不過，我們必須要問，天國的鑰匙，以及在地上捆綁和釋放人的責任（十六19），究竟是否真的沒有給彼得任何在教會行使的個人權力。同樣，如果這裏指的是他作為代表這個身分，而馬太福音十八章18節將同樣的權力賜予整個教會，也表明他是代表，我們便毋須假定彼得擁有這種個人權力。而且，賜予鑰匙和給予捆綁及釋放的指示，是否以任何方式傳遞個人權力，也值得懷疑。鑰匙是讓人進入的工具。文士和法利賽人將鑰匙丟棄，阻止別人進入（二十三13，比較路十一52），但基督門徒宣告的福音會再一次將大門打開。藉著五旬節的講道，彼得成了第一個讓別人進入天國的人。對外邦人——哥尼流一家——來說，彼得也是第一個這樣做的人。我們也必須這樣看捆綁和釋放。也就是說，我們不應該將捆綁和釋放，看為是屬於某種階級的成員的個人權力，而是他們傳講通過基督得到赦免，以及這個信息得到別人接受時所帶來的結果。[16]

可以確定的是，馬太明白在教會中，教師、智慧人和先知有甚麼角色（二十三34），但這些功能並不限於少數人。[17]他最關心的是領導的精神。他四度（十24～25，十八2～9，二十25～28，二十三7～12）回到這個問題，強調教會的真領袖遵從基督的榜樣，選擇自我降卑和服事這條路，不計較自己的地位，反倒關心羣羊中最微小的成員。

馬太福音十八章15至20節將這個情同手足的團體，描述為一個有紀律的羣體。這一章的整體編排並不是偶然的，這段經文的位置有點像夾在三文治中間的肉。在這段經文之前是迷羊的比喻（十八10～13），強調在軟弱的弟兄姊妹迷途時，羣體有責任積極尋找他們；緊接著的15至20節，則是惡僕的比喻（21～35節），說明基督徒有饒恕別人的責任——即使到了完全不合理的程度。只有當我們留意到這片三文治的兩面，才能夠真正執行15至20節的紀律。

對馬太福音十八章15至20節更恰當的理解，就是這段經文提供與弟兄姊妹和解，而不是向他們施行紀律的指引。14節提到，神不願意任何人失喪。我們不單應該視這節經文為前一段的總結，也應該將它當為下一段經文的開端。個別信徒應該私下接觸迷失的弟兄姊妹，以能夠令他們離棄自己過失的方式，揭露這些過失，藉以挽回他們。如果這樣做仍然不成功，那麼便應帶同一兩個見證人，他們也要鼓勵迷失的弟兄姊妹悔改及和解。只有當這樣做仍然失敗時，才應該將整件事帶到教會，期望教會的介入能夠提供進一步權力，嘗試說服倔強的弟兄姊妹與教會和解。如果迷失的弟兄姊妹仍然執迷不悟，便應該「為了贖回他們而將他們驅逐」。[18]

這既不是審理教會紀律問題的系統，也不是建立教會法庭的理據，更不是鼓勵在教會實行專制領導，或讓心胸狹窄的獨裁者出現。這是一個互為肢體、情同手足的羣體，各成員緊密相連，目的是與那些脫離羣體的人和解。只有當一切尋求和解的努力都失敗後，才執行紀律。教會往往從一個極端，走向另一個極端。要不是不大關心脫離羣體的成員，變得縱容，與馬太的精神不符，就是控制得太嚴密，不明白紀律的目的。教會整體都要致力小心取得紀律的平衡，既能與脫離羣體的人和解，又不致令教會作出妥協。正因為那些執行紀律的人需要這麼有技巧，這個任務實在太重要，不能單由領袖負責。[19]

馬太福音這個門徒羣體的最後一個特點是，它是一個宣教羣體。馬太福音十章5至15節確立了門徒是一個宣教小組，並將猶太人作為他們宣告的首要對象。馬太福音二十八章19至20節重新肯定他們的宣教性質，但將宣教的範圍普世化，配合福音書較早時的普世性特點（例如八11，二十一43，二十四14，二十六13）。正如個別門徒如果害怕在別人面前承認耶穌，便不能作真門徒，那麼除非整個羣體在列國面前承認耶穌，否則他們也不能作真正的門徒羣體。

馬太的基本方法是運用耶穌的講論，利用它們來處理他那個時代教會的問題。要達到這個目的，他毋須像有些人提出的那樣，歪曲或虛構歷史。[20]基督呼召馬太跟從祂。

祂的教導足以滿足日後不斷擴大的教會的需要。而且，馬太福音在這方面有歷久常新的特質，正如岡德里寫道：

> 每當教會變得龐大和混雜；每當教會走向極端，過分崇尚獨來獨往，或過分著重黨派主義；每當教會感到有對抗福音的力量迫使它妥協；每當教會失去向普世傳福音的異象；每當教會陶醉於自己的宗教狂熱，伴隨著各種惡行，包括自我炫耀、虛偽，傲慢地輕視那些比較貧困，同時也比較積極的成員——馬太福音便針對這些問題有力地發言。[21]

馬可福音

馬可福音與牧養神學的關係，遠沒有馬太福音那樣明顯，雖然它與馬太福音有很多相同的主題。馬可福音對耶穌的描述相當扼要，它活潑的風格也令它十分適合用來佈道，事實上，人們也是這樣運用這卷福音書。[22]但這不是它的惟一目的。正如其他福音書一樣，對馬可福音的具體來源、目的和目標，人們提出了很多不同的見解，[23]但在眾多不同聲音中，仍然有一些觀念是公認和經得起時間考驗的。

萊恩（William Lane）和很多人一樣指出，馬可福音是對在羅馬身處險境的外邦基督徒給予「牧養方面的回應」。他們在羅馬皇帝尼祿（Nero）執政期間面對迫害和殉道的威脅，被迫走到地下，躲藏在墓窟裏。[24]如果這是事實，那麼馬可福音怎樣為這些信徒提供牧養上的支持？

正如馬太一樣，馬可也透過耶穌的教導傳遞某些牧養的信息。門徒往往缺乏信心和理解力，讓他們的主要找機會給他們詳細的指導。但與馬太福音不同，馬可福音中對耶穌的敍述，並沒有提供牧養方法的要點。馬可藉著耶穌的榜樣，達到這個目的。

馬可沒有為羅馬的信徒提供廉價的鼓勵。正如馬丁所說：「馬可沒有為虛弱的信心提供支撐物，也沒有給受迫害的信徒任何拐杖作支持。」[25]假裝有簡單的答案，或者很快便會得到解救，但這不僅殘酷地帶有欺騙性，更違背了作基督門徒的本質。答案並非在於逃避世上的苦難，而是好像基督那樣堅忍，以致有一天能夠在另一個世界得到無罪的宣告，並且接受獎賞（十29～31，十三16～27）。

受苦的基督徒透過完全認同他們的主的經驗，得到了鼓勵。[26]他們的主在自己的一生中也曾受過苦（一12～13，三20～35，六1～6），也被一個親密的同伴出賣（三19）。祂與猶太和羅馬政府當局不斷發生衝突。祂在殉道時忍受恥辱，完全喪失尊嚴，祂自己的門徒卻在那時離棄祂（十四41～52、66～72）。作門徒要付出很大的代價，但這正是耶穌所預期的生命，也是祂在清楚的教導中預先指出的（八31，十30、38～40，十三9～13）。

無疑，有些人傾向拒絕這種教導，認為只有耶穌才能夠這樣，因為祂不是凡人。因此，馬可在整卷福音書中一再強調耶穌的人性，並經常使用「人子」[27]這個稱呼，試圖鼓勵受苦的基督徒，以及對抗一種虛假和危險的異端。這種異端貶低耶穌的人性。從神學角度說，過分強調耶穌的神性，以致削弱祂的人性，這是錯誤的；從牧養的角度來說，這是大災難。一個沒有人類感情的基督，不能夠給予與祂一起受苦的人任何鼓勵。只有真正是人，能夠有和人在經歷苦難時相同感覺的基督，才能夠給那些為了祂而忍受迫害的人帶來安慰。

如果實情只不過就是這樣，那麼可能顯得冷酷無情。但馬可邀請信徒堅忍，也是因為他們服事的基督，不單是受辱的「人子」，也是「神子」——充滿大能和權力的人。馬可福音其中一個主題，就是在衝突中的基督。祂不斷參與的衝突，表現出祂的權能和力量。除了對抗神的世俗權力外（例如二24，三6），馬可也顯示耶穌與所有由撒但支配、毀滅人類的力量爭戰。因此，在四章35節至五章43節中，耶穌面對大自然、惡魔、疾病和死亡，將男男女女從奴役中釋放出來。在這場對抗邪惡的戰爭中，沒有中立這回事（九38～41）。同樣，也毋須保持中立，因為基督總是得勝，即使在祂的敵人以為他們已經把祂拘禁之時。

基爾（Howard Kee）提出，馬可福音編寫的目的，為作巡迴傳道人的手冊。[28]雖然我們幾乎可以肯定不能接受這個見解，但它卻能夠令人留意，這卷福音書在為基督徒工人提供指引和為受苦教會提供牧養神學方面的價值。馬可在描述耶穌委任十二門徒時，掌握了作門徒的本質（三13～19）。有兩方面是十分重要的。首先，耶穌揀選門徒作祂的同伴和學徒。其次，祂委任他們，是為了差派他們作祂的代表，延續祂的使命（亦參六6～13）。[29]記著這兩點，我們便能夠找出耶穌的真使徒一些其他特徵。

耶穌自己對事奉的理解，模塑了門徒怎樣理解事奉。一章35至39節提出了耶穌的理解，那裏顯示祂一生沒有偏離的使命意識。祂並非輕鬆地走過自己一生，隨遇而安，只不過是因應不同事情而作反應。祂拒絕別人要祂走入歧路，感情用事地施行奇迹。祂控制自己的生命和事奉，以配合神的呼召。祂首要關注的事，既不是回應病人龐大的需要，也不是回應祂那些動機良好卻犯錯誤的門徒。祂來到世上的身分，就是神國的傳揚者，以及能夠讓這個國度介入世界的人。同樣重要的是，祂是來到世上受死（八31）。那些從祂身上有所學習的人，也要希望在自己的事奉中為相同目的而努力。

耶穌不單和門徒分享祂對上述目標的意識，也期望他們分享祂的權柄和能力。我們在馬可福音中不可能得不到這個結論。耶穌説，祂的門徒會有權柄趕鬼（三15），後來他們也確實行使這權柄（六13）。九章38節至41節顯示，更多人行使這權柄，除了使徒外，還有更多人得到這權柄。而且，馬可福音較長的結尾，繼續強調這一點（十六15～18）。馬可期望事奉能夠以明確的方式改變人的生活狀況，不只是為了他們個人的安舒，也為了彰顯神勝過撒但，而這是耶穌的事奉一個十分重要的向度。正是在這樣的背景下，信心這個主題顯得十分適切（二5，四40，六6，十一22，十六14）。在馬可福音中，門徒的表現乏善足陳。他們一直都缺乏理解力，對耶穌的信心也同樣不足。耶穌挑戰他們要信任祂。他們不應該將信心看為有積極思想的能力。實際上，信心是積極地承認神的權能。缺乏信心會大大妨礙他們的使命。

面對這樣令人興奮的前景，他們會自我膨脹，也就毫不足怪。因此，耶穌花了同樣多的時間，教導他們事奉的另一面。他們蒙召跟隨受苦僕人的腳蹤（十35～45，特別是

45節）。[30]他們必須排除任何有關今生的地位（九33～37）或報酬（十28～31）的觀念。如果他們要作耶穌的信使，就必須接納連最基本的保障也沒有（六8～9）。他們最多只能期望，這一切會在來世得到。在今生，他們要走的是受苦和服事的路，他們注定永遠要與他們活在其中的社會格格不入。

這絕對不是馬可福音神學的全部內容，我只是嘗試指出馬可福音潛藏的某些重要牧養向度。馬可邀請正在受苦的教會，默想忍受同樣經歷的主。這個仰望基督的邀請，也向基督徒領袖發出，讓他們也可以效法祂對目標的意識、祂的能力，以及祂的僕人身分。

路加福音和使徒行傳

對於路加兩卷著作[31]的目的，眾説紛紜。若要穿越這些不同意見，就好像在春天穿過荷蘭的鬱金香田野時，嘗試避免踐踏任何花朵一樣。這片田野的鮮花多不勝數，色彩也繽紛。不過，近期的趨勢傾向強調，路加的寫作是一項牧養事業。[32]諷刺的是，即使那些不大接受這個取向的人，也不自覺地得出一個結論：路加福音和使徒行傳的意圖，在很大程度上是牧養性的。[33]

在詳細解釋路加的牧養取向之前，先要澄清三個可能存在的錯誤觀念，或許才是明智的。首先，認為路加的著作是為了回應當時教會在牧養方面的需要，並不等於主張這是他寫作的惟一目的。因此，假定在他著作的每一個細節背後，都隱藏著深刻的牧養問題，這是不智的。即使我們同意，路加主要關注的是與牧養有關的問題，他仍然可以有其他目的。很多人都認為，路加也是為了向外邦讀者傳福音而撰寫的。這個見解也有道理。還有一些人認為，他的著作是宣教學的教科書。雖然我們現在已經不再認為路加的著作完全是為了護教，但護教的主題仍然清晰可見。路加也同樣表達了他對神學問題的關注，即使較早期的學者在這方面的主張已經站不住腳。[34]

其次，主張路加是從牧養的角度寫作，並不表示他是不可靠的歷史學家。長久以來，學者對路加著作是否值得信賴的歷史文獻一直都爭論不休；不過，同意他有牧養的意圖，並非為那些質疑其可信性的人提供另一個支持他們觀點的論據。雖然路加明顯篩選過他的素材，某程度上也調整過他的表達方式，以配合牧養的目的，但這並不表示他要虛構或編造素材。他自己在序言(路一1～4)中也強調，他要提供可靠的記錄，記載耶穌的生平和教會的誕生，他在編寫這些紀錄時，也著重目擊者的角色(徒二32，三15，五32，十39～40，十三30～31，二十二15)。任何可信性比較低的內容，都不能令提阿非羅的信仰更確定，而這正是路加寫作的目的。有很多證據顯示，路加的著作在史實方面是可靠的。[35]

第三，主張路加是從牧養的角度寫作，並不表示他的著作只具有實用性，而沒有神學性。馬多克斯(Robert Maddox)似乎擔心，強調牧養動機會引致沒有神學這個後果。[36]但這份擔心是建基於錯誤的假設。將實踐和神學對立起來，是誤導人的二分法。馬多克斯的擔心表明，他最終看不到，自己為路加寫作目的這個問題所提供的解決方法，其實是指出路加的目的是撰寫牧養神學。威爾遜(S. G. Wilson)是一個解釋路加的牧養意圖的重要學者。但他也錯誤地過分強調保羅和路加的不同，認為與保羅相比之下，路加並不是神學家。[37]這些觀點背後的假設，是神學在本質上涵蓋的範圍相當狹窄。路加與保羅的確有分別。路加在系統性和教義性方面，遠遠不如保羅。但雖然這樣，他和保羅一樣，絕對配稱為神學家。正如邁尼爾（Paul Minear）提出：「身為神學家，他更接近現代的講員、教師兼輔導員，而不是研究院的釋經家或教義學者。」[38]實際並不表示沒有神學。要成為好的牧者，既要有實際，也要有神學。

今天閱讀新約的大部分經文，都好像聽一個人用電話和別人交談，我們只能夠從那個人所說的話，推斷和他交談的人說甚麼。同樣，衡量路加回答甚麼問題——無論那些問題有否說出來——都只能透過他處理的主題推斷。因此，我們不能夠絕對確定，但卻可以有一定程度的了解。

路加福音和使徒行傳更吸引人的地方是，我們不知道在電話另一邊的人是誰。我們知道他名叫提阿非羅，而且差不多可以肯定他是外邦人，很可能社會地位頗高，也可能是一個信徒。雖然他已經向基督委身，但現在面對一些有關他的信仰是否確實的複雜問題。他的基督教經驗很可能和他最初相信福音時聽到的主張不符。我們也可以假定，提阿非羅代表了很多基督徒，他們也面對——甚至可能提出——同樣的問題。[39]這些問題為路加提供了牧養的議題。

其中一個很容易找到的主題，試圖回答下述問題：「基督教會在哪方面配合神的整體計劃？」這個概括性的問題，由好些補充性的問題所引發，包括：「教會來自哪裏？它的根源在哪裏？」等等。為了回答這些問題，路加「按著次序寫」(路一3)，顯示教會怎樣成了耶穌基督作為的合宜成果。如果沒有教會的故事，福音的故事便不完整。[40]反過來說，如果沒有福音的故事，教會的故事就會變得毫無意義。因此，路加的著作比其他福音書包含了更廣闊的年代，他的敘述是由施洗約翰的出生開始，一直寫到保羅的事奉。我們可以將使徒行傳看成以教會為焦點，或者是「聖靈的福音」；但根據路加的理解，這卷書記錄了耶穌自己事奉的延續(徒一1，九5，十六7，二十二18，二十三11)。

我們不應該將路加的意圖簡化為只有這一點，因為他接著回答教會和猶太教的關係這個棘手問題。當時發生了很多令人不安的事件，令回答這個問題變得刻不容緩。路加便著手提供答案。一方面，基督教會源自猶太人的遺產，實現了他們對救贖的盼望。從路加福音一章5節至二章52節有關耶穌出生的敘述中，尤其能夠讓人看出這點。猶太人遺產中的一切，都應該預備他們接受耶穌的福音。路加顯示多少人——特別是法利賽人——接受了這一點(例如路十三31；徒五34，十五5，二十三6～10)。另一方面，猶太人作為整體，卻拒絕耶穌和祂的信息。從路加福音九章31節開始，耶路撒冷益發顯明是耶穌必須在受死的地方(九51、53，十三33～34，十八31～34)。司提反對聖殿、律法和以色列人的抨擊(徒七1～53)，以及關於律法的地位的討論(例如路十一37～54；徒十五1～35)，都顯示基督教多麼需要從猶太教區別出來。[41]

不過，最能夠支持路加關心怎樣理解教會的身分的證據，是他對有關向外邦人宣教是否正確的重要討論。[42]應該積極向外邦人傳福音，讓他們加入教會嗎？使徒畢竟沒有主動尋求令外邦人悔改，彼得作出突破時也顯得猶疑（徒十章）。不過，一旦作出了突破，基督也委派了保羅作外邦人的使徒後（徒九15），向外邦人宣教便漸漸主導了整個舞台。神對教會的計劃逐步顯露。教會應該從加利利擴展到耶路撒冷，並傳至「猶太全地和撒瑪利亞，直到地極」（徒一8）。[43]

但路加的畫布更大，他以世界歷史為背景描繪教會（路三1～2），也刻劃了教會與當時政權的關係。他顯示，教會在政治上不具顛覆性（路二十25，二十三1～25）。保羅的宣教事工得到羅馬政權的友善對待，被視為是合法的活動（徒十三4～12，十八14～16，十九35～41，二十六31～32）。雖然路加的視野廣闊，但值得留意的是，他給個別人士很重要的地位，特別是女性、兒童和社會地位低微的人。[44]我們可以將神的目的在一幅大畫布上描畫出來，因為祂是「至高的主」（路二29；徒四24）。但祂的計劃是透過那些讓人感到十分驚訝和相當平凡的人實現，祂的救恩也是賜給這些人。沒有任何非個人的強大政治力量在運作，也沒有因之而犧牲了普通人的需要。他們沒有被忽略，反而是神恩典的主要受惠者。

教會的不安還有另一個原因，就是基督遲遲仍未再來。那些認為路加為了針對這個延遲引致的尷尬而寫作的論點，[45]已經不再被視為可以接受，除非作出某些修改。反對這個觀點的最主要原因是，路加似乎沒有好像某些支持這個論點者所主張的那樣，將基督再來的日期推遲到遙遠未來的一個不確定時間。他談及這件事時，仍然視之為很快便會突然來到。路加對末世論的強調作了一些補充：

耶穌的降生和教會的建立，已經部分實現了對末世的盼望（路四17～21，十七21；徒二14～39等）。[46]因此，教會目前的角色並非不重要；他也沒有鼓勵教會在等候救恩完全實現之際，抽離社會，過修道生活，或只顧敬虔，對世事漠不關心。**當下**正是拯救的日子；末時已經降臨。信徒是屬於末世的人，應該在末後的日子盡力扮演他們的角色。

在安提阿首先被稱為基督徒的人，可能對自己的身分感到疑惑，對他們的運動改變了性質，感到迷惑不解。但路加向他們保證，他們與神為他們、為猶太人和為全世界定下的計劃，完全一致。

除了問「我們怎樣配合」外，提阿非羅和其他人幾乎肯定也會就一些可能動搖他們對教會的信心的事件，要求路加給予解釋。這些末世的人，似乎遠不是完美的。當我們一再受到敦促，要回到新約的教會時，這點值得我們記住。在內部而言，新約的教會由一些仍然有意說謊的人組成（徒五1～10），他們歧視希臘的寡婦（六1～6），為了錯誤的動機吸引別人（八9～24），他們也缺乏信心，不相信神真的能夠改變人（九26），帶領他們的使徒對自己的使命亦不是十分清楚（十9～17），他們中間對自己傳講的信息的真正性質，也有不同意見（十五1～29），領袖之間存在爭執（十五36～41）。在外面來說，他們也遭到反對，面對苦難和貧困。

路加沒有將初期教會理想化，但他指出，每當危機出現，教會似乎陷於絕境時，怎樣有新的躍進，藉以消除讀者的疑問。[47]引發新躍進的，不是對教會和會友的信心，而是對神的聖言的信心。當教會宣講神的聖言時，人們便發覺「出於神的話，沒有一句不帶能力的」（路一37），他們也可以再次因為神的偉大而感到驚訝（路九43）。路加記載的重要事件，在困難重重下仍然能夠發生，顯示神的聖言至終得勝（徒六7，十二24，十三49，十九10、20，二十八31）。他們要的是使教會堅固（路二十二32；徒十八23），運用自己微小的信心（路十七5），勇敢地傳講神的聖言（徒四29、31，八4）。對於信心逐漸低落，路加給他們的部分答覆是，如果他們對正在行動的神有一幅更真實的圖畫，他們所面對的困惑和疑問，便能夠平息下來。

路加一直採取的方法，都只是重述耶穌的事奉和教會的成長，讓事實自己發言。他沒有提出明顯的教訓，也沒有明確舉出甚麼例子。例如：在教導基督教的德行時，他提到巴拿巴的慷慨、腓利和他對傳福音的熱誠，以及保羅和他在苦難中的喜樂，[48]以他們作為值得效法的榜樣。不過，他以自然的方式寫作，讓這些信念藏在敍述之中。提阿非羅和他那個時代的人，不會錯過這些教訓。

使徒行傳就初期教會的生活為我們提供了很多洞見，特別是二章42至47節和四章32至37節的總結性陳述。我們可以從中學到水禮、崇拜和團契，以及宣教和神蹟的重要性。但令人驚奇的是，我們從使徒行傳中對初期教會的組織只得到很少資料，那些從路加的描述中找到「早期大公主義」（early catholicism）的人，似乎在這些描述中讀入了太多東西。[49]

使徒行傳明顯不是要作為教會制度的教科書。它沒有提供任何管理教會的圖畫。在使徒行傳一章，代替猶大位置的人是透過抽籤選出來的；在六章，「執事」則是由眾人選出；在十一章，巴拿巴是由使徒委派的；在十三章，保羅和巴拿巴卻是藉著禱告選出來的；在十四章，長老由保羅和巴拿巴委任；在十五章，雅各則依從猶太人的傳統，作為主的兄弟，管理耶路撒冷的教會。在使徒行傳，先知也扮演很重要（雖然程度可能不同）的角色——作為主在教會的器皿。[50]我們從使徒行傳也看不到任何聖禮主義或制度主義的痕迹。教會是一個自由、自發的羣體，在其中有人際的關係，卻沒有高度組織化的結構。它的成員隨著神的推動，進入新的領域和環境生活，並加以配合。

不過，路加在使徒行傳二十章17至36節描述保羅向以弗所的長老所說的話，確實就基督徒領導的內在動力提出了洞見。當時，保羅到了自己自由事奉的尾聲。路加將他描述為模範的基督徒領袖。那段講話的每一個細節，對牧者都十分重要。這篇信息提到了牧養生涯的七個範疇。

首先，這篇信息提到牧者和接受他們牧養的人之間的關係。保羅為他們流淚，充分顯示他是多麼關心他們（19節）。從以弗所的長老對保羅說話的回應，也可以看出他們對保羅的關心和愛（37～38節）。

其次，這段話對牧養工作的特點，提出了很多見解。領袖應該開放自己的生命，讓人仔細觀察，而且應該能夠經得起嚴格的檢視。他們應該擁有一種品質，令他們能夠成為教會其他成員的榜樣（35節）。從保羅一再使用「你們知道……」（18、20節）可以看出，保羅有信心自己的生命能夠通過這些考驗。這不單為所有事奉定下一個很高的標準，也強調如果羣羊視牧者為他們的榜樣，牧者所擔當的將是一個多麼尊貴的職位。不過，從另一方面看，牧者不過是神的僕人，沒有甚麼值得自誇，倒應該顯出謙卑（19節）。

這種內在的謙卑，同時也有外面的凌辱，因為真正的牧者生命永遠都擺脫不了受苦的經驗(19、23～24節)。最後，牧者在地上的生命本身並沒有甚麼重要性(也參腓一15～26)，重要的是他們對羣羊的服事。

記著這一點，牧者的第三個特點是，他們需要對事奉獨有的試探提高警惕。保羅提到幾種試探，包括：為了討好會眾而將信息沖淡(20、27節)，表裏不一致(20節)，為了從事奉中得益而工作(33～35節)。今天很少牧者能夠從事奉中得到很多金錢利益，但這樣有時可能增加了保羅在這裏坦率地揭露的試探。這些試探——恐懼、專業主義和貪婪，在我們這個時代，或許還有性方面的威脅——仍然是牧者的重大陷阱，它們已經毀了不少牧者。

第四，保羅談及事奉的信息。那信息同時是命令(悔改及歸信，21節)、見證(個人對神恩典的見證，24節)、宣告(神的統治，25節)和解釋(神的旨意，27節)。這信息明顯是完全以神而不是人為中心。

第五，這段經文提到很多牧養上的責任。牧者對神完整的聖言(27節)和神的整羣羊(28節)都負有責任。他們不能選擇信息或羊羣。兩者都已經交付給他們，他們必須忠於自己的使命。因此，牧者既不能不斷宣講自己喜歡的主題或話題——很多教會都受過這樣的損害，也不能忽略聖經中神的旨意那些困難或不受歡迎的部分。同樣，他們也不該因為特別關心羣羊中某些成員(可能是令他們感到最自在的人)，而忽略了那些較少附和或討好他們的會友。那些難以相處、好挑剔、沒有甚麼回應、反叛和軟弱的人，和其他人一樣，同樣是牧者有責任牧養的對象。提醒自己令這些人成為教會的會友需要付出甚麼代價（28節下），便能夠立即驅走選擇性關顧羣羊的這個試探。

要實踐上述的牧養責任，有賴牧者不斷維持健康的靈命（28節），以及與此相關的能力，對潛在的危險有警覺性（28～31節）。教會和醫療一樣：預防勝於治療。真正的牧者會向羣羊發出警告，預備他們面對來自外面的危險，即使別人仍然未察覺危險存在。保羅所指的危險，肯定包括異端，但並不限於虛假的教義。那些威脅不單是神學上的謬誤，也可能來自道德上的偏差，或社會的對抗。[51]

第六方面，是與事奉的分擔有關。保羅的傳福音使命，永遠都不只滿足於使個別人士歸信。他的目標是建立教會，他總是小心地確保在他離開前，教會已有本地的領袖（徒十四23）。他盡自己所能堅固他們（徒十八23），總是委派實質的領導權給他們。保羅看到自己的事奉未來的發展，在與以弗所的長老見面時，他最後將領導權完全交給他們。[52]有兩件事情需要留意。現在似乎各處都實行集體領導，沒有初期教會那種一人事奉。而且，無論領導是以甚麼方式任命，都是透過聖靈的委派實行（28節），正如保羅是由主親自委派作使徒那樣確定。他們由保羅授權，並不表示他們沒有保羅那麼配執行他們的事奉。

最後，保羅邀請他們注目於聖靈。路加的著作一直都強調聖靈的角色。這段簡短的講話三次提及聖靈，也不足為怪。[53]我們可以看到，保羅自己的事奉完全由聖靈引導，他每天都與聖靈接觸（22～23節）。讓他的工作充滿力量的，就是聖靈。同樣，為教會委派本地領袖的也是聖靈，沒有這樣的委派，他們絕對沒有能力事奉（28節）。

保羅講完話後，立即和以弗所教會的長老一起禱告。雖然那個禱告並非保羅講話的一部分，但卻十分重要。禱告也是路加的著作經常出現的主題。[54]保羅或許好像撒母耳在事奉的尾聲時那樣（撒上十二23），明白到雖然從現在開始，他為以弗所教會的積極工作會受到限制，但他仍然可以藉著禱告成就許多事情。如果他不運用這個特權，便等如犯罪。使徒行傳顯示，禱告是教會絕對要做的事情，也能夠給予教會巨大的力量。

總結

福音書不單是歷史、神學和佈道作品，也是牧養的著作。在福音書背後隱藏著教會的需要。雖然我們不可能確定福音書要處理的具體事件，但卻可以從福音書的寫作方式，辨別出教會其中一些問題。

我們可以說，每卷福音書都透過以全新的眼光看耶穌的一生、教導、死亡、復活，來回應那些需要，路加更加上耶穌事奉的延續。每卷福音書都以獨特的方式處理這個課題。馬太強調耶穌的教導，馬可側重耶穌的榜樣，路加則滿足於敍述他能夠肯定的事件，讓這些事件自行說話。重要的是，福音書的作者將每一個牧養方面的需要，都連繫到原來的福音。他們在提供答案時，沒有走捷徑，也沒有提出任何膚淺的勸勉。只有透過深入明白他們的主，教會的需要才能夠得到滿足。

我們可以與克魯澤（C. Kruse）[55]一樣總結說，未來的事工有三個不斷出現的主題，包括：其後的教會領袖將會延續耶穌的事奉；他們會採納耶穌以僕人自居的態度；並分享祂聖靈的權能。不過，福音書的內容更加豐富，將作者的意圖限制在這三個主題之內，就過分限制了福音書，也沒有公平對待每一卷福音書那些獨特的細微差別。福音書作為牧養神學的例子，加上在牧養實踐方面的神學論述，對教會仍然不斷會有很多話要說。

註釋：

1. D. A. Carson, 'Redaction Criticism: On the Legitimacy and Illegitimacy of a Literary Tool', in D. A. Carson and J. D. Woodbridge (eds), *Scripture and Truth,* pp. 119～142; S. S. Smalley, 'Redaction Criticism', in I. H. Marshall (ed), *New Testament Interpretation,* pp. 181～195。
2. D. A. Carson, 'Unity and Diversity in the New Testament: The Possibility of Systematic Theology', in *Scripture and Truth,* pp. 65～95，特別參 pp. 86～89。
3. G. N. Stanton (ed), *The Interpretation of Matthew,* pp. 1～19.
4. E. Massaux, *Influence de l'évangile de Saint Matthieu sur la Literature Chrétienne avant Saint Irenée*。
5. R. P. Martin, *New Testament Foundations,* vol. 1, pp. 229～231。
6. D. Hill, *The Gospel of Matthew,* pp. 62f.。
7. H. J. Held, 'Matthew as Interpreter of the Miracle Stories', in G. Bornkamm, G. Barth and H. J. Held (eds), *Tradition and Interpretation in Matthew,* pp. 165～299。
8. 關於更詳細的討論，參 G. Barth, 'Matthew's understanding of the Law', in G. Bornkamm, G. Barth and H. J. Held (eds), *Tradition and Interpretation in Matthew,* pp. 106～110, 118～121; U. Luz, 'The Disciples in the Gospel according to Matthew', in Stanton (ed), *Interpretation of Matthew,* pp. 102f. 中的描述。
9. Luz, 'The Disciples in the Gospel according to Matthew', pp. 110f.。
10. Martin, *Foundations,* vol. 1, pp. 230f.。
11. Hill, *Matthew,* 49；W. G. Thompson, *Matthew's Advice to a Divided Community*。
12. R. H. Gundry, *Matthew. A Commentary on his Literary and Theological Art,* p. 5。
13. 岡德里對馬太的取向怎樣威脅教條主義的評論，值得我們留意。他說：「這些強調帶來教條主義的危機，需要聖靈內住的教義來平衡。只有透過聖靈的生命和能力，耶穌的門徒才能夠滿足律法要求的公義（羅八1～4）。但馬太這些強調欠缺這個平衡是好的；因為在某些情況下，太快引入聖靈的教義，就會削弱對耶穌門徒的要求。他們可能意識不到這些要求所帶來的痛苦。只有藉著聖靈所賜的力量感受到那痛苦，才不會只限於安逸的成聖觀念，流於反律法主義（antinomianism）的入侵。」Gundry, *Matthew. A Commentary on his Literary and Theological Art,* pp. 9f.。
14. O. Cullmann, *Peter: Disciple, Apostle, Martyr*；另參 Gundry, *Matthew,* p. 9, 334; D. Guthrie, *New Testament Theology,* pp. 710～715。
15. Luz, in Stanton, *Interpretation of Matthew,* p. 110 和 Thompson, *Matthew's*

Advice, p. 84 等。

16. Guthrie, *NT Theology,* pp. 713～715 和 Thompson, *Matthew's Advice,* pp. 201f.。
17. E. Schillebeeckx, *Ministry* pp. 20～24 關於馬太福音的教會領袖似乎有一些奇怪而矛盾的結論。
18. Thompson, *Matthew's Advice,* p. 201.
19. 關於近期對教會紀律的深入討論，參 M. Jeschke, *Discipling the Brother*，書中提到「為了救贖而逐出教會」(redemptive excommunication) 一語。
20. Paul Achtemeier 對福音書的牧養意圖似乎有點言過其實，對它們作為歷史記錄的價值也提出不必要的辯解。參 'Resources for the Pastoral Ministry in the Synoptic Gospels', in E. E. Shelp and R. Sunderland (eds), *A Biblical Basis for Ministry,* pp. 152f.。
21. Gundry, *Matthew,* p. 10.
22. D. Guthrie, *New Testament Introduction,* pp. 57f.。
23. R. P. Martin, *Mark - Evangelist and Theologian* 縱覽了主要的觀點。
24. W. L. Lane, *The Gospel of Mark,* p. 15。另參 E. Best, *Mark: The Gospel as Story,* pp. 51～54; C. E. B. Cranfield, *The Gospel according to Mark,* p. 15; Guthrie, *NT Introduction,* pp. 59～63; Martin, *Foundations,* vol. 1, pp. 214～216。
25. Martin, *Mark,* p. 219.
26. 這個解釋很大程度上是源自 Lane, *Gospel of Mark,* pp. 15f.。
27. 關於馬可對耶穌人性的強調，參 Guthrie, *NT Introduction,* pp. 55～57 和 Martin, *Foundations,* vol. 1, p. 220。
28. H. C. Kee, *Community of the New Age, passim*。
29. Kruse, *NT Foundations for Ministry,* pp. 32f.。
30. Kruse, *NT Foundations for Ministry,* pp. 41～45。
31. 在此的整個討論，我們都將路加福音和使徒行傳當為一個作品。
32. P. S. Minear, 'Dear Theo (The Kerygmatic Intention and claim of the Book of Acts)', *Interp.* 27 (1973), pp. 131～150；S. G. Wilson, *The Gentiles and the Gentile Mission in Luke-Acts*; Martin, *Foundations,* vol. 1, p. 249。
33. R. Maddox, *The Purpose of Luke-Acts,* p. 2。
34. 同上，*passim*; Martin, *Foundations* vol. 1, pp. 244～250; Minear, 'Dear Theo', p. 132。
35. 關於支持路加是歷史學家的證據，參 I. H. Marshall, *Luke - Historian and Theologian*；比較 Wilson, *Gentile Mission in Luke-Acts,* pp. 255～267。
36. Maddox, *Purpose of Luke-Acts,* p. 2。
37. Wilson, *Gentile Mission in Luke-Acts,* p. 255。
38. Minear, 'Dear Theo', p. 149。

39. 關於確定提阿非羅身分的難題，參 Martin, *Foundations,* vol. 1, pp. 245f.。
40. Maddox, *Purpose of Luke-Acts,* 10, pp. 183～186。
41. Maddox, *Purpose of Luke-Acts,* pp. 30～65。另參 E. E. Ellis, *The Gospel of Luke,* pp. 16～18。
42. Maddox, *Purpose of Luke-Acts,* 184；Wilson, *Gentile Mission in Luke-Acts, passim*。
43. K. Barth, *Church Dogmatics,* iv, Part 2, pp. 641～660。
44. L. Morris, *Luke,* pp. 40～42。
45. H. Conzelmann, *The Theology of Luke,* pp. 95～136。
46. Maddox, *Purpose of Luke-Acts,* pp. 100～158。
47. Minear, 'Dear Theo', pp. 136～139。
48. Martin, *Foundations,* vol. 1, p. 248 寫道：「耶穌和保羅的相似之處，可能是為了牧養而建立的。路加藉著一個模範的基督徒生命是怎樣配合他的主，可以有力地向信徒表明，基督徒應該怎樣地生活。」另參 Minear, 'Dear Theo', p. 139。
49. 關於近期對「早期大公主義」(early catholicism) 這個觀念的闡釋，參 J. D. G. Dunn, *Unity and Diversity in the New Testament,* pp. 341～366。有關相反的觀點，參 Maddox, *Purpose of Luke-Acts,* 185；Morris, *Luke,* pp. 39f.。
50. E. E. Ellis, 'The Role of the Christian Prophet in Acts', in W. W. Gasque and R. P. Martin (eds), *Apostolic History and the Gospel,* pp. 55～67。
51. Minear 主張，保羅提到的威脅與教義無關。雖然他的論點有點言過其實，但他論證說，這些威脅可能是來自教會生活或背景的其他方面，也不無道理，參 'Dear Theo', p. 148。
52. E. Schillebeeckx, *Ministry,* pp. 32f.。
53. Morris, *Luke,* pp. 44～46 和 Kruse, *NT Foundations of Ministry,* pp. 67～69。
54. Morris, *Luke,* p. 46。
55. Kruse, *NT Foundations of Ministry,* pp. 13～70。

[4]

約翰的著作

約翰福音作為牧養的作品

約翰福音宣告，寫作的目的是「要叫你們信耶穌是基督，是神的兒子，並且叫你們信了他，就可以因他的名得生命。」（二十31）。人們往往因為這句話而假定，約翰福音的目的是佈道。不過，這節經文也可以翻譯為「要叫你們繼續相信（"may go on believing"）耶穌是基督，是神的兒子……」，有很多文本方面的證據支持這個翻譯。[1]如果真的是這樣，便顯示約翰福音的目的是牧養多於佈道。對於這樣富爭議性的問題，一言概之的理論是不智的，而且在任何情況下，都毋須在這兩個見解中單單選擇其中一個。約翰福音的目標是激發信心，無論那是未信的人剛剛開始的信心，還是信徒持續的信心。不過，我們卻可以說，我們不應該忽略，約翰福音既是牧養的著作，也是佈道的作品。這個觀點令我們更能夠明白這卷福音書的教導是多麼深刻。如果將這卷書看為單單是介紹基督教信仰的入門著作，未免過於浮淺。

為了具體確定約翰福音怎樣發揮牧養神學的功能，我們就要準確判斷約翰福音是以哪些讀者為對象，以及他們身處甚麼境況。長久以來，這個問題都好像一個相當吸引人的狩獵場，讓新約學者在其中大顯身手，卻不能輕易得到解決——雖然我們能夠排除部分建議。[2]因此，我們必須滿足於只是描述某些公認對讀者身分的特點。

約翰福音很可能是在第一世紀結束前寫成，對象是那些目睹基督教迅速發展，並且正面對這發展帶來的問題的基督徒。他們也面對另一個問題：上一代那些認識耶穌的信徒，作為信仰原初的見證人，他們正陸續逝世。[3]當時的環境對他們的信仰懷有敵意，部分敵意更特別是源自猶太會堂。[4]而且，我們也可以頗為肯定，由於約翰福音的讀者對耶穌基督的本性有不同見解，他們之間也存在分歧。斯莫利(S. Smalley)認為，猶太人可能覺得耶穌欠缺神性，外邦人卻感到祂的人性並不足夠。這些分歧帶來磨擦，需要克服。[5]

約翰怎樣應付這個情況？他的回答主要是有關基督論的。首先，由於讀者對基督的觀點有分歧，雙方都沒有完全明白道成肉身的奧妙(一14)。為了猶太信徒著想，約翰福音從序言開始便強調耶穌的神性。從耶穌自稱與祂的父神有獨特的關係(五9～23，六46，八14～29、40、54，十15、17，二十17等)，以及祂說的「我是……」(六35，八12，十7、11，十一25，十四6，十五1)，可以看見祂意識到自己的神性。[6]但約翰福音對基督的介紹並非只側重一方面，同樣也將基督描繪為完全的人。祂是一個會口渴(四6～7)的人，有典型家庭的生活和愛(二12，七3～5，十九25～26)，在面對死亡時會感到憂愁和憤怒(十一33、35)，也會逃避痛苦(十二27)。彼拉多的宣告：「你們看這個人」(十九5，比較八40)，對約翰來說，並非沒有意義的。[7]

約翰福音在建立了這個神學基礎後，才勸勉信徒彼此相愛和合一（十三34，十五12，十七21～23）。如果沒有耶穌那雙重本性的啓示，上述的勸勉就只會是無益的請求。

約翰福音以兩種方式處理在面對使徒死亡和基督遲遲還未再來時，維持信仰的困難。首先，他強調最早的見證人是可靠的。信仰是建基於人們親眼的所見（一14）。他譴責只憑眼見——渴望看見奇迹權能的行動，而不是超越本身的象徵，指向道成肉身（四48，六26，十二37）。不過，看見是建立信心和明白耶穌的真正身分的正當基礎。因此，我們不應該指摘多馬在耶穌復活後提出的請求並不合理，而應該理解為，他就自己的使徒身分要求一個正當的基礎，與其他使徒已經接受了的啓示是一致的（二十24～29）。耶穌說，那些沒有親眼看見，但卻接受使徒見證的人會得到祝福。[8]

除了目擊證人那可靠的見證建立了信徒信仰的基礎外，那些信心動搖的基督徒也可以倚靠聖靈不斷的見證而得到鼓勵（十四15～19、26，十六5～16）。保惠師——耶穌的代表（alter ego）——保守以後的基督徒不會比初期的基督徒更遠離耶穌的事奉。聖靈會住在以後的基督徒裏面，正如基督住在最早的見證人當中一樣。[9]

約翰也處理讀者所體驗到的敵意。他在教會周圍劃下清楚的界線，將教會從世界（十五18～19，十六33，十七14～17），甚至從猶太人中（八44，九41）嚴格區分出來。[10]信徒不再屬於世界或猶太教，不能期望能夠在這些地方受到歡迎。他們面對的敵意，正如耶穌所預告一樣。但給他們的牧養鼓勵，不單來自耶穌曾經預先警告他們會遇到反對，更在於面對敵意時，他們是與他們的主認同的。雖然耶穌愛世界和猶太人(三16)，但祂也被他們拒絕(一10～11)。信徒不應該期望自己得到的對待，會比他們的主好。因此，他們應該謹記，世界首先憎恨的是祂(十五18)。而且，他們面對迫害時，不應該沮喪地屈從，而是相信耶穌已經勝過世界(十六33)。

約翰福音十五章勸勉信徒「常在」或「留在」基督裏面，考慮到他們對信仰日漸增加的困惑，我們可以明白這個勸勉的重點。我們要再次強調，這個勸勉只是從福音書的背景發出，書中提出了很多理由，解釋信徒為甚麼應該繼續在基督裏，也提供了許多提示，讓信徒可以藉以存活。它不是好像「雖然我不明白，但仍然堅持下去」這類毫無基礎的勸勉。

巴雷特(C. K. Barrett)將作為牧者的約翰，與保羅作了比較。[11]他論證說，保羅的著作源自他對教會一些特定的牧養關懷，提供十分明確的牧養指引。約翰卻只作一般性指示，沒有嘗試提出怎樣應用。他們兩人肯定有分別，但我們不應該過分強調那分別。約翰採用的方法和風格，明顯與保羅的不同，但雖如此，他也同樣是牧養神學家。他處理那個時代對教會極為重要的問題，以基督教的真理——特別是有關耶穌基督的真理——影響他們。當這樣做時，約翰忠於自己對耶穌的親身經歷。他毋須創造一個基督來配合自己的需要，只要述說他所認識的基督。因此，約翰既是敏鋭的牧者，又是偉大的佈道者。

約翰福音的事奉和羣體

約翰福音沒有明確提及事奉或教會。有些人認為，這卷書絕對是個人性的福音。例如，莫爾（C. F. D. Moule）寫道：「這是以個別靈魂與神的關係為取向的卓越福音書；當有人問一個信徒，他個人怎樣理解救恩時，他往往會先打開聖經的這部分。」[12]

無可置疑，約翰福音強調的是個人與神的關係，書中記載了很多個別人士與耶穌相遇。有人指出，眾多記號的高潮，就是一個個人的復活，書中強調個別信徒住在基督裏，甚至牧羊人和羊羣或葡萄樹和枝子這些圖畫，雖然無疑有羣體性的含義，卻仍然沒有處理羊與羊，或枝子與枝子之間的關係。不過，如果本書著重的是個人，那也並非與別人分隔的孤立個體，約翰也不可能漠視了教會來建構門徒個人的神學。惟一能夠實踐遵從基督命令的途徑是「彼此相愛」（十三34）。我們從來都不難看見門徒的羣體性。

正如布朗（R. E. Brown）相信，約翰福音可能是以教會論為前設的。[13]但即使大家都同意這點，對於為事奉建立教義或結構，本書都沒有提供牢固的基礎。以這方面而言，約翰福音極其量只是就十二門徒的身分提供一些洞見。不過，與符類福音相比，約翰福音在這方面的貢獻也不多。書中明確表示，耶穌揀選了他們（十五16），但他們在了解耶穌方面相當遲鈍（十四9），作門徒時立場也不堅定（十六32）。約翰沒有將他們描述為一個獨立的團體，他們也似乎沒有甚麼特定的事奉，在教會更沒有任何獨特的職位。如果他們有甚麼重要性，那是因為他們代表了教會整體，接受和完成復活的主所差遣他們做的事情。或者，對於那個蒙愛的門徒來說，他的重要性在於他與主的親密關係，成了一個榜樣。[14]

約翰福音對門徒的看法，主要在於他們接受了作「見證人」這個重要的責任，受命將他們看見和聽見的消息傳開（十五27，十七18、20，二十21）。[15]但這不只是使徒的事奉，而是所有信徒的責任。或者，以湯樸．威廉（William Temple）的話來說，這裏將教會整體和所有教會成員的功能，集中在一個焦點上。[16]後來的教會只可以因為它相信同一關於耶穌的真理，並參與傳揚這真理，才能自稱為使徒教會。

關於約翰福音有否提及聖禮這個問題，更加令人困惑。有些人從這卷書信中，找到很多有關聖禮的暗示，另一些人則完全找不到任何這方面的暗示。[17]公平一點說，約翰福音沒有直接提及聖禮，這似乎暗示，我們不能用約翰福音來提倡聖禮主義。書中的沉默，加上可能是含蓄地糾正對聖禮主義的過分強調，暗示約翰福音主要關注的，並非基督教會的聖禮生活，而是傳揚賜生命的聖靈怎樣在個別信徒的生命中作工。[18]但我們對這一切都不應該有任何誤解，以為約翰福音沒有增加我們對牧養職任的理解。

耶穌的榜樣和教導

正如前文所述，約翰福音的教導完全是以基督為中心。因此，我們在耶穌的榜樣和教導中，就牧養事奉方面，可以找到很多有價值的發現，也就不足為奇。有一次，耶穌明確表示，祂的行動是要作為門徒的榜樣（十三15），我們也可以將這個觀念引申，將耶穌描述為有技巧的輔導員、有智慧的教師、忠心的代求者等典範。

雖然耶穌的事奉和現代的專業輔導事工之間相似之處極少，[19]但福音書仍然豐富地記錄了耶穌怎樣應付人們的需要，[20]約翰福音尤其如此。與它針對個人的取向一致，約翰福音顯示耶穌在服事個別人士方面的技巧，見於三至五章。首先，耶穌以非常不同的方式接觸尼哥底母、撒瑪利亞婦人和畢士大池子旁的男人，祂提供的救恩，也是因應個別人士的需要，而以不同的方式提出。對於尼哥底母這個受人尊敬的法利賽人，耶穌坦率得近乎無禮。祂打斷了尼哥底母的客套話，在他還未有機會發言之前，已經預期他會提出甚麼問題（三3）。耶穌給尼哥底母的信息很簡單，卻毫不妥協，對他的要求也是毫不妥協地高。尼哥底母對別人要求很高，貢獻也很多，不過現在耶穌告訴他，神對他有甚麼要求，而且除非他重生，否則他不能夠有甚麼貢獻。

至於那個一生都在追求滿足，試圖在婚姻和性關係方面尋覓滿足卻徒勞無功的婦人，耶穌跟她談話時，表現是多麼不同。祂知道她最大的需要是要得到滿足，而祂能夠提供這種滿足（四13～14）。從耶穌要求婦人給祂水喝，從而顯出祂不受任何社會習俗規限的那一刻開始，祂溫和地吸引她與祂交談。祂不讓婦人將話題轉向學術性的爭論，因為祂關心的是人；如果我們將沉默理解為同意，便可以假定耶穌沒有迴避婦人提出的問題，不過祂卻單刀直入，宣告真理是怎樣子的（四19～24）。同樣值得留意的是，祂沒有提供廉價的恩典。祂沒有提供自己不能給予的東西，因為除了認罪以外，再沒有任何途徑可以得到聖靈的活水。不過，耶穌並不是要譴責人；那可憐的婦人肯定已經十分自責。耶穌的事奉不是要譴責，而是要賜人生命（三17），而且是完滿的生命，她透過耶穌自我啓示為彌賽亞，接受了那生命（四26）。

耶穌與畢士大池子旁的男人的相遇，讓我們對祂怎樣與人相處有另一番體會。雖然約翰福音毫無疑問是為了其他目的記載這個故事，但值得留意的是，耶穌本來可以立即滿足這個男人的需要，但祂故意延遲，以便深入那人思想的最深處。長年傷殘帶來的痛苦，深深影響了這個男人的心態。他躺在池邊，顯然十分可憐。他怪責別人沒有盡上責任，儘快幫助他（五7）。正如常見的情況一樣，自憐似乎能掩飾他滿足於自己疾病的實況，因為耶穌敏銳地問他：「你要痊癒嗎？」（五6）。有些尋求輔導的人，從自己的問題中產生受虐狂一般的快感，雖然他們一方面承認自己渴望不再受那些問題纏繞，但另一方面卻表現出一種能力，避免採取一些能夠使自己得到解脫的步驟。這個男人需要的是身體和態度方面的整全，而耶穌正樂意提供這一切給他。

耶穌給牧者的第二個榜樣，在於祂是一個睿智的教師。祂一再從門徒或羣眾的誤解出發，小心解釋一些穎新的真理，例如六章34至51節和十四章5至7節。而且，在門徒不願意提出他們的問題時，耶穌也能夠預先知道他們的問題所在，代他們將問題說出來（十六19～24）。同樣，祂沒有立即教導門徒他們不能承受的東西，顯示祂體諒他們的限制（十六12）。明智的教師容許學生決定步伐的緩急，卻並非漠不關心；祂為他們提供一切學習的動機，卻容許他們決定學習的步伐。

耶穌第三方面的榜樣，可以從十七章的「大祭司禱告」中看到。在這裏，約翰福音提供一個獨特的機會，讓我們一瞥聖子與聖父的談話。這肯定令每一個讀者都感到，自己進入了至聖所。我們無意詳細研究這個禱告的內容，但我想指出，這個禱告反映了聖父和聖子有完全一致的關注，而耶穌心裏最重視的是保護門徒，維持他們的聖潔。雖然祂很快便會完全戰勝世界，不過對祂親身教導的門徒和追隨他們的人來說，世界仍然會是一個戰場。因此，禱告是必須的。約翰福音在此提出一個地上的榜樣，顯示耶穌怎樣在天國為信徒代求，延續祂的事奉（約壹二1；比較來七24～25）。忠心地代求，仍然是耶穌真門徒的標記。

我們可以在關於模範牧人的比喻中（十1～21），找到耶穌與牧養事奉有關的教導最堪注意之處。雖然這個比喻的主要教訓相當清晰，但它的結構和細節卻以艱深聞名。[21] 儘管人們提出了很多不同觀點，但布朗的觀點對我們很有幫助。他認為，這是一個比喻（1～6節），然後透過門（7～10節）、牧羊人（11～18節）和羊（26～30節）這幾個象徵發展起來。[22]我們可以清楚看到，耶穌將舊約有關牧羊人的豐富象徵——特別是以西結書三十四章和以賽亞書五十三章[23]——帶到高潮，同時又為這個主題注入了穎新的深度和視角。

這個比喻有四個元素值得留意。首先，它警告將會有假牧人出現。這個警告在舊約相當常見，但在耶穌當時，牧人被視為盜賊，被看作是不誠實的，以致有禁令不能向他們購買東西，甚至不容許他們在法庭作證。[24]因此，耶穌利用牧羊人這幅圖畫來描述自己，是一個充滿鴻恩的行動；祂強調自己是「好」牧羊，也就更有必要。

人們對假牧人提出了很多不同解釋。假牧人基本上是為了自己，而不是羣羊的利益而事奉。因此，假牧人有很多種，包括：欺騙羣羊，令羣羊相信他們是屬彌賽亞的人；懷著偏見事奉的人；那些假稱有別的途徑進入羊圈的人；以及因為能夠從中得到權力和地位，而接受牧養工作的人。[25]正如加爾文指出：「在每個時代，這個警告都十分有用，〔因為〕……沒有任何災難比披戴牧人面具的狼，對教會帶來更大的破壞。」[26]

其次，這個比喻說明，羣羊和真牧人之間的親密關係。他認識每一隻羊（3節），安全地引導它們（4節）；它們完全信任他，因為它們認得他的聲音。14節和27至29節再次強調，牧人對羣羊的熟悉，以及它們在他照顧下會絕對安全。除非先建立這種關係，否則不能期望任何人能夠帶領神的百姓。牧者要十分熟悉會友，會友要對牧者的領導有信心，才能夠信任牧者不會帶領他們陷入險境。關於這一點，湯樸．威廉補充說：「對真牧人的羊來說，我們是它們的牧人還是陌生人，有賴它們能否認出我們的聲音是屬祂的……」。[27]

這個比喻第三個值得留意的地方，是16節強調的普世性。羣羊不限於猶太人，也絕對不允許它們沉迷在自我中心之中。和耶穌一樣，真牧人的關懷永遠都必須超越任何羊圈的界限，將圈外的羊也引入圈中。根據聖經，我們不能將牧養工作抽離傳福音這個不間斷的任務。牧人對現有和將來會加入的羊，都是有責任的。

最後，我們來到了事情的核心。耶穌關於模範牧人的教導的新元素是：他為羊羣獻出自己的生命（11節）。好牧人不單預備好在保護羊羣時面對危險（12節），最終事實上更為了它們，付上自己的生命作為代價。只有這樣，羊羣才能夠經歷完滿的生命(10節)。耶穌在這裏將受膏牧人和受苦僕人這兩個形象結合起來。牧者的真正模範,必須包括這兩個形象。這裏總結了約翰對牧養理解的精髓:事奉就是捨己的犧牲。[28]

在另一段有關牧養事奉的重要經文,也可以找到同樣的強調。這段經文是約翰福音十三章1至17節,記載耶穌替門徒洗腳。在此以行動的形式,描述道成肉身的整個故事,和保羅在腓立比書二章6至11節對道成肉身的闡釋十分相似。在這事件中,耶穌清楚地將祂的行動連繫到祂對門徒行為的要求上(15節)。因此,除了模範牧人這個比喻隱含著十字架這個模範外,道成肉身也成了事奉的典範。兩者的共通點,都是要求牧人自願為了服事別人而放棄自己的權利。

耶穌這個令人驚訝的行動,不是要傳遞道成肉身的抽象真理,祂更無意設立一個新的儀式。祂這樣做的目的,是永久地確立惟一合法的領導風格,給那些宣稱自己代表祂行動的人。約翰福音將路加福音二十二章26節的明訓,以戲劇性的方式表達出來。耶穌替門徒洗腳時,甘願謙卑地接受了僕人的身分,由於「僕人不能大於主人,差人也不能大於差他的人」(16節),祂的追隨者也要採取同樣的謙卑態度。正如龔漢思(Hans Küng)寫道:

> 作門徒的基礎不是法律或權力、知識或尊貴,而是服事。因此,門徒在追隨基督方面的模範,不是世俗的統治者,也不是有學識的文士,甚至不是站在百姓頭上的祭司,惟一有效的模範是侍候別人進餐的人。[29]

對人的事奉不能來自上面，只能來自下面。事奉不能來自優越的地位，只能來自僕人這個身分。

耶穌復活後，差遣的觀念變得相當明顯。在約翰福音二十章21節，耶穌向門徒發出一個概括性的差遣，祂的用語令人想起祂在與天父談話時說過的話（十七18）。這段差遣有三個重點。

首先，他們需要繼續耶穌的使命，而不是從事任何新的工作。而且，差遣的形式清楚表明，他們要以耶穌的事奉作為榜樣。第二點可以從上下文看到。耶穌立刻賜聖靈給他們。沒有聖靈，他們不可能實行自己的使命。耶穌較早期的教導已經清楚表明，沒有這份恩賜，他們不會有能力（十四1～十六16），但有了聖靈後，他們甚至能夠做比耶穌更大的事情（十四12）。第三，這裏也提到他們的權力（二十23）。他們的權力來自實行他們接受的差遣，和運用那恩賜。否則，他們不能有任何權力，無論他們的職位是甚麼。我們不應該將這節難解的經文視為給個別人士權柄，赦免或拒絕赦免別人的罪。這節經文也沒有建立任何權力架構。這句話是向教會整體說的。教會靠著聖靈的能力，以基督的福音作為裝備，能夠宣告祂的赦免，並同時宣告在哪裏、在怎樣的情況下不能得到這赦免。[30]因此，就聖靈的恩賜和復活的基督的權力來說，這個使命都與實現它所需的裝備緊密相連。

約翰福音許多有關牧養的教導，都包含在彼得恢復事奉一事中（二十一15～23）。耶穌小心地對待這個受了傷的人。雖然彼得充滿熱誠，但因為他曾經不認耶穌，所以他一定感到自己再沒有資格事奉。那不可避免的測試，只是用來考量彼得對耶穌的愛。重要的是個人和大牧者之間的關係，甚至排除了對別人前景的好奇心（20～23節）。只要有愛，就足以克服失敗，帶來復興。如果耶穌恢復了彼得的職位，彼得的職責便清楚不過：羣羊需要牧人的細心照顧——只有耶穌才是牧人的模範。

有些人根據這幾節經文，認為彼得擁有宗座的卓越身分，但我們很難從經文中找到這個觀念。[31]彼得是見證人的代表，凝聚了神所有的愛、赦免和呼召。不過在約翰福音而言，以犧牲的愛去事奉的呼召，是給予所有基督的見證人。

約翰的書信

當約翰寫約翰一書時，他在約翰福音提及的問題已經更為明露。異端對基督位格的觀點，對牧養帶來嚴重的後果。這些觀點不單威脅教會的合一，對基督徒經驗的本質，也造成極大混亂，對道德標準也產生相當嚴重的破壞。因此，考慮到這些迫切的需要，約翰寫了一封詞鋒銳利的書信。這封書信的性質是牧養，而不是爭辯。[32]約翰的書信是牧養指導的模範——「是教誨方面的傑作」。[33]

約翰在約翰一書和另外兩封書信中，相當小心地確立自己與讀者的關係，令他們明白他指導他們的動機。他們是他的「孩子」（二1、12、13、18等；約叁4）和「親愛的朋友」（二7，三2、21等；約叁1、2、5等）。約翰想以自己與他們已有關係的慈愛和關懷，作為基礎。這也有助我們明白，他為何那麼關心自己的喜樂（一4；約貳12；約叁4），因為任何父親的喜樂，都必定與他兒女的福祉有關。[34]

約翰教導的方法就是重複(repetitive)。他完全無意在教導中標新立異，只是提醒讀者他們已經明白的事情(二21；比較二7～8；約貳5)。他們不用學習新事物，只要更完整地明白他們已知的事情。因此，約翰在第一封信中，不只一次小心地討論同一問題，有些人因而在他的著作中發現一個循環的結構。[35]

芬德利(G. G. Findlay)指出：「約翰的著作外表平和，但本質卻潛藏著一份激情，孕育著一份熱誠，不時令人驚訝地爆發出來。」[36]在他的書信中，可以清楚見到這點。不過，他教導的方法幾乎完全是正面的。雖然他關心的是對抗假教師，卻很少直接攻擊他們。他的做法絕對是從正面陳述真理。

混亂的主因在於有些人教導說：基督並沒有真的以肉身來到世上，只是看起來完全是人而已。提出這種教導的人，認為自己真正理解信仰，輕視那些還未得到這種啓發的人，認為他們比較次等。他們貶低基督的人性，在道德方面帶來好些影響。一方面，他們相信一切物質都是邪惡的；但另一方面，他們又活在聖靈的領域裏，藉著得到啓發，獲得自由，脱離肉身，達到完美的境界。這種觀點令他們對倫理問題漠不關心，也引致反律法主義(antinomianism)。[37]

由於有假教師的存在，令一些人懷疑自己的歸信是否有效，對自己的基督徒經驗感到疑惑。[38]他們應該怎樣看待自己生命中的罪？這是否顯示他們仍未得救？還是留意罪惡反而是愚蠢的行為？他們與世界的關係又怎樣？他們應該如何對待那些在屬靈上似乎與他們格格不入的人？

約翰提出的答案，首先是確立他們接受的教義是正確的（一1～3）。令他們有信心站立在神面前的惟一根據，就是明白真理，而不是他們自己的主觀經驗，這種經驗相當不可靠。因此，約翰耐心地解釋有關基督本性的真理，警告讀者要提防敵基督（二18～27），辨別自己接受的是誰的教導（四1～3）。

有了這個基礎，約翰便能夠進一步處理在牧養方面更迫切的問題。我們必須承認，信徒仍然會犯罪，因為只有這樣，神的解決方法才有效。宣稱自己完美絕對，根本就不真實（一8～二2）。這也是虛假的引導，因為赦罪才是基督徒生命的基礎，而不是完美，其他一切都建基於赦罪。然而，罪不再像從前那樣佔主導地位。因此，任何人如果自稱是真正的基督徒，但他們的行為卻沒有流露出真理的特點，都是可疑的（三9～10；五18）。在決定誰是真正的基督徒時，除了信仰外，還可以加上這個道德方面的試驗。

在書信的開頭，約翰已經暗示他對黑暗的理解（一5～7）。假教師教導人們，他們必須脫離這個黑暗的物質世界，進到「靈知」的光輝中；但對約翰來說，黑暗的特性不是物質，而是道德——更正確地說，是不道德。約翰認為，恨自己的弟兄，就是活在黑暗中（二9、11）。當然，我們不應該毫無批判地接受世界（二15～17），因為世界基本上是與神為敵的。但約翰所說的世界，並非指它的物質形式，而是人類組織起來對抗神的體系。

信徒因為自己靈命成長緩慢，或是由於在世上生活受到限制——正如加爾文所說的「各人自己的感受」[39]——而感到沮喪。約翰以將來的異象鼓勵他們（三2）。目前對神恩典的經驗，與將來的經歷相比，簡直微不足道。他們也可以好像約翰．牛頓(John Newton)那樣說：「我不是我應該成為的我；我不是我想成為的我；我不是我希望成為的我。但我已不是從前的我；靠著神的恩典，我成了現在的我。」[40]

同時，信徒有責任不斷地付出愛。沒有任何捷徑，讓他們毋須滿足這個令他們不安的要求，便能夠變得超級屬靈。約翰有關愛的教導，目的是要避免兩個相反的錯誤。一方面，他一再重複這個誡命，具體地解釋它的意義，令信徒不會有任何誤解。就像所有好教師一樣，他沒有令讀者對怎樣具體應用通則感到困惑。他至少提出一些具體的應用，說明那條通則(三17；四19)。另一方面，他解釋愛的意義時，令信徒不能以為只要稍為做一些善事，便能夠完成自己的責任。愛在地上和天上，都植下深深的根基。因為「神就是愛」(四16)，我們最終只可以從耶穌的捨己，才能夠真正明白愛是甚麼(三16)。因此，正如在福音書一樣，愛的意思是為了別人的利益而犧牲自己，無論是最終要犧牲自己的生命，還是更有可能遇到、不那麼重大的犧牲。

約翰使用「認識」這個動詞的次數，清楚表明他最渴望的，就是他的孩子安於信仰，從親身的經歷中，肯定自己屬於神。[41]為了達到這個目的，約翰十分謹慎，連最軟弱的孩子的需要，也沒有忽略。毫無疑問，總會有人在運用了約翰提出的所有試驗後，仍然不能夠確定自己與神的關係。對於這樣的人，約翰有特別親切的話要說。對於那些心中高聲譴責自己的人，約翰向他們保證，他們可以放心將自己的生命交託給神(三19～20)。令人驚訝地，這位神對我們的一切都完全明白，更有理由譴責我們。不過，這位神也是愛，因著恩典，祂沒有譴責我們，反倒接納我們。如果這樣也不能夠令困惑的心安頓下來，那就再沒法子了。

只有一類人是約翰認為沒有希望的。那就是犯了致死的罪的人（五16）。他指的是那些不願悔改，故意拒絕真理的人。[42]約翰並非試圖建立一個犯罪的排名表，指出為這類人祈禱也沒有用；而是表明，在大多數情況下，即使其他策略都無效，禱告仍然能夠為信徒提供龐大的牧養資源。

約翰一書是牧養指導的模範。約翰以溫柔的力量寫這封書信。他完全明白讀者身處的困境，但回覆卻毫不妥協。雖然他的回答強硬，但用詞卻確保讀者願意聽從，能夠明白。他提到的問題，今天仍然存在，依舊令很多信徒心裏產生迷惑和疑問。[43]因此，這封信仍然是牧者不可或缺的工具。

啓示錄

那些將啓示錄視為基督教版本的占卜書，用來預測未來政治事件詳情的人，似乎忽略了這卷書的寫作原意，以及它的文體性質。雖然約翰在啓示錄採用的風格，與他寫的福音書和書信完全不同，啓示錄仍然顯示約翰是一位出色的牧者。

這卷書是寫給小亞細亞教會的，書中提供了很多有關這些教會的資料。一般認為，它是在羅馬皇帝多米田(Domitian)執政期間寫成的。如果接納這個假定，我們會更了解這些教會的景況。隨著時間推移，教會已經不如往日那樣充滿屬靈的活力，靈性明顯已經倒退。

除此以外，教會還面對四個困難。首先，他們不時經歷到迫害，雖然這些迫害沒有以前那麼嚴重，但他們卻未能成功通過這些考驗。而且，與即將發生的風暴比較，這些迫害根本微不足道。他們要作好準備，迎接這場將要來到的風暴。其次，他們與猶太教的關係仍然造成很多麻煩。猶太人聲稱他們才是神的真正兒女，不斷動搖基督徒是真以色列人這個宣稱。第三，有錯誤的教導入侵教會。第四，信徒面對愈來愈大的壓力，要他們與身處的外邦社會妥協。他們懷疑，對民眾的節慶和外邦社會的習俗，是否真的需要抱持這種不順從態度？[44]

因此，約翰的目標是制止靈性的衰落，培養聖潔，鼓勵忠心，防止倒退。他提供的答案是，向讀者介紹現實的另一面，也就是在他們已經太熟悉的地上環境以外的另一個現實。所以，他拉開了遮蓋天堂這個現實的帷幕，讓讀者一瞥真實的情況。他們在地上所看到的，只是整幅圖畫的一部分，但他們卻誤以為那就是全局，以致未能達到他們應有的屬靈成長。

約翰在向教會傳達這個答案時，面對兩個困難。首先，他要以地上的語言表達天上的現實的宏大真理。其次是怎樣描述地上政權短暫和註定滅亡的本質，而又不會明顯帶煽動性。約翰以象徵的語言，克服了這兩個困難。關於人類的政權，約翰採用的方法有點像政治漫畫，[45]讓那些需要看到內容的人一目了然，對那些不明就理的人卻是一個謎。對我們來說往往是很神秘的溝通方式，在原來讀者的背景之下，卻能夠清楚傳達信息。我們不能想像約翰的預言是隱晦難明的，因為鼓勵教會是這些預言的目的。

與約翰先前的著作一樣，啓示錄的牧養神學也完全是環繞著基督論的，雖然這次有不同的重點。從前他集中於基督在地上的生活，從祂的雙重本質中引伸出含義。在這裏，他則將焦點放在復活和高升的基督身上。從前他的教導是回顧成了肉身的基督，現在則前瞻將會再來施行審判的基督。約翰的取向仍然是環繞著基督論的，但卻帶有終末論的色彩。總括來說，他邀請疲乏的信徒冷靜下來，詳察高升的耶穌。

預言以描述約翰在異象中看到基督開始（一9～18）。在拔摩島一間囚室上了鎖的門後面，約翰看見一扇通往天堂、敞開的大門，這情景完全改變了他如何看受苦的教會。他在異象中看到的每一個細節，都強調這個世界將會過去，但他的主不受世界的本質所影響，祂的能力也不是短暫的。祂雖然來自永恆，卻清晰可見其權能。祂已經戰勝死亡，確證祂永遠存在，祂的審判也延伸至地獄。如果信徒對這位主有真正的信心，便毋須害怕地上的勢力，雖然這勢力看來必定更接近他們。[46]

基督本身的異象，變成基督向小亞細亞七間教會說話（二1～三22）。基督不單是宇宙中心的至高掌權者，也是教會的主。這樣，祂顯示祂對他們的情況瞭如指掌，對他們的事務也擁有主權。人們往往留意到這七封信的相似之處，而正是這點表明這卷書的牧養性質。每一封信開始時，都以某一間教會為對象，然後根據接下來要傳達的信息，選用先前提及的基督異象的其中一方面。因此，給以弗所教會的信將基督描述為拿著七星，在七個燈臺中間行走（二1），而七個燈臺象徵眾教會，因為要對以弗所教會提出的警告是，如果它不改過，便不能再作教會。對於示每拿教會，基督則顯出會戰勝邪惡力量對祂發出的最猛烈攻擊，因為祂只是鼓勵這間教會在困境中仍然堅持下去（二8）。其餘的信也是這樣。

在這樣揭示基督後，便是一番鼓勵的話。除了撒狄和老底嘉教會沒有甚麼值得稱讚外，教會的主並非忽略他們生命中許多值得稱許的事。事實上，基督表明祂很清楚他們有何成就。祂批評他們時，他們不能說祂不明白他們。祂掌握整幅圖畫，祂的評斷既準確又體諒。那些稱讚也能鼓勵他們繼續行善，持守真理；或者更具體地說，持定相信他們是以色列的真正繼承人（二9，三8～9）。

除了示每拿和非拉鐵非教會外，在稱讚之後就是責備。責備可以是嚴厲的，但對約翰來說，這些責備也是保證神的愛（三19）。審判是關於一些具體的失敗，這不是要令教會成員懷疑審判是否適用於他們，以及怎樣應用在他們身上。同樣，在提出審判之後，也指示他們應該採取甚麼行動。基督沒有任由他們掙扎地問：「主啊！接著又如何？」行動建議大致可以分為兩類：呼召他們悔改，或呼召他們抱有信心。[47]兩者都是基督徒生命開始時必不可少的。約翰指出，信徒以後也不能拋開它們。悔改是改變心意，令生命得以改正，教會經常發覺他們要這樣做（二5、16，三3、19）。正如對其他教會一樣，對撒狄教會也需要在要求他們悔改前，先邀請教會醒覺過來，記起他們接受的是甚麼（三2），否則他們不會悔改。[48]需要信心的意思是要忠心（二10、13），反映出一種能夠在基督裏找到的特質（一5，三14，十九11）。

這些書信有兩處地方包含了威嚇（二5、16），不過勸說的主要策略是應許，而不是威嚇。每一封信都以一個應許作結，對於反叛的老底嘉教會，約翰更提出兩個而不是一個應許。他告訴這間教會，神渴望他們重新邀請祂和他們契合，只要教會打開大門，祂便會熱切地回去。他們毋須害怕祂遺棄了他們（三20）。更重要的是，如果他們真誠悔改，便會和高升的基督一起，分享祂的寶座（三21）。如果現代講壇能夠重拾聖經對應許和威嚇這個七對二的比例，那麼我們勸勉的技巧可能會更好。可是，我們往往將這個比例顛倒過來，帶來的結果和我們的期望剛剛相反。

基督的異象再次擴展，顯示祂作為天上敬拜的中心（五1～14），而且繼續擴展下去，直至縱覽祂在逐漸揭開的歷史舞台上的地位。那些關於神和邪惡鬥爭的難解經文，從沒有試圖低估，在組織起來對抗神的世界中，撒但能夠帶來多大的恐懼和痛苦。不過，預言明顯是要鼓勵信徒相信神會戰勝邪惡。戰爭的喧囂不斷被倒敘天堂的畫面中斷，顯示那些知道結局的人，正在歡慶神的勝利（七9～17，十一15～18，十二10～12，十四1～5，十五1～4，十九1～9）。還有，約翰也揭示了羔羊的真正身分，表明祂好像摩西一樣，是解救者（十五3），也是大能的戰士（十七14），充滿信心的新郎（十九6～9），誠信的審判官（十九11～16），恢復秩序的創造主（二十一22～23），以及坐在寶座上的君王（二十二1、3）。

只有當信徒能夠完全掌握這個關於基督的真理，勸勉受苦的信徒忠心和聖潔才有價值。[49]沒有這樣的啓示，任何勸勉最終都只會證明是太膚淺，不能為受苦的人提供任何基礎，令他們堅持信仰。

啓示錄很少明確提及約翰時代教會生活的組織，也幾乎完全沒有提到領導這個課題。這卷書強調，所有信徒都是君王和祭司（一6，五10，二十6）——雖然它也給予先知重要的地位，約翰也視自己為先知（二十二9；比較十7，十六6，十八20、24，二十二6）。不過，正如鄧恩（J. D. G. Dunn）指出，這並不是要讓我們知道教會有某些職位，而是要表明教會一直都具有先知的性質。[50]

關於初期教會的羣體生活，我們可以從啓示錄得到的另一個洞見，是與崇拜有關的。同樣地，任何洞見都只能透過推論得到。雖然崇拜在啓示錄中那麼重要，可能顯示初期教會相當重視崇拜，但這仍不足以讓我們從這卷書中得出任何有關禮儀的教義性結論。[51]比較好的做法，是享受啓示錄的偉大聖詩不斷豐富歷代的崇拜。這方面的缺失，不應該令我們感到驚訝，我們必須記得，啓示錄最主要**是**牧養神學，而不是**關於**牧養神學。

總結

約翰的著作是他對初期教會最大的貢獻。這些作品顯示，他是一位出色的牧者。[52]雖然他以不同方式傳遞教導：在書信中明確地提出教導，在福音書則沒有那麼直接地表達牧養性的教導，在啓示錄中更以間接的方式提出教導，不過他的著作仍然有一些共通點。他的牧養神學都是環繞著基督論而成的。要解決教會面對的問題，以及推動更大的進步，都有賴一無所缺的基督（all-sufficient Christ）。約翰致函的教會面對的問題，都源於他們沒有仰望祂，不明白祂的完滿性。信徒沒有住在基督裏面，令問題增加，進步也緩慢。

約翰的牧養神學也是一致而平衡的。他一直都在糾正錯誤，也一直不忘給予鼓勵。事實上，那些消極的說話，總是牢牢地在積極的背景中教導出來的，而這也符合我們對一個始終認為「神是愛」的人的預期。

約翰並不關心基督教儀式的安排。關於這個問題，他惟一關注的是，所有儀式都必須見證基督，延續祂的愛。這是謙卑的愛，它的特點是捨己和自我犧牲。[53]約翰強調，牧者必須是牧人和僕人，不是超級巨星。教會要忠於她的主人，必須是為見證甚至殉道者的教會，基督徒領袖的特質，就是捨己。

註釋：

1. C. K. Barrett, *The Gospel According to St John,* p. 479; R. E. Brown, *The Gospel According to John,* vol. ii, 1056; Dunn, *Unity and Diversity,* p. 26; S. Smalley, *John: Evangelist and Interpreter,* pp. 143f.。
2. Guthrie, *NT Introduction,* pp. 271～282 和 Smalley, *John,* pp. 122～149。最近學者轉而注意約翰的圈子（Johannine circle），他們相信這卷福音書是來自這個圈子的。有關這點，參 D. A. Carson, 'Recent literature on the fourth gospel: some reflections', *Themelios* 9 (1983), pp. 8～18。
3. J. M. Boice, *Witness and Revelation in the Gospel of John*, pp. 36～38。
4. W. A. Meeks, 'The Man from Heaven in Johannine Sectarianism', *JBL* 91 (1972), pp. 44～72。
5. Smalley, *John*, p. 147。
6. G. E. Ladd, *A Theology of the New Testament*, pp. 237～251。
7. G. E. Ladd, *A Theology of the New Testament*, pp. 251～253。
8. G. L. Phillips, 'Faith and vision in the fourth gospel', in F. L. Cross ed., *Studies in the Fourth Gospel*, pp. 83～96; Boice, *Witness and Revelation*, pp. 145～151。
9. Brown, *John*, vol. ii, p. 1142.
10. Barrett, *John*, pp. 47, 139.
11. Barrett, *John*, p. 47.
12. C. F. D. Moule, 'The Individualism of the Fourth Gospel', in *Essays in New Testament Interpretation*, p. 104。
13. Brown, *John*, vol. i, pp. cv-cxi。
14. Dunn, *Unity and Diversity*, pp. 118f. 和 Barrett, *John*, pp. 80f.。
15. Boice, *Witness and Revelation*, pp. 114～123。
16. W. Temple, *Readings in St John's Gospel*, p. 159。
17. O. Cullman, *Early Christian Worship*, ch.2。有關這問題的討論，參 Brown, *John,* vol. i, pp. cxi-cxiv 和 Dunn, *Unity and Diversity*, pp. 168～171。
18. Ladd, *Theology of NT*, pp. 283～285 和 Guthrie, *NT Theology*, pp. 726～730。
19. Taylor, *Learning to Care*, pp. 94f.。
20. D. Carlson, 'Jesus' Style of Relating. The Search for a Biblical View of Counselling', *JPT* 4 (1976), pp. 181～192。
21. L. Morris, *Commentary on the Gospel of John*, p. 499。
22. Brown, *John*, vol. i, p. 390。
23. 有關進一步的詳情，參 B. Lindars, *The Gospel of John*, pp. 352f. 和 Brown, *John*, vol. i, pp. 392～398。
24. J. Jeremias, '*poimēn*', *TDNT*, vol. 6, pp. 489f.。

25. Temple, *Readings in St John*, pp. 159f.。
26. J. Calvin, *St John 1～10*, edited by D. W. Torrance and T. F. Torrance, p. 258。
27. Temple, *Readings in St John*, p. 386。
28. D. M. Smith, 'Theology and Ministry in John', in Shelp and Sunderland, *A Biblical Basis for Ministry*, p. 226。
29. H. Küng, *The Church*, p. 392。
30. Lindars, *Gospel of John*, p. 613 和 Morris, *Commentary on John*, pp. 847～850。
31. 關於這段經文的詳細討論，參 Brown, *John*, vol. ii, pp. 1110～1117; J. Calvin, *St John 11～21 and First John,* p. 220 和 Morris, *Commentary on John*, pp. 869～877。
32. Ladd, *Theology of NT*, p. 611。A. E. Brooke 在 *The Johannine Epistles,* p.xxx 指出：「約翰首先是牧者，然後才是正統教義的神學家」。參頁xxvii～xxx。
33. G. G. Findlay, *Fellowship in Life Eternal*, p. 59。
34. J. R. W. Stott, *The Epistles of John*, p. 219。
35. I. H. Marshall, *The Epistles of John*, pp. 22～26 和 Stott, *Epistles of John*, p. 55。
36. Findlay, *Fellowship in Life Eternal*, p. 51。
37. Ladd, *Theology of NT*, pp. 609～611。
38. 關於對約翰一書中基督徒經驗這主題的討論，參 R. E. O. White, *An Open Letter to Evangelicals*, pp. 157～169。
39. Calvin, *John 11～12 and First John*, p. 266。
40. 引自 David Watson, *In Search of God*, p. 101。
41. 約翰在這封信中，32次提到「認識」(to know)。
42. Stott, *Epistles of John*, pp. 186～191。
43. R. Macaulay and J. Barrs, *Christianity with a Human Face*, pp. 28～58。
44. F. F. Bruce, 'The Revelation of John', in G. C. D. Howley (ed), *A New Testament Commentary,* p. 637 和 J. Sweet, *Revelation*, pp. 27～35。
45. G. R. Beasley-Murray, *The Book of Revelation*, pp. 16f. 和 G. B. Caird, *A Commentary on the Revelation of St. John the Divine*, pp. 60f.。
46. 關於這個異象的詳細解釋，參 Beasley-Murray, *Revelation*, pp. 66～68 或 R. H. Mounce, *The Book of Revelation*, pp. 77～81。
47. Guthrie, *NT Theology*, p. 601。
48. 在討論申命記時，我們已經指出記念的重要性，參本書頁36及下。
49. 啓示錄十八章4～8節可能是對約翰當時教會提出的間接呼籲。
50. Dunn, *Unity and Diversity*, pp. 120f. 和 Guthrie, *NT Theology*, p. 786。
51. Guthrie, *NT Theology*, pp. 786f.。
52. Findlay, *Fellowship in Life Eternal*, p. 49。
53. 「見證」和「殉道」都來自 *martyrion* 這個希臘詞語。

[5]

使徒保羅

人們很少從牧者這個角度看使徒保羅，這實在令人驚訝。他在牧養方面的作品，查德威克（W. E. Chadwick）寫於1907年的著作已是最近期的詳細研究。[1]其後也出現了好些短文，進一步探討這個課題，[2]但一直再沒有人作深入的研究。我們很難判斷造成這些忽略的原因，但極可能是因為學者過分重視保羅的神學家身分，而從事實踐者則過分著重保羅的宣教士角色。即使是倫納德（Graham Leonard）近期的牧養神學著作，也不當地過分強調保羅的宣教士身分。他一開始便表示，保羅認為「牧養神學是令人遺憾的必需品」，也妨礙了他傳福音的首要任務。[3]然而，事實肯定不是這樣。

保羅對傳福音的委身，包括繼續關心那些因為他的佈道工作而建立的教會。準確地說，保羅認為，起初宣告福音和其後在教會繼續這樣的宣告，都是同一過程，彰顯神的作為（林前三1～9）。無論他在哪裏播下信仰的種子，他都關心種子的成長。[4]那些藉他歸信的人，就是他傳福音的同工，他們和他繼續發展關係，給他極大喜樂（腓一3～11）。有時，這種關係不是喜樂，反倒成了負擔，但發生這樣的事情，只是因為他們沒有完全明白福音。保羅的牧養取向，就是再次向他們宣告福音——不過，這次是更徹底的宣告（例如林後五16～21）。雖然這可能是負擔，但他仍然接受這是他的日常責任（林後十一28），他也樂意揹起這個擔子；那只是從另一面反映他對福音的委身。牧養工作只不過是令福音開出的花蕾盛放而已。

保羅的所有著作，甚至是羅馬書，[5]都是為了回應牧養上的需要，雖然不一定是答覆在牧養上的具體難題。相較於聖經其他部分，保羅書信更清楚地表明基督徒生活和基督教信仰之間的連繫。這些著作好像今天的築橋工人一樣，從深淵的兩邊——經驗和神學——開始動工，跨越深淵，在中間連接起來。不過，橋在哪裏連接，並不是隨意決定的，而且在決定連接點上，兩邊也並非同等重要。連接的地點是由神學一方決定的，因為向保羅啓示的福音，不容妥協（加一6～12）。因此，雖然我們可以同意巴雷特的見解：實際的問題「有助推動（保羅的神學）建構，否則，保羅的神學發展會比較緩慢」，[6]但說保羅的神學僅是回應教會提出的問題，或只是由教會的景況孕育出來，則是錯誤的。

目標和目的

保羅在歌羅西書一章28節確定自己事奉的目標是：「要把各人在基督裏完完全全地引到神面前」。這句目標全面的話，顯示保羅堅決要為實現目標而努力，並且樂意採用不同方法達到目標。他並不滿足於領人歸信。他渴望培育信徒，令他們站立得穩，不作屬靈的嬰孩，變得成熟，成為屬靈的成年人。這樣的人應該「完全」，「在靈裏自足」，[7]不再不健康地倚賴保羅或其他基督的工人，無論怎樣都能夠作穩定的門徒。

以弗所書四章13節提出類似的目標，甚至更清楚表明成熟的標準。那就是基督本身。用任何較低的標準衡量成熟與否都並不足夠，任何較低的目標都沒有價值。12節對成熟的看法和歌羅西書相同，因為會眾不應該被動地接受使徒的事奉，自己也應該積極投入事奉。任何特定的事工對教會都有這樣的考驗：教會在多大程度上，能使每個成員在本身的環境中事奉和傳福音？不過，還加上一個新元素。以弗所書四章13節的上下文也強調，要變得成熟並不是個人的事。個人只有在教會的團契中，才能夠成長。但保羅的意思不單如此，他也關心整個教會羣體朝成熟發展。教會作為一個羣體，也需要成長。基督的身體必須建立起來，「直等到我們眾人在真道上同歸於一，認識神的兒子，得以長大成人……」。[8]這個身體必須不斷成長，攻入撒但的領域，使人歸信，脫離撒但的控制（弗四16）。

保羅經常用「建立」這個比喻（羅十五2；林前十四12；弗二22，四29；西二7；帖前五11），而且往往指信徒必須彼此建立。他同時認為，基督徒領袖應該將自己的力量、精神和影響都投放在這個目標上（羅十五20；林前三1～15；林後十8，十三10）。這就是領袖擁有權力的目的。[9]

要將這些目標轉為更具體的目的，意味著保羅要致力教導真理、促成聖潔、鼓勵合一、維持忠誠。他教導真理，讓信徒明白福音的所有屬靈和道德含義。但如果不對抗異端，識破它的謊言，就往往不能有正面的教導。有四個混入了福音的異端一再出現，就是：律法主義（legalism）、克修主義（asceticism）、屬靈主義（pneumaticism）和諾斯底主義（gnosticism），而放任思想（libertinism）則被去除。[10]教導本身不是目的，而是要培養個人、羣體和社會的聖潔。對羣體聖潔尤具威脅的是分裂，保羅花了很多時間對抗分裂，推動合一。內部的紛爭結合外面的反對，往往令信徒感到失望，因此保羅在牧養上花很多精力制止不忠，他的清晰目標是培養信徒對基督有成熟的忠誠。

動機和動力

哥林多後書揭示了事奉的核心和張力，顯示福音使者蒙召分擔他們主人的苦難。面對偉大的目標（往往證明難以實現）、通常沒有積極回應的信徒、往往是艱苦的生活（林後六4～10，十一23～29）等，保羅必須有強大的動機和動力支持他的事奉。這些動機和動力究竟是甚麼？

保羅懷著一份責任感而生活（羅一14；林前九16）。他別無選擇。他不能逃避催迫他傳福音，因而也催迫他牧養的力量，因為這與他的歸信緊密相連，不能分開（徒二十六12～19）。推動保羅的，不單是他接受的差遣，還有一份更深刻的感受：對於神賜給他的恩典，既驚訝也感激（提前一12～14）。雖然他永遠都不能還清他欠神的債，但他的悔改卻令他不止息地渴望這樣做。還有，保羅的悔改令他極度相信福音的力量（羅一16）。神如果能夠拯救他，那麼也能夠拯救任何人。他既然認識這個福音，怎能不致力讓別人也認識呢？沒有這樣經歷神的恩典，保羅絕對不會開始他在教會的工作，更遑論持定下去。

從歸信的一刻開始，保羅所做的一切，都是由渴望討神喜悅來推動的（羅十五16；林後五9；加一10；帖前二4）。雖然這份渴望應該是每個信徒的總目標（西一10；帖前四1；

提後二4），保羅特別將它連繫到自己的事奉，表明這是他一切行為的決定性因素。

除了清楚明白自己過去的悔改，以及現在的迫切渴望外，保羅對將來的展望，也推動他為主作工。他知道終有一天，自己的工作會受到審視（林前三11～15），他的生命也要接受審判（林後五10～11）。雖然這樣令他正確地認真看待自己的生命，他卻不認為這是一種可怕或妨礙他的想法。相反，他滿懷信心地期待那一天，深信自己能夠因為贏得好些獎項而自誇。當基督再來時，由他帶領歸主的人會成為他的喜樂和冠冕（腓四1；帖前二19）。我們可能會擔心保羅這樣自誇是自相矛盾。馬歇爾（Howard Marshall）卻消除了這個憂慮。他指出：「我們絕對可以相信，保羅所期望的，不是在主耶穌面前驕傲地表現自己這個使徒有何成就，而是想到，當神透過他完成的工作（林前十五10）得到肯定時，他會感到多麼興奮雀躍。」[11]

提及基督的審判帶來的動力那段經文，也是以基督的愛這思想作平衡的（林後五14）。愛的推動力縱使不比審判大，至少也相等。如果我們真的明白我們從基督接受的愛，這愛必定會轉化為對其他人的愛。這肯定是保羅的經驗。查德威克甚至認為，這是保羅事奉的惟一基礎和惟一原因。[12]雖然這樣高估了愛的重要性，但若低估了愛的重要性，同樣是錯誤的。正如查德威克指出，哥林多前書十三章的教導，特別針對在教會運用恩賜，雖然不限於牧者身上，也並非與他們毫無關連。牧者或許想要擁有一切渴望的恩賜，但如果他們沒有同等份量的愛，那些恩賜也可以或是毫無用處，或被誤用。[13]若要堅持牧養事奉下去，必不可缺少對人的愛心，不過這份愛只能夠是來自基督的愛。

值得留意的是，保羅的一切動機都是源自在基督裏的神。神的呼召和恩典、對討神喜悅的渴望、意識到基督的審判，以及強烈感受到基督的愛，支持著他的事奉。

意象和關係

保羅致力於牧養關顧，但奇怪的是，他只用了牧羊人這個意象一次（弗四11），而且是將牧師和教師的工作緊密地連繫起來。[14] 不過，他的著作運用了許多其他意象。這些比喻不單說明牧者的工作，也確定他們與別人的關係。我們無意在此全面評論保羅著作中與牧養有關的比喻，[15] 不過會選擇討論那些與持久牧養工作特別相關和有暗示者。

奴僕、僕人、管家和他們的主人

從探討一組有不同側重，但令人聯想起同一幅圖畫的比喻開始，是一個恰當的做法。我們從奴僕、僕人和管家開始是合宜的，因為保羅提到自己在教會的功能時，用得最多的就是這些詞語，況且這些詞語也確定了他與主的關係。雖然保羅很喜歡告訴教會，他是他們的僕人或奴僕，但他從沒有將教會當成自己的主人。他是福音（弗三7；西一23）、新約（林後三6）、神（林後六4）和基督（林後十一23）的僕人（*diakonos*）。同樣地，他是基督的僕人（*doulos*；羅一1；加一10），基督的管家（*oikonomos*；林前四1）。每當他似乎是在說自己是教會的僕人時（林前三5；林後四5；西一25），總是小心地說明這個身分的性質，讓人清楚看見，他的工作最重要的權威是來自基督裏的上帝。

這幾個詞語有甚麼不同？奴僕的描繪強調，基督徒工人要絕對忠於他們的主人，他們不再屬於自己，而是由基督的死買贖下來，故此完全屬於神。[16]僕人的描繪指出，從事基督徒工作是要謙卑的。根據僕人這個詞語的原意和基督的教導，事奉應該是代表基督徒的弟兄姊妹，務實和謙卑地進行。不單這樣，耶穌在馬可福音十章45節將自己等同僕人，不單確定了祂的領導風格，也認同自己是以賽亞書提到的受苦僕人。保羅用同一個詞語，將耶穌的話應用到自己的事奉上，顯示受苦是教會領導的標記（林後四10～12，六4～10；加六17）。[17]管家的描繪也保持工人和主人的緊密關係，但朝更積極的方向發展。管家是「別人的助手，是執行別人意願的工具」。[18]他們完全認同主人的目標，也知道主人希望怎樣達成自己的目的。而且，主人已經為他們提供了所有用來實踐目標的資源。主人和管家的關係十分密切，管家有某程度的獨立性，不受別人的批評或意圖所影響。不過，管家不大可能濫用主人的信任，因為他們知道，他們和主人的關係包括了問責。

我們也要補充一點，僕人這個觀念不單決定僕人和主人的關係，也決定僕人和其他僕人的關係。保羅在歌羅西書一章7節和四章7節用「一同作僕人」來指他的同工。他更喜歡用「一同作工」（羅十六3、9、21；林後八23；腓二25，四3；西四11）這個相關的表達方式。僕人這個觀念的重點，不在於眾僕人在地位上的分別，而是他們的身分同樣是僕人。保羅在羅馬書十四章4節也是這樣發揮這個觀念。「他或站住，或跌倒，自有他的主人在」，因此，同作僕人的不能論斷他們。

父親和兒女

當牧者帶領人們在基督裏重生時，牧者是他們的父親這個觀念，尤其合適。保羅正是這樣使用這個比喻（林前四15；加四19；帖前二11；提前一2；多一4；門10）。保羅通常不用這個比喻來表示自己對信徒擁有的權力（雖然我們應該留意林後二9），而是表達他與他們的親密關係，以及他對他們那像父母般的愛。供養他的兒女使他喜悅，而不在乎得到他們的供應（林後十二14）。身為父親，他應該成為他們成長的模範（林前四16）。父親渴望兒女怎樣，他對信徒也有同樣的期望。他正是以這種精神「勸勉、安慰、囑咐」他們（帖前二12），甚至「警誡」他們（林前四14）。在今天看來，這樣的描述似乎是溺縱兒女，但我們要記得班克斯（Robert Banks）的睿智：「保羅是父母對待『成年』子女的模範，而不是對待『年幼』子女的模範」。[19] 保羅絕對無意令他們好像小孩子一樣依賴他。

保姆和幼童

在帖撒羅尼迦前書二章7節中，保姆和幼童這個與父親和兒女十分相近的比喻，也是運用了父母的象徵，以描述牧者和信徒的關係。不過，這次保羅心目中的圖畫，強調女性在家庭的角色，特別著重關係中那溫柔的關愛。從保羅在這節經文的實際用語，我們可以確定，他指的是母親照顧自己的兒女，而不是專職的保姆照料別人的孩子。

保羅經常勸勉其他基督徒領袖，以溫柔和忍耐帶領信徒（腓四5；西三12；帖前五14；提前六11；提後四2），這兩種質素都是聖靈的果子（加五22～23）。他那時的世界和我們一樣，溫柔並非總被視作十分值得追求的質素。有些人認為，溫柔只是討好。他們相信如果要令人進步，就需要更激烈的手段。當時很多巡迴哲學家都認為，要令他們的教導發揮影響力，必須放膽惡言責罵學生。[20]當時和現在的教會都傾向過分熱衷於糾正別人的過錯，有些講員也高度評價這種粗暴的做法。但保羅表明，雖然他放開膽量（帖前二1～2），而且以成果為導向，溫柔卻不單依然有效，更是正確的。他也不怕承認，自己在牧養上表現出溫柔和忍耐（林後十1；提後三10）。這些質素凌駕他的天性，實在不可思議。或許這是因為他明白，基督對他多麼溫柔和忍耐（提前一16）。

教師和學生

保羅的著作充滿課堂教學的語言。他將自己描述為真理的教師（林前四6；西一28；帖後三6；提前二7，六1；提後一11，三10）；而且像熱心的教師一樣，一直都顯得很關心學生，以免他們的知識沒有增長（羅十一25；林前十1，十二1；帖前四13）。他敦促別人接受教導他人這份光榮的任務，特別是在使徒開始引退之後（提前四13，六2；提後四2；多二7）。保羅也強調，教導、傳道和引導都是不可或缺的（弗四11～12）。[21]神給教會的其中一份恩賜，就是提供教師（林前十二28；弗四11；提前五17；提後二2）。他們教導的內容是來自聖經（提前四13；提後三16，四2），也可以追溯到耶穌本人的傳統（提前六3；提後二2）。教導這個觀念是那麼根本，以致保羅可以將歸信形容為「學了基督」（弗四20），並譴責那些不在基督裏面的人為無知（林前十五34；弗四18）。

這個研究令我們難以否定麥克拉倫(Alexander Maclaren)的見解：「在使徒〔保羅〕眼中，基督教事工的設計明顯是教導性的」。[22]或者，正如司托德(John Stott)類似的主張那樣：「基督教的牧養事工絕對是教導性事工，故此，適合做牧者的人既需要有正統信仰，也要有能力教導(例如多一9；提前三2)。」[23]不過，我們不應該將教導與牧養的其他範疇分開，也不應誤解教導為只是精闢的說理，以免將教導淪為頭腦的活動，毫無用處，不能將神的生命傳遞給聽眾。這樣是違背了新約描述的牧養角色。惟有那更宏觀的圖畫，才能夠維持教師這個比喻的正確性。

接受了教導的重要性後，我們可以留意保羅的取向多麼有智慧。他主要的做法是不斷解釋真理，尤其見於羅馬書和以弗所書。通常他以讀者已經知道的事情開始，在他們熟悉的事情中，加入他們不熟悉的內容，溫柔地從他們的水平出發，加深他們的理解(例如林前三16，五6，六2、3、9、15、16、19，八1、4等)。保羅鼓勵他們從本身的經驗中學習(林前十二2；加三1～5；帖前二1)，經常引用自己的經驗說明真理。他也提出問題，藉此和讀者一起探討新的課題(例如：林前七16)。透過這一切做法，顯示他十分清楚他們的具體處境，運用他們的背景，幫助他們學習。

學生不一定樂意接受一切教導，也不是所有學生都渴慕學習。保羅也會面對這些挫折。因此，他的教導部分包括責備和規管，但正如查德威克指出，這些警誡其實是有效教導的準備功夫，而不是正式的教導。[24]有時，在用盡一切策略後，保羅會訴諸於反諷(林前四8～13；林後十13)、直接譴責(加一6～9)，甚至是主動執行紀律(林前五1～13)。

每當他被迫這樣做時，他都謹記紀律的目的是挽回犯錯的人和保持教會的純潔。[25]不過，教導的目的主要不是懲治任性的人，而是指導無知者。

榜樣和效法者

保羅數度邀請讀者效法他（林前四16，十一1；腓三17；帖前一6，二14）。德．博埃（W. P. de Boer）近期的出色研究[26]深入地探討了效法的觀念，不單令我們更明白保羅的想法，也消除了保羅邀請別人效法他所引起的疑慮。

首先，德．博埃指出，保羅只要求他建立的教會以他作為榜樣。對於其他信徒，他則要求他們效法基督（羅十五1～7；西三13）。這是我們解釋保羅這個要求的重要線索。它反映的絕對是父子的關係。兒女效法父親是很自然的事。在古代世界，要求兒女這樣做，不會被視為造作或對他們的束縛。相反地，那是要求兒童按照自己的身分而行，完全流露他們的血源對其身分所帶來的好處。[27]

接著，德．博埃指出，保羅沒有要求信徒效法他的獨特之處，「他並不是要別人成為他的複製品，完全和他一樣」。[28]他可能提倡獨身和體力勞動，但沒有要求別人在這兩方面效法他。他要求信徒效法他的謙卑、自我否定、捨己和犧牲小我。這些要求，特別是與基督的捨己連繫起來。保羅要求的是效法十字架的道路。正如福音的核心是這位使徒生活方式的準則；因此，那些由他建立的教會，也應該以他作為生活方式的準則。教會也要走十字架的道路。

德．博埃得到的第三個結論是，保羅以自己作為榜樣，對他的指導方式是十分重要的（林前四16～17）。他的教導之所以不單是頭腦上的知識，這也是原因之一。他們可以透過言語聽聞福音，也可以看見福音在使徒身上體現出來，因為他所做的一切，都反映了福音的作為，他整個人就是福音本質的反照。[29]保羅活出他的教導(林前四17)。因此，適合教導的人(提前三2)不只能夠清楚講解真理，更要活出福音。

如果在保羅的時代，人們透過視覺學習，那麼在我們這個更重視覺的時代，情況更是如此。榜樣的力量，對人的生命仍然發揮很大影響，這也是牧者的首要工作。

祭司和祭牲

保羅在羅馬書十五章16節中獨一無二地提到，他的呼召是「為外邦人，作基督耶穌的僕役，作神福音的祭司，叫所獻上的外邦人，因著聖靈成為聖潔，可蒙悅納」。雖然他可能只是說自己的工作是對主的神聖服事，但正如克蘭菲爾德(C. E. B. Cranfield)指出，[30]他更可能是將自己的工作形容為祭司的工作。這當然不是說祭司透過儀式或聖禮將神獻給人，而是指藉著使人順從福音，將他們獻給神。[31]保羅的話提醒我們，牧者的一切工作，不單是施行聖禮，而是崇拜聖潔的神。祭牲若要討神喜悅，不在於禮儀，而是教會成員的信心不斷增長，愈來愈聖潔。

舵手和船

羅馬書十二章8節和哥林多前書十二章28節都提到一個往往被人忽略的恩賜。不同譯本將這恩賜翻譯為「領導」(leadership)或「治理」(administration)。在希臘文學中，這個詞是用來指船隻的舵手。雖然這幅圖畫不受重視，卻肯定暗示這個詞語是指帶領會眾所需的恩賜。已經有人指出，在風暴中，這些恩賜更形重要。[32]領導、管理、治理和經營，都令人聯想到所謂「人文」科學那些時髦的技巧，不過因為這樣就貶低這種保羅稱為屬靈恩賜的東西，實在太可惜。這些用語都關乎敏銳地以共同目標將人連繫起來，那不只要有極高技巧，更需要聖靈的恩典。這幅圖畫在以後的教會進一步發展。不過，保羅這幅圖畫本身已經很適合用來描述牧者的任務。

我們還可以加上其他比喻。牧者是工人，必須關心自己工作的質素（西四17；提後二15）；是大使，在教會裏宣告主人的信息（林後五20；弗六20）；是農夫，努力耕種，出產農作物（林前三6～9；提後二6）；是建築工人，關心他們所建造的根基（林前三9～15）；是士兵，曉得為了戰鬥而犧牲自己（提後二3～4）；也是運動員，懂得自律（提後二5）。

每個比喻都給人一個印象，使徒保羅和教會的關係最密切，也證實了邁耶（H. T. Mayer）的結論：「保羅牧養工作的主要特點是，他完全認同信徒的夢想、盼望、恐懼和需要」。[33]

策略和手法

我們在討論保羅的教導方法和他所提供的模範時，已經提過他的一些手法，不過我們還要作幾點補充。

首先，保羅的基本做法是在給予指示時，盡可能從正面入手（林前一4～9，十一2；林後七4、13～16；弗三14～19；腓一3～6；西一3～8；帖前一2～3；帖後一3～4；提後一5）。他的鼓勵並非無中生有，也不是為了有好效果而加插進去，而是出於真誠；因為在不應該稱讚信徒時，他確實不會提出任何正面的評語，正如在加拉太書和哥林多前書十一章17節那樣。他的鼓勵也不是為了討好別人，令自己更容易擺佈那些藉他歸信者，好像有論者所說的那樣。[34]實際上，正如加爾文解釋保羅在帖撒羅尼迦前書一章2節的感恩時說：「他這樣做……是為了鼓勵他們堅忍，多於表揚他們。想到神為了使祂已經展開的工作變得完美，就將最好的恩賜給予我們，而我們在祂的指示和引導下，正朝著正確的方向實現我們的目標，這樣子足以有力地刺激我們追求長進。」[35]

這些稱讚讓我們留意到保羅牧養關顧的一個基本前設。這些稱讚主要是為了神在信徒生命中的工作而感恩，而不是因為他們個人的美德而歡慶。因此，保羅建基於神已經開始的工作，設法讓這工作完全實現出來。如果沒有這工作，也談不上建立，因為信徒需要先面對更基本的問題，神也要先賜給他們屬靈的生命（林前二13～14）。

其次，保羅總是小心地將實踐連繫於教義。即使是最關乎物質的問題，例如為耶路撒冷的聖徒收集奉獻，也並非由實際的理由支持，背後總有教義的根據。因此，在哥林多後書八章和九章，保羅並不滿足於指出收集奉獻的需要，以及這樣能夠紓緩信徒的困境；他也不想單單藉著別人的榜樣，鼓勵哥林多信徒施予。在這些論述中，保羅也加入了一些更重要的教義性論據，包括道成肉身（八9）、主的榮耀（八19）、神賜下的供求定律（九7～11）、福音的推展（九12～13），以及神的恩典（九14～15）。

我們也可以這樣看地方教會內部合一的問題，見於保羅在以弗所書四章3至6節的討論。他並不是說，即使信徒有不同的性格和恩賜，他們也應該合一，因為這樣會令生活更好過，或是如果他們彼此相爭，外人會怎樣想。保羅深入到問題的核心。三一神在本質上是一，這本質要求信徒彼此合一。如果信徒在團契中分裂，便顯示他們不屬於神。或者，例如腓立比書二章1至11節的不合一，似乎源於一些重要人物之間的衝突。保羅的論據不是他們應該友善相待，因為這樣比彼此反目令人更好過；而是如果她們明白道成肉身的意義，便會謙卑下來，彼此服事。以自己為先，顯示一個人沒有掌握有關基督的基本真理。保羅總是先直接說明（indicative），然後才發出命令（imperative）。[36]無論是甚麼問題，保羅都將讀者帶回教義上的真理，他們的行為應該由真理決定。在福音書和希伯來書中，這些真理都完全以基督為中心，保羅則從更大範圍的教義，帶出這些真理，雖然他仍然維持以基督論作為中心。

根據這個基礎，保羅以很多不同方式提出了一系列勸勉。弗尼什（Victor Furnish）[37]指出，這些勸勉不單以命令的方式表達，也包括問題（例如羅六2）、榜樣（例如林前十六1）、表達信任（例如加五10；門21）、禱告（例如羅十五5～6）、講故事（例如加四22～30）和提示性陳述（例如羅五1及下；加四31，五1）。

這些勸勉的分佈，提醒我們防避一個流行的見解，認為保羅的書信是以教義開始，然後引出實際的應用。雖然這個觀念有點根據（例如羅十二1；弗四一），但這樣區分，可能會令我們對保羅採取的策略只有表面的認識。實際上，保羅在教導教義時，加入了實際的勸勉，在教導應用時，也滲入教義性真理。[38]兩者並非互不相干，我們從來都沒有根據說：「現在討論完教義，讓我們談談實際的事情」。教義是實踐性的，實踐也是教義性的。

保羅的目標是培養成熟的信徒，為此，他策略的第三個特點是著重令信徒能夠自行解決問題。有時，我們發覺保羅強迫教會接受一些教義性觀念，不過實際上他很少這樣做，而且只是在福音的核心真理面對威脅時——例如加拉太教會——才採用這個方法。[39]他主要的手法溫和得多。他沒有向哥林多教會施行紀律，而是要求他們自己管教犯錯的會友（林前五5）。他很小心地區分他得到的啓示，以及自己比較個人——但也有價值——的意見（林前七10、12、25、40），讓教會完全有自由自行決定（林前七36～37）。他體諒與自己相反的意見，甚至為對手提出可以用來反駁他的論據（林前八1～13，十23～33）。最重要的是，他採用的方法是邀請別人認識到他所說的是真理（腓三15）。他有信心，人們藉著他有條理的論證（例如在林後十～十三章），或因他提醒他們記起他們已知的事（羅十五15；林前十五1；帖前四2），便能夠認識明白。惟有這樣做，他們才能夠為自己的屬靈境況負責。

上述策略並不單是保羅發明的技巧，從而讓信徒更願意順從。這是惟一和福音一致的策略。[40]福音呼召人得享自由（加五1），如果將新的枷鎖套在他們身上，限制他們的自由，便完全違反福音，即使那些枷鎖是由保羅製造的，而且他相信它們對信徒最為有利。福音的精髓就是自由。此外，保羅流露了對信徒的信心，相信他們能夠彼此指導

(羅十五14)，因為他們也有聖靈居中(羅八9～11；林前二6～16；弗一17；腓一9～10；帖前四8)。因此，指導不單在「以信任為動力的關係」[41]中發出，甚至毋須由使徒保羅自己發出。教會的成員能夠彼此指導，而且這樣做也是合宜的。

我們可以用鼓勵、授權、闡釋、榜樣和勸勉，來總結保羅的牧養策略。他致力使基督徒在思想、生活和服事上邁向成熟。他的態度是信任地給予鼓勵。他採用的方法是講解真理，並作為真理的模範。以此作為基礎，他勸勉教會做更偉大的事情。若要責備信徒，他不會畏縮，但卻是在委身和愛的關係中進行。

權威和架構

近期，使徒權威的問題在新約學者之間引起激烈的爭論。有些人認為保羅十分專制，[42]另一些人則持相反意見。[43]在地方教會的層面，這也是一個引起激辯的問題。復興運動質疑建制教會的領導層，認為他們沒有效用，反而在充滿個人魅力的領袖身上發現更大的權威。

保羅顯然相信自己在教會是有權威的，因為他提到：「主賜給我們權柄」(林後十8，十三10)。問題是，他這樣說是甚麼意思？這對後來的教會領袖又有何含義？如果有的話，那又是甚麼？我們已經討論過好些相關的課題，但現在我們要集中從權威這個角度研究這些課題。早期好些教會都是由保羅建立的，他對他們自然擁有某種權威，他的權威也主要(但並非單限於)在這些教會中流露出來。[44]這決定了他行使的是哪一種權威。

首先，保羅在福音方面擁有權威，因為他們是藉著他傳講的福音而得到重生，現在也是透過福音生活。福音不單是言語上的宣告，也是能力和力量，對聽保羅傳講的人產生影響。保羅體現了福音，也將福音傳遞給他們。保羅傳遞了新生命給他們之後，繼續負責令新生命健康地生長和流露。這不單解釋了他一直擁有的是甚麼權威，也規範了這種權威。他的權威只是關乎福音的。每當福音受到威脅，或者信徒未能反映福音，保羅便帶著權威發言。這麼說，與福音的關係愈小的課題，保羅的權威也愈薄弱。在處理並非福音的核心問題時——例如在哥林多前書七章中——保羅保留了明智和虔誠的牧者所擁有的權威，如果信徒對他的勸告充耳不聞，便會自招危險，但他不能對他們行使最終的權力。因此，他的權威不是由自己擁有，他的能力也不是個人的本質。保羅的權威和能力，都只限於福音的使者這身分。[45]

其次，如果保羅的權威來自他和信徒有如父母和子女般的關係，這種權威必須以子女的利益為重。保羅就是這樣理解自己的權威。他只有兩次提過自己的權威，而兩次都說自己得到權威，「是要造就你們，並不是要敗壞你們」(林後十8，十三10)。主賜他權柄，不是要提高他的地位，也不是要滿足他個人的奇想，而是讓由他帶領歸主的人得以成長，變得成熟。

在保羅離世之後，這種權威應該怎樣傳遞下去？蓋士曼 (Ernst Käsemann)[46] 在一篇極具影響力的文章中指出，新約提供了兩個而不是一個答案。第一個答案比較接近保羅，教會是一個羣體，權威取決神的感動賜予 (charismata)。第二個答案是在沒有組織的羣體失敗後出現的，藉以給予羣體足夠的保護，抵擋敵人的攻擊，因而在教會設立職位，現在我們稱之為制度。蓋士曼認為，這剛剛是保羅教會觀的相反。

論者早已指出，蓋士曼提出的對比存在一些問題。許茨（J. H. Schütz）將蓋士曼論點的一個層面推展，顯示雖然保羅沒有詳述複雜的教會階級，不過他在提到屬靈恩賜的功能時，也隱含了階級。蓋士曼主張，所有屬靈恩賜本身都沒有價值或權力，惟有通過實際的服事，恩賜才是恰當的。他指出，由於恩賜並不是平均分配的，而是每個信徒都為了眾人的好處而個別地彰顯聖靈（羅十二3；林前三5，十二7、11；弗四7），故此教會的平均主義（ecclesiastical egalitarianism）沒有立足之地。而且，恩賜只是用於彼此服事（林前十二12～26）和敬畏主（羅十二11；弗五21；腓二3）。[47] 許茨指出，這顯示有一種隱含的階級存在，透過區分恩賜，組織共同的生活，並藉著給個人定下界限，安排個人的生活。[48]

鄧恩（J. D. G. Dunn）基本上同意蓋士曼的區分，但也指出怎樣防止在運用恩賜時，令教會變得毫無秩序。會友只能夠透過運用恩賜取得權力。在這方面，對管理和分辨都有清晰的指引，而且對羣體作為一個整體，也給予很重要的位置（林前十四1～40）。[49] 因此，雖然那些能夠彰顯聖靈的人擁有權力，但權力也分佈在關係的網絡中，從來都不是只由少數幾個人把持。

馮蔭坤[50] 進一步批評蓋士曼的理論只是建基於選擇性的證據。雖然他同意保羅晚年更關注正式的事奉職位，但也指出保羅開始他的宣教活動時，已經顯示他對明智地管理教會生活的關注（例如徒十四23；另參林前十二28；加六6；腓一1；帖前五12）。不過，蓋士曼的理論最大的弱點可能是：在新約中，屬靈魅力和教會職位並非明顯對立的。惟一能夠將兩者截然分開的方法，就是對教牧書信有關按立領袖的性質加入過多的個人意見。蓋士曼正是這樣做。他無視這些領袖需要具備的條件（提前三1～13；多一5～9），以及保羅在羅馬書十二章3至8節和以弗所書四章11節列出的屬靈恩賜之間的密切關係。保羅的基本假設是，執行那些職務的人會有相應的魅力。

新約對所有權力都採用同一試驗方法，無論那是使徒性的、魅力性的或職位性的權力。那是有關功能的試驗。沒有人的地位是不可動搖的，連使徒彼得也不例外（加二14）！沒有聖靈的恩賜能夠免於接受評估。沒有任何職位可以要求別人無條件地效忠。現在人們重視尋找合適的架構，彷彿有些架構在本質上比另一個架構更合乎聖經。但保羅並沒有這種看法。問題向來都不是藉著誰擁有權威，那人運用甚麼恩賜，或者擔任甚麼職位而得以解決；問題應該是：「他有甚麼功用？」除非使徒是忠於自己的使命，傳揚和維護福音，否則他可能是假使徒；除非擁有屬靈恩賜的人彼此服事，建立教會，否則他們的屬靈恩賜可能是冒牌貨；除非領袖在教會中在靈性方面受到尊重，否則無論理論上如何，他實際上已經沒有資格擔任那個職位。

一旦試驗的結果令人滿意，便會產生教會必須承認的權威，而教會也必須回應（帖前五12；提前五17），甚至順服（腓二12），因為這樣的領導是神給祂子民的恩賜，確保他們能夠成長，並且保持純正（弗四11～16）。

品格和正直

我們已經討論過牧者的品格。保羅認為，牧者必須是耐心和溫柔的教師，並堅決委身於真理。但保羅和哥林多教會之間的問題，讓他展示牧者生命更深入的一面。牧養的生涯可以是很大的喜樂，帶來巨大的回報；但也可能很痛苦，要付出很大代價，沒有人比真正的牧者更容易受到別人傷害。

保羅在哥林多後書顯示，他自己的一些兒女怎樣批評他反復無常（一15～17）、説話前後矛盾（一13，十1、10）、沒有可信的憑證（三1）、在金錢方面不可靠（八20～21）、以世俗的方式行事（十2）、驕傲和詭詐（十8，十二16）、本來就不是使徒（十一5）、沒有尊嚴（十一7）。這些誤解引致他們和保羅關係破裂，令哥林多教會的人不以任何有意義的方式與保羅溝通（七2）。令保羅更難受的，是他和他們好像一家人，他很喜歡他們，但現在這關係卻受到破壞（十二14～15；七3～4）。保羅感到難受，也因為他已經承受了很多其他壓力（十一22～28）。不單這樣，他更是無辜的。衝突是由冒充使徒的人引起的（十一13）。與保羅不同，他們在哥林多教會沒有任何合法地位（十13）。

令人驚訝的是，保羅似乎接受這件事，視之為牧者生命的一部分。這些經歷當然絕不好受，卻是牧養服事的本質。別人可以批評保羅沒有魅力，但他本來就應該這樣，因為可以確保別人在他身上看到的是神的能力，而不是他自己卓越的個性（四7）。更重要的是，這種弱點和這樣受苦，證明他的事奉是真實的，因為這令他和基督一樣（四10，十三4）。

我們在整卷哥林多後書都看到，能力和軟弱之間的張力。哥林多人希望保羅作一位有能力的使徒。他們希望他們的使徒是富娛樂性、有說服力的講員，能夠激起感人的屬靈經歷，有偉大的屬靈成就，還有堅強的性格。今天有誰不希望有這樣的牧者？保羅強調，他也有這些屬靈經歷（十一6，十二1～4），即使哥林多教會的人不知道。但他指出，這些經驗並非事奉的本質，因此，他不會以它們來自誇。事奉的本質，是個人緊密地認同在軟弱中被釘十架的耶穌基督（十一3～4，十三3～4）。由於十字架是福音的中心，保羅誇耀的是自己的軟弱，而不是能力（十一30，十二7～10）。那些軟弱才真正能夠證明他的呼召，也是神傳遞祂能力的途徑。

這樣看事奉，與保羅當時和我們現代的精神都顯得格格不入。那時的人也崇拜成功、權力、知識、力量和勝利等偶像。軟弱是應該避免的質素，對流露出軟弱的人，人們都會敬而遠之。不過，這是神選擇的行事方式（林前一18～二5），任何其他偽裝都毫無意義。這樣做的人，自動取消自己實踐真正基督徒服事的資格。神沒有改變祂的方法，祂仍然選擇透過同樣軟弱的器皿作工，令人明白作工的是祂，而不是那些器皿。

相對而言，保羅一再顯示，他十分重視讓別人看到他是一個正直的人。這在下列幾方面都十分明顯：他對金錢的態度（徒二十33～35；林前九15～18；林後十二14～18；帖前二7～9）、拒絕以任何方式絆倒別人（林後六3）、制訂計劃的方式（林後一12～二4）、整體的品格（帖前二10；提後三10）、渴望靈命成長（腓三12～14）、傳福音的方法（林後四2），以及他怎樣活出自己所傳揚的福音（林前四17；林後一18～19）。地方教會的領袖也需要同樣正直，正如我們閱讀提摩太前書三章1至13節時可以見到的那樣。

保羅關心的不只是世界充滿演員，教會為很多人提供安穩的舞台，讓他們演出；他也並非只是擔心，如果人們發現傳揚福音的人是騙子，就會妨礙福音推展。更重要的是，他傳揚的福音本身就是誠實和真理的福音（林後一18～19）。因此，如果傳福音的人不是絕對誠實的，便是否定他們宣稱自己相信的福音。這樣子，實際上就等於不信。這並非個人由過敏的道德良心引致的古怪行為，而是關乎福音本身的基本課題。

這讓我們看到，保羅以軟弱自誇，以及重視為自己的正直辯護，並非互相矛盾，在福音裏反倒是一致的。牧者的一切，都是由福音決定的。他們的動機、權力、方法和品格，都受耶穌基督的福音信息所支配。

結論：教牧書信

保羅對事奉的最後一瞥，也讓我們得見他對這個課題最有系統的處理。他通過教牧書信，把棒交給下一代，給他們在牧養上的指引。[51]這些指引包含了他對事奉的重要思想。很多人認為，這幾封信對事奉的描述和保羅較早期的見解相當不同，有人甚至認為，這幾封信實際上並非出自保羅之手。我們很容易過分強調那些分別，而忽略了共通之處。已經有人指出，共通之處多不勝數。[52]提摩太前後書和提多書的描述，與保羅較早期的著作是一致的。我們也很容易高估了教會發展的速度和制度化的程度。[53]如果我們相信這些書信是保羅在晚年所寫，我們從中可以得到甚麼有關牧養事奉的教導？

提摩太和提多在事奉時，環境已經和基督徒最初宣教時不同。教會在很多方面都有成長和發展，他們也面對所有第二代領袖都要面對的困難。他們遇到反對，那些反對主要源自內部的爭拗。很多曾經十分熱心的信徒放棄了基督教信仰，令他們感到被背棄（提後一15）。他們面對錯誤教義的威脅，嚴重程度前所未有。因此，保羅的思想非常著重事奉中的屬靈衝突。提摩太和提多要為信仰戰鬥（提前一18；提後二1～10）。但在命令他們戰鬥背後，有一個重要的假設，就是他們知道自己為何而戰。在上戰場前，他們需要肯定自己是在堅守福音。如果他們對福音的信心動搖，正如很多人那樣，那麼戰鬥也沒有用。如果他們對自己需要保衛甚麼並不清楚，作戰也是徒勞（提後一14）。因此，對他們的事奉來說，最重要的是勸勉他們緊守由啓示而來的真理。很多人都沒有這樣做。明白到當時的教會感到氣餒，又得面對世界的敵視，加上提摩太性格比較懦弱，保羅鼓勵他忍耐，不要投降，也就不足為怪了。在這樣的環境下，忍耐無疑就是屬靈的成就。

然而，究竟是一種怎樣的事奉，讓提摩太能夠忍耐，繼續忠於福音，為福音而戰？首先，那是有聖靈恩賜的事奉。保羅三次提到，提摩太要在事奉中發掘屬靈的能力（提前一18，四14；提後一6）。保羅再次指出，聖靈的幫助是提摩太完成任務所必須的資源（提後一14）。提摩太雖然有屬靈恩賜，但似乎沒有獲選在教會擔任甚麼職位，就像哥林多教會的那些人一樣。屬靈的動力，始終是事奉必不可少的條件。

其次，那是敬虔的事奉。保羅給提摩太的主要稱呼是「屬神的人」(提前六11；提後三17)。聖潔總結了他的大部分要求。他要藉著自己的言語和生命(提前四12；提後二22)、努力的工作(提前四15)、與別人交往時的敏銳(提前五1～21)、避免事奉帶來的試探(提前六3～10)和在靈性上不斷成長(提前四15)，表現出他的聖潔。提摩太在對待假教師時，也需要聖潔，堅決而仁慈。他一方面要堅決維護真理。他的教導必須清楚，不能妥協(提前四11；提後三14～16；同樣，另參多三4～8)。他必須專心，拒絕讓那些能夠娛樂人心，但在屬靈上卻毫無用處的問題使他分心(提前四7；六3～5；提後二16～18；同樣，另參多三9)。另一方面，他也要留意捍衛真理所帶來的危險。他要溫柔地對待反對他的人(提前三3，六11；提後二24，四2)。即使自己正確，也不能傲慢。提摩太必須維護純正教導的模式，但實行時也必須本著愛心(提後一13)。那時和現在，我們都太容易有正確的信息，卻因為沒有以正確的方式傳遞，而令信息不能發揮影響。

第三，對事奉應該有一個十分重要的觀念：事奉是明智的教導。與那些不明白自己所說的話的人(提前一7)相反，提摩太必須肯定自己相信甚麼，以及他為甚麼相信(提後二2，三14～16)。他事奉的核心是教導，包括積極地闡釋真理(提前四6、11、13；同樣，另參多二15)，和消極地糾正錯誤(提前五20；提後四2)。這種教導事奉有三個特點。它不單依靠言語，也需要以身作則(提前四12；同樣，另參多二7)；它不單包括通則，也需要合宜地應用到特定的社會羣體(提前五1～22，尤參7節；另參多二1～10)。它也不是完全由提摩太一人承擔的，其他人也需要分擔(提後二2；另參提前三1～13；多一5～9)。

教會明顯不是由一人單獨領導的。雖然身為使徒保羅的代表，提摩太和提多擁有某些權力，但我們不能因此認為他們是獨自事奉。事實上，提多接受差遣的目的，就是在革哩底設立長老(多一15)。那些和提多在教會同作領袖的人，無論是長老或執事，都要無可指摘。他們必須能夠通過對他們的家庭、社交生活和靈命的考驗；他們對基督教真理的理解和忠誠也要接受考驗。如果他們希望別人承認他們是神教會的領袖，他們生命的每一方面都不是毫不相干。對某些人來說，領袖這個身分本身已經可能是試探(提前五17～19)，保羅勸提摩太在委任別人時不要過於倉卒，以免不智地將性格和靈命都不夠成熟的人推到領導的位置上(提前五22)。

事奉明顯是要求相當高的屬靈職事，就像婚姻一樣，不應該輕率或鹵莽地開始。事奉應該在全面考慮神的審判下進行(提後四1)。保羅為提摩太和提多定下的標準，仍然是每一位牧者的理想目標。不過，教牧書信對今天教會的適切性，遠不只這一點。提摩太和提多事奉時面對的困境，和我們的時代很相似。在他們服事的教會，那些第一代的熱心信徒和他們的熱誠都已經成為過去，死氣沉沉的正統信仰可能是一個真實的威脅。當時出現了比較有組織的領導模式，背後可能有很多不同動機。情況和我們現在很相似。因此，保羅提倡的策略，在今天仍然是我們必須採用的。那策略是以無可指摘的正直教導真理，抵擋一切錯謬。保羅在教牧書信和所有其他著作中，都顯示他絕對不是勉為其難的牧者。相反，他是牧者中的牧者。

註釋：

1. W. E. Chadwick, *The Pastoral Teaching of St. Paul. His Ministerial Ideals*。
2. V. P. Furnish, 'Theology and Ministry in the Pauline Letters', in E. E. Shelp and R. Sunderland (eds), *A Biblical Basis for Ministry,* pp. 101～144; S. M. Gilmour, 'Pastoral Care in the New Testament Church', *NTS* 10 (1964), pp. 393～398; D. R. Hall, 'Pauline Church Discipline', *Tyndale Bulletin* 20 (1969), pp. 3～26。
3. G. Leonard, *God Alive: Priorities in Pastoral Theology*, p. 1。
4. Furnish, 'Ministry', pp. 102f., 111; J. H. Schütz, *Paul and the Anatomy of Apostolic Authority*, pp. 182, 225。
5. Leonard, *God Alive*, p. 2。
6. C. K. Barrett, *The First Epistle to the Corinthians*, p. 17。獲准引自 I. H. Marshall, 'Pauline Theology in 1 and 2 Thessalonians', in M. D. Hooker and S. G. Wilson (eds), *Paul and Paulinism*, p. 182 關於保羅給帖撒羅尼迦書信的討論。
7. R. Banks, *Paul's Idea of Community*, p. 176。
8. 參 M. Griffiths, *Cinderella with Amnesia*, p. 31。
9. H. Ridderbos, *Paul. An Outline of his Theology*, pp. 429～438; Schütz, *Anatomy*, pp. 224f.。
10. R. Longenecker, *The Ministry and Message of Paul*, pp. 107～109。
11. I. H. Marshall, and 2 Thessalonians, p. 87
12. Chadwick, *Pastoral Teaching of St Paul*, p. 270。
13. Chadwick, *Pastoral Teaching of St Paul*, p. 247。
14. 釋經學者對「牧者／教師」是一個還是兩個職位意見不一，但參 M. Barth, *Ephesians* 4～6, p. 438f.。另參 J. R. W. Stott, *The Message of Ephesians. God's New Society*, pp. 163f. 那些相當有用的評論。
15. Chadwick, *Pastoral Teaching of St Paul*, pp. 108～194。
16. Chadwick, *Pastoral Teaching of St Paul*, pp. 127f.; K. Hess, 'Serve', *NIDNTT*, vol. 3, pp. 544～549。
17. C. Kruse, *New Testament Foundations of Ministry*, pp. 82f., 110～114。
18. K. H. Rengstorf, '*Hurperetēs*', *TDNT*, vol. 8, p. 539。另參頁530～544。
19. Banks, *Community*, p. 176。
20. A. J. Malherbe, 'Gentle as a Nurse. The Gnostic Background to 1 Thessalonians ii', *Nov. T* 12 (1970), pp. 203～217。
21. M. Barth, *Ephesians 4～6*, p. 483。
22. Maclaren的話引自 Chadwick, *Pastoral Teaching of St Paul*, p. 321。

23. J. R. W. Stott, *The Message of 2 Timothy. Guard the Gospel*, p. 108。
24. Chadwick, *Pastoral Teaching of St Paul*, p. 319。
25. J. Calvin, *The Second Epistle of Paul to the Corinthians and the Epistles to Timothy, Titus and Philemon*, p. 29 和 J. T. McNeill, *Cure of Souls*, p. 81。
26. W. P. de Boer, *The Imitation of Paul*。
27. W. P. de Boer, *The Imitation of Paul*, pp. 1～16, 206, 213。
28. W. P. de Boer, *The Imitation of Paul*, p. 207 和 Schütz, *Anatomy*, pp. 226～232。
29. de Boer, *Imitation*, p. 213 和 Schütz, *Anatomy*, pp. 227f.。
30. C. E. B. Cranfield, *The Epistle to the Romans*, vol. 2, pp. 755f.。參他的註1，在那裏他承認反對他的註釋者和他不相伯仲。
31. J. Calvin, *The Epistles of Paul to the Romans and to the Thessalonians*, p. 310。
32. H. W. Beyer, '*Kubernesis*', *TDNT*, vol. 3, pp. 1035～1037。
33. H. T. Mayer, *Pastoral Care. Its Roots and Renewal*, p. 35。
34. G. Shaw, *The Cost of Authority. Manipulation and Freedom in the New Testament*, pp. 30f.。
35. Calvin, *Romans and Thessalonians*, pp. 333f.。
36. Ridderbos, *Paul*, pp. 252～258。
37. V. P. Furnish, *Theology and Ethics in Paul*, pp. 92～98。
38. V. P. Furnish, *Theology and Ethics in Paul*, pp. 106～111; Lloyd-Jones, *Darkness and Light*, pp. 11～24。
39. H. von Campenhausen. *Ecclesiastical Authority and Spiritual Power in the Church of the First Three Centuries*, p. 51。
40. H. von Campenhausen, *Ecclesiastical Authority and Spiritual Power in the Church of the First Three Centuries*, pp. 46f.。
41. W. Oates, *The Christian Pastor*, p. 71。
42. Shaw, *Cost of Authority* 和 W. Munro, *Authority in Paul and Peter*，書中認為是保羅的繼任人，而不是他本人提出他擁有權力。
43. Banks, *Community*, pp. 175～187; von Campenhausen, *Ecclesiastical Authority and Spiritual Power*, pp. 30～55; Schütz, *Anatomy, passim*; J. D. G. Dunn, *Jesus and the Spirit*, pp. 271～300。
44. B. Holmberg, *Paul and Power*。
45. Dunn, *Jesus and the Spirit*, pp. 278～280 和 Schütz, *Anatomy*, pp. 224, 281～282。
46. E. Käsemann, 'Ministry and Community in the New Testament', *in Essays on New Testament Themes*, pp. 63～94。

47. E. Käsemann, 'Ministry and Community in the New Testament', pp. 76～78。
48. Schütz, *Anatomy*, pp. 257～263。
49. Dunn, *Jesus and the Spirit*, pp. 280～297。
50. R. Y. K. Fung（馮蔭坤）, 'Charismatic versus Organised Ministry', *EQ* 52 (1980), pp. 195～214。
51. 這片語源自 G. W. Barker, W. L. Lane and R. Michaels, *The New Testament Speaks*, p. 235。
52. Martin, *Foundations*, vol. 2, pp. 303f.。
53. 比較 Dunn, *Unity and Diversity*, pp. 341～366 和 D. J. Tidball, *An Introduction to the Sociology of the New Testament*, pp. 123～136。

[6]

普通書信

希伯來書

馬丁（Ralph Martin）認為：「我們最好將希伯來書理解為論辯性作品（polemical writing）。」[1] 然而，如果完全接受這個觀點，便很可能受到嚴重誤導。希伯來書完全沒有論辯性作品常見的憤怒和敵意。這卷書確實熱誠地為它所關注的事情爭辯，毫無保留地警告信徒離開基督的後果多麼嚴重。但這卷書的說服力是源自它的諒解、敏銳和同情。因此，將希伯來書理解為教牧性的論辯作品，更為合適。

無論希伯來書原來的讀者實際是誰，身處何方，他們都明顯陷入了放棄基督教信仰的危機中。[2] 他們與福音的原初事件已經有距離（二3），也失去了一些屬靈領袖（十三7），基督卻似乎不會很快再來（十36～39）。他們的信仰已經產生一些壞處，令他們受苦（十32～34），似乎不值得他們繼續忠於基督教的信仰。讓他們對基督教更缺乏動力的，是有些教師提出一些比純正基督教更吸引的選擇。無論這些選擇有何具體內容，都包括了採納（或重新採納）猶太教的部分內容。從他們不渴望發揮自己的所有潛能（五12），次等的基督徒行為（十三4～5），以及不願意委身於教會的團契生活（十25），可以看出他們的退縮。他們可能已經脫離了主流教會，成為一個獨立的信仰團體。[3]

那些假教師對教會產生那麼壞的影響，希伯來書的作者顯然期望有力地作出回應。因此，他用來反駁他們的論點相當透徹，而且佔了這封信很多篇幅。但他最關注的似乎不是讀者可能回歸猶太教，而是他們拒絕基督教。[4]他們信心動搖，並非完全由於猶太教禮儀的誘惑，如果沒有其他因素令他們對基督教信仰失望，猶太教的禮儀或許不會顯得那麼吸引。這些因素包括冷淡（六12）。[5]正如布朗（Raymond Brown）指出，這個更重要的關注顯示，「這封信懇請所有受到嚴厲考驗的信徒，將信仰牢固地扎根於真理，持守對基督堅定的信心，努力追求成熟，作穩定的基督徒」。[6]

希伯來書對我們理解牧養事奉很有幫助。我們將會研究作者的牧養基礎、牧養方法、牧養指導和他對牧養領導的見解，然後才探討這封信對當代牧養的適切性。

如果希伯來書的讀者要持守他們的信仰，他們需要有清楚的理由支持他們應該這樣做。所以，作者在討論那些更切身的牧養問題前，先邀請他們詳細地重檢他們信奉的基督。在他們細心研究基督的過程中，浮現了三個有關祂的突出主題。首先，祂比一切都更優越。無論對基督優越性的挑戰是來自天使（一5～二18）、摩西（三1～19）、約書亞（四1～13）、大祭司（四14～五10），甚至麥基洗德（七1～28），作者都證明基督比他們偉大，而且祂與神的關係是他們無法相比的。其次，那由祂開展、讓人通向神的路，比接受前約者所熟悉的舊路更優勝（八1～十18）。作者將兩條道路逐點比較，每一點都證明基督更加優勝。最後，應該選擇哪一條路，已經明顯不過。

不過，對基督的探究還未完結，因為即使基督的優越和祂那條更好的路，能夠在理性上說服希伯來書的讀者接受基督教的真理，他們仍然有其他需要。他們正在遭受磨練和考驗。一個只是在高天之上的基督，與他們可能沒有任何關係，對他們目前的苦況，也可能漠不關心。除了超越的基督外，他們更需要一位和他們親近，同情他們的基督。這樣才能讓他們不單在理性上，也在情感上信服。故此，作者思考的第三個主題，就是基督的人性。他不單經常使用「耶穌」這個沒有表明祂身分的名字，而且一直都著重祂的道成肉身，更特別強調祂的人性（二14）、受試探（四15）、受苦（五7～9）和堅忍，甚至受死（二14，十三12）。耶穌基督要有效地拯救人，必須完全經歷人的一切境況「卻沒有犯罪」，因為人正需要從罪中得到拯救。希伯來書的讀者毋須懼怕，因為祂在各方面都和他們一樣（二14），也親自體驗過他們的處境（四15），所以能夠諒解他們。

因此，作者鼓勵希伯來書那些信心動搖的人時，首先鼓勵他們稍為離開自己的困難，細心觀察他們的救主。他數次邀請他們再次注視耶穌，細味他們的所見（二9，三1，十二2～3）。他好像邀請他們扭開電視機，但在這樣做之前，先確保他們準備看的電視機已經調校好，選擇了正確的頻道。他的牧養責任，就是確保他們沒有因為看錯頻道、信息微弱或影像模糊，因而錯過了節目。

一旦奠定了牧養的根基，作者便在這個基礎上繼續建構，他的牧養方法有很多地方值得我們學習。我們可以找到五個特點。首先，他**不時提出勸勉**（periodic exhortation）。勸勉默默地主導了整封書信，正如我們可以預期作者是這樣表明寫作目的（十三22）。他一連串的勸勉並非留待書信結束時才一併提出，而是恰當地放在書信的不同地方（二1，三12，四11、14，五11～12，六1，十35～36，十二1、12、25，十三9）。有些勸勉用最強烈的字眼寫出，讓讀者對作者意圖的嚴肅性無容置疑。他們「當越發鄭重」（二1），「要謹慎」（三12），「務必竭力」（四11）。他們不可丟掉勇敢的心（十35），卻要拋棄會妨礙他們的一切（十二1）。作者清楚表明，治療他們許多靈性疾病的藥物，都已經在他們手中（十二12～13）。只是告訴他們「振作起來」是沒有用的，但現在，他們知道自己對耶穌基督要做甚麼後，下一步如何就在乎他們自己了。他們是否打算走必須的一步，將他們的意志降服下來，在靈性上有所行動？

作者牧養方法的第二個特點是，對讀者似乎正在其中行走的靈性道路提出**清楚的警告**（plain warnings，二2～3，六1～8，[7]十26～31，十二25）。他沒有詳細解釋這些警告，也明顯沒有從提出這些警告而折磨別人中得到喜悅。但如果他不說出這些令人不安的話，便是不誠實，因為審判是他們必須面對的現實。身為牧者，他的責任包括確保讀者完全明白那些現實，完全清楚他們的行為有何後果。

第三個特點是，作者提出**溫柔的鼓勵**（gentle encouragement）。無論作者因為讀者的不成熟而感到多麼失望，他都不容許自己因而採取嚴苛或嘲諷的態度。在提出有關審判的消極說話後，他很快便以給人鼓勵的積極言詞作補充（六9～10，十32～35）。除了利用棍棒之外，作者也用了美味的胡蘿蔔。希伯來書的讀者不會覺得自己受到懲罰或拒絕，或者毫無價值。作者的責備牢固地建基於愛。他們過去的表現令作者對他們有信心（十32），正如神的本性一樣（六10）。作者絕對有理由相信，他們會擺脫目前的靈性冷漠，邁向成熟。

第四，和上一點有關，作者提出了一些**令人鼓舞的模範**（encouraging examples），激勵讀者堅忍。希伯來書十一章1節至十二章1節是一個明顯的例子，但我們也不應忽略六章13至15節提及亞伯拉罕，十三章7節提到讀者熟悉的領袖。採用這個策略很易令人沮喪，而不是給他們動力，因為這些耀眼的明星令他們眼花撩亂，卻和他們微不足道的生命沒有甚麼關連。因此，提出榜樣要很有技巧。希伯來書的作者明顯有這種技巧。他提到舊約的偉人時，很小心地引導讀者留意他們能夠認同的地方。他不只提及挪亞、亞伯拉罕、約瑟和摩西，也提到亞伯、以諾、喇合和很多無名英雄。這些是以人為榜樣，但作者也提出耶穌是效法的榜樣。他們要默想耶穌，使自己不致灰心，也不會放棄（十二2～3）。

作者牧養方法值得留意的最後一點，是他**謹慎的應用**（careful application）。布朗提到希伯來書十章19至39節時說：「作者十分明白，如果他在前面解釋的主題和讀者的日常生活毫無關連，這些令人印象深刻的主題也不大可能有甚麼成果」。[8]因此，他以前面各章豐富的教義性教導為基礎，清楚地解釋怎樣應用。解經式講道之所以是一份無可比擬的榮幸，部分原因在於，講員有機會以神話語的永恆真理配合當時的需要。在應用上失敗的牧者，就是不稱職的牧者。

簡單地說，希伯來書包含一些扼要的牧養指引（十三1～6），內容涉及愛、接待別人、被囚者、婚姻和金錢。我們可以假定，作者選擇這些主題，因為它們是希伯來書的讀者最切身的問題。但令人驚訝的是，這些主題在今天也同樣適切。作者沒有詳細解釋這些倫理指引，但每一個指引都包含某個原因，讓讀者明白他們為甚麼應該遵從有關指引。要有愛心，因為你們彼此是弟兄姊妹；要接待別人，因為你們接待的可能是天使；要像自己也是被囚禁一樣，關心那些被囚的人；要尊重婚姻，因為神會審判不道德的人；要避免崇尚物質，因為神已經說過祂會供應你們所需的。即使是這些簡潔的命令，作者也不覺得自己有權要求讀者盲目服從他。

由於希伯來書的讀者關注祭司的身分，作者將新約的教會領袖和舊約的祭司加以比較，也是十分自然的事。但他卻沒有進行這樣的比較。作者只有興趣將古老的祭司與耶穌的大祭司身分作比較（八1～九28）。耶穌是神的新子民的惟一祭司和牧羊人（十三20）。事實上，如果作者建立任何新的祭司階級，只會與基督的工作帶來的好處發生衝突。從前，進入聖所是祭司的特權，但現在所有信徒都能夠這樣做（十19～22）。因此，祭司制度的這個觀念不單違反希伯來書教導的一貫精神，也和它對基督工作的獨特理解有所抵觸。

與信徒皆祭司這個理解一致的，是希伯來書鼓勵教會的成員彼此建立（三13，十25；比較六10，十二15）。事奉是每個信徒都參與的任務，就此每個信徒都會得到「羣羊的大牧人」裝備（十三20～21）。

不過，希伯來書仍然三度提及教會領袖（十三7、17、24）。作者認為他們在會友靈命發展方面扮演關鍵而不是偶然的角色。因此，作者描述了領袖和追隨者的責任。領袖應該以身作則，贏取會友的尊敬（7節）。他們需要提高警覺。在虛假的教導逐漸得勢，很多人離開教會之際，他們更要加強防備。但他們也應該謹記，他們要向神負責（17節），所以不能變得獨裁。另一方面，會友要效法他們（7節），服從他們的指示，順從他們的權威，配合他們的領導（17節）。作者這樣說，明顯不是要令教會好像保養得好的機器般運作；也不是因為他自己也是領袖，為了個人利益，希望確保其他領袖的生活比較好過。他的目的是讓會友得益。如果領導給他們指示，是為了幫助他們的靈命成長，自願地順從是最有可能令他們得益的。這些命令禁止獨裁主義和無政府主義。領袖和會友的態度和行為，都必須服從一個最終目的，就是維護羣羊的安全，和確保教會變得成熟。

雖然驟眼看來，希伯來書披上了一件耀眼的猶太外衣，似乎與當代牧養沒有多大關連，但實際上它在很多方面都與當代牧養息息相關。今天很多人都發覺自己的處境和希伯來書的讀者一樣，需要別人鼓勵他們堅忍。冷漠、不信、其他信仰的誘惑、因為受到嘲笑或苦待而感到灰心、誤解基督徒的朝聖本質，以及次等的基督徒行為，都是相當普遍的。因此，希伯來書有很多話對我們說。但我們在應用這些話時，需要十分小心。不顧上下文地套用書中的勸勉和警告，可能會令我們更灰心。只有當我們將這些勸勉和警告牢固地放在基督的教導裏面，它們才能夠正面地推動我們堅忍。對那些受到誘惑，要放棄信仰的基督徒，解毒劑就是讓基督在祂一切的豐盛中，充滿他們的視野。

雅各書

雅各書是新約一封相當獨特的書信。它令人困惑的背景和風格，以及相對沒有那麼成熟的神學，往往使人貶低它的價值。不過，那些希望從聖經找到更複雜內容的人，可能會錯失了這封對牧養十分重要的書信。

亞當森(James Adamson)認為，雅各書的作者是耶路撒冷教會的領袖雅各。他確定「雅各書是一封十分類似先知作品(quasi-prophetic)的書信，既給予讀者牧養性的鼓勵，也同時對他們提出牧養性的譴責。作者無疑具有牧養的使命和權威。」[9]他認為，雅各懷著接近信仰的來源的權威寫作，因此，雅各書與新約大部分書信不同，似乎不是為了回應任何特定危機或迫害而寫成的，其內容和讀者都具有普遍性。雅各書的取向，顯然絕對是牧養性的。由於沒有任何關於它的背景和收信對象的具體資料，有些人認為它是純粹源於雅各牧養經驗的一封普通書信。[10]

更準確地了解雅各書的背景，能夠讓我們更深入明白雅各的牧養策略。在這方面，戴維茲(Peter Davids)的建議成果最為豐富，即使那建議只是一個嘗試。[11]戴維茲指出，內證顯示，這封信是在公元70年前寫給巴勒斯坦信徒的，因為它反映的經濟狀況表明，耕種由少數富有的人壟斷，而很多「自由」工人卻難以維生，受到極大壓迫。富有的家庭都來自祭司的圈子，不大可能提供或鼓勵他們認識的人成為基督徒。有些人把握經濟轉變，視之為讓他們轉而從商的良機。這是當時最容易致富的途徑。這些人往往因為能夠自給自足而感到驕傲，對別人的需要漠不關心。因此，當富人來到窮人的教會時，就會受到熱烈歡迎，因為他們可能成為教會的經濟命脈。

我們差不多可以肯定，教會正在面對外患。那主要不是直接反對它的信仰，而是源自它身處的經濟環境。那時的情況，損害了教會的羣體生活。正如戴維茲指出：「隨著人們向壓力低頭，信心的考驗就使教會分裂。雅各以先知的態度譴責富人，呼召教會內部合一和濟貧，同時拒絕涉及任何憎恨和暴力。他尋求的是神，而不是人的介入。外在世界的衰敗，增強了人對終末的期望。」[12]

把雅各提出的所有問題，都放入這件經濟約束衣裏面是錯誤的。不過，經濟確實是開啓這封書信大部分內容的鑰匙。它既能夠解釋雅各集中討論財富和貧窮問題的原因，也提示了為甚麼他包含的幾個問題，都是關於他們在經濟壓力下帶來的不良後果。

雅各的讀者顯然十分清楚他們面對的考驗(一2)。考驗既有來自內部，也有來自外面。內部方面，他們受到邪惡的欲望影響(一14，四3)。至於外面，他們受到環境的壓力、世界的誘惑(四4)和魔鬼的行動(四7)影響。這些考驗可能妨礙靈命的成長，但雅各鼓勵他們，將這一切都視為對成長的幫助(一2～4)。如果他們堅忍，那些他們想逃避的考驗就能夠令他們變得成熟。然而，除非他們無論面對多大困難都仍然站穩，否則他們永遠都不會變得成熟(一3～4，五7～11)。

雅各探討了考驗的七種形式。雖然與其他聖經作者相比，雅各提供的神學答案似乎欠缺深度，但他仍然著重將每一個考驗連繫到一個神學真理。他的獨特策略是緊貼問題本身，在討論時提到聖父，讓信徒透過與聖父的關係，模塑態度和品格。雅各很少提到耶穌基督，不過他在一章1節和二章1節特別提到祂，[13] 在其他地方也含蓄地提到祂，強調祂的主權和升天。因此，跟馬可、保羅和希伯來書的作者不同，雅各鼓勵信徒堅忍，不是因為耶穌受苦的榜樣，而是由於祂戰勝反對祂的力量，而雅各的讀者正是面對這些力量。因此，在此浮現的神學思想，並非重複大家已經接受的教義，而是有關牧養的課題。

妨礙進步的第一塊絆腳石是偽善（一21～27，二14～26）。很多人都接受了福音（一21），自稱有信心（二14），卻沒有依從福音生活，也沒有任何證據顯示他們有信心。他們聽到真道，卻從沒有想過應用它（一22～24），以一種虛假的信心自誇（二15～19）。雅各將他的討論緊繫於神的旨意（一20、26～27），強調神要求的是實踐的宗教。這樣，他便建立起一套有效信心的神學，顯示出怎樣區分真貨和誘人的贗品（二20～26）。因此，如果他們心存偽善，便必須改變，活出他們的信仰。如果他們發覺別人虛善，就可以肯定那些自稱信徒的人其實是騙人的。

其次是富裕和貧窮這個基本問題，以及因而在教會出現的階級偏見（一9～11，二1～13，四13～五6）。雅各有關這個問題的話，特別令人想起耶穌的教訓，強調在基督裏，地上的地位會調換，在永恆中，財富會逆轉。雅各十分同情窮人，並且指摘富人自給自足，卻對窮人漠不關心、以自我為中心、腐敗、侵佔神的權力、謀殺祂的造物。教會不敢學效世界的勢利。它的態度和行為，應該由它對神的認識所模塑。神揀選了窮人（一9），也安排人的生活（四15）。祂聽到受壓迫者的呼喊，也會審判壓迫他們的人（五1、4～5）。

第三個令人失望的地方，在於教師的教導不一致（三1～12）。他們的話對羣體的屬靈成長至為重要，很大程度上也是為了這個目的。但那些教師不明白自己必須謹慎，他們所做的好事，往往因為不智或前後矛盾的言詞，因而受到破壞。事實上，他們這樣不守紀律，比閉口不言帶來的破壞更大。雅各向這些教師指出，神要求他們達到的標準是多麼嚴格。

雅各關心的第四個問題，就是會友之間的關係普遍不佳（三13～18，四11～12）。正如戴維茲指出的，原因可能是經濟和社會的張力。如果將四章13至17節和四章1至12節連繫起來，領袖不能以身作則，肯定令問題惡化。無論如何，他們必須尋求從神而來的智慧，改善關係。雅各區分了兩種智慧，藉以推動他們向神尋求幫助。如果他們這樣做，其中一個可作倚靠的，就是神的厚賜（一5），因為他們會發現，神的回應絕不吝嗇。

第五點是禱告不蒙應允的考驗（四1～12）。他們祈禱的背景似乎完全錯誤。我們不能肯定他們禱告的實際內容，但他們似乎利用禱告作為爭執的武器——雙方都祈求神顯明祂站在自己那邊（四2～3）——他們也可能因為經濟困難，利用禱告要求神改善他們的經濟狀況，令他們生活得比較舒適（四2～6）。無論他們的禱告是哪一類，他們都得不到所求的。雅各提出的禱告神學指出，他們的禱告是那麼自我中心，永遠都不會得到應允。如果他們要神聽他們禱告，必須順服神，並接受隨之而來的道德後果。

考驗穿上的第六件外衣是苦難（五7～12）。差不多可以肯定，這裏提到的苦難與他們的艱難處境有關，很可能涉及本章較早時提到的迫害。但我們絕對可以將雅各的信息廣泛地應用於「人生不可能避免的失望、悲傷、哀痛和煩惱。」[14]他們對苦難的反應相當差，令彼此間的關係受到破壞。很明顯，他們並不打算等待主再來。他們希望環境好轉，而且希望改變即時出現。為了鼓勵他們忍耐，雅各平衡了神的審判和神的憐憫。他一方面警告他們要循規蹈矩，另一方面也提醒他們不用擔心。他們所信靠的神總是讓祂的僕人受苦，但祂所定的結局最終都是悅納祂的子民（五11）。

雅各提到的最後一個考驗是疾病（五13～20）。雅各沒有提出一套完整的疾病神學。他只是就聖經有關這方面的教導，提出幾點補充。他將疾病和認罪，以及懷著信心的禱告連繫起來。他沒有假定疾病必然和犯罪有關，但也沒有完全排除這個可能性。他認為，服事病人為信徒帶來探討兩者的關連和提供全人服事的機會。只關心身體健康，卻忽略靈性的整全，這是錯誤的。他毫不猶疑地寫道，從全人這個更大的考慮行事，長老要懷著信心禱告，替病人抹油，病人便會得醫治。雅各在這裏提到長老，並非和我們在保羅書信中看到的有屬靈恩賜的治療者對立。由於他的猶太背景，他很自然地以長老作為教會的代表。他們為病人這樣做，把另一塊可能攔阻信心的絆腳石變為成長的助力。

雅各書沒有就教會的組織提供甚麼洞見。[15]此外，由於雅各的猶太背景，他稱教會為「會堂」（二2）。他提到師傅（三1），但卻沒有清楚表明他們是否固定的職員。他也提及長老（五14），不過除了指出他們負責牧養病人外，便沒有提及他們任何其他責任。很明顯，雅各並沒有要求他們自行解決教會的問題，也沒有吩咐他們利用自己的權威這樣做。惟有教會的所有成員都付出努力，羣體才會有進步。

從某方面看，我們最好將雅各書當為牧養的急救手冊。他處理即時的病徵和麻煩，開出藥方，既能立即紓緩病情，又可以阻止病勢惡化。他並非看不到病徵背後更嚴重的問題，對教會需要的更高深神學治療，也不是一無所知。他也提出一些可能的治療（例如有關神的教義），只是沒有詳細闡釋。他並非不關心病人長遠的健康狀況。他渴望他們成熟和完全。但他們距離那個理想仍然很遠。當時情況需要的策略是給予很多命令，而不是稍作對抗，也並非不存溫柔。言簡意賅卻多次提到神，已經足以針對病人當時的情況。雅各描述的神，慷慨而充滿創意地賜下愛，也堅強和全能地施行審判。雅各的牧養策略是堅定的，這和他所致力鼓勵的堅定信心是完全一致的。

彼得前書

彼得前書雖然有新約其他書信的對比，但仍然是一封卓越的牧養書信。它有牧者的氣息，也是牧養關懷的典範。[16] 彼得前書的優越之處，不單在於它的牧養神學，也在於這套神學的傳遞方式。這卷書是以溫柔體諒的筆觸寫成，顯示作者明白讀者的處境，也體現了他鼓勵讀者所要培養的態度。因此，雖然作者是使徒（一1），卻「將自己隱藏起來，沒有炫耀自己使徒的地位」。[17] 相反，他嘗試為自己和自己勸勉的對象找共通點（正如在五1），而且整卷書都瀰漫著作者的謙卑和坦誠。

這封信的目的是鼓勵信徒在「神的真恩」中站立得穩（五12）。至於書信讀者的具體處境，現時流行幾種不同的見解。最有說服力的三種見解是：讀者即將經歷嚴重的迫害；他們是年輕的信徒，準備接受洗禮；他們在社會或經濟上是外人，在世上無家可歸，迫切需要一個屬靈的家。[18]受迫害可能令某些人退縮，不承認自己是基督徒；年輕的信徒在初信的熱誠過去之後，可能會受到試探，動搖對基督的委身；那些不斷承受被拒絕帶來的壓力的人，可能將他們不安的感覺投射到信仰上。這幾個理論的共通點是，這封信的對象——小亞細亞的教會——正處於靈性脆弱的狀態。

彼得對他們的關懷，令他坦率地處理有關的問題。他首先闡釋他們救恩的本質（一2～12），並且向他們保證，他們已經找到屬靈的家（二4～11）。他小心地解釋基督徒在教會裏面（一13～二3，四7～11，五1～9）和外面（二13～四6）的行為應該怎樣。然後，書中提出受苦的主題（四12～19），從基督論的角度重新解釋苦難。彼得小心地研究他們那個多元化世界的各種壓力，給他們指引，藉此激起他們的盼望、謙卑、自制和忍耐。

比爾（F. W. Beare）或許是對的。他強調，這封信呼籲「信徒與神建立生命的關係，藉著基督的生命、死亡和復活，並透過洗禮加入信徒羣體」。據此，他合理地認為這封信不是神學專著，並非闡釋基督教的核心教義，而是以這些教義為前設。[19]不過，他將訴諸教義與訴諸基督徒生活強烈地對立起來，卻是不智的。事實上，彼得呼籲的整個基礎都是教義性的。古特立(Donald Guthrie)的見解較為正確。他認為,彼得前書顯示了「教義和實踐之間不能切斷的聯繫」。[20] 彼得著作的其中一個特點,已足以支持這個觀點。在這封簡短的書信,彼得十次將倫理或屬靈的囑咐,和不容反駁地要他們順服的理由,清楚地以「因為」這個詞連繫起來(一16、18,二15、21,三9、18,四1、8,五5、7)。[21] 其中一個是實際的理由(四8),四個則與基督的受苦和死亡有關(一18,二22,三18,四1),其餘六次,除了一次也提到基督的死外,行為的動機肯定是在於神的本身。祂的品格(一16)、旨意(二15)、呼召(二21,三9)、方法(五5)、關懷(五7),都決定了基督徒的生活。

接著,彼得建立了一個教義基礎,作為勸勉的根據。和大部分新約著作以基督為中心不同,這個基礎主要是以神為中心。比爾指出,這封信「自始至終都環繞神是創造主、父親和審判官的思想。祂決定一切事情怎樣發生;安排那些祂所揀選者的命運,決定他們的行動;通過受苦考驗他們,在苦難中支持他們;最終更會宣告他們無罪,給他們永恆的獎賞」。[22]

彼得為了增強讀者脆弱的信心,刻意提醒他們記起他們的神。彼得是那麼陶醉於這個做法,甚至在提及一些次要的事情時,也是為了這個目的。[23] 彼得首先保證,他們已經蒙神揀選(一1~2),其後一再重提這個思想(一15,二9、21,三9,五10、13)。他們是神自己的子民(二9)。但那是一位怎樣的神呢?彼得強調祂的聖潔(一15~16)和作為創造主的權能(四19)。祂是大公無私的法官,審判全地(一17,四5)。然而,祂也是他們的父親(一17),充滿憐憫

（一3）、恩典（五10）和忍耐（三20）的神。彼得對神的每一個描述，都鼓勵基督徒過聖潔的生活（例如一17），或以信靠代替憂慮，例如在面對迫害的時候（四19）。

雖然彼得主要是以神為中心，但他仍然有提及耶穌基督。彼得提到耶穌時，有三點值得注意。首先，耶穌是他們受苦的榜樣（二21～25，四1）。彼得對耶穌的死的關注，不只在於榜樣這個主題，不過這是他在牧養方面的主要關注。彼得在指出基督是榜樣時，用了一個在新約中相當獨特，在其他地方也甚少出現的詞語。他強調，基督的受苦是出於自願，也是祂不應該受的。祂的受苦好像習字簿上的範例，小孩子需要描摹或抄寫。基督徒的受苦，也要亦步亦趨地仿效基督。

其次，彼得在談及基督的死後，沒有停下來，而是強調祂隨之而來的「榮耀」（一11）。基督受苦的榜樣不是孤立的。彼得也提出盼望，因為基督已經復活，讓信徒承受產業（一3～4，五10）。基督的復活令祂在宇宙中得到不容置疑的權力（三22），這就是受苦基督徒的盼望所在。

第三，彼得提到基督是「牧人監督」或「牧長」（Chief Shepherd，二25，五4）。這個詞語值得留意，因為只有彼得用過，雖然希伯來書十三章20節也用了頗為相近的詞語。這是基督一個感人的稱號，特別因為它是出自彼得之手。他曾經與復活的基督相遇，受託「餵養我〔基督〕的羊」，這經歷令他畢生難忘。聖經一切有關牧羊人的比喻，都在這裏達到高潮。耶穌是祂羊羣的真正牧者。其他牧者必須以祂為榜樣，只能在祂的引導下工作。他們永遠都不能脫離祂獨立，而且總是要向祂負責。羊羣從來都不是屬於他們的，而是屬於基督（五2）。即使地上的牧者失敗，羊羣也可以肯定，尚有一位是會照顧他們的，祂永不失敗。

彼得比任何新約作者都更深入探討牧者的課題。他對與他一同作長老的人講述他們的責任（五1～4）。他累積了多年經驗，得到許多智慧，筆下流露出忠心牧者的愛。他明白，這是一份多麼榮幸的任務，但更關心其中的危險。牧者需要照顧羊羣，照管他們的福祉（2節）。很明顯，這裏提及監督的職務（episcopal duty，或譯「主教的職務」，見於二章25節），等同於牧者的關顧職責，故此監督和牧者的意思相同。彼得並沒有設想出甚麼獨立的職位，或任何地位階級。對彼得的讀者來說，這是顯而易見的。不過，這個任務可能做得或好或差，彼得關心的是應該怎樣履行職責。他提出了三個對比。他們的服事不應出於勉強，而應是自願的；不應出於貪心，而應懷著熱誠；不應傲慢，而應以身作則。當環境變得困難，工作似乎沒有成效時，他們要記得，他們不是為了地上的利益，而是為了「牧長」而做的。終有一天，祂給他們的賞賜，將會比今生能夠得到的更有價值。

雖然彼得花了很多篇幅討論教會的本質，這卻是彼得前書惟一提到教會實際結構的地方。塞爾溫（E. G. Selwyn）指出，彼得沒有直接這樣討論教會，也沒有使用教會作為身體這個保羅常用的比喻。不過，彼得卻稱神的子民為共同行事的族類、祭司、國度（二9）和羊羣（五2）。[24]這些詞語都有凝聚與秩序的意思。教會不是由毫無關係的個人組成，而是一羣透過同一效忠對象連結起來的人。

彼得詳細討論了教會內部的人際關係。教會的成員應該好像兄弟般彼此相愛（一22，三8，四8），彼此款待（四9）。

彼得並不是從組織，而是從屬靈恩賜的角度看教會的運作，正如保羅一樣（四10）。神的恩賜是推動教會活動和前進的燃料。彼得似乎留意到，他要確保這些恩賜不會被濫用，不會被用作個人地位的象徵；他也明確表示，恩賜的本質就是管理神的恩典（四11）。彼得特別提到教會人際關係中可能比較脆弱的一環——代溝的問題。年青人的自大和長者的謹小慎微，是造成分裂的一個原因。彼得勸勉年青人要謙卑下來（五5～6）。不過，這個謙卑的呼籲，只是較早前一個概括性呼籲的具體應用（三8）。彼得前書沒有鼓勵人們視教會為一個架構組織（institution）。這卷書與其他新約著作一樣，將教會描述為一個家庭（family），弟兄盡力互相了解，努力培養彼此的關係，不論這些目的能否輕易達到，因為他們都有同一位父親。

彼得在五章10至11節向讀者提出的最後保證，是他牧養取向的縮影。這兩節經文顯示，彼得在牧養上是實事求是的。他完全明白讀者將要受苦，那麼如果他以凱旋的口吻寫作，假裝讀者成了神的子民就不用再受苦，就是殘酷地欺騙他們。只要他們仍然留在這個墮落的世界中，便不可能倖免於苦難。然而，這兩節經文也顯示出牧養性的鼓勵。彼得的讀者不單能夠在苦難中存活，更能夠脱離苦難，不會留下長久的創傷，而且能夠完全復元，變得強壯。他們的信心也會完好無缺。

彼得那麼有信心，並非因為信徒本身的質素，而是由於他們所相信的神的本質。首先，祂是賜下一切恩典的神。祂把愛賜給受苦的子民，那是他們不配得到，卻是絕對足夠的。這愛能夠滿足他們的需要。即使他們處於最危險的境況，仍然會發覺神的恩典還未到盡頭。其次，神是揀選的神。祂呼召他們有其目的，而且這個目的不會落空——他們將會分享「基督永恆的榮耀」。而且，神是信守諾言的（二23～24）。第三，神是有能力的神。因此，祂比任何對抗祂或威脅祂子民的力量更強大。祂的能力不會隨著時間而減弱，而且祂永遠不會被擊倒。

如果這位神沒有自我啓示，那麼彼得的保證就顯得荒謬。然而，由於神藉著基督讓人認識祂，彼得就可以使用牧養（pastoralia）中最溫柔的詞彙。他可以向讀者保證，神會個別「成全、堅固、賜力量」（五10）給他們。每一個詞語都有豐富的含義。「成全」這個詞是用來表示修補破爛的網、接駁折斷的龍骨或修理損毀的船隻。「堅固」是指他們要得穩妥，基督給彼得的使命也包括這方面（路二十二32）。變得完全，而且能夠站穩後，「賜力量」這個詞語就可以包含得到力量積極服事的意思。[25]他們得以成全，不是為了令人對他們感到驚訝，好像收藏在博物館的名畫得到修復一樣，而是讓他們能夠回到戰場，繼續參與擊敗撒但的戰爭。

彼得似乎是以特別的溫柔來寫作，這無疑是源自他失敗，然後得到主的挽回、堅固、重新任命的經歷。他從牧長的身上，學到作牧者是甚麼意思，而且他似乎也學得很好。彼得的寫作就像耶穌的恩慈一樣，完全沒有一絲他早期的反復無常、自大和優越感。相反地，他明白人性的軟弱，以真正的牧者心腸寫信給教會，堅固他們，讓他們能夠站立得穩。

彼得後書和猶大書

彼得後書和猶大書被正確歸類為論辯性的作品。猶大書本來可能是一篇講章，[26]而且內容幾乎全是毫無保留地譴責一些假教師，以及他們抗拒遵從道德的生活方式。這封信的風格既激烈又生動。[27]彼得後書雖然並非完全為了揭露同一批或這一類假教師帶來的危險，但首要關注的仍然是他們對教會的滲透。不過，彼得後書還包括很多其他內容，最好是將它看為彼得的臨別贈言。[28]這兩封信基本上不是關於牧養的。但如果我們指出，教會不時遇到異端散播這種危急情況，當所有其他方法都證實無效時，採取激烈的論辯方式也是正確的。雖然這種做法與我們今時今日的寬容態度不同，但卻是聖經所認可的。

這兩封信的具體內容，並非完全沒有牧養的關懷。包衡(Richard Bauckham)的猶大書註釋強調，雖然這封信毫無保留地提出譴責，但也並不是只有譴責。他強調，人們通常認為5至19節的譴責是重要的經文，但作者加入這段經文，只是為了解釋3節提出的呼籲的背景。[29]猶大書寫作的目的是促請讀者「為信仰爭辯」，提醒他們留意危險，號召他們作出抵抗。

20至23節再一次呼召信徒裝備自己，告訴教會怎樣進行抵抗。猶大提出了包括五方面的行動方案：他們要在使徒信仰中建立自己；在聖靈裏禱告；藉著順服，保守自己常在神的愛中；懷著盼望等候主再來；及以憐憫在教會中執行紀律。22和23節尤其重要，雖然這兩節經文在文本上存在非常大的困難。[30]猶大要求教會執行馬太福音十八章15至19節描述的標準紀律。但我們可以感覺到，他同時也有溫和，以免壓迫太緊。對罪的恨惡是不容妥協的，但牢記執行紀律的目的，尤其重要。那不是要毀滅，而是挽回。

對罪的憎恨和對審判的懼怕，應該驅使牧者將人從審判中拯救出來，但這些憎恨和懼怕，卻很容易被用作迫害別人，設立不公正法庭的藉口。

這封信以強而有力又帶給人安慰的榮耀頌來結束，相當合適。那些即將投身激烈戰爭的人，需要得到安穩的保證；更重要的是，他們要知道哪一方會獲勝。

彼得對假教師的嚴厲批評，見於書信中間，這封信也提出了好些其他關注。整體而言，彼得似乎擔心讀者的基督徒生命沒有好像他們應該的那樣成長，他提到可能妨礙他們成長的各種因素。引用格林（Michael Green）的見解，彼得不單攻擊異端，也鼓勵忠心的信徒。[31]

彼得指出四個可能導致他們靈性軟弱的原因。第一，他們自己沒有努力。書信以此作為開始和結束（一3～11，三11～14）。有些人可以懷疑神有否盡祂的本分，或者懷疑神提供給他們的資源不足以令他們踏上靈性之路。彼得向他們保證，神給他們的供應是超過他們所需的，他們所缺少的，並不是神能供應的東西，而是他們自己的決心。事實上，他們那十分慷慨的神應能有力地催使他們成長。

他們軟弱的另一個可能原因，是他們對使徒的見證和舊約聖經的真確性存有懷疑（一16～21）。[32]如果他們相信的真理不能令他們信服，他們也不大可能致力遵行那真理。第三，他們受到假教師的迷惑。假教師很可能質疑他們相信的信息是否真確（二1～22）。很明顯，與這些人辯論沒有甚麼好處——他們對此也沒有任何興趣。因此，彼得只是向讀者保證，那些人注定要面對某種審判。最後，信徒因為週圍的環境和主遲遲還未再來而感到氣餒（三1～10）。彼得耐心地解釋為甚麼主還未回來，他的解釋很快便變成迫切要求他們過聖潔的生活。

儘管彼得在提到假教師時相當勇猛，但這封信基本上是溫和的。彼得這封信不是命令，而是鼓勵。他不是以權威，而是以一位弟兄（一10）和「親愛的朋友」（三1、8、14、17）的身分寫這封信。他採用的策略也相當溫和。他沒有視讀者為無知的人，只是「提醒」他們一些他們已知的事情（一12，三1～2、8、15）。他表現得很敏銳，好像對待剛剛受傷的病人一樣；然而他提醒他們，他們現在感到的痛苦，並不是生命的常態。因此，彼得的方法是要令他們從病床中起來，恢復行動，完全活出神賜給他們的生命。

彼得由始至終極力提出的兩個命令是「防備」和「長進」（三17～18）。然而，他給人的最終印象並不是提出要求，而是給予保證。雖然有很多事情他們不能確定，但他們仍然是安穩的；雖然有很多事情他們並不知道，但他們仍然會在恩典中成長；雖然他們面對很多衝突，但他們追隨的是主，祂從現在到永遠都是滿有榮耀的。

註釋：

1. Martin, *Foundations*, vol. 2, p. 357。
2. 有關希伯來書背景的討論，參 R. Brown, *The Message of Hebrews, Christ Above All*, pp. 13～26; F. F. Bruce, *The Epistle to the Hebrews,* pp. xxiii～xliv; D. Guthrie, *Hebrews*, pp. 15～38。
3. Guthrie, *Hebrews*, p. 23。
4. Guthrie, *Hebrews*, p. 33。
5. P. E. Hughes, *A Commentary on the Epistle to the Hebrews*, p. 73。
6. Brown, *Christ Above All*, p. 13。
7. 關於希伯來書六章1至8節的難題，以牧養的角度闡釋，參 Brown, *Christ Above All*, pp. 108～116。他的闡釋在對希伯來書提供牧養性的解釋方面，相當出色。
8. Brown, *Christ Above All*, p. 191。
9. J. Adamson, *The Epistle of James*, p. 20。
10. Guthrie, *NT Introduction*, p. 764。
11. P. Davids, *The Epistle of James*, pp. 28～34。
12. P. Davids, *The Epistle of James*, p. 34。
13. P. Davids, *The Epistle of James*, pp. 39f. 和 Adamson, *James*, pp. 23～25。
14. C. L. Mitton, *The Epistle of James*, p. 19。
15. Ladd, *Theology of NT*, p. 590。
16. E. G. Selwyn, *The First Epistle of Peter*, p. 1。
17. A. F. Walls, 'Introduction', to A. M. Stibbs, *The First Epistle General of Peter*, p. 31。
18. 關於不同理論的綜覽，參 Guthrie, *NT Introduction*, pp. 771～803。有關他們社會狀況的理論，參 J. H. Elliott, *A Home for the Homeless. A Sociological Exegesis of 1 Peter and its Situation and Strategy*, pp. 59～100。
19. F. W. Beare, *The First Epistle of Peter*, pp. 31f.。
20. Guthrie, *NT Introduction*, p. 791。
21. Selwyn, *First Peter*, p. 64。
22. Beare, *1 Peter*, p. 33。
23. Stibbs, *First Epistle of Peter*, p. 178。
24. Selwyn, *First Peter*, p. 81。
25. Stibbs, *First Epistle of Peter*, p. 174。
26. R. J. Bauckham, *Jude, 2 Peter*, p. 3。
27. J. N. D. Kelly, *The Epistles of Peter and Jude*, p. 228; Guthrie, *NT Introduction*, p. 916。

28. Bauckham, *Jude, 2 Peter*, pp. 131～135。
29. Bauckham, *Jude, 2 Peter*, p. 41。
30. Bauckham, *Jude, 2 Peter*, pp. 108～111; M. Green, *2 Peter and Jude*, pp. 186～189; Kelly, *Epistles of Peter and Jude*, pp. 288f.。
31. Green, *2 Peter and Jude*, p. 123。
32. 問題不是他們怎樣解釋聖經，而是聖經的真確性。參 Green, *2 Peter and Jude*, pp. 89～92。

歷史考察

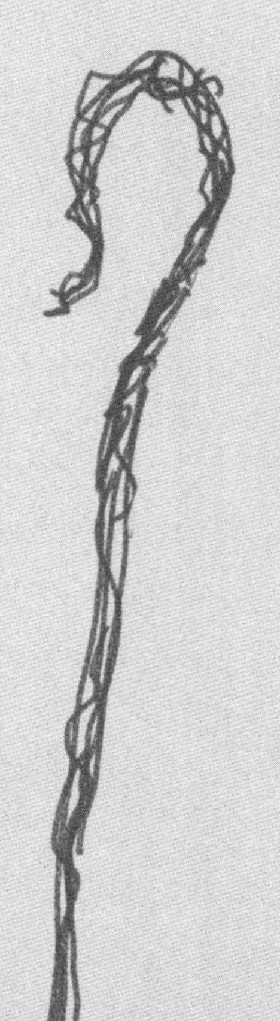

[7]

初期教會

新約時期以後，牧者角色的發展變得相當複雜。很多因素決定了事奉的特定形式，其中四個最為重要。教會經歷了制度化這個自然過程。教會分裂，引致需要確定和維護正統信仰，也影響了牧者的角色。模塑事奉的人受自己的文化和知識環境薰陶，往往不自覺地使事奉配合他們的環境。此外，更廣闊的社會背景也有影響。在這段時期開始時，教會是受迫害的少數羣體；但在結束時，卻成了得到帝國認可的宗教，把當時的文化洗禮。事奉也無可避免地作出了改變，以適應教會際遇的轉變。事實上，如果教會不改變，對任何人都沒有好處。[1]

在早期這創意盈然的混亂中，孕育了很多豐富的作品，為事奉帶來洞見；而意外的是，到了今天，其中一些作品與我們仍然大有關連。認為這些只是塵封和過時的作品，不加理會，只會使我們變得貧乏。除了本身的價值外，這些作品也能夠讓我們看到牧養傳統怎樣展開，使我們更明白可以怎樣真正採納這些作品，應付今天的需要。[2]

因此，我們的目的不是追溯牧職結構那複雜得磨人的發展過程，而且已經有人這樣做了。[3]我們更著重的是揭示牧養角色的核心。

後使徒時期

在新約時期之後，最早期的著作差不多全都和聖工有關。《十二使徒遺訓》(*Didache*) 這份早期文件繼續承認巡迴教師和擁有靈感的先知的價值，但同時提出警告，指出並非所有宣稱有這種權威的人都是真的。因此，這份文獻就接待這些教師和先知，定下了一些預防性的指引。如果他們停留在某個地方超過三天，就有可疑；他們的行為會證明他們的預言是否有效；如果他們在神靈感動時要求別人給予金錢，便應該視他們為騙子。[4]但有一點早已昭然若揭，就是地方教會領袖已經變得更重要，成了巡迴先知和傳道人的對手。《十二使徒遺訓》與教牧書信相呼應。它這樣寫道：

> 你們必須為自己揀選監督和助手。他們必須配得起主，謙卑，不貪財，誠懇和得到認可；因為他們負責為你們執行靈恩和教導的事奉。你們應該十分尊重他們，因為他們在你們中間，與靈恩和教理教師一樣，有值得尊敬的地位。[5]

幾份早期著作都顯示，神職人員和平信徒[6]的分別愈來愈大，而且這些著作也愈來愈強調，信徒需要服從神職人員。這點在《伊格那丟書信》(*Letters of Ignatius*，約公元110年) 中尤其明顯。這些書信不單顯示事奉的三重架構——包括主教 (bishops)、教士 (priests) 和執事 (deacons)——已經存在，而且這個架構已經是教會的實質。[7]伊格那丟一再指示信徒，最重要的是服從主教。主教擁有神賜的權力，[8]信徒應該好像羊一樣跟隨他們。[9]服從主教就是服從神的聲音，[10]因為「每個屬神的人都忠於他的主教」，[11]而獨立行動就等於採用世俗的方式行事。[12]他寫道：

> 正因為這樣，你們的行為和做法緊緊地遵從主教的心意是恰當的。而事實上，他們正是這樣做；得到你們恰當地尊重的教士是為神爭光的人，他們好像琴絃附在豎琴上一樣配合主教，結果產生了一首讚美耶穌基督的詩歌，這首歌發自合一的心，以及和諧的愛。[13]
>
> 你們每一個人都應該追隨主教，好像耶穌基督追隨天父那樣服從主教；你們也要服從教士，正如你們服從使徒那樣；也要尊敬執事，好像尊重神的命令一樣。[14]

這種階級心態無疑是源自對保護羣羊的渴望，不過似乎並非處處通行。與伊格那丟同代的坡旅甲（Polycarp，約110年），就以完全不同的精神寫作。雖然他鼓勵信徒服從教士和執事，卻沒有提及主教這個職位，而是強調教士應有的質素。

> 至於教士，他們應該很有同情心，對人懷著深深的憐憫。他們有責任挽回流蕩的人，留意所有不堅固的人，永遠都不應該忽略寡婦、孤兒和有需要的人。他們永遠都應該關心在神和人眼中是可敬的事。他們必須嚴格避免流露出壞脾氣、偏袒

> 或偏見。他們絕對不能貪財。他們絕對不能輕易相信任何人有甚麼缺點，也不要太隨便譴責別人，亦必須十分明白，我們所有人都犯了罪。[15]

當時的其他作品也明顯缺乏一致性的發展。殉道者游斯丁（Justin Martyr，約100～165年）指出是主教，而不是由教士主持聖餐，卻完全沒有提及長老。[16]相反，《使徒憲章》（*Apostolical Constitutions*，約250年）卻將主教描述為好像是大祭司、教師和士師。[17]在特土良（Tertullian，約160～220年）還未轉而接受孟他努主義（Montanism）的時候，上述的描述已經完整地出現，伴隨著他表情嚴肅地強調苦修式操練。[18]

同時在埃及，亞歷山太的革利免（Clement of Alexandria，約155～200年）雖然大致認可事奉的三重架構，視之為效法天使的榮耀，卻沒有好像其他作者那樣，將主教的地位淩駕於教士之上。他自己和學生俄利根（Origen，約185～254年）傾盡一生，重新賦予基督徒教師和學者這兩個角色的活力。在牧養方面，革利免顯得十分關心基督徒的靈命成長，提倡順服牧者，作為實現靈命成長的途徑。因此，在〈富人的救恩〉（*The Rich Man's Salvation*）這篇講章中，他促請聽眾：

> 富裕的朋友，為了這個目的，你應該找一個屬神的人作你的導師和嚮導，尊敬他，敬畏他。努力聽從他的責備，你的眼睛便不用流淚，你靈魂的快樂也不會中斷。你會畏懼這樣一位顧問的憤怒。他的悲傷會令你痛苦。你會預期他為你祈求寬恕，

> 讓他在晚上為你警醒禱告，讓他代表你接受神的同在，以代禱的神奇力量說服天父。你要尊重他，將他當為神的天使，他便會為你禱告，不會因為你，而是為了你的好處而悲傷。[19]

不過，牧者角色的真正發展不是在亞歷山太，而是在迦太基（Carthage）和羅馬發生。迦太基的居普良（Cyprian，約200～258年）在教會受到羅馬皇帝德修（Decian）迫害，以及隨之而來的分裂那段混亂時期中，領導教會。他最為人記得的是，他有關教會合一和主教的權力是來自神的教導，以及他堅持異端的信徒需要重新接受水禮。[20]歷來人們都將他看為神學鬥士，但事實上，他更主要是牧者和行政人員。他的行動和政策，不論對錯，都是源於真誠關懷教會和會友的福祉。

居普良嘗試以主教這個職位，將特土良和其他人透過孟他努主義所尋求的靈恩制度化。不過，在他的思想中對事奉最著重的是祭司的性質，而不是先知的性質。長老只有在參與由主教主持的聖餐時，才具有教士的職分。主教才是崇拜和教會合一的焦點，他的地位來自使徒的傳承。居普良寫道：「教會是一羣圍繞教士聯合起來的人，羊羣依附牧者。因此，你們應該明白，主教在教會裏面，教會也在主教裏面。」[21]不過，雖然這樣，主教應該由眾人選出，眾人也可以罷免主教。

居普良強調主教的權力，至少在某程度上是源於他渴望在當時的風浪中，引導教會朝正確的方向航行，因為當時教會面對被那場風浪破壞的威脅。因此，他在公元250年決定逃出迦太基，而不是面對殉道，就是一個「冷靜的決定」，因為他相信，如果他能夠在流亡的情況下繼續管理教會，而不是以殉道裝飾教會，對教會更為有利。而且，他最終也沒有逃避作殉道者。[22] 我們從他處理經過德修的迫害後，重新接受那些曾經離開教會的人這件事，以及他在與西班牙和亞爾勒(Arles)那些有問題的主教的爭辯中，同樣看到他重視在掌舵時，需要保持船隻的穩定。

我們從居普良的書信和比較次要的著作中，比從這些有關教會的辯論，更能夠看到他的牧者品格。公元252年，迦太基發生了大瘟疫。人們將這場瘟疫和所有其他問題都歸咎基督徒。居普良的回應是將信徒聚集起來，敦促他們盡上禱告的責任，並且將他們組織起來，以實際的行動關心整個城市。信徒籌款、照顧病人、埋葬死者，無論他們是否教會成員。這樣捨己正是基督的要求，也確保基督和撒但的鬥爭延續下去。拒絕施捨是罪，而施捨能夠令個人的水禮經驗保持鮮活。[23]

信徒在迫害中受苦，是當時最嚴重的問題。這問題令居普良發展出考驗這個觀念。今生是一個競賽：

> 看啊，這是一場高貴和偉大，也是榮耀的競賽。獎品是天上的冠冕。當我們搏鬥時，神俯視我們，也將祂的視線伸展到那些祂紆尊地收納為兒子的人，祂也喜歡觀看我們競賽。神在戰鬥中俯視我們，而且在信仰的相遇中戰鬥；祂的天使注視我們，基督也觀看我們。有神同在，有基督作為審判官，給我們冠冕，這是多麼尊貴啊！那榮耀帶來多

> 麼大的快樂！親愛的弟兄，讓我們配備自己的所有力量，以沒有敗壞的心、完好的信心和委身的勇氣，迎接鬥爭。[24]

透過苦難，神同時以愛施行管教，也嚴禁犯罪。只要基督徒接受苦難，信靠神好像慈愛父母般的照顧，便會因為苦難而得到提升和潔淨。當然，他們應該盡力減輕苦難。但他們的視線也應該超越死亡，投向永生，甘願面對殉道。[25]公元258年，居普良也樂意追隨主的腳踪，走上殉道之路。

邁耶（H. T. Mayer）準確地總結了居普良對我們理解牧養關懷的貢獻：

> 居普良有一封信是一幅經典的美麗圖畫，描繪了主教作為羊羣的牧人。主教毫無保留地將自己的精力投放在照顧羊羣的一切需要上。他找出它們的傷痕和傷口，在上面塗上油和酒，梳理它們的毛，在晚上安排它們安睡，知道每一隻羊的名字，愛護每一隻羊。這是一幅動人的牧養圖畫。但問題是，主教獨力負起培育基督徒的責任。結果，人們頗樂意將他們受洗後的一切責任，都交給這位偉大、好像父親一般的人物。[26]

在教會這個最初的階段結束時，聖職已經形成了不同階級，主教處於最高統治地位，作審判官執行紀律，作教師教導教義，作講員施行牧養。在他的管治下，為那些受洗後陷入罪中的人，建立了一個明確的悔罪系統。同時，在較低的階級中，也增加了很多較次要的職位，包括掘墓人、門房、襄禮員、驅鬼人等。牧者的目標，在屬靈方面仍然清晰和豐富，但這些任務已經變得專職化，不再是整個羣體的責任。

後君士坦丁時期

隨著君士坦丁大帝在312年歸信基督教後，基督教信仰不單得到容許，更成了帝國的官方宗教。雖然有些因素——例如異端的威脅——仍然沒有改變，但新形勢要求牧養關顧重新定位。教會成員可能受到迫害，和不用為信仰付出多少代價，甚至可能在社會得到好處，兩者之間的分別，令教會有了相當不同的性質。

從君士坦丁到中世紀開始這段時期，產生了大量有關牧養關顧的著作。這些著作反映了一種細緻和自覺的態度，研究對牧者的技巧有何要求，以及期望他們達到甚麼標準。這些著作也顯示，牧者的任務多麼廣泛，他們所面對的人，需要是那麼繁多，雖然這些著作沒有類似我們現代技術的東西，但作者都留意到，牧者所需要的基本牧養心理學知識。

我們會特別注意兩個主流的發展。第一個發展是源自加帕多家教父（Cappadocian Fathers），由該撒利亞的巴西流（Basil of Caesarea）和拿先斯的貴格利（Gregory of Nazianzus），然後經過屈梭多模（John Chrysostom），到大貴格利（Gregory the Great）。另一個發展是由米蘭的安波羅修（Ambrose of Milan）開始的，直至希坡的奧古斯丁（Augustine of Hippo）。

該撒利亞的巴西流（329～379）、他的兄弟女撒的貴格利（Gregory of Nyssa，330～395）和他們的朋友拿先斯的貴格利（330～389），合稱為加帕多家教父。他們在接受呼召從事聖職前，學習過修辭學，並過著隱修的生活。他們這個令人敬懼的神學隊伍，擊敗了亞流主義（Arianism）。不過，從他們的著作中可以看到，他們也是有恩賜的牧者。巴西流在通信中顯出他的牧養恩賜，而拿先斯的貴格利在《第二演説辭——為逃往本都自辯》（*Oration II, In Defence of his Flight to Pontus*）中，也表明他在這方面的恩賜。正如當時常見的情況一樣，貴格利一度拒絕出任主教的詔命，逃往別處。他這篇文章解釋自己基於甚麼原因作出那樣無禮的舉動，後來又為何改變主意。《第二演説辭》對事奉的描述生動，好像花蕾一般，由屈梭多模栽種成一朵小花，最後在大貴格利的培養下盛放。

屈梭多模（344～407）在接受召喚到家鄉安提阿擔任聖職前，和加帕多家教父的背景相似。他以雄辯的講道，從講壇對暴民和皇帝都產生巨大的影響和力量見稱。在398年，他成了君士坦丁堡的宗主教（patriarch），繼續發揮影響。在那裏，他毫不妥協的精神和在外交事務方面的無知，帶來了無數麻煩，包括與優多克西亞女皇（Empress Eudoxia）的衝突。這事件令他最終被革職，直至死後，罪名才得以洗脱。他的《論教牧職務》（*On the Priesthood*）很可能是在公元386年仍然擔任執事時寫成的。這作品以和朋友巴西流對話的方式書寫，屈梭多模在這篇作品中，為自己舉薦巴西流當選主教，而自己則逃避這個職位辯解，雖然他事前和巴西流曾經有過共同進退的協議。

大貴格利（540～604）在他的《牧養規條》（*Pastoral Rule*）中，延續著同一個傳統。在這部著作中，貴格利進入了一個新階段，討論牧養關顧中所要求的多重靈敏性。貴格利本來是律師和羅馬城的行政長官，在公元575年拋棄俗世，進入修道院，後來卻被迫重新投身公共事務，更在590年成為教宗。他是一位出色的倫理神學家，也是一位很有技巧的牧者。他很關注倫巴族人(Lombard)入侵羅馬，為以後的多個世紀模塑了教宗的品格，也成為古代教會和中世紀的橋樑。

對於這幾位作者來說，牧養事奉都是崇高和神聖的呼召。拿先斯的貴格利之所以出逃，就是因為牧養一羣人，比管理一羣羊更困難。牧者「好像金銀一樣，雖然無論在甚麼季節，都在各種事務中流通，卻〔必定〕不能有任何虛假或雜質，也不能有任何劣質的表現」。[27]在德行上應該比其他人優勝，只不過是這個職位的困難之一，「因為在我看來，引導人這種最反復無常、千差萬別的受造物，是藝術中的藝術，科學中的科學。」[28]比較起來，醫生的工作就容易得多，因為牧者的工作包括「透過從我們多重的本性中除去一切野蠻和殘忍，以神認為溫柔和可親的東西取而代之，從而診斷和治療習慣、激情、生命、意志和我們內裏的其他一切」。[29]

屈梭多模也因為這個任務的要求，而感到震驚。牧者需要聖潔無瑕，有天使的美德，因為他們不可能向公眾隱瞞他們的缺點。[30]這個任務永遠都不能託付給任何平凡或未作好準備的人。[31]牧者必須「有尊嚴卻不自大，令人敬懼卻仁慈，勇於指揮卻和藹，大公無私卻有禮，謙虛卻不卑恭，堅強卻溫柔」，以對抗他們所要面對的一切困難。[32]彷彿還不足夠似的，「教士應該頭腦清醒，明察秋毫，眼觀四面，不是為了自己，而是為了一大羣人而活」。[33]

顯然，教會的會友對減輕牧者的負擔無能為力。他們聽道，「不是為了得益，而是為了娛樂」；他們好像是坐在劇院的批評家或比賽的觀眾，而不是謙卑地順服神的話。[34]教士在行政和牧養方面的職責上，同樣動輒得咎。許多用來挑剔他們錯誤的藉口，包括「他沒有探訪我」這個常見的呼喊。屈梭多模知道，健康和患病的人都同樣要求教士探訪他們，但不是要令自己變得更虔誠，而只是為了吹噓自己有這份光榮。他提出警告：

> 因為單從他和別人攀談的方式，主教已經需要忍受很多指摘，而且往往受到壓迫，感到極度沮喪。事實上，他也需要就他怎樣運用自己的眼睛而接受審查。因為公眾嚴厲地批評他最簡單的行動，留意他說話的語調，他的面部表情，以及他的笑容有多燦爛。有人會說，他向一個這樣的人那麼開懷地笑，臉上堆滿笑容、語調清晰地跟他打招呼，但對我卻只是隨意說了一句微不足道的話。[35]

不過，情況也不全然是暗淡和令人沮喪的。事實上，這些作者也相當明白，他們在承擔任務時，從神得到甚麼幫助和祝福。大貴格利同意他前輩的話，他強調牧者這個職位有甚麼要求：

> 因此，他們在思想上需要純正，在行動上需要卓越；在沉默時要謹慎，在說話時要對人有益；懷著同情心作每一個人的近鄰；在默觀方面超越眾人；藉著謙卑與正直地生活的人交好；透過對公

> 義的熱誠，絕不與惡人的惡行妥協；不會因為專注於外在的事情，而放鬆對內心的照顧；也不會因為為了內心而獨處，便忽略了外在的事情。[36]

屈梭多模也主張，即使是這個職位具有隱藏的危險，卻也可以是神賜恩的途徑。在一篇感人的文章中，他將牧者比喻為聖殿中的洗濯盆。人們透過認罪，洗淨自己的罪。正如洗濯盆收集崇拜者的污穢，牧者的心靈在收集認罪者的污穢時，自己也面對受罪試探的危險。「但牧者對此毋須感到恐懼，因為神很好地平衡一切，藉著祂，牧者在更滿懷憐憫地因為別人的試探而憂傷時，更容易從自己的試探中得到拯救。」[37]

屈梭多模運用了各種比喻，解釋牧者生命的榮耀。[38]他的目的往往是為了顯出與牧養工作相比，其他工作是多麼簡單，例如我們已經提過的牧羊人和醫生。屈梭多模也將牧者和君王加以比較，[39]指出牧養的職事比王權優勝。其後，他又比較揀選主教和選擇軍事要人或商船船長時，所需的謹慎之間的分別。[40]他表示船隻有很多划船人，滿載貴重的貨物，為免令船隻沉沒，自己永遠都不想當船長。但這份恐懼純粹是關乎物質財富。那麼，屬靈財富要求的謹慎程度會大多少？

初期教會的教父往往將牧者比喻為舵手，熟練地操縱教會這艘船。亞歷山太的革利免曾經寫道，基督徒「堅定地定睛於主，好像水手留意好舵手示意，以便看到他的意願、命令、信號、他給他們甚麼暗號、在何時何地宣佈船隻已經抵達港口」。[41]有那麼多人依賴牧者帶領他們安全度過風暴、急流和障礙，進入港口，難怪連拿先斯的貴格利這樣的人也承認，自己寧願留在岸上，作一個卑微的農夫，也不選擇航海這種更冒險的生活。[42]

至於醫生的比喻則強調，不能夠以同一方法治療不同的疾病，甚至不同的病人。「不能每次都以同樣的藥物或食物治療病人，應該根據病人的健康狀況和病情作出調整；同樣，靈魂也需要不同的指示和引導。」[43]「因為有些事情對某些人有益，卻往往對另一些人有害；能夠滋養某些動物的草藥，對另一些動物卻往往是致命的；能夠使馬匹安靜下來的輕輕嘶嘶聲，卻會刺激年幼的野獸；能夠緩和一種疾病的藥物，卻會加劇另一種病症；能夠令強壯的人更有活力的麵包，卻會奪去小孩子的生命。」[44]

與醫生不同，牧者要醫治的病人往往不願意承認自己的真實狀況，而且會隱瞞自己的罪。[45]牧者能夠使用的惟一療法，就是規勸。他們不能勉強別人。[46]即使當事人承認自己犯了錯誤，懲罰都應該因應犯罪的人，而不是他們的罪行，「以免你們〔牧者〕在希望修補破爛時，卻使破口變得更大；在滿懷熱誠地努力挽回失足的人時，卻令傷勢變得更嚴重」。[47]這需要多大的技巧啊！用拿先斯的貴格利的話說：

> 有些人受教義引導，另一些人從別人的榜樣得到訓練；有些人需要馬刺，另一些人則需要勒馬繩；有些人比較遲緩，很難變好，必須以言語斥責他們，激發他們；另一些人則過分狂熱，不懂得節制，好像純種的良駒一樣衝動，不受駕馭，偏離

> 跑道，若要他們改進，那麼，用語就必須具有管束和監察的影響力。[48]

大貴格利《牧養規條》的主要內容只是詳細解釋這一點。他提出有36種不同的會友，指出這些會友分別需要怎樣對待，每種方法有甚麼優點和缺點，以及有甚麼不能預計的陷阱。他提到的包括富人和窮人，有耐性和沒有耐性的人，健全的人和病人，怠惰和熱情的人，固執和反復的人，已婚和單身的人，製造麻煩和使人和睦的人，出於一時衝動和早有預謀的罪人。讓我們以能忍耐和沒有耐性的人為例，説明大貴格利所採用的方法。[49]

沒有耐性者的問題是，他們無意中犯罪，破壞他們有能力做的好事，事後又察覺不到自己犯了罪。大貴格利根據哥林多前書十三章4節和箴言十九章11節指出，沒有耐性是罪。在這罪的背後，就是傲慢這更深的罪。大貴格利以上述兩節經文和很多其他經文，包括加拉太書六章2節、箴言十六章32節、路加福音二十一章19節、箴言二十九章11節，鼓勵沒有耐性的人，不要破壞自己能夠實現的好事。他們也必須明白，神創造我們，是要我們以理性而不是激情控制靈魂，並以靈魂控制身體。沒有耐性的人傾向報復，所以大貴格利最後會提醒他們，將來要面對審判。

無論聖經怎樣強調耐心是一種美德，能忍耐的人也有他們的試探，貴格利勸勉他們「不要在心裏為自己外表所忍受的一切難過，以免他們令價值那麼大的祭物受到罪惡污染，不能完好地獻上」。神能夠看見一個人內心的惡意，即使別人看不見。牧者必須鼓勵能夠忍耐的人，去愛那些他們所容忍的人。保羅除了說「愛是恆久忍耐」外，還加上「愛是恩慈」這句話。能忍耐的人受到冒犯時，往往能夠處理得很好。但事後卻經常想起自己受到的傷害，並將傷害誇大。因此，能忍耐的人「在勝利後卻成為俘虜，因為平靜地忍受一切而感到羞愧，悔恨自己沒有反擊別人的侮辱，如果有機會的話，更會試圖以更嚴厲的方式報復。」因此，他們得勝後，必須謹守自己的心。

大貴格利在評論那個得到好撒瑪利亞人照顧的人時，指出：

> 好撒瑪利亞人將酒和油都倒在他的傷口上；酒令傷口劇痛，油則緩和痛楚。因為任何負責治療傷口的人，都必須用酒帶來痛楚，用油帶來仁慈的撫慰；讓酒清除潰爛，讓油醫治傷口。[50]

該撒利亞的巴西流是這種藝術的最佳示範。他的組織能力相當強，也是維護真理的主要人物。不過，他的書信則顯示，他是一位溫柔的牧者。他很關心羊羣中那些毫無地位的人看來無關重要的事情。[51]他能夠寫出感人的信安慰別人，他相信「與富同情心的朋友溝通，能夠令任何哀傷都得到安慰」，[52]但他最出色的書信則是以譴責和懇請並存的。

對於背道的修士，[53]巴西流的信可以這樣開始：「我不向你問好，因為邪惡的人不會快樂。」這位主教流露自己的哀傷和對修士的譴責，就像酒一樣，令傷口的劇痛加深。但巴西流沒有忘記倒油，他邀請修士記起神的憐憫，鼓勵他不要沮喪，應該重新振作，回轉，確信主教已經挽回那個對他來說差不多已經無效的指控，並會好好照顧他。「不要再沉淪。要記起從前的日子。救恩是存在的；錯誤也可以彌補。要歡笑，不要懊惱……大門仍未關上；新郎仍然在傾聽；罪不是主人。」

另一個混合了酒和油的好例子，出現在一封寫給一位墮落的處女的信。巴西流沒有勸她不用羞愧——如果她仍然能夠有絲毫羞愧的話，而是為她的墮落而哀慟，以最強烈的字眼指出她的罪，以及那個「膽大妄為地」令她墮落的人的罪。但巴西流同樣是有節制地使用酒，以免那女子對福音的勸勉無動於衷：

> 那位偉大的心靈醫生，隨時準備好釋放妳和所有被罪奴役的人，祂也準備醫治妳的病。祂發言，祂甜蜜和帶來拯救的咀唇說：「康健的人用不著醫生，有病的人才用得。……我來本不是召義人，乃是召罪人悔改。」妳還有甚麼藉口？祂這樣說時，人還能有甚麼藉口？主希望潔淨妳，醫治妳的病，讓妳看見黑暗後的光明。那位好牧人丟下沒有逃跑的羊，祂正在尋找妳。如果妳將自己交給祂，祂會毫不猶疑地接納妳。祂懷著愛，樂意揹起妳，因為自己找到迷路的羊而高興。天父正在站立，等候妳回來，不再流浪。妳只需要回來……[54]

這些牧者的勸勉，大量引用聖經的比喻和經文，不是因為聖經的文字比他們自己的文字更有力量，而是因為他們認為聖經是他們牧養時使用的主要藥物。屈梭多模寫道：「只有一種指定的醫治方法和途徑……有力地應用聖言」。[55]因此，每一個牧者都應該熱中於讓基督的話充滿自己。只有這樣，牧者說話才有效力。否則，由他們照顧的靈魂，便會好像在波濤洶湧的海上顛簸的船隻一樣。[56]屈梭多模認為，講道是屬於牧養工作的範圍。成為講員就是投入艱苦的生涯。牧者必須細心研究，即使那些似乎在講壇很有天賦的人也沒有例外。[57]講員不應該受會眾的喝采或批評左右，他們應該努力做好能夠討神喜悅的工作。這是對他們惟一的試驗。[58]

牧者的每一個職責都是潛在的網羅，每一次快樂都是潛在的試探。屈梭多模極有講道的恩賜。在談及講道時，他著意指出讚賞和批評怎樣找機會綑綁他。人們會說出毀謗和妒忌的話。聽他講道的人，似乎和今天的會眾一樣，喜歡在主日吃午餐時批評講員。對他們的批評，講員應該好像父親對待年幼的子女一樣，不要太在意。對會眾的稱讚，講員也同樣應該不在乎。名譽是一隻多頭怪獸，似乎差不多是難以征服的，而且會藉著驕傲或透過說服講員為了討好會眾而修削信息，從而毀掉講員。所以，講員必須堅決擊敗這頭怪獸。[59]

在講壇以外也有試探。牧者需要與社會上不同階層的人交往，能夠毫無困難地與上層和基層人士溝通，所以他們需要面面俱圓，卻又不能妥協或驕傲。[60]同樣，牧者有權為別人提供靈性的指引，令他們很容易「將管理的事奉變為以專制為目的」。[61]但討別人或自己而不是神的喜悅，就會令人遠離神。正如大貴格利坦承：「受新郎差派送禮物給新娘的僕人，如果希望贏得新娘的芳心，就是犯了在心思上的不忠。」[62]

早期牧者特別容易遇見的試探，似乎還包括金錢方面。巴西流譴責鄉郊地區一些地位較低的主教收受金錢，准許別人擔任聖職。[63]這個試探似乎相當普遍。[64]屈梭多模更詳細談及某些婦女所帶來的誘惑，聖職授與權和榮耀所帶來的試探，以及因為需要照顧那些心思被世界的思慮和財富佔據的人而產生的挫敗感。面對這一切，他要求「教士的靈魂應該比日光更純潔」。[65]

就像早期的作者一樣，這些教會領袖都相信牧職帶有權力：「教士在地上所做的事，神在天上認可，而且由主人確認僕人的話。」[66]但與早期的作者不同，他們關注的不是權力，而是更關心怎樣有技巧地實行牧養，以及怎樣培養牧者的靈敏度。他們也明白榜樣的影響力是十分重要的。「每個牧者都應該倚賴行為多於言語，藉著好行為留下腳踪，讓別人跟隨；而不是以言語，向別人指出應該朝哪裏走。」[67]教會的品格，就是來自聖職人員的品格。教士為了會眾而不敢跌倒，他們自己也要面對審判。[68]

難怪拿先斯的貴格利說，事奉「不是微不足道的工作」，[69]很多人拒絕接受這個職位也不足為怪。但他們最終還是接受了這職事，因為他們更害怕不服從神。正如拿先斯的貴格利解釋自己為甚麼改變主意時說：「雖然我們對這職位感到恐懼，但在順服的中可能得到幫助，正如神因著祂的良善，回報我們的信心，令對祂有信心的人成為完美的管理人，將自己一切盼望都寄望於他們」。[70]

在屈梭多模寫《論教牧職務》的同一年，米蘭的安波羅修（339～397）也撰寫了《論神職人員的職責》（*On the Duties of the Clergy*）。安波羅修是高盧（Gaul）行政長官的兒子。他自己也參與帝國的行政工作，在公元370年成為以米蘭為中心的上意大利總督。四年後，當米蘭主教奧格生丢(Auxentius)去世時，安波羅修獲選為繼任人。雖然他是基督徒，但仍未受洗，因此立即正式加入教會，在八天內晉身成為主教。他是一位出色的講員和行政人員，在教會留下羅馬貴族的印記(接受當時政府的高級職務訓練)。

與其說他的《論神職人員的職責》是牧養神學的教科書，不如說這是一本勸勉牧者過道德的生活，完美地執行職責的書。他以西塞羅(Cicero)的作品為基礎，頌揚智慧、公義、堅忍和節制這四種異教的經典美德，並加上信、望和愛這三種基督徒美德。[71]我們需要撇除這著作背後的假設，並利用其他作品不經意的引述，才能夠建構出安波羅修對聖工的見解。安波羅修將神職人員和平信徒之間的鴻溝進一步擴闊。人們明顯看到教士和普通基督徒有不同的地位；他們接受按立，被視為是比較好的信徒。雖然安波羅修曾不經意地承認，新約提出的責任和勸勉是給所有信徒的，但他卻無視這個事實，要求把這些責任和勸勉放在教士的身上。對他來說，很難區分良好的平信徒和行為良好的異教徒。[72]

主教是其他教士的父親，地位比他們高。他們的權力來自使徒的傳承。主教的權力是源於他們的職位，而不是他們本人。因此，雖然個人的聖潔對主教的工作可能有幫助，但重要的是職位而不是個人。主教同時繼承了舊約的先知和祭司，因此他們一方面有責任提出嚴厲譴責，另一方面也應該帶來醫治。安波羅修以以利亞、拿單和耶利米作為模範，主張主教必須對抗錯誤，譴責邪惡。沉默是最嚴重的失職。[73]

安波羅修的言行一致。他與異教徒和亞流主義者的衝突，促使他對抗皇帝、皇后、軍人和異端的信徒。他對公共事務的參與是前所未有的。他相信教士有權審判平信徒，但平信徒卻無權審判教士。這信念給他堅定的信心，抗拒國家干涉教會，甚至能夠與皇帝對抗，直至皇帝公開悔罪。人們視安波羅修為第一位中世紀的大主教，並非沒有道理。

安波羅修的重要性不單在於他自己的主教生涯，也因為他對奧古斯丁（354～430）的影響。奧古斯丁是透過安波羅修博學的講道而歸信的，身為主教的奧古斯丁也以安波羅修為楷模。奧古斯丁來自中產階級，教授修辭學，未歸信基督前，十分醉心於哲學和摩尼教（Manichaean）的教導。公元391年，他在到訪希坡時被迫接受聖職，並於396年成為主教。很多人認為他是一位理想的牧者和模範的講員。

身為牧者，奧古斯丁在成為主教時，知道自己承擔了多麼重大的責任。在自己接受聖職周年紀念的講道中，他列出牧者的職責包括：

> 譴責挑起爭端的人，安慰勇氣不足的人，扶助軟弱的人；反駁敵人，提防陷阱，教導無知的人，喚醒懶散的人，勸阻那些想做不誠實買賣的人，使放肆的人守規矩，安撫好爭辯的人，幫助窮人，解放受壓迫的人，鼓勵善良的人，忍受惡人，和愛所有人。
>
> 要講道、爭辯、譴責、教化，讓任何人在有需要時都能夠找到我——這就是那重重地壓在我肩頭的擔子。[74]

奧古斯丁謹慎地執行這些職務。與安波羅修不同，奧古斯丁的大門為所有人打開。正如梅爾（F. van der Meer）在研究奧古斯丁主教的巨著中寫道：

> 奧古斯丁清楚知道，這些小煩惱是他主要的職務。佔據人們心思的世俗事件，往往給牧者機會，對犯罪的人勸善或責備；也讓他們可以默默地影響會友，以身作則；令他們能夠喚起會友的良知，給予他們屬靈引導。在竊取他時間的盜賊中，行政是最不重要的一個。奧古斯丁將這隻吸血的惡獸……交給他的會計師對付。但其他事務，幾乎沒有一樣是他拒絕處理的，因為他知道，很多服事靈魂的機會，都始於偶然的相遇。[75]

奧古斯丁是牧養關顧的模範。他是第一個將修道生活引入主教座堂的人。他在市中心的羣體中公開生活，供所有人觀看。他拒絕奢華，認為這樣會妨礙靈命成長，維持簡樸的生活，吃粗茶淡飯，穿別人給他的衣服。[76]他對修道院兄弟的要求，也是同樣嚴格的。他相信他們應該自己謀生，而不是依賴別人的餽贈，因為這個做法會被濫用。他對教士也同樣要求嚴格，他們往往也能夠符合他的要求。有些記錄記載了一些人未能達到奧古斯丁的要求，奧古斯丁，以堅決卻憐憫的心處置違規的人。[77]

奧古斯丁的牧養關顧，也是包羅萬有的。他一生大部分時間都投入與摩尼教徒和伯拉糾派（Pelagians）的論戰之中。他也花了30年時間，與非洲有分裂傾向的多納徒派（Donatist）

教會爭論，費了很多精神令這教會最終與大公教會復和。雖然他的爭論往往採取論辯的方式，但出發點始終都是牧養性的。「他這位靈魂的牧者給後世的主要教導是，視那些信仰異端的人為迷路的羊，而不是令人討厭的帶菌者。身為真教會的主教，他對迷路的羊也負有責任，正如他對在羊欄內受到好好保護、很認識自己的家、對這認識也感到很自在的羊羣負有責任一樣。」[78]

奧古斯丁的牧養關顧，也有忠心這個特點。在他那個時代，羅馬受到阿拉里克人（Alaric）搶掠（410年），北非則遭汪特爾人（Vandals）入侵。這些可怕的事件往往有屬靈上的影響，沒有時間讓神職人員獨善其身。正是在這些時候，他們有應盡的責任，他們與羊羣的憂戚與共也最為明顯：

> 但願神不會使我們這條船得不到重視，以致那些船員，特別是舵手，在船隻遇到危險時棄船，即使他們能夠找到小艇，甚至單靠游泳逃生。
>
> ……當危險達到高峯，再沒有可能逃脫時，難道我們看不到，在教會內信徒聚集在一起時，總是多麼偉大嗎？不論男女，不分年紀，都熱切要求接受水禮，另一些人則尋求和解，還有人以行動表示悔罪。他們都尋求安慰，接受聖禮的施行和分派。如果在這樣的時候，沒有牧者在場，令那些人在未得到重生、仍然被罪捆綁的情況下離開世界，那破壞是多麼可怕啊！[79]

我們在討論奧古斯丁對我們理解事奉的聖禮特質這方

面的貢獻時，也要緊記這一切。聖禮對教會的生命是不可或缺的，既能夠讓外面的人看見，也能夠帶來內在的合一。但奧古斯丁的觀點是在對抗多納徒派的分離主義中形成，令他肯定了兩個對後世的聖工有深遠影響的觀念。他相信在真教會以外，聖禮也可能有效，但卻是無用的。這樣帶來的觀點是，聖禮主禮者的個人品格對於聖禮有效與否，沒有甚麼影響。聖禮的有效性，由獨一的真教會而不是主持聖禮的人決定。因此，聖禮的有效與否，在於禮儀有沒有正確地執行（*ex opere operato*）。無論這個觀點在理論上多麼有價值，實際上卻往往帶來屬靈上的損害。

奧古斯丁所肯定的第二點，關乎有效按立的本質。按立有效與否，究竟是否有賴接受按立者的道德價值？奧古斯丁的答案是否定的，但按立給予接受按立的人不能磨滅的特質，而且按立是教士個人的永久財產。[80]奧古斯丁在裝殮教會集體事奉的棺木上，釘上最後一口釘子。牧職現在成了一個新的階級，只由少數蒙揀選，而且接受了神聖按立的人組成。這是不能從他們那裏奪去的賞賜。可惜的是，他們的地位剝奪了教會其他成員運用神的恩賜彼此服事的權利。

奧古斯丁對於我們如何理解講道，也作出了重大貢獻。我們知道，他是一位相當受歡迎的講員。幸運的是，我們能夠從兩部著作中看到他所採用的某些方法。這兩部著作是《基督徒知識第四冊》（*Fourth Book of Christian Knowledge*）[81]和《給初信者的指導》（*Instruction for Beginners*）。[82]在他眾多的教導中，有幾個基本要點值得重提。[83]他講道的目的是解釋聖經，雖然他所採用的釋經方法，在今天已經不合時宜。他講道的主題和方向，總是由聖經的經文決定的。聖經本身已經是一部自足的教本，因為它觸及人類生命的全部，不難應用到現今的狀況。講員要向神負責，無懼無私地向聽道的人宣講聖經；講員也要緊記，他們的生命比自己的言語更有效。

講道有三個目的：解釋（explain）、教化（edify）和勸導（persuade）。這些目的是源自西塞羅有關修辭學的教導，用來指出講道時所需的不同取向和風格。奧古斯丁沒有過分強調演說技巧，也明白它可能有損福音。不過，講員應該考慮自己有甚麼目的，以及怎樣達成那些目的。每個目的都有相應的講道風格。解釋是需要沉實的風格，說服聽眾相信真理；教化意味著需要取悅會眾，吸引他們的注意力；勸導則需要更莊嚴的風格，激發人們採取行動。宣講福音時，總是包括最後一個目的。「技巧是為了勸導聽眾……善於演說的講員運用這三種不同風格，以適宜勸導的方式講道，但如果他們沒有勸導別人，便沒有達到技巧的最終目的。」[84]

奧古斯丁的風格似乎主要是即興的，雖然他絕對不是沒有預備，有關他講道的報告，也讚賞他在各方面和會眾都有十分融洽的關係。會眾在講道中參與是常見的，而且大都受到奧古斯丁歡迎。翻閱奧古斯丁的《給初信者的指導》，很快便會發覺他在講道方面的成就並非偶然，講道是他著意研究的藝術。

在這本著作中，奧古斯丁嘗試幫助迦太基一位稱為德奧格拉斯（Deogratius）的執事，預備信徒接受洗禮。他強調，德奧格拉斯必須因應不同的聽眾，採用合適的方法。如果對方只是單獨一人，他必須和對方坐在一起談話。如果有一組人，講道便是合適和洽當的做法。但慕道者的情況又怎樣呢？對於那些受過良好教育，已經博覽羣書的人，應該說：「當然，你已經明白這事。」但必須警告他們提防異端。專業的演說家，就需要更嚴厲的對待。必須警告他們，要關注不道德行為多於錯誤的語法。但也可以開拓他們的興趣，鼓勵他們不要滿足於任何只不過是聖經寓意的（真正）意思。教師如果要成功，不單必須研究學生，更要研究他們到教會的動機。奧古斯丁相當實際，他甚至研究為甚麼學生感到疲倦，並提出一些令他們保持注意力的方法。他提議的方法是講述救恩的故事。這比討論救恩的理論可取得多。講述這個故事時必須全面而扼要，而且要適當地運用情感，因為這個故事必須以神的愛勸導學習者。

藉著這些著作，講道學之父這個稱號，奧古斯丁大概也當之無愧。在他以前，有些人利用修辭學方面的訓練增強自己講道的恩賜，也敦促別人細心研究這門技藝。但奧古斯丁是第一個為了教會的利益，系統地思考和教導一些修辭學問的人。

最後，奧古斯丁不單是一個實踐者，我們也必須視他為牧養神學家。在初期教會中，他是最有創新思想的人，他撰寫了一些有分量的神學作品，包括《上帝之城》（*The City of God*）。在這本書中，他嘗試將聖經和教會的教導，整合自己的經驗、自己的掙扎和信徒的需要。他的大量著作都是源於牧養的需要，無論是為了挽回異端信徒，說服懷疑的人，還是鼓勵信心動搖的信徒。由於他的著作是在激烈的論爭中錘鍊出來，他不是系統性的神學家，也就不足為怪。我們也不可能簡單地總結他的貢獻。[85]他的很多著作，以及他的一些做法，都屬於另一個時代和另一個思想世界。但對那些嘗試以適合自己時代的方式見證福音的人，奧古斯丁仍然是一個模範。

結論

在中世紀的門檻上，事奉再一次取得舊約祭司的特質，而且在很大程度上揚棄了新約的觀念——由一個有屬靈恩賜的羣體，在敏銳的領袖帶領下，成員在羣體中參與。較為突出者運用他們的恩賜，其他人卻受到排拒，結果教會不再認為會友和領袖有同等價值。教會增長和環境轉變，令教會受到文化的束縛。不過，雖然教會犯了錯誤，但仍然有富麗的珍寶，在逐漸形成的陰霾中閃耀，這些珍寶反映出對真正牧者的生命的透徹瞭解。不論是反面的警告和正面的榜樣，在今天對我們仍然有很多提醒。

註釋：

1. 參 W. A. Clebsch and C. R. Jackee, *Pastoral Care in Historical Perspective*, pp. 14～31。他們採用的劃分方式可能過分井然有序，但這個嘗試卻相當有啓發性。
2. W. A. Clebsch and C. R. Jackee, *Pastoral Care in Historical Perspective*, pp. 74～76。
3. 例如 H. von Campenhausen, *Ecclesiastical Authority and Spiritual Power*; T. M. Lindsay, *The Church and the Ministry in the Early Centuries*; J. T. McNeill, *A History of the Cure of Souls*; G. H. Williams, 'The Ministry in the Ante-Nicene Church' 和 'The Ministry in the Later Patristic Period', in H. R. Niebuhr and D. D. Williams (eds), *The Ministry in Historical Perspective*。
4. *The Didache,* 11 and 12, in M. Staniforth (trans), *Early Christian Writings*, pp. 232～234。
5. *The Didache,* 15, in M. Staniforth (trans), *Early Christian Writings*, pp. 234f.。
6. 例如 *The First Epistle of Clement to the Corinthians*, 42～47, 53 in Staniforth, *ECW*, pp. 45～48, 53。
7. *The Epistles of Ignatius*, 'To the Trallians', 3, in Staniforth, *ECW*, p. 96。
8. 'To the Magnesians', 3, in Staniforth, *ECW*, p. 87。
9. 'To the Philadelphians', 2, in Staniforth, *ECW*, p. 111。
10. 'To the Philadelphians', 7, in Staniforth, *ECW*, p. 113。
11. 'To the Philadelphians', 3, in Staniforth, *ECW*, p. 112。
12. 'To the Trallians', 2, in Staniforth, *ECW*, p. 95。
13. 'To the Ephesians', 4, in Staniforth, *ECW*, p. 76。
14. 'To the Smyrnians', 8, in Staniforth, *ECW*, p. 121。
15. *The Epistle of Polycarp to the Philippians*, 6, in Staniforth, *ECW*, p. 146。
16. Justin Martyr, *First Apology*, 66, 67, *A-NCL*, vol. 2, pp. 64～65。另參 H. T. Mayer, *Pastoral Care, Its Roots and Renewal*, pp. 37～50。
17. *Apostolical Constitutions*, II, 1～63, *A-NCL*, vol. 17, pp. 26～92。
18. Tertullian, *On Baptism*, 17, *A-NCL*, vol. 11, pp. 250～252。
19. 引自 R. B. Tollinton, *Clement of Alexandria*, vol. 1, p. 320。
20. 參 G. S. M. Walker, *The Churchmanship of St Cyprian*。
21. Cyprian, *Epistles*, 68, 8, *A-NCL*, vol. 8, p. 248。
22. E. W. Benson, *Cyprian: His Life, His Times, His Work*, p. 85。
23. E. W. Benson, *Cyprian: His Life, His Times, His Work*, pp. 246～249。
24. E. W. Benson, *Cyprian: His Life, His Times, His Work*, p. 259; Cyprian, *Epistles*, 55, 8, *A-NCL*, vol. 8, p. 186。

25. Cyprian, *On the Immortality, A-NCL*, vol. 8, p. 467。
26. Mayer, *Pastoral Care*, p. 64。
27. Gregory of Nazianzus, *Oration II. In Defence of his flight to Pontus*, 9, 10, *NP-NF* Second Series, vol. 7, p. 207。
28. Gregory of Nazianzus, *Oration II. In Defence of his flight to Pontus, 16,* p. 208；另參 95, p. 223。
29. Gregory of Nazianzus, *Oration II. In Defence of his flight to Pontus*, 18, p. 208。
30. John Chrysostom, *On The Priesthood*, IV, 2, and III, 14, *NP-NF First Series*, vol. 9, pp. 75, 52。
31. John Chrysostom, *On The Priesthood*, III, 10, *NP-NF* First Series, vol. 9, p. 50; IV, 1, 2, pp. 62f。另參 Gregory the Great, *The Book of Pastoral Rule*, I, 1, 2, *NP-NF* Second Series, vol. 12, pp. 1～3。
32. Chrysostom, *On the Priesthood*, III, 16, p. 55。
33. Chrysostom, *On the Priesthood*, III, 12, p. 51。
34. Chrysostom, *On the Priesthood*, V, 1, p. 70 and V, 5, p. 72。
35. Chrysostom, *On the Priesthood*, III, 16, p. 58。
36. Gregory the Great, *Book of Pastoral Rule*, II, 1, p. 9。
37. Gregory the Great, *Book of Pastoral Rule*, II, 5, p. 14。
38. 另參 R. Brown, 'An Early Christian Conception of the Ministry', *The Fraternal* (July 1978), pp. 3～11。
39. Chrysostom, *On the Priesthood*, III, 1, p. 45。
40. Chrysostom, *On the Priesthood*, III, 7, p. 49。
41. 引自 R. Brown, *Pastoral Care: An Early Christian Perspective*, p. 17。
42. Gregory of Nazianzus, *Oration II*, 100, p. 224。
43. Gregory of Nazianzus, *Oration II*, 30, p. 211。
44. Gregory the Great, *Book of Pastoral Rule*, III, Prologue, p. 24; Chrysostom, *On the Priesthood*, IV, 4, p. 65。
45. Gregory of Nazianzus, *Oration II*, 19, p. 209。
46. Chrysostom, *On the Priesthood*, II, 3, p. 41。
47. Chrysostom, *On the Priesthood*, II, 4, p. 41。
48. Gregory of Nazianzus, *Oration II*, 30, p. 211。
49. Gregory the Great, *Book of Pastoral Rule*, III, p. 29～31。
50. Gregory the Great, *Book of Pastoral Rule*, II, 6, p. 16。
51. Basil of Caesarea, *Letters, NP-NF* Second Series, vol. 8, 例如 LXXXIV 論一位老人；LXXXVI 和 LXXXVII 論一位無以為生的長老；CVII-CIX 論一位寡婦的利益。

52. Basil of Caesarea, *Letters, NP-NF* Second Series, vol. 8, CLXXXIV to Eustanthius, p. 222。另參 CXXXIX 論迫害；CLXXXII 論優西比烏 (Eusebius) 被放逐。
53. Basil of Caesarea, *Letters, NP-NF* Second Series, vol. 8, XLIV, p. 146f；以及相關的信件 XLV, p. 147～149。
54. Basil of Caesarea, *Letters, NP-NF* Second Series, vol. 8, XLVI, p. 152。
55. Chrysostom, *On the Priesthood*, IV, 3, p. 64。
56. Chrysostom, *On the Priesthood*, IV, 4, 5, pp. 65～66。
57. Chrysostom, *On the Priesthood*, V, 5, pp. 71f。
58. Chrysostom, *On the Priesthood*, V, 7, p. 73。
59. Chrysostom, *On the Priesthood*, V, 8, p. 73 and V, 2, p. 71。
60. Chrysostom, *On the Priesthood*, VI, 4, p. 77。
61. Gregory the Great, *Book of Pastoral Rule*, II, 6, p. 16。
62. Gregory the Great, *Book of Pastoral Rule*, II, 8, p. 19。
63. Basil, *Letters*, LIII-LIV, pp. 156～158。
64. R. Brown, 'An Early Christian Conception of the Ministry', pp. 7f.。
65. Chrysostom, *On the Priesthood*, VI, 2, p. 75。另參 VI, 2, 3, 4, pp. 75～77。
66. Chrysostom, *On the Priesthood*, III, 5, p. 47。
67. Gregory the Great, *Book of Pastoral Rule*, III, XL, p. 71。
68. Gregory of Nazianzus, *Oration II*, 82, p. 221。
69. Gregory of Nazianzus, *Oration II*, 35, p. 212。
70. Gregory of Nazianzus, *Oration II*, 113, p. 226。
71. Ambrose, *On the Duty of Clergy, NP-NF* Second Series, vol. 10, pp. 1～89。
72. Mayer, *Pastoral Care*, pp. 51～72。
73. Williams, 'Later Patristic Period', pp. 72f.。
74. 引自 F. van der Meer, *Augustine the Bishop*, p. 268。
75. F. van der Meer, *Augustine the Bishop*, p. 269。
76. 關於奧古斯丁的個人生活方式，參 F. van der Meer, *Augustine the Bishop*, pp. 234～241。
77. F. van der Meer, *Augustine the Bishop*, pp. 225～234。
78. F. van der Meer, *Augustine the Bishop*, p. 128。
79. 引自 Williams, 'Later Patristic Period', pp. 73f.，載於 Possidus, *Life*, 135, 131。
80. Williams, 'Later Patristic Period', pp. 74～76; T. Rowe, *St Augustine, Pastoral Theologian*, pp. 57～75。
81. Augustine, *On the Catechising of the Uninstructed. NP-NF* First Series, vol. 3, pp. 283～314。

82. Augustine, *On Christian Doctrine*, IV, *NP-NF* First Series, vol. 2, pp. 574～597。
83. 參 Rowe 的出色研究，*St Augustine, Pastoral Theologian*, pp. 24～56; van der Meer, *Augustine the Bishop*, pp. 405～467。
84. 引自 Rowe, *St Augustine, Pastoral Theologian*, p. 50。參 *On Christian Doctrine*, IV, xvii, xix, xxii～xxvi, pp. 586, 593～595。
85. 最好的指南是 Rowe, *St Augustine, Pastoral Theologian*。

[8]

中世紀

中世紀那個古怪的世界，和我們這個時代沒有甚麼關連。神職人員隨著大貴格利的《牧養規條》的裝備，進入中世紀時代。這本書的理想從沒有受到任何質疑，所有人表面上都贊同書中的內容。不過書中提出的理想也從未實現過，除了在修道制度的一些明顯例外。貴格利不單播下了種子，讓牧養事奉結出果子，他也同時種下令事奉腐敗的禍根。他任教宗期間，積聚了很多土地在自己手中，結果為了管理產業，忽略了對靈魂的照顧。[1]

這時，羅馬帝國好像一個電力耗盡的電池一樣毫無用處，需要以新的文明取而代之，而教宗正是重建的主要途徑。那時興起的文明，以教會等同社會，而教宗則等同教會。重建工作要求教會參與更多世俗事務。754年，法蘭克(Franks)國王丕平(Pepin)將十個城市的鑰匙授予教宗，從而正式在法律上承認既定的事實(這情況一直維持到1870年)。丕平的兒子查理曼(Charlemagne，742～814)透過軍事征服其他地方，大大推動神聖羅馬帝國這個觀念。800年的聖誕節，教宗利奧三世(Pope Leo III)在聖彼得教堂(St Peter)的彌撒中，冊封查理曼為皇帝。無論這行動還有甚麼別的含意，都象徵了教宗高於君王。

查理曼很快便察覺到這個含意。13年後，當他要冊封兒子為國王時，堅持由自己親手執行，而不肯讓教會人員代勞。然而，教宗已收緊對統治者的控制。教宗和國王的其中一個戰場，是世俗的統治者委任教會人員的權利。這方面的衝突在教宗貴格利七世（Pope Gregory VII，1023～1085）和德意志國王亨利四世（Henry IV）的爭執中變得白熱化。當亨利四世拒絕停止授予聖職時，貴格利威脅要將他逐出教會。亨利的回應是要求沃爾姆斯（Worms）的議會罷免貴格利。但貴格利卻沒有屈服，他在1076年將國王逐出教會，並免除國王的臣民服從國王的責任。最後，國王被迫卑恭地向貴格利懺悔，光著腳在雪地站立了三天，才得到饒恕。教宗的權力就是這麼大！

在貴格利七世的繼任人英諾森三世（Innocent III）出任教宗期間，教宗的權力達到頂峯。英諾森三世宣稱：「神職人員是太陽，君主是月亮；國王統治自己的帝國，彼得統治整個世界……」[2]他相信自己是整個世界的仲裁者和治國者。他經常測試自己對抗君王的能力，插手整個歐洲的政治事務，並發動以流產告終的第四次十字軍東征。

不過，實際上，教宗的權力已經開始減弱。就世俗統治者而言，這權力作出了它應有的貢獻，卻愈來愈受到忽視。正如薩瑟恩（R. W. Southern）的恰當描述那樣，教宗的權力面對愈來愈嚴重的膨脹問題。[3]教廷是一個龐大行政系統的中心，正如很多官僚架構一樣，它貪得無厭地渴求擴展，卻沒有相應地提高效率。教廷在傾向將教會的權力集中起來時，主教也推波助瀾，愈來愈倚仗羅馬，幫助他們挑戰君王。不過，雖然教會處理的事務愈來愈多，它的影響力實際上卻不斷減弱。膨脹也意味著教會的金錢開始流失，它所提供的優惠和聖俸的價值也愈來愈低。教會逐別人出教會的權力也是一樣，需要加以限制，以免它完全失去價值。教會給予特赦的權力，也出現了同樣的情況，雖然程度沒有那麼嚴重。

這一切為較低級的神職人員的事奉帶來嚴重後果。當教會與世俗事務變得那麼糾纏不清時，對事奉就很難維持清晰的觀點。在中世紀，歐洲有差不多500個主教。他們身為地主，需要處理商業事務；身為法官和立法者，需要處理法律事務；身為政治要員，需要參與軍事活動。在屈梭多模的時代，教士不能參與這些事務和活動。他們的模範更多是撒母耳，而不是基督。因此，那些出任主教的人，大多與大家族有聯繫，或者由國王委任，也就不足為怪了。這種情況帶來更多罪惡。買賣聖職、裙帶關係、兼任職位、長期不履行職務和道德淪落，都是司空見慣的事情。大多數較低級的聖職人員也好不到那裏。除了有主教那些問題外，文盲，酗酒，濫權，因為貪求物質利益而損害窮人等情況，也相當普遍。[4]

事奉人員的墮落可能由環境因素促成。社會需要重建，國王需要顧問，人民需要領袖和守護者，而只有教士才是有學識，能夠肩負這些責任的人。但如果問題是由需要引發的，那麼令情況惡化的卻是成功。事奉人員作為屬靈的力量，正處於最低潮。

這個時期出現了好些進行真正改革的嘗試。對聖職人員的改革早已展開，貴格利七世迫切地繼續這改革，但卻未竟全功。修道主義在克魯尼(Cluny)復興，好像沃爾姆斯的布哈德（Buchard）主教[5]這樣的人，在著作中重新研究教會的法規，還有德意志皇帝的關注，這一切都促使教會進行改革。1074年，貴格利在羅馬召開首次會議。期間他下令禁止買賣聖職和同居，形容這是尼哥拉黨（Nicolaitanism）的異端。他也清楚表明，希望他的諭令能夠在整個帝國出版，得到遵從和執行。在貴格利領導下，獨身生活成了教會法規的一部分，教士奉命削去頭頂的頭髮，穿著特別的裝束，作為對他們遵守道德規範的鼓勵。但貴格利七世的改革隨著他反對授與平信徒聖職，以及擴大教宗權力，受到束縛。很可能因為別人反對他這樣維護既得利益，對他展開攻擊，令他的改革不能完全成功。[6]

英諾森三世雖然有很多世俗的缺點，但在位期間仍然以改革為首要任務，而且實現了很多貴格利七世希望達到的目標。他也明白自己職位的屬靈責任。從一篇關於馬太福音二十四章45節的講章中，可以看到這一點。他說，教宗必須「顯出忠誠、審慎和對牧養的熱誠，藉著以身作則、教導和施行聖禮，以敬虔的智慧，和對使徒信仰的堅定忠誠，餵養羊羣」。[7]他似乎特別警覺到神職人員在牧養上的重要性。他說：「牧人在牧養關顧上必須努力，確保他們的羊羣中沒有羊隻患病，以免病菌傳播，威脅整羣羊。」[8]在英諾森三世指示下，在1215年舉行了第四次拉特蘭大公會議（Fourth Lateran Council）。從這次大公會議的法規，也可以看到對牧養的相同理解。這次大公會議嘗試調整牧養的關顧，明白牧者在進行治療時，需要好像外科醫生那樣有技巧。這次大公會議也認可犯罪和身體疾病之間的關連。

不過，這些正面的陳述，被神職人員的錯誤所掩蓋，而這是英諾森三世始終最關心的問題。他所攻擊的罪行大部分和貴格利所針對的相同。但其中也有一個改善，他推行獨身制沒有遇到多大反對，雖然仍有違規的行為需要制止。

在中世紀，除了教宗外，很多主教和屬靈領袖都嘗試提高神職人員的生活標準。聖本篤的規條 (Rule of St. Benedict) 得到廣泛採納，鼓勵人們將一己的欲望降服於神和領袖之下，大大提升了修道院內外屬靈生命的質素。平信徒也受到鼓勵，至低限度也採納規條開頭的重點，根據其中的準則生活。其後，聖方濟 (St. Francis，1182～1226) 和道明 (Dominic，1170～1221) 分別創立的修會帶來很大的靈性復興，影響及於平信徒。[9] 不過，天主教會並沒有嘗試吸納所有這些改革。令人惋惜的是，好像韋爾多派 (Waldensians) 這樣的信徒，本來可以透過他們的改革造福教會，卻在追尋更純潔的信仰時，受到拒絕和嚴厲的迫害。

有些主教勇敢地進行鬥爭，嘗試提高在俗教士 (secular clergy) 的水準。林肯的休格 (Hugh of Lincoln，1135～1200) 主教以個人的聖潔，令人對他留下深刻的印象。他制訂了一些措施，以改革教士為目標。他比大部分人都更誠懇面對自己在屬靈職務方面的表現，也更明白當中涉及的屬靈現實。有一次，因為一位寡婦的丈夫過世，他沒有要求寡婦向他繳交到期的稅款，因為這樣表示她會失去她惟一賴以維生的牛。他的管家提出反對，表示如果他這樣處理自己的事務，很快便會破產。但休格主教回答說：「朋友，你看，這裏有很多土地，我毋須奪去寡婦的牛也可以保存這一切。如果一個人失去了天堂，擁有那麼多土地又有甚麼用？如果我們在要求別人還債時過分嚴苛，有欠公義，我們在神的面前可能會破產」。[10]

皮卡姆(John Pecham)是英國一位相當偉大的改革家。他在1279至1292年期間出任坎特伯雷大主教(Archbishop of Canterbury)。在接受委任後，他召集一個議會到里丁(Reading)見他。在那年稍後，他在蘭貝斯區(Lambeth)重新頒佈以前的條例，並且加入自己的規條，藉以潔淨神職階級。第四次拉特蘭大公會議堅持，教士每年都要守聖餐和告解，但皮卡姆則堅持，神職人員在復活節領聖餐前需要先給平信徒指示。[11]

他到廣泛地區視察，表示他要確保自己的命令得到執行。在第二次巡視坎特伯雷教區後，他向神職人員講述他們有甚麼責任，對屬靈和世俗事務都同樣重視。在屬靈事務方面，他囑咐神職人員在主持聖禮和儀式時必須懷著敬畏的心，如果他們過分無知，不足以講道或接受告解，便應該讓托缽修士執行這些職務，並且應該捐出過多的收入作慈善用途，他們也需要接待別人。很明顯，神職人員沒有自動自覺地服從他。單單在肯特郡(Kent)東南，已經有29間教堂沒有達到他的要求。不能堅守他的指示的情況相當普遍，有九個教區長不在任職地居住，其中一個相當粗暴和喜歡爭吵，教堂的法衣和財產也得不到良好保存。[12]雖然皮卡姆很努力，但到他離世時，仍然似乎沒有發揮多大影響。

皮卡姆的改革熱誠，無可避免地令他與那些因為他的改革而蒙受損失的人發生衝突。其中一次衝突可以讓我們看到，皮卡姆對自己面對的反抗和教會的狀況有甚麼感受。

卡米拉的泰迪西斯（Tedisius de Camilla）是伍爾弗漢普頓（Wolverhampton）的教長。他沒有在任職的地方居住，也沒有在限定的時間內接受職務，在大主教傳召他，要求他就對他的指控答辯時，也沒有出現。在其後給教宗的信中，皮卡姆這樣寫道：

> 以前，母親教會透過牧職培育她的兒女，但現在，當她看見所羅門在狡猾者的要求下，切開她的孩子時，她那母親的心腸已經被擠壓。為免殘忍狡猾者的罪行被日光顯明，也為免對罪惡的綑綁被放鬆，殘忍狡猾者可以訴諸欺騙性的上訴這種花招。這時，本應用來治療壞疽上的燒灼器，卻從不小心的醫生手中掉下來。[13]

第四次拉特蘭大公會議刺激了對牧養神學著作的需求，也產生了無數受歡迎的靈修神學著作。皮卡姆出任大主教時，人們仍然能夠感受到這次大公會議的影響。皮卡姆的一位前任人蘭頓（Stephen Langton）曾經要求教士為人民編製一個指導課程。皮卡姆以布魯日的威廉（William of Bruges）的著作為基礎，自己撰寫了一部《無知的教士》（*Ignorantia Sacerdotum*）。在這本書中，他討論了信經、十誡、聖禮、七大罪行和七大善功。其他人在教誨中，往往加入主禱文和聖母經（*Ave Maria*）。在皮卡姆領導下，教會在英格蘭曾經真誠地嘗試改革神職階級。

從由15世紀流傳下來的少數教士指導手冊中，仍可以看見由皮卡姆的《無知的教士》所建立的傳統作出的貢獻。

對米爾(John Myrc)這個人，我們只知道他是利勒沙的教士團成員(Canon of Lilleshall)。人們相信他在1450年寫了〈給教區司鐸的指示〉(*Instructions for Parish Priests*)[14]這首詩。詩中對基督教教導的解釋，和皮卡姆的著作明顯有相似之處。但這首詩對我們的價值則在另外兩個方面。首先，它讓我們看到中世紀期間給教士的指示，這是十分罕見的。[15]其次，這詩也反映了當時神職階級的性質和狀況。

這首詩以強調講道的重要性開始，但沒有進一步說明應該怎樣講道。[16]很明顯，當時有很多無知的教士。作者認為他們對教會造成很大的傷害。在詩的某處(623～626行)，詩人指示教士，如果他們喝醉酒，便不要替人施行水禮，因為他們不能控制自己的言語！大致上，詩人勸他們避開婦女、粗俗的笑話和傲慢的表現，並要保持頭頂光秃。在積極方面，他們必須溫柔、謙虛、款待別人和誦讀詩篇。他們教導基督教信仰時必須小心，並要確保那些接受水禮和舉行婚禮的人懷有責任感。詩人囑咐教士在教會要懷著敬畏的心行事，要責備那些懶洋洋地坐在地上，以及在崇拜時無聊地傾談的人。詩中提到教士的其他職責，還包括管理墳場。

這些〈指示〉給我們兩個印象。首先，在米爾的時代，教士的普遍水平一定仍然相當低，否則他毋須寫出這些指示。其次，教士給人的主要印象是，他們成了聖禮的施行者。詩中沒有提及任何與牧養關顧有關的事情，而這是初期教會教父著作的特點。〈指示〉在牧養方面的內容，圍繞著主持彌撒、施行傅油禮和讓病人領聖體、聆聽告解、宣告補贖和逐出教會。新約的教士已經為了一碗濃湯，出賣了他們的長子權。他們沒有成為由聖靈所立、更輝煌之約的牧者，卻倒退為舊約律法的祭司。內在生命再度被外在儀式取代。

雖然我們或許可以從好些中世紀的靈修作品中得到很多益處，當時也有一些明顯的例外，但這個時期除了一些可悲的警告外，與我們今天的牧養事奉沒有甚麼關係。但研究中世紀一些改革事奉的嘗試怎樣徒勞無功，卻突出了宗教改革的必要。似乎惟有徹底更新教會，才能夠提醒歷代的假牧人：他們沒有餵養他們的羊，反倒在羊羣受到豺狼蹂躪時，仍然只顧自己的個人利益。

註釋：

1. R. H. Bainton, 'The Ministry in the Middle Ages', in H. R. Niebuhr and D. D. Williams (eds), *The Ministry in Historical Perspective*, p. 86。
2. 參 H. Bettenson (ed), *Documents of the Christian Church*, pp. 155f.。
3. R. W. Southern, *Western Society and the Church in the Middle Ages*, pp. 133～169。
4. G. G. Coulton, *Ten Medieval Studies*, pp. 122～152。
5. 關於沃爾姆斯的布哈德主教的貢獻，參 Clebsch and Jackee, *Pastoral Care in Historical Perspective*, p. 24。
6. G. S. M. Walker, *The Growing Storm. Sketches of Church History from AD 600 to AD 1350*, pp. 74～95。
7. G. S. M. Walker, *The Growing Storm. Sketches of Church History from AD 600 to AD 1350*, p. 163。
8. C. E. Smith, *Innocent III: Church Defender*。Smith 詳細地記錄了英諾森三世嘗試推行的牧養改革。
9. 關於這些修會對牧養關顧的貢獻，參 McNeill, *Cure of Souls*, pp. 122～162。
10. J. Clayton, *St Hugh of Lincoln*, pp. 90f.。
11. D. L. Douie, *Archbishop Pecham*, pp. 133～136。
12. D. L. Douie, *Archbishop Pecham*, pp. 153～155。
13. D. L. Douie, *Archbishop Pecham*, p. 148。
14. J. Myrc, *Instructions for Parish Priests*。
15. 較早期的其他著作可以見於 E. McCracken (trans and ed), *Early Medieval Theology. LCC*, vol. 9, pp. 371～399。
16. 參 Bainton, 'The Ministry in the Middle Ages', p. 99 的引文。

[9] 宗教改革及其遺產

阿維斯(Paul Avis)[1]認為，宗教改革提出的兩大問題是：「我怎能得到一位仁慈的神？」和「我在哪裏才能找到真教會？」這兩個問題必然產生的結果是，牧養事奉必須進行徹底改革。[2]這個改革無論在開始時給人多麼壞的印象，都讓事奉再次連結於它在聖經和初期教會的根源。

馬丁路德

1520年，馬丁路德(Martin Luther，1483～1546)在〈上德意志公侯書：論教會領地的改革〉(*To the Christian Nobility of the German Nation Concerning the Reform of the Christian Estate*)[3]這篇文章中，開始拆毀中世紀對教宗和神職階級的觀點。他論證說，教宗提出了三個非法的宣稱：屬靈的產業比世俗的產業優勝；只有教宗才能夠解釋聖經；只有教宗才能夠召開大公會議。這三個宣稱，好像三道厚牆一樣保護著他。這篇文章結束時，提出一些改革聖工的實際建議。他後來的許多思想，都由這些建議孕育出來。對外牆展開攻擊後，路德繼而在同年出版的另一篇文章中，攻擊教宗的城堡。這篇文章的題目是〈教會被擄到巴比倫〉(*The Babylonian Captivity of the Church*)。[4]路德在這篇文章中，質疑羅馬天主教對聖禮的觀點。如果不改變這種觀點，就不可能有改革。

在重建教會的教義時，很快便提出了一些基本信條，後來也一再肯定這些信條。無論在哪裏，只要有人傳講神的聖言，那裏就有真正的教會。「只要神的聖言純全地存在，而且很活躍，教會就在那裏」。[5]「確定基督徒羣體能夠讓人認出的標記是：那個羣體宣講純正的福音。因為正如軍隊的旗幟，能夠讓人確定上戰場的是哪一個君王和哪一隊軍隊；福音也能夠讓人確定，基督和祂的軍隊駐紮在哪裏……」[6]

因此，事奉就成了話語的事奉，牧者就成了羊羣的教師，而不是施行聖禮的人。進行外在的儀式，卻不要求內在的信心，就是嚴重的妄用，可恥的誤導。那些由教會分別出來作領袖的人，基本上被視為是傳道者。他們也被稱為牧師，不過這個稱呼在18世紀前都並不常用。[7]他們的獨特責任是傳道，按立他們是為了讓他們特別負上這個責任，而不是給他們某種教士的地位。牧養關顧是將神的聖言應用到人們的需要，並鼓勵人們要對神的聖言有信心。

而且，事奉再次轉化為整個教會的事奉，不再單由一個精英、神聖的階級提供。教會有權委任牧者，而且如果他們沒有傳講福音，教會甚至有權力和責任罷免他們。由於這個限制適用於當時很多已經確立的神職階級，馬丁路德促請基督徒「避免、逃避、放棄和退出」他們正在行使的「權力」。[8]更激進的是，路德主張：

> 聖言的事奉屬於所有人。捆綁和釋放，明顯只是宣告和應用福音。因為釋放如果不是在神面前宣

> 告罪得赦免，還會是甚麼？捆綁如果不是撤回福音，宣告將罪留下，還會是甚麼？無論他們是否願意，都必須承認，鑰匙是行使聖言的事奉，而這些鑰匙是屬於所有基督徒的。[9]

從路德的大量文章和書信中可以看到，他也廣泛參與牧養工作。成為一個牧者，似乎是路德天性的一部分，而不是他在宗教改革開始後才承擔的責任。當他仍然是奧古斯丁修會的訪問者時，他的通信已經顯示，他很關心羊羣的利益，也很重視挽回那些偶然迷路的羊隻。[10]宗教改革開始後，這份恩賜便得以更完全地發展。從那時開始，路德不懈地為個別人士提供靈性輔導，令那些有紛爭的人和解。[11]他在晚年雖然健康欠佳，而且按常理也應該休息，但卻仍然沒有停止使人和好的工作。曼斯費爾德伯爵 (counts of Mansfeld) 兄弟彼此有爭執，路德在寒冬去到艾斯萊本 (Eisleben) 為他們調停。他成功令兩兄弟和解，但卻使自己的身體變得更虛弱，在完成這任務翌日便離世。

有一件事情很能夠顯出他的牧養質素。1527年8月，威登堡 (Wittenberg) 發生瘟疫。雖然選侯約翰命令路德和大學的其他人一起到耶拿 (Jena)，而路德家裏的情況也很困難，讓他絕對有理由離開，但他最終還是留下來。在瘟疫也蔓延至布雷斯勞 (Breslau) 時，路德在回答當地的赫斯 (John Hess) 提問時，說出了自己的見解。面對疫症，他並不贊同魯莽行事，並提出一些實際的步驟阻止疫症蔓延。他認為，除了有屬靈或社會責任的人需要留在威登堡外，其他人都應該離開。但他是牧者，

> 那些參與屬靈事奉的人，例如傳道人和牧師，在面對死亡威脅時，同樣必須保持堅定。基督給我們清晰的命令：「好牧人為羊捨命。但雇工看見狼來，就撇下羊逃走」(約十11)。因為人們即將離世時，最需要靈性的服事，以聖言和聖禮支持和安慰他們，讓他們懷著信心戰勝死亡。[12]

對路德來說，他的責任十分清晰。

路德的牧養指導其中一個一再出現的主題是安慰。他在這方面最出色——但絕對不是惟一——的作品，是1519年寫給患病的選侯智者腓特烈(Frederick the Wise)的信函。在研究了邪惡的七個來源後，路德將它們與祝福的七個來源作對比。這些祝福比邪惡有力得多，經歷這些祝福就會將邪惡淹蓋。最後的祝福是默觀復活的基督。路德寫道：「心靈在這裏能夠找到至高的喜樂和永存的財產。這裏完全沒有絲毫邪惡，因為『基督既從死裏復活，就不再死，死也不再作他的主了』(羅六9)。」[13]

路德在講道時經常提到安慰這個主題。這無疑與他個人的經歷有關。一個人不單在面對疾病或死亡時才需要安慰；在疑惑、沮喪、混亂和試探侵入心靈時，也需要安慰。[14]對路德來說，這些經驗來自神直接和人交往。神以審判官的身分來到人面前，令人在離開了祂的旨意時感到不快樂；以敵人的身分來到人面前，吸引人將所有盼望完全寄託於祂；以試探者的身分來到人面前，考驗個人信仰的深層質素；以隱藏者的身分來到人面前，呼召人即使信心得不到回應，仍然要相信；也以善變者的身分來到人面前，雖然祂表面上不可靠和難於捉摸，卻激起最深的信心，令人相信即使一切都顯示神的答案是「不」時，答案實際上仍然是「好的」。

奧朗迪（Warren Horland）指出，路德在提到神以善變者的身分來到人面前時，傳講耶穌拒絕迦南婦人，稱呼她為狗這故事，達13次之多。路德指出：「如果耶穌這樣對我說，我會跑開。這是最困難的經文——被稱為狗。」但結果是那婦人流露了多大的信心！雖然耶穌表面上拒絕了她，她卻不肯放棄自己的要求，並發現背後原來有一位的確會接納她的神。[15]路德對這段經文那麼著迷，可能是由於他個人的經歷，他對排斥和絕望肯定毫不陌生。據他自己說，所有真正的神學都是由這些經驗錘鍊出來的。

布朗在「路德作為牧養輔導員」（'Luther as a Pastoral Counsellor'）[16]這篇令人愉快的研究中指出，路德的牧養動機是源自基督論，而不是人類的利他主義。路德特別將道成肉身和審判看為愛和關懷別人的動力。基督徒必須有愛心，因為基督第一次來到世上時，神對我們十分慷慨；基督再來時，人則要向他交待。路德確實是在魔鬼的積極活動下竭力抗爭，但他更清楚看見一位充滿愛的神。祂選擇了人作為祂的使者。路德對牧養關顧的理解，最恰當的總結是他自己在〈基督徒的自由〉（*The Freedom of a Christian*）中所說的話：「我們的名稱源自基督，肯定不是因為祂不在我們中間，而是因為他住在我們當中。因為我們相信祂，彼此成為別人的基督，好像基督對待我們那樣，對待我們的鄰舍。」[17]還有甚麼更大的動力，能夠令人投入像牧養這樣困難，充滿各種考驗和試探的事奉？[18]

布塞珥

許多宗教改革家對教會重新理解牧養關顧都有貢獻。瑞士改教家慈運理(Ulrich Zwingli，1484～1531)在1524年出版了一本稱為《牧羊人》(*The Shepherd*)[19]的小冊子。這是第一本由改教家撰寫，系統地處理這個題目的著作。可惜這本小冊子是率爾之作，而且著重揭露羅馬天主教神職人員的邪惡，多於為牧者的工作建立正面的取向。慈運理撰寫這本小冊子，部分原因是為了鼓勵那些傾向離開羅馬天主教的人加入改教者的一方。在這方面，小冊子的確有效。慈運理在小冊子的下半部譴責羅馬天主教，但在前半部，他則強調牧者需要守護羊羣，防止它們染病或遇到危險。他視牧者為神的恩賜，負責保護羣羊。他也指出，最能夠令羊羣健康的，是以神純淨的聖言餵養他們，不加入任何來自人的雜質。[20]

不過，毫無疑問，「宗教改革牧養神學家」的最高榮譽必定要歸於布塞珥(Martin Bucer，1491～1551)。他接受過道明會的訓練，在1518改奉信義宗的思想。他在1521年脫離修會，是其中一位最早結婚的改教者。他大半生都獻身於斯特拉斯堡(Strasbourg)的改教運動。加爾文在當地期間也深受他影響。1548年，他因為抗拒皇帝的意旨而被逐出斯特拉斯堡，在英格蘭度過一生最後的幾年，在劍橋大學擔任欽定講座教授(Regius professor)。他對宗教改革的主要貢獻是廣泛參與聯合各教會的協商，他在這方面的力量似乎取之不竭。他另一個主要貢獻是建立教會的制度和禮儀。這兩方面的活動都顯示他最關心的是教會，因此，他在那個時代撰寫最有建設性、最有系統的牧養神學著作，也就順理成章。

布塞珥的主要著作是在1538年撰寫的《論靈魂的關顧》(*On the Care of Souls*)，可惜這本書一直都沒有翻譯成英語。[21]這本書分12章和一個總結，全面陳述教會和它的聖工，以及怎樣關顧教會一些特別的人，每一個論點都自由地引用聖經作為支持。

這本書在開始時強調，教會的信徒之間應該有親密和深入的團契，而且不單在屬靈上，在物質上也應該這樣。真正教會的標記是合一，因為所有基督徒都在基督裏聯合起來。他的論據是以弗所書四章1至6節、15至16節；哥林多前書一章18至27節，八章1至13節，十二章12至13節；羅馬書十二章4至6節；使徒行傳四章32節、34節上、35節下；帖撒羅尼迦後書三章11至13節和耶利米書二十三章5至6節。

教會內部需要讓基督透過聖靈作最高統治者。因此，任何人如果沒有透過傳講基督的聖言，或實行祂的操練來服事祂，就證明自己是敵基督的。雖然基督是教會的最高統治者，祂通常都是透過普通的牧者施行祂的作為。正如祂在福音書的命令和哥林多前書三章5至17節，四章1節；哥林多後書三章2至6節；帖撒羅尼迦前書一章4至5節和二章13節所表明的那樣。布塞珥從這個主張得出兩個含義。一方面，權力永遠都屬於基督，沒有牧者可以自稱擁有權力。另一方面，牧者是以耶穌基督的權力行事，因此，輕視他們的崗位，漠視他們的教導，都等如輕視或漠視基督。

雖然布塞珥後來主張，教會應該包括四個職位：傳道、長老、教師和執事，[22]但在《論靈魂的關顧》中，他的思想似乎仍未那麼確定。他在這本書中說得比較籠統，只提到牧人／教師(長老)和負責賙濟的牧者(執事)。長老接續使徒的牧養事奉。他們的目的是確保教會內的人繼續作門徒，令他們能夠成長，變得聖潔，在基督裏長大成人。要達到這個目標，需要藉著教導、警誡、懲罰、安慰和赦免，補足他們在理解生命方面的任何缺乏。有一點是布塞珥十分清楚的：這麼重大的任務不能夠由一個人完成，神也沒有這個意思，因為祂沒有將所有恩賜都賜給一兩個人。因此，布塞珥強調，教會需要委任好些長老。

接著，布塞珥轉而討論長老應該是怎樣的人。他的討論主要是依據教牧書信提出的條件。長老應該得到會友信任和喜愛、有恩賜、熱誠、聖潔、自律、能夠好好管理自己的家庭。布塞珥或許懷著所有經歷新奇事物的人開始時都有的熱誠，認為婚姻對牧者有幫助，獨身只會帶來麻煩。他相信教父過分引申了保羅在哥林多前書七章的教導。牧者需要不斷達到很高的標準，他們身處高位，其他人那些能夠得到容忍的錯誤，並不容許在他們身上發生。布塞珥相信，雖然如果牧者不能維持他們需要達到的高標準，教會也可能不應因此便將他們驅逐，但他們卻可能需要退位。他也指出，一定要革除假教師的職務。

布塞珥對事奉的看法，有幾方面都和當代很有關連。他一再強調，教會必須有多位長老。教會藉著神的恩賜存活，而且由於恩賜有很多種，所以長老也應該有很多個。長老應該來自社會各階層。只從某個社會地位（也就是中產階級）中選任長老是錯的。他相信錯誤的根源，在於過分強調學識。他相信，高中階層和低層人士在事奉上也應該有他們的位置。我們不應該聯想力太強，以為他輕視學識。但他感到，在選任長老時，教會往往過分重視學識，以致忽略了敬虔和屬靈熱誠，而這些也是長老必須具備的條件。選任牧者時，首先應該透過禱告辨別神的選擇，然後分辨他們的恩賜和熱誠。全體會眾都應該參與這個過程，牧者的選任也應該在嚴肅的公開聚會中，藉著禱告確認。

雖然布塞珥透徹地討論了長老這個職位，但我們不應該以為聖工只是限於長老。用當代的語言來說，布塞珥相信「集體事奉」。不單必須揚棄「一人事奉」，支持設立多個長老，所有基督徒更必須明白，他們需要互相幫助，讓彼此在信仰中成長。新約將教會描述為一個身體，每一個成員都有自己的恩賜，而且每種恩賜對整體的健康都是不可或缺的。這幅圖畫在布塞珥的著作中得以恢復。

布塞珥這本著作的主要內容，是討論服事五類特定的人所需要的技巧。布塞珥根據以西結書三十四章提出，正如我們已經討論過，牧師應該：一、將那些因為犯罪或錯誤而迷路的人，帶到基督面前和教會裏面；二、挽回那些背教的人；三、挽回那些雖然留在教會，但卻陷入罪中的人；四、挽回教會裏面那些軟弱患病的人，令他們恢復健康，再次成為強壯、活躍的基督徒；五、保守和建立那些已經與基督一起的人。

長老必須積極尋找第一種人，以挽回他們為目的。對於第二種人，長老必須要他們面對自己的罪，因為只有這樣，才能夠有赦免和改過，傷口才能夠得到醫治。面對第三種人，也需要讓他們看清楚罪，指導他們悔罪。有時更需要採取嚴厲的措施，才會有效。第四種人需要因應他們的特別情況，給予不同的療法，但一般來說，布塞珥建議的療法是公共崇拜，和致力使他們快將熄滅的委身之火再次旺盛地燃起。[23]

教會在牧養上往往忽略了最後一類人，也就是那些已經很健康和強壯的人，但布塞珥察覺到他們也需要餵養。他以約翰福音二十一章15至17節、彼得前書五章1至4節、使徒行傳二十章18至28節、帖撒羅尼迦前書二章5至12節和哥林多前書五章2至13節為出發點。至於應該怎樣做，布塞珥指出，所有基督徒都應該互相幫助，並強調這種事奉不單應該在教會公開進行，也應該在家庭與家庭之間個別和私下進行。至於這種牧養關顧的目標，布塞珥說應該是鼓勵健全的信心。他指的信心，不是憑工作得到肯定，而是在將邪惡的行為釘死後，致力於愛自己的鄰舍。目標是有對得起基督的生命，這生命不斷從與基督的關係中成長。要培養出這種生命，健全的信心是不可或缺的。

除了這一般性工作外，我們還可以特別應用布塞珥在探訪病人時的牧養取向。[24]布塞珥拒絕羅馬天主教對外在儀式的信任，也反對在人彌留之際才施行聖禮這個觀念。他提出一種對病人更有建設性的牧養觀念。他是以受苦的牧養神學開始的。

> 由於上主令人染病的目的，是將人從失落的世界吸引到祂那裏，感動他們全心全意重新尋求祂，而且疾病往往可以令整個家庭悔改，因此我們在對待病人時，也應該盡力將他們連同他們的家庭完全帶回上主那裏，引導他們以真正的信心承認和接受祂作為他們惟一的救主。[25]

牧師要召集整個家庭一起接受指導。他應該令他們明白，神創造我們成為健康的人，但罪卻破壞了祂的創造。不過，神憐憫我們，透過基督的受苦，恢復祂在人裏面的神聖形象。上主藉著祂的聖言和聖禮完成這工作。長老擁有鑰匙的權力，施行聖言和聖禮。因此，信徒應該好像歡迎基督一樣歡迎長老。正如哥林多前書十一章30節指出，疾病可能是對犯罪的懲罰，但這並不表示，病得最重的人就是最壞的罪人。「相反，上主往往令祂最親愛的孩子吸引眾人注意，藉著祂向蒙祂揀選的人施行嚴厲的審判，召喚我們悔改。」[26]

實行這個教導時，應該按不同的需要而壓縮、擴展、減輕或增強。重要的是，探病的牧者必須肯定，病人已經明白及掌握給他們的教導。接著，牧者必須根據病人過去的宗教經驗，定出最適合的行動。無論在甚麼情況，都要敦促他們與神和好，需要時甚至應該以強烈的措詞催促他們這樣做。布塞珥建議，在這個階段讓病人私下認罪。不過，這只是第一步，病人痊癒後，需要公開認罪和接受赦免。

布塞珥總結說：

> 如果我們忽略了任何神的羊隻，丟棄了它們，令它們滅亡，我們都要為此向神負責。因此，如果我們知道有人病了，便有責任關心他們，不要等到別人召喚我們。即使沒有人要求，我們也應該提供服事，盡力忠心地實行。[27]

我們可以說，布塞珥重新發現了初期教會明顯可見的牧養神學。他的著作不單對當時教會的改革有很大貢獻，也為後來很多牧養神學著作奠定了模式和標準。

加爾文

人們對這位日內瓦改教家的介紹往往並不全面，只將他描述為著名的學術神學家和教會紀律的執行者，忽略了他也是牧者和傳道人。[28] 他本人害羞，甚至是內向的性格，也不能淡化這個嚴厲的形象。不過，事實上，加爾文（John Calvin，1509～1564）對牧養工作的復興貢獻良多。他的聖經註釋作品有許多關於牧養的敏銳見解；他的書信總包含牧者的明辨；他有關教會的著作十分關注牧養關顧，以及個別信徒在基督裏的成長；他也為自己的牧養定下了很高的標準，讓別人跟從。

加爾文對人生的艱苦毫不陌生。雖然這樣可能令他的心理防衛機制過強，試圖藉此令自己不會受更多苦，但也讓他明白人的軟弱和失敗。他飽受喪親之痛，不單失去很多親密的朋友，也失去惟一能夠生下來的孩子。這嬰孩在1542年早產後不久便夭折。[29] 有些朋友離棄他，令他失望；他的僕人盜竊過他的財物；1538至1541年間，他被禁止踏足日內瓦；那些道德標準比較低的人不斷反對他；他的身體也相當差。不單這樣，他的家庭生活也有令他失望的事情。他的弟弟安托萬（Antoine）婚姻失敗；他的妻子在1548年被控通姦，雖然獲得釋放，卻在1557年被判罪名成立。對加爾文打擊更大的是，他的繼女尤迪特（Judith）也因為通姦而被定罪。其後，「他甚至羞愧得幾天都不敢離開家門」。[30]

描繪加爾文的畫像時，必須十分留意他的牧養活動。

范齊（Van Zyl）說：「他剝削自己的睡眠時間。他的家總是向尋求意見的人開放。他保持接觸教會和城市的所有事務。他探訪患病和懶散的人，而且幾乎認識每一個市民」。1542年1月，加爾文寫道：「記憶所及，自從我抵達這裏（1541年9月）以後，只有兩小時沒有受到打擾。」[31] 我們知道，他接受了日常的牧養工作為份內之責，在1550和1559年期間，他主持了170個婚禮和大約50次水禮。他也定期主持傳道人的「牧者團」（Venerable Company）聚會，這個團體負責管理聖工和教會。

我們可以在1541年出版的《教會法規》（*Ecclesiastical Ordinances*）和《基督教要義》（*Institute of the Christian Religion*）中，找到加爾文嘗試為改革教會訂立的牧養原則。對於基督徒的靈命成長，教會絕對不是次要的。「神能夠在一瞬間使祂的子民變得完美，但我們卻發現，祂選擇單單透過教會的教導，使信徒變得成熟。」[32] 教會是一間學校，基督徒永遠都不能從那裏畢業。與所有學校一樣，教會著重教導和指引。與所有優秀教育家一樣，加爾文明白教導不能抽空地進行。若要有適宜學習的環境，教師就需要真誠關懷學生。所以，舉例說，要十分關心病人。《教會法規》規定，不容許任何人臥病在床三天，仍然沒有人通知牧師，令他們不能以神的話語安慰病人。人們應該儘快聯絡牧師探訪病人，絕對不應該在病人彌留之際才要求牧師到訪。[33]

這間學校的教師和管理人員包括四類。他們是牧師（pastors）、教師（teachers，在古英語中稱為 "doctors"）、長老（elders）和執事（deacons）。加爾文認為，新約提及的其他職位只是臨時性質，而這些職位的職責也包含在上述四類之中。牧師的職責是「宣講神的聖言，公開和私下指導、告誡、規勸和責備信徒，施行聖禮，與長老和同工一起囑咐弟兄般的彼此糾正」。[34]加爾文對他們的生命和教義都有很高要求，也提出了兩份罪行的清單。第一份包括異端、分裂、刑事罪行、「跳舞和類似的放蕩行為」。犯了這些罪行的人會被撤職。第二份清單主要涉及疏忽職守，或探究無意義的問題。對犯了這些錯誤的人，只要發出善意的勸戒。[35]

教師有責任維持福音的純正，教導信徒真理。[36]長老是從會眾中挑選出來的年長平信徒，與牧師一起執行紀律。[37]執事參與分派救濟品和照顧窮人。[38]

教導的主要內容是神的聖言。每當人們接受和歡迎聖言，配合聖禮，聖言便會「一致地顯出它的功效」，即使它並非總是即時結出果子。[39]加爾文在神學上確信，神選擇以這個方法帶來生命和成長；因此，牧師的首要任務是講道。這份確信，對講道的性質也同樣意義重大。講道應該解釋聖經，並依從一個絕對系統化的方法，因為這樣能夠令神的聖言最清楚地自己發言。

在加爾文領導下的日內瓦，令人印象最深刻的是，那裏對教導聖言十分認真。公開地講解聖言，然後讓人們選擇是否遵守，並不足夠。聖言需要公開和私下教導，讓它的信息能夠發揮更大影響。加爾文相信，如果沒有這樣的操練，教會就會被瓦解。只有加上私下的勸戒和糾正，教會才不致停滯不前。加爾文跟隨布塞珥的教訓，並引用保羅在使徒行傳二十章20節作為例子。他這樣寫道：「在這方面，牧師和長老特別需要靈敏，他們的責任不單是向人們講道，更要在會友從一般的教導得不到足夠的益處時，挨家逐戶提出規勸和告誡……」[40]

長老這個紀律系統可能帶點「老大哥」(big brother)的意味，但當加爾文在日內瓦引進這個制度時，背後卻有相當不同的精神。這個制度絕對不是律法主義，也並非要帶來損害，而是要賜人生命，讓人在靈性上變得整全。如果我們以宗教改革前羅馬天主教的牧養和悔罪實踐為背景，來看這個長老制度，便會發覺它很能夠保護羣羊，讓羊羣健康成長。這個制度容許聖言全面滲入基督徒生命，破除了靈性只限於教會以內這個觀念，也強調對聖言不能無動於衷。這制度容許平信徒參與教會的牧養關顧。牧養關顧不再只由全職的專業人士負責。這個制度容許教會有機地發展，變得強壯。加爾文稱之為教會的「肌腱」，能夠讓身體連合起來。[41]即使長老制度沒有好像新約那樣，容許更完滿的彼此事奉，它至少也在離開羅馬天主教牧養自殺的道路方面，踏出了決定性的一步。

巴克斯特

宗教改革的牧養神學，在巴克斯特(Richard Baxter，1615～1691)的事奉中結出最成熟的果子。巴克斯特最初在基德明斯特(Kidderminster)擔任堂區牧師，其後當了五年隨軍牧師，首先在考文垂(Coventry)事奉，然後為「新模範軍」(New Model Army)服務；1647年應基德明斯特的居民要求，重返那裏出任教區牧師。他留在當地直到1661年，當時英國的王政復辟改變了他的命運，以致他的餘生都要在不同地方居住，一邊寫作，一邊作獨立講員，並不時因為自己的活動而被監禁或罰款。[42]

我們不能輕易將巴克斯特歸類。按照巴刻(James Packer)的話說，他是「一個了不起的中立者」。[43]他在內戰期間目睹的很多事情，都令他不安。王政恢復後，他更感到格格不入。因此，他的才華大多透過寫作表現出來。不過，從他的基德明斯特的成功可以看到，他不單是理論家。他初到那裏時，很多街道都只有一個家庭敬拜神，但在他離開的時候，每條街道的兩旁都只各有一個不敬拜神的家庭。當時基德明斯特只有800個家庭，人口只有2000，他的教會會眾逾千，實在相當了不起。他離開了那裏六年後，雖然面對很多反對，但仍然可以宣稱，那裏沒有一個信徒離開神。[44]我們只能夠猜測，如果當時的環境容許他更活躍地事奉，他的成就可能會多大。

在《改革宗牧師》(*Reformed Pastor*)這本書中，巴克斯特讓我們看到他對事奉哲學的整體見解。這本書是在1656年為伍斯特牧者聯會(Worcester Association of Ministers)撰寫的。巴克斯特本來要在聯會安排用來操練謙卑和禱告的一天講道，但體弱多病的他那天又病倒，不能按照原定計劃到那裏講道，所以便將他打算分享的信息，更詳盡地寫下來。雖然這本書無意中流露出家長式的事奉取向，但仍然堪稱「早期基督教關於這個主題的出色作品」。[45]這本書是使徒行傳二十章28節的詳細註釋，顯示巴克斯特最關心的是事奉的動機和方法學。

事奉需要「技巧、決心和不懈的努力」，不成熟的人不能夠承擔事奉的重擔。[46]但事奉還有更多基本要求。牧師要是一個信徒，否則他們講的道既不能拯救自己，更可能成為他們的網羅，因為這樣會引誘他們生發一份虛假的屬靈意識，以為自己已經得救了。

牧者要有成熟和活潑的靈命，追求敬虔。如果牧師靈性冷淡，羣羊也會如此。但如果他們發覺自己處於低潮，也可以脫離那光景。他們可以藉著實行屬靈操練，閱讀令人振奮的書籍，或者默想一些偉大的課題，提升自己。忽略這些操練，不單對自己有害，更會影響會眾。「我們負責餵養基督的孩子。如果我們自己也不進食，便會令他們捱餓；不用多久，他們便會變得消瘦，了無生氣地執行各自的職責。」[47] 牧師在靈性上也必須貫徹始終。巴克斯特哀嘆，有些牧師花了整個星期預備兩篇講章，卻竟然沒有用一小時學習在整個星期中應該怎樣生活。沒有甚麼比這對事奉危害更大。

「由於你們〔牧師〕可能會贏得或者失去天堂，令一些靈魂永遠快樂或永遠悲慘」，[48] 所以必須流露出這份關懷。聖工是有永恆價值的工作，因此必須十分認真地從事。撒但顯然十分認真看待這事。巴克斯特顯示，他相當明白自己正參與一場屬靈的爭戰。聖工是關乎瓦解黑暗的王國，但「如果你們成了對抗黑暗王子的領袖，〔那試探者〕會在神的限制以內，盡力對付你們。那些對他帶來最大損害的人，就會面對他最大的敵意」。[49] 雖然這樣，巴克斯特仍然預期著成功。由於很多牧者沒有這份預期，以致看不到人們歸信和成長。巴克斯特承認，如果沒有結出果子，他會感到很難繼續勞苦下去；他也相信，在這種情況下，牧者應該離開教區，到別處努力，這樣可以讓神帶領能夠結出果子的人代替自己。[50]

巴克斯特為牧師定下七個任務。他們最重要的工作是領人歸信。未信的人的需要，比虔誠的人優先，正如醫生會首先醫治病危的人，而不是牙痛病人。[51]其次，牧師需要對確信自己有罪的慕道者給予指導。第三，那些已經信主的人需要得到建立。家庭也需要看顧。病人需要牧師探訪。犯了罪的應該接受勸戒。最後，牧師在行使教會紀律時需要謹慎。巴克斯特定下了行使紀律的程序。首先是私下譴責和引導，如果有需要，則進而將犯罪的人公開逐出教會。巴克斯特認為，在這方面疏忽，和在講道方面疏忽同樣嚴重。在這兩種情況下，疏忽的牧師都應當被革職。[52]

表面看來，巴克斯特描述的牧師似乎是嚴厲的，過分嚴肅，擁有很大權力，甚至顯得苛刻。但這只是片面的認識。事實上，他將牧養事奉的這些範疇，牢牢地建基於牧師和會眾之間的親密和關愛之上。他不斷以不同方式重複這個主題。講員要知道怎樣進入人們心裏，而不是假定由於他已經告訴了他們，他們便會聽從他。要做到這點，牧師需要十分瞭解羊羣。[53]每個人都是重要的，牧師應該個別認識他們。[54]個別以教義問答形式培養信徒，有助牧師和他們建立緊密的關係。這樣做的其中一個好處是，能夠令疑惑的人願意向牧師打開自己的心。如果牧者和會眾疏遠，不和他們交往，就會引發很多問題」。[55]巴克斯特的總原則是：「我們的整體事奉必須懷著溫柔的愛對會眾實行出來。我們必須讓他們看見，對他們有利的事情，才能夠令我們喜悅；對他們有好處的事情，對我們也有好處；最令我們困擾的，就是他們受到傷害。」[56]

由於講壇是實現牧師目標的一個主要途徑，巴克斯特對講道提出了很多意見。他認為，講道令會眾沉悶得入睡是很可惜的。但更嚴重的罪是，講員令自己入睡。神的聖言是充滿活力的力量，應該為聽眾帶來生命。[57]但比講道更重要的是，巴克斯特發現個別地以教義問答形式教導會友的價值。他表示這不是創新的做法，只是恢復古老的事奉。他也確信這個方法相當實用。在提到自己的教區時，他寫道：

> 他們大部分人對基督的信靠都是沒有根基的。雖然他們盼望基督會寬恕和拯救他們，稱他們為義，但他們的心卻屬於世界，他們仍然活在血氣之中。他們以這份信靠支持自己的信仰。我從經驗中發覺，有些無知的人長久以來都不能從聽道中得益，但在半小時的親密對談後，所得到的知識，以及良心的悔疚，猶勝聽十年公開講道。[58]

巴克斯特的做法是，將星期一和星期二用來傳授教義問答。講授完教義問答後，他便會系統地會見每一個家庭。他在前一個星期探訪他們，然後和他們約定一個時間，要他們去見他。在約定的時間，他大約花一小時和他們一起，教導他們，考問他們對教義問答的認識，並給他們合適的屬靈指引。這樣，他每星期接見十五至十六個家庭，在一年內便能夠接觸整個教區的人。巴克斯特十分熱衷於教授會友教義問答，將《改革宗牧師》一個主要部分，用來推崇這做法的好處，並且定下實行的原則。[59]他相信這是過去教會得以改革的主要途徑，也是國家將來的希望所繫。[60]

巴克斯特認為，牧師主要負責教導，他將一切努力都花在這方面。除了講道和個別教授外，他經常贈送聖經和基督教書籍給別人，並每逢星期四都舉行黃昏家庭聚會，簡單地重述他講的道，然後和眾人一起討論，最後由其中一人帶領大家禱告。[61]

《改革宗牧師》在升上高天的同時，雙腳又穩站地上。這是一本十分有屬靈深度的書。它反映了牧師這個職位令人生畏的屬靈向度，牧師很容易落入的屬靈試探，他們需要忍受的屬靈衝突，以及他們擁有的屬靈資源。但在沒有顯示任何張力的情況下，這本書也反映出一顆十分實際的心靈。這本書的內容，包括一個牧師能夠獨力照顧多少隻羊，牧師個人的身體健康，以及在教區教授教義問答的詳細計劃。這份成熟的平衡，就是宗教改革的最佳遺產。巴克斯特的《改革宗牧師》到現在仍然有它的價值，不禁令人深信，是神阻止他出席伍斯特聯會在1655年12月4日的聚會。如果他參加了那個聚會，他那個時代的人或許會得益，但我們卻可能失去一本相當偉大的牧養事奉著作。

更大的遺產

宗教改革種植了一個果園，培育了很多不同的水果。巴克斯特的著作可能是最成熟、最可口的一種，但它肯定不是單獨生長的果樹。歐洲大陸的改革宗教會在宗教改革之後，對聖工的本質進行了很多思考。[62]宗教改革的影響，絕不限於信義宗和加爾文派的教會。

英國的聖公會重新關注提升靈性關顧和事奉的水準。[63]我們可以從赫伯特（George Herbert，1593～1633）的《鄉村牧師》（*The Country Parson*）一書中看到這點。這本書在他去世後的1652年出版。赫伯特來自英國一個上流家庭，在劍橋大學擔任公共發言人(Public Orator),投身事奉前,也曾短時間出任國會議員。他的詩歌比散文更為人熟悉。但《鄉村牧師》罕有地讓我們看到主流聖公會——更可能包括英國早期的天主教會——對聖工的見解。他很可能是在1628年左右,預備服事本默頓(Bemerton)這個比較大的教區時撰寫這本書。[64]他沒有聲稱自己已經達到書中所描述的理想,表示那個理想只是「一個目標」。

他寫道:「牧師是基督的副手,令人謙卑下來順服神。」[65]這個定義決定了事奉的一切。牧師的個人態度應該是聖潔、公平、謹慎、溫和、勇敢、莊重、忍耐和捨己。他大致來說應該是黯淡無光的,除了基督的十字架外,不知道別的。牧師最好是獨身,如果他結婚的話,他的家庭應該是教區的模範。[66]他應該成為教區生活的中心,喜愛教區那些無害的古老習俗。他應該對例如耕種和堂區牧師的俸祿等鄉村事務有認識,也要擔任會眾的教師、律師和醫生。[67]牧師亦要有點地位。赫伯特對不同階層的人的態度,反映了這個意識。牧師要向窮人行善,給他們金錢;對比較富有的人,則應該有禮,殷勤相待;偶然也可以邀請窮人吃飯。但他這樣做的目的,似乎主要是幫助牧師保持謙卑。[68]

牧師的屬靈任務主要包括三方面。首先,他需要主持教會的崇拜,在教會和病人家裏施行聖禮,因為「對所有受罪困擾的心靈,聖禮都是能夠給人很大安慰的萬應靈藥」。[69]

其次,牧師需要藉著講道和教義問答,教導會眾信仰。講壇是「他的喜樂和他的王座」,能夠發揮很大的屬靈力量,因為牧師傳講的道,會成為人們的審判,他們離開教堂時都會和進入時有點不同。講道包括選出一段經文,清楚向會眾解釋經文的意思，然後加上幾點應用上的見解。雖然赫伯特十分重視講道，但他也看到講道的限制。他很實際地（？）寫道：「牧師講道不能超過一小時，因為歷代都認為這是極限。在這段時間內不能獲益的人，在其後得益會更少；從前不能令人獲益的影響，以後更會令人生厭。他們不會覺得聽道是享受，反而會感到厭煩」。[70]後來，他也承認，牧師講道時，會眾可能會睡覺或分心。正因為這樣，教義問答有其價值，因為人們在接受提問時，不可能睡覺或分心。教義問答將知識傳授給個別的人，增加羊隻的數目，建立羊羣，啓發他們將聽到的教導付諸行動。雖然赫伯特沒有像巴克斯特那麼重視教義問答，但他顯然同樣信賴教義問答。[71]

牧師第三方面的工作是探訪。在主日，牧師完成公務後，「那天餘下的時間要不是用來調停不和的人，便是用來探訪病人，或者勸勉那些他的道不能或沒有接觸到的羊隻。而當我們來到，並說：『你就是那人』時，所有人都會被喚醒。」[72]同樣，在平日，牧師也不懈地關心個別人士，採用不同的方法配合探訪對象的不同需要。牧師應該讚賞那些受僱於教會的人；對那些從事世俗工作的人，他也照樣稱讚，但同時勸他們不要將全部精力投資在工作上，也要為天國而努力。對那些無所事事的人，

> 牧師不會一開始便責備他們，因為這樣做既不禮貌，也沒有好處；他總是在聚會結束，他快要離開時，才責備他們。不過，牧師也應該作出區分，如果對方是普通的鄉間人士，牧師會

> 直接譴責他們，因為他們對婉轉的話不夠敏銳；但質素比較高的人，往往反應較快，也比較敏銳，對責備也相當接受，牧師就應該從容地指出問題，而且往往應該正如拿單那樣，當面提出，令他們自責。[73]

赫伯特的修辭風格和17世紀的背景，令他的建議顯得古雅。他心目中的牧師和巴克斯特同樣有家長式作風，但兩人也有分別。赫伯特比巴克斯特溫和得多，雖然他很明白自己職責有嚴肅的屬靈本質，卻沒有清教徒式的屬靈強烈度。赫伯特從沒有提及需要領人歸主；他假設所有人都有屬靈生命，即使有些人沒有那麼明顯。因此，雖然赫伯特和巴克斯特的很多言論和關注都似乎相同，但它們產生的效果卻相當不同。

宗教改革在牧養神學方面留下的遺產，不單範圍廣闊，影響也相當深遠。清教徒廣泛而深入地關注靈性引導，處理例如抑鬱（這似乎是一個常見的問題）、缺乏自信、苦惱、試探和陷入罪中等問題。清教徒時期的偉大人物，包括：歐文（John Owen）、布魯克斯（Thomas Brooks）、西布茲（Richard Sibbes）、博爾頓（Robert Bolton）、曼頓（Thomas Manton）、古德溫（Thomas Goodwin）和格內爾（William Gurnall）的神學著作，都是採取這個牧養觀點。[74]

有關他們的取向，我們可以提出三個特點。首先，他們相信，在提供意見前，需要先辨別尋求輔導者的屬靈狀況。處理在黑暗中行走的光明之子，和處理在光明中行走的黑暗之子的方法，有天淵之別。[75]給前者的治療方法是仔細研究問題的成因，然後應用聖經，並提出一些實際的行動建議。對後者則不能給予任何治療，除非他們首先在基督裏得到生命。除非問題令人確信自己犯了罪，律法也發揮作用，驅使人悔改，尋求恩典，否則任何表面的屬靈指導最終都只是誤導。

其次，清教徒以今天所謂個案研究取向為基礎。他們的著作不單以他們處理不同人士的不同問題所得的經驗作為例子，也以這些人士和問題作為基礎。他們處理問題的方法十分徹底。他們指出問題，然後列出所有可能的成因，加以研究。答案總是以聖經作為依據，而且總是小心找出誤導人之處。例如：抑鬱可能源自犯罪、德行不足、疏失責任、缺乏自信、試探、倒退、逆境或缺乏能力。[76]醫治的方法不能籠統，需要針對特定的成因，以及這些成因對不同的人的特定影響。

第三，解決的辦法混合了應用聖經和實際建議。對那些證明有真誠信仰的人，會鼓勵他們，讓他們看到，神容許他們有那些經歷的更大目的，然後才勸勉他們相信聖經中合宜的應許或教導。但不單這樣，在給予實際建議時還會加插聖經研究。赫爾斯（Erroll Hulse）提醒我們留意布魯克斯的例子：他給那些缺乏自信的人甚麼建議。他們需要積極運用恩典，順服，努力跟從聖靈，定期參加宗教儀式，默想神的憐憫多麼大，研究信徒和非信徒之間的分別，尋求在恩典中成長，在靈魂最完好時尋求自信，找出自己有否欠缺任何應該伴隨救恩而來的東西，例如愛心和知識。[77]

清教徒激烈的取向，以及可能鼓勵人們進行可怕的內省，都不適合我們這個時代的精神。不過，劉易斯（Peter Lewis）總結他們的取向時，對他們技巧的稱讚仍然是合宜的：

> 清教徒是靈魂的醫生。他們有足夠的技巧，避免含混和主觀，令憂傷的心靈不會懷著不確定的盼望，抓著不牢固的稻草。他們相信聖經裏面的聖言包羅萬有，足以涵蓋人類所有基本情況和需要；他們也相當熟悉聖經，可以負責任地帶著權威，好好地應用聖經，為暴露出來的傷口塗上藥膏。他們也頭腦清醒、理性、勇敢，能夠井井有條、平靜和清晰地讓迷惑的信徒看到自己的景況，讓他們明白自己的特定壓力，那些壓力來自哪裏，以及可以怎樣得到釋放。因此，人們不會糾纏於次要的問題和病徵，而會照顧自己真正的需要，找到靈魂在那些情況下的正當歸宿。[78]

總結

宗教改革對聖工的性質帶來深遠影響，令聖工在初期教會的某種精神得以重現，為未來發展定出更確定的方向。宗教改革也恢復了聖工的屬靈特質，拒絕與世界妥協；更新了它的靈性核心，拒絕依賴外在的儀式；恢復它的屬靈力量，拒絕煉獄的愚蠢威嚇，釋放神的聖言，讓聖言在熟練的牧師手中，再次成為有效的屬靈工具。

註釋：

1. P. D. L. Avis, *The Church in the Theology of the Reformers*, p. 1。
2. *Pace* Clebsch and Jackee, *Pastoral Care in Historical Perspective*, p. 14。
3. M. Luther, *Luther's Works*, vol. 44, pp. 123～217。另參 G. Haendler, *Luther on Ministerial Office and Congregational Function*。
4. *LW*, vol. 36, pp. 5～126。
5. *LW*, vol. 28, 'Lectures on 1 Timothy', p. 302。
6. *LW*, vol. 39, p. 305：「基督徒會眾有權判斷一切教導，並且在聖靈的承認和允許下，呼籲、委任和撤換教師。」
7. 參 Lewis Spitz, 'Luther. Ecclesiast, A Historian's Angle', in P. N. Brooks (ed), *Seven-Headed Luther*, p. 115。
8. *LW*, vol. 39, pp. 301～314，尤參 p. 308。
9. *LW*, vol. 40, 'Concerning the Ministry', p. 27。
10. J. Atkinson, *Martin Luther and the Birth of Protestantism*, pp. 132～135。
11. R. Brown, 'Luther as a Pastoral Counsellor'，未出版講座稿。另參 *Luther: Letters of Spiritual Counsel*, translated and edited by T. Tappert。
12. *LW*, vol. 43, 'Whether one may flee from the Deadly Plague', p. 121。
13. *LW,* vol. 42, 'Fourteen Consolations', p. 163。
14. C. W. Horland, 'Anfectung in Luther's Biblical Exegesis', in F. H. Littell (ed), *Reformation Studies. Essays in Honour of Roland H. Bainton*, pp. 46～60。
15. C. W. Horland, 'Anfectung in Luther's Biblical Exegesis', p. 59。
16. Brown, 'Luther as a Pastoral Counsellor'。
17. *LW*, vol. 31, 'Freedom of a Christian', p. 368。
18. *LW*, vol. 54, 'Table Talk', No 453, pp. 73f.。
19. 這部作品一直都沒有英譯，但詳細內容可參 McNeill, *Cure of Souls*, pp. 192～196。
20. 參 W. Pauck, 'The Ministry in the Time of the Continental Reformation', *in Niebuhr and Williams, Ministry in Historical Perspective*, p. 116。
21. M. Bucer, 'Von der Waren Seelsorge……', in *Martini Bucer Opera Omnia Series I: Deutsche Schriften*, vol. 7, pp. 67～245。筆者十分感謝前同工 Tony Lane 先生，他樂意閱讀這部著作，為筆者提供有關這書的指引。
22. Pauck, 'Ministry in the Continental Reformation', p. 127。
23. 關於所需特定取向的簡釋，參 McNeill, *Cure of Souls*, pp. 178～180。
24. M. Bucer, 'Visitation of the Sick', in D. F. Wright (trans and ed), *Common Places of Martin Bucer*, pp. 429～451。
25. M. Bucer, 'Visitation of the Sick', p. 431。

26. M. Bucer, 'Visitation of the Sick', p. 433。
27. M. Bucer, 'Visitation of the Sick', p. 436。
28. T. H. L. Parker 近期的傳記 *John Calvin* 很大程度上改正了人們對加爾文的印象。還有另外兩篇文章從牧者角度研究加爾文：Mayer, *Pastoral Care*, pp. 113～133 和 J. van Zyl, 'John Calvin the Pastor', in *The Way Ahead*, pp. 69～78。
29. Parker, *Calvin*, pp. 69f., 102。
30. Parker, *Calvin*, p. 102; van Zyl, 'Calvin the Pastor', p. 76。
31. van Zyl, 'Calvin the Pastor', p. 73。
32. J. Calvin, *Institutes of the Christian Religion*, 4.1.5, p. 284。
33. J. Calvin, 'Draft Ecclesiastical Ordinances', in *Theological Treatises*, p. 68。
34. 'Ordinances', p. 58; *Institutes,* 4.3.4, pp. 318f.。
35. 'Ordinances', pp. 60f.。
36. 'Ordinances', pp. 62f.。
37. 'Ordinances', p. 63; *Institutes*, 4.3.8, pp. 321f.。
38. 'Ordinances', p. 64; *Institutes*, 4.3.9, p. 322。
39. *Institutes*, 4.1.10, p. 289。另參 Parker, *Calvin*, pp. 89～96。
40. *Institutes*, 4.12.1, 2, pp. 453～454。
41. *Institutes*, 4.12.1, p. 453。Robert M. Kingdom, *Geneva and the Coming of the Wars of Religion* 很生動地描述了日內瓦學院（Academy of Geneva）提供的牧養訓練。
42. G. F. Nuttall, *Richard Baxter*。
43. J. I. Packer, 'Introduction' to R. Baxter, *The Reformed Pastor*, p. 9。
44. Packer, 'Introduction' to R. Baxter, *The Reformed Pastor*, pp. 11f.。
45. McNeill, *Cure of Souls*, p. 180。關於對家長式管理的批評，參 Mayer, *Pastoral Care*, p. 147。
46. Baxter, *Reformed Pastor*, pp. 69f.。
47. Baxter, *Reformed Pastor*, p. 61。
48. Baxter, *Reformed Pastor*, p. 72。
49. Baxter, *Reformed Pastor*, pp. 43, 74。
50. Baxter, *Reformed Pastor*, pp. 121f.。
51. Baxter, *Reformed Pastor*, p. 95。
52. Baxter, *Reformed Pastor*, pp. 104～111, 171。
53. Baxter, *Reformed Pastor*, p. 65。
54. Baxter, *Reformed Pastor*, p. 90。
55. Baxter, *Reformed Pastor*, p. 177。

56. Baxter, *Reformed Pastor*, p. 117。
57. Baxter, *Reformed Pastor*, p. 134。
58. Baxter, *Reformed Pastor*, p. 196。另參 p. 43。
59. Baxter, *Reformed Pastor*, pp. 172～256。
60. Baxter, *Reformed Pastor*, p. 189。
61. Packer, 'Introduction' to R. Baxter, *The Reformed Pastor*, p. 13。
62. 有關詳情，參 McNeill, *Cure of Souls*, pp. 181～191, 209～216。
63. McNeill, *Cure of Souls*, pp. 218～239。
64. 有關赫伯特的生平，參 J. N. Wall 的 'Introduction' to Herbert's *The Country Parson and The Temple*, pp. 1～53。
65. Herbert, *The Country Parson and The Temple*, I, p. 55。
66. Herbert, *The Country Parson and The Temple*, III, p. 56; XXVII, p. 94; IX, p. 66; X, p. 68。
67. Herbert, *The Country Parson and The Temple*, XXXV, p. 109; IV, p. 58; XXIII, p. 87。
68. Herbert, *The Country Parson and The Temple*, XI, pp. 71f.。
69. Herbert, *The Country Parson and The Temple*, XV, p. 77。
70. Herbert, *The Country Parson and The Temple*, VII, pp. 62～64。
71. Herbert, *The Country Parson and The Temple*, XXI, pp. 82～85。
72. Herbert, *The Country Parson and The Temple*, VIII, p. 65。
73. Herbert, *The Country Parson and The Temple*, XIV, p. 76。
74. E. Hulse, 'The Puritans and Counselling Troubled Souls', *Foundations* 8 (1982), pp. 6～28。關於更深入的研究，參 P. Lewis, *The Genius of Puritanism*, pp. 63～136。
75. Hulse, 'Counselling Troubled Souls', p. 23。這用語是屬於古德溫（Thomas Goodwin）的。
76. Hulse, 'Counselling Troubled Souls', p. 13，引自 William Bridge 的 *Lifting Up of the Downcast*。
77. Hulse, 'Counselling Troubled Souls', pp. 14f.; Thomas Brooks, *Heaven on Earth*。
78. Lewis, *Genius of Puritanism*, p. 65。

[10] 福音大復興及其後的發展

福音大復興

差不多長達一世紀，聖工的本質和工作都得不到主流教會的重視，日趨式微。直到福音大復興，教會才重拾這份關注。雖然約翰·衛斯理(John Wesley，1703～1791)一直都忠於英國聖公會，不願意脱離它，但無可避免的是，在聖靈帶領下釀成的復興新酒，必然會擠破世俗化和故步自封的建制教會這個舊皮袋。

理論上，約翰·衛斯理對聖工的觀點，本來就完全與正統英國聖公會的神職人員一致。但無論他有甚麼理論，從他歸信基督開始，他的實踐已經與人們接受的做法有衝突。許多人都認為，他的講道不正規，因為他沒有限制自己在公認的教區中事奉。他攻擊批評他的人，指出自己所講的道與他的按立完全一致。他接受按立時，牛津主教給他的命令是：「接受權力傳揚福音」。難道他要在其他人都忽略自己的受命時，也和他們一樣，無所事事地站在一旁？他讓平信徒講道，也被視為不合規距，並且引起了一些關注。但衛斯理卻認為，這樣做有實際需要，也有神學的根據。因此，分裂的種子在早期已經播下。衛斯理的天賦，讓這種內在張力於他仍然在世時，不致變成公然的決裂，不過難免為這運動帶來巨大的壓力。

約翰．衛斯理在給弟弟查理斯（Charles）的信中寫道：「你和我的事業都是拯救靈魂。我們接受聖職時，便接納它作為我們惟一的事業。如果有一天，我沒有（至少沒有主要是）從事這工作，我便覺得浪費了那一天；*sum totus in illo*（我在這工作中得以完全）。」[1]不過，他很快便承認，這並非他的全部工作。在其後的一封信中，他寫道：

> 這是偉大的工作：不單帶領靈魂相信基督，更以我們最神聖的信仰建立他們。那些以為孩子一旦出生，便不用再得到照顧的人，實在大錯特錯！我們發覺不是這樣。最重要的照顧，在那時才開始。[2]

既然有那麼多人歸信，這工作應該怎樣實行？答案是將信徒組織成為會社，讓他們彼此鼓勵，遠離世俗，透過定期的屬靈操練——包括參加公共崇拜——逐漸變得聖潔。在會社之下，以兩個小組（groups）或細胞小組（cells）的方式運作。[3]最常見的形式是班會（class meeting），這種聚會為會社成員提供牧養關顧，同時負責執行紀律。衛斯理認為，這是整個架構的核心。衛斯理會社的成員必定屬於某個班（class），而且持有班證（class ticket）。他們在此接受建議、譴責、安慰和勸戒，也奉獻幫助窮人。班正是為了收集金錢而興起的，但很快便成了彼此相交，好像兄弟般彼此糾正的聚會。在這些小組裏面，門徒生命達不到標準的人很容易被發現，如果他們不改進，就可能會被驅逐，或者更常見的是，他們會自動離開。班的領袖也可以讓牧者清楚瞭解羣羊的進展或需要。

第二層細胞小組結構是隊 (band) 。衛斯理從莫拉維亞弟兄會 (Moravians) 引入這種形式，在未有班會前，這種形式已經存在。隊是認罪小組，人們可以按照自己的需要，彼此傾吐心事。這種小組特別有矯正和治療的作用。隊比班更親密和熱情，為了安全，成員通常都是按性別和婚姻狀況分別組成的。[4]

教會歷史一再證明，細胞小組的形式有其價值。這是一個相當有彈性的結構，很容易擴展，所以也很容易增長。這個結構有助新人加入較大的組別，同時可以按他們的需要，提供人際關係上的支持和指引。同時，領袖之間的關係，以及各小組對整個會社的委身，能夠確保羣體堅固、緊密和連貫。這個結構不是由衛斯理發明的，但在福音大復興期間，他發現這個結構在牧養方面的潛力，於是便將它發揚光大。[5]

循道會 (Methodist) 的會社發展，最初並沒有打算不再忠心地參與教區聚會，而只想為教會提供一個聖潔的會社。但這個會社的存在，無可避免令它與教會分開，因為它為人們提供教會所欠缺的屬靈滿足。這樣，便帶來一連串要進一步解決的問題。應該由誰帶領？他們有甚麼責任？他們的責任是否包括施行聖禮？與受按立的牧師比較，他們有何地位？他們與將來的成員又有甚麼關係？

衛斯理在「論牧職」('On the Ministerial Office') 這篇著名講章中，清楚地區分了傳道人和牧師的工作。他清楚表明，他從來都無意讓他委任的傳道人視自己為牧師，有權施行聖禮。這篇講章選用的經文是希伯來書五章4節，以這節經文揭露那些渴望得到這地位的人的錯誤，也以這節經文作為基礎，警告他們，如果他們執行牧師的職務，便會被驅逐。他宣告說：「只要循道會的人遵從這個計劃，就不能與教會分離。這是我們獨有的榮耀。」[6] 他促請傳道人不要逾越界限，要滿足於視自己為神的特別使者，可以激勵神的正規使者百尺竿頭，而不是要取代他們。

這樣的區分不易維持，循道會的傳道人和正式牧師之間的界線日漸模糊。那些傳道人尋求按立，有些也如願以償。[7] 不過，衛斯理也訂立了一些規則，防止他們變成正式的牧師。最初，他們是衛斯理的個人助手，在會社的管理和增長方面協助他。他們的基本守則，反映了衛斯理對他們屬靈質素的要求。[8] 簡單來說，這些守則包括：

一、要努力，絕對不能有一刻沒有工作，工作時絕對不能懶散。

二、要認真。你的格言應該是「像主一樣聖潔」。

三、不能觸摸婦女。

四、不要相信任何人是壞人。

五、不要說任何人壞話。

六、告訴每一個人你認為他有甚麼地方不對，並要坦白和儘快說，以免那些錯誤在你心裏潰爛。

七、不要以紳士的身分做任何事……你是眾人的僕人。

八、除了罪以外，不要以任何事情為恥。

九、不要接受任何人的金錢。

十、不可在我不知情下欠債。

十一、要守時。

十二、做一切事情，都不要依從自己的意思，而要以福音之子這身分進行。

衛斯理從沒有放棄牧養領導這個屬靈的取向。他關心這種領導功能的本質，遠多於職位的具體安排。他對事奉的試驗十分實際。那人所做的，是否傳道人應該做的事情？如果是，他便是實行他的事奉。否則，沒有任何職位或銜頭，能令他成為牧師。[9]如果他的助手執行傳道人的工作，便一定要承擔牧養方面的責任。因為他在基督裏養育的人，就會「渴望他去看顧他們，在信仰上建立他們，引導他們的靈魂走上義路」。這是他們享受而又十分自然的父子關係。[10]

這樣理解牧師和會眾的關係，與牧師有權管理會眾，完全一致。衛斯理認為，不明白順服牧者領導這個原則的重要性，就是妨礙神的恩典全面影響人們的主要因素。不過，他並非主張獨裁。權力需要以勸說，而不是專橫的方式溫柔地行使。

信徒在「無所謂對錯」(indifferent) 的事情上需要引導。如果神下了命令，他們只應該照著做。如果神已經下了命令，他們只能避免做那些事情。不過，在兩者之間的事情又如何呢？這正是牧師要介入的時候。「總括來說，對無所謂對錯的事情，也就是神的聖言沒有作出判斷的事情，每個基督徒都應該服從屬靈的牧師，決定做還是不做。」[11]衛斯理總結自己的信息時，問會眾對他一再重複、有關衣著的教導，有沒有認真地採納！這絕對不是無關痛癢的問題。

沒有服從牧師的指示，就會令聖靈擔憂，引致靈魂死亡。

衛斯理在這裏選擇的例子，起了指導的作用。他的很多教導都是實用，並與道德有關。雖然他是一位才華橫溢的神學家，但在指導追隨者時，他的取向絕對是實際的。他極度關注的是，他們應該逐漸征服內心的罪，以完全聖潔或完美為目標，他相信，這個目標能夠在今生達致。他有關完美的理論，可能不夠清晰，但他強調每個基督徒都以此為目標的重要性，卻是毋容置疑的。他極力主張完美主義，既顯示他拒絕非律法主義（antinomianism），也表明他指的聖潔有何具體的性質。完美的意思，就是完全的愛。[12]

在描述這些屬靈導師應該是怎樣的人時，衛斯理將管理教會這個問題放在一邊，花時間勾畫出牧師應該做甚麼。

> 他們應該走在羊羣前面……從各方面帶領他們明白真理和聖潔；「以永生的聖言滋養他們」；以「那聖言純淨的奶」餵養他們：不斷「為了教義」應用聖言，教導他們聖言中的一切主要教義；不斷「為了責備」應用聖言，如果他們轉離正途，偏向左或右，就警告他們；不斷「為了糾正」應用聖言，讓他們明白怎樣補救錯失，帶領他們回到和平之路；不斷「為了指示何謂公義」應用聖言，訓練他們外在的聖潔，「直到他們成了完美的人，達到基督長成的身量」。[13]

只有當牧師和會眾有牢固和互信的關係，才能夠實現這些目標。衛斯理知道，除非得到對方的同意，沒有人能夠引導任何人。如果對方不再同意，引導也不可能繼續下去，雙方實際上已經分開。試圖向別人行使權力，完全沒有屬靈的價值，權力有賴別人的同意。[14]

第二代衞斯理派信徒未能達到創立人訂立的崇高理想。班會逐漸疊床架屋，不再是促進靈命成長的有效途徑。[15]牧養領導和其他教會事奉一樣，變得逐漸公式化。[16]不過，衞斯理的成就不單限於循道會裏。他對聖工和牧養關顧的見解，間接影響了其他主流教會。18世紀末和19世紀初，這些教會也在聖靈和煦的微風吹拂下得到復興。

福音派的復興

我們可以從劍橋的西米恩(Charles Simeon，1759～1836)等人的事奉，看到衞斯理對英國聖公會的影響。西米恩在1782年成為聖三一堂(Holy Trinity)的教區牧師，直至去世為止。西米恩懷著他大部分同工都明顯缺乏的屬靈熱誠事奉。開始時，他面對許多反對，令他不可能探訪教區的信徒。因此，他每星期都用一個黃昏，為少數虔誠的信徒組織查經班和祈禱會。從這一個聚會發展出一個小組聚會系統。這個系統是以衞斯理的設計為藍本。西米恩逐一探訪這些小組。他也透過一個探訪團體，關心其他信徒。這個團體的成員負責探訪病人，賙濟窮人，同時也為受訪者的靈魂提供指引。它的運作頗為簡單，只是將整個教區分為不同地區，由一個探訪者負責那個地區的需要。探訪者每月聚集一次，分享彼此的需要和經驗。[17]

西米恩對牧養神學的貢獻，不單在於設計了一個系統，讓教區的人得到足夠的屬靈關顧。他也熱衷於啓發和訓練感到蒙召事奉的學生。這可能是他更大的貢獻。1792年，他開始講道班，每次有15至20個學生出席。他主張講道時使用筆記，而不是照講章宣讀，對怎樣組織講章，如何講道，怎樣避免令會眾感到沉悶，都提出了一些非常實用的建議。1813年，他開始每逢星期五晚都舉行所謂「一人智囊團」(one man's Brains Trust)[18]的聚會，回答學生提出的任何問題。在無數其他聚會和小組，西米恩都十分著意記錄新參加者的資料，以便日後跟進他們。這意味著，他深深影響了聖公會下一代的神職人員，也令很多懷疑論者都成為福音派信徒。雖然他的工作可能並不正規，卻產生了深遠的影響。

雖然西米恩並非富原創性的神學家，但卻肯定是百分百的牧養神學家。身為牧師，他懂得神學，也重視神學；身為神學家，他在牧養上也十分敏銳，慎思明辨。韋伯斯特(Douglas Webster)寫道：「他的偉大成就在於，他怎樣透過解釋和陳述聖經的教義，幫助人們過基督徒的生活。」[19]他的講章和書信顯示，就基督徒生命來說，他是一個現實主義者。他從沒有低估基督徒生命的困難，也十分明白信徒多麼需要支持和鼓勵。

他的現實態度令他拒絕以系統的方式對待教義，也幫助他分辨某些教義立場是否有效。因此，面對當時加爾文派(Calvinist)和亞米紐斯派(Arminian)之間的激烈辯論，他拒絕完全支持任何一方。他認為，兩派都肯定的才是正確，他們都否定的均是錯誤。[20]對於那些沮喪的人，揀選的教義是最好的解毒劑；很多軟弱或不健壯的基督徒也發覺它是一種靈藥。但對很多要聽到警告的基督徒，特別是年輕的信徒來說，過分強調聖徒持續蒙恩，卻會帶來嚴重損害；讓他們面對自己可能放棄信仰，反而有助防止他們過分自信。

對西米恩來說，基督教不是一套讓人接受的教義系統，而是需要應用的治療方法。重生的主要證據，不是在理性上接受一些事實，而是生命破碎，自我厭惡地謙卑下來。他發覺，基督徒如果要進步，要有強健的教會和聖禮教義，他的講道要提供這些教義。他認為，有些教導在牧養上是危險的，其中包括衛斯理有關完美的觀念。他反對這個觀念，認為那只是妄想。

西米恩是當時一位相當有恩賜，也十分罕見的牧養神學家。他不單建立了一套真正合乎聖經，而又能夠滿足會眾需要的神學，也提供了一個後來很多人效法的事奉模式。

福音派的復興，不單為聖公會的福音派信徒帶來新生命和信心，也令其他垂死、教義枯乾、在社會上毫無活力的教會重現生機。關於這些教會對聖工態度的改變，可以以詹姆斯（John Angell James，1785～1859）作為一個初期的代表。1806年，詹姆斯成為伯明翰卡斯萊恩公理會（Carrs Lane Congregational Church）的牧師。最初，他的事奉毫無果效，令他十分失望。過了七年，他才看到自己努力的成果。他抗拒要他放棄呼召的意圖，繼續留在伯明翰，最終成了一位相當成功的牧師、深受歡迎的講員和宗派領袖。在他事奉期間，教會人數增加了超過三倍，經常聚會者多達2000人。[21]

詹姆斯除了在無數按牧禮的講道中表達了他對聖工的見解外，也寫了一本書，詳細闡釋在他眼中，當時聖工所面對的核心問題。那本書叫《每個時代都需要的真誠事奉》

（*An Earnest Ministry the Want of the Times*）。他認為，牧職是尊貴和榮耀的，因為根據哥林多後書五章20節，牧者是神的代表。它的偉大目標是在廣義上使靈魂得救，包括首要的傳道，以及獻身於令那些「透過恩典而相信的人得到潔淨、安慰和進步」。[22]

他那個時代的事奉不能達到這個目標，主要原因是缺乏真誠。詹姆斯堅定地相信，真誠通常都能夠實現目的，如果人們專心致志，任何障礙都能夠克服。[23]牧職的主要敵人是欠缺屬靈的真誠，和對職事的委身。我們可以在詹姆斯的著作中，清楚見到巴克斯特和衞斯理的影響。

不過，詹姆斯並沒有滿足於挑戰當時流行的態度，他更提出實際的解決方法。他認為，聖公會以外的教會要擴闊他們對牧師的視野，減少注意教導職事，更多留意牧養工作。他相信聖公會在這方面比較優勝。過分倚賴講壇，不單令牧師疏於牧養，也導致父母放棄自己的屬靈責任，沒有在家裏向子女灌輸信仰，只留待牧者在教會講道時，帶領他們歸信。[24]他提倡的新方法和新精神，不單為他當時的聖工帶來洞見；由於這些教會不久之前才經歷過復興之風吹拂，他的方法和精神也提醒它們，要不斷為聖工注入新活力。他寫道：

> 我們要求新方法，並不是要有新教義，新原則，令人驚訝的怪異行為，毫無節制地違反常規，狂熱的奇想，或激烈的狂想；我們要求的，必須是最清醒的判斷，和最健全的理性所容許的。

> 但我們確實要求，在追求聖工的偉大目標時，要更創新和更有熱誠。我們面對的危險是值得尊重、但卻死氣沉沉的一致性，而不是過分狂熱。我很明白，我們要避免癲癇般的熱誠這種偏差，但冷漠得近乎麻木也同樣不可取。過分熱誠對生命的威脅畢竟較少，而且往往比過於冷漠更容易醫治。[25]

司布真（Charles Haddon Spurgeon，1834～1892）肯定是較後期不從國教教會的代表人物。他在尋求聖工的偉大目標時，絕對不乏創見和熱誠。司布真是一位相當受歡迎的講員。他沒有參與日常的牧養事奉，也沒有負責一般的輔導事工。雖然如此，他的著作和講道，都顯示他十分仁慈和充滿智慧，雖然他的風格可能有點古怪。不過，我們認識他對牧養神學的取向，很大程度上都是透過他的牧師學院（Pastor's College），特別是他在星期五下午舉行、廣受歡迎和充滿軼事的演講，以及在學院會議發表的週年演講。這間學院在1856年時只有一個學生，但對模塑其後浸信會的事奉，卻很可能影響力最大。司布真感到需要有一間新的學院，因為：

> 當時，我覺得沒有一間學院適合那些由神的供應和恩典帶到我身邊的人……我覺得那些宣講古老卻偉大的福音真理，而又適合大眾的牧師，更可能在一間著重講道和虔敬，而不是學位或其他世俗知識的學院找到。[26]

司布真的話顯示在他眼中，聖工有甚麼特點。它主要是宣講的事奉，保守的福音派事奉，也是適合大眾的事奉。司布真完全拒絕現代主義，對宣揚這種思想的人，他可以好像舊約最勇猛的先知那樣，向他們傾倒最尖刻的鄙視。現代神學可能有助墳場的雜草生長，但付出的代價卻是令教堂關閉。[27]它只是玩猜測的遊戲，卻令人喪失靈魂。[28]在評論一位著名的講員時，司布真說「在這個先進的時代，他比很多人都正統；有人說，他的教導是我們的主做了某些事，在某方面和某程度上和我們的得救有關。雖然這樣的教導相當薄弱，但總算比這個時代的教義優勝」。[29]

司布真的事奉以講道為主。他大部分精力都集中在培養學生的講道恩賜。正確的講道令人歸信，在基督裏成長。為了照顧不同的信徒，講道當然需要採用不同的風格，[30]但信息卻必須始終如一，採用的風格也必須能夠讓人明白。因此，無論採用甚麼風格，講道都必須直接針對聽眾。「如果你的目標是穿透人心，向天開槍是沒有用的。已經有很多人優雅地揮舞佩劍，你毋須重複這種做法，你的責任是直刺人們的內心和良知。向敵人的中心開火吧。」[31]

只有那些曾經面對困境，敏銳地分擔別人痛苦的人，講道才有果效。誠然，講壇應該讓人看到生命的所有經驗，但有些人所講的道卻令人感到，「他們對別人在一生的信仰追尋中都需要背負的破碎一無所知」，[32]這樣的講員沒有多大用處。最好的道是從破碎的心擠出來的，[33]而且警覺到靈魂在不同的情緒和階段有何轉變。[34]

這個觀點適用於所有事奉。司布真認為，事奉以人為中心，它的偉大目標是單以主的管家這個身分，照顧會眾的屬靈需要。他宣告說：「牧者是為了教會，教會不是為了牧者」，並補充說：「我們絕對不能視會眾為莊園或花園，按照自己的喜好種植或修剪」。[35]這樣做是屬靈的驕傲，在牧養上也不會有任何果效。

從這個觀點看，複雜的技巧或宏偉的學術配備，都是不需要的。最重要的是屬靈質素。首先要有信心。信心不單是傳講的實質內容，也是講員需要運用的。[36]信心需要正確地建基於福音的真理，以及神的恩典。但這樣還不足夠，信心要具有「實驗性」(experimental)，也就是說，不是一個實驗，而是要實際經驗的教義。會眾很快就會察覺，經歷過和證實了自己相信的教義，與沒有這些經歷和證明的講員之間的分別。[37]除了信心以外，第二個要求是愛心。司布真說，「愛是實踐的神學家，它小心而實際地處理盟約中一切祝福，以及啓示出來的真理的一切奧秘。」[38]

除了信心和愛心外，聖靈在聖工的所有範疇中同在，也是「絕對必要的」。[39]沒有聖靈，不能進行任何分辨，也完全不能影響會眾的生命。這樣的事奉完全是徒然。

這些19世紀的教牧領袖，在牧養神學上沒有任何宏大的系統或技巧。以學術性神學的標準衡量，他們的牧養神學甚至有點天真。他們絕對是實踐者，分擔其他牧者的擔子。他們的共同負擔是，需要屬靈上的真誠。如果他們的事奉要為神所用，而不是為了有利社交和象徵他們的身分，這份屬靈的真誠就會致力將聖經的信息傳遞和應用到人們的生命中。

不過，至少有一位福音派牧者嘗試較有系統地研究牧養神學。布里奇斯(Charles Bridges)的《基督教聖工》(*The Christian*

Ministry)[40]和西米恩、詹姆斯、司布真一樣重視事奉的屬靈質素，但他嘗試以更有條理和更全面的方式表達出來。布里奇斯對事奉提出了一個概括的觀點後，探討了事奉沒有果效的原因，發現其中包括妨礙來自神的影響，撒但的攻擊，個人的罪，社會因素，和缺乏神的呼召。他相信，沒有呼召是失敗的主因。接著，布里奇斯研究個人的罪這個問題，並且更深入地審視缺乏信心、不能完全委身、貪心、驕傲、拒絕休息或默想等缺點。

這本書的下半部，討論講道和牧養工作。在預備講章、律法在講道中的地位、不同類型的道，以及所有講道都必須有的質素這幾方面，布里奇斯都提出一些很實際的建議。牧養工作和講道有關，因為牧養是「將講壇的事奉個別地應用到每一個人身上」。[41]布里奇斯強烈主張，必須系統地從事這種牧養工作，否則便等如沒有做，牧者也犯了疏忽的罪。牧師好像父母一樣，要和所有子女一起生活，因應他們的需要，給予個別的指示和引導。最後，布里奇斯將他的原則應用到特定的人身上，包括沒有宗教信仰的人、年輕的基督徒和靈性倒退的信徒。這令人回想起大貴格利和巴克斯特的著作。

《基督教聖工》溫馨和屬靈地研究事奉，從經典的福音派角度，理解牧師的角色，值得讚賞。雖然這本書沒有甚麼創見，在神學上也沒有甚麼實際分量，但即使在今天，它仍然很能夠鼓勵牧師，努力在自己的事奉中達到崇高的屬靈標準。

更廣泛的發展：系統和士來馬赫

不單福音派關心事奉的質素。與他們的關注並行的是一份普遍的渴望，希望改進牧養關顧，為它提供更好的屬靈和神學基礎。有人公允地將18世紀英國聖職人員的角色描述為「地位崇高的從屬職位」(an occupational appendage of gentry status)。[42]可是到了19世紀，雖然傳統仍然很有影響力，但已經開始出現了很多轉變。社會學家將當時的情況，形容為出現了聖職的行業。顯示出現改變的迹象包括：社會的發展提供了途徑，讓聖職人士討論他們的工作；對他們有益的雜誌和書籍大量增加；神學院得以創辦，作為聖職人員的職業訓練所。聖公會第一間重要的神學院由威伯福斯(Samuel Wilberforce)主教於1854年在牛津的卡德斯頓(Cuddesdon)創辦。[43]

當時的著作顯示一份新的渴望，要為聖工提供全面和有系統的指導。這些作品以不同方式，概括地討論牧師的職務和生命的本質，以及這個職位在屬靈方面的要求；然後更具體地探討實用神學公認的基本元素，包括崇拜、講道學、教育和牧養的關顧。關於這個趨勢和其中的發展，有四本書值得一提，它們都比較重要，而且代表性也比較持久。

第一本是維內(A. Vinet)以法文撰寫的《牧養神學》(*Pastoral Theology*)，英譯本在1852年出版，副題是「福音事工的理論」('The Theory of a Gospel Ministry')。這本書完全是福音派的作品，秉承巴克斯特的傳統，討論公認的主題，而且相當有見地。它最明顯的特點是，誠實地面對牧師在其上行走鋼線時所顯出的智慧。例如，維內關心怎樣維持牧職的尊嚴和權力之間的平衡，並譴責那些認為牧師擁有個人權力，或者是教士階級的主張和見解。在討論輔導個別人士時，他強調牧師要避免過度控制對方，同時又不能忽略規管他們的責任。[44]蘇格蘭神學家費爾貝恩（Patrick Fairbairn）也以類似風格，在1875年出版了一本名為《牧養神學》（*Pastoral Theology*）的著作。這本書雖然可能比較沉悶，卻值得重視，完全合乎聖經。它配合當時改革教會的聖工，介紹牧師的任務，對很多人來說，它是一本實用的指南。

第三本著作是荷蘭學者奧斯特茲（J. J. van Oosterzee）的《實用神學》（*Practical Theology*）。這本書在1878年出版。由於這本書是神學生的手冊，所以相當詳細，深入討論每一個題目，在討論當代原則之前，對每一個主題都提供歷史和文獻方面的指引。這本書最著重表明實用神學是一門科學，「在神學科學這個有機的整體中，有自己獨特的尊貴地位」。[45]奧斯特茲將牧養關顧當為實用神學的一個範疇。雖然在很多方面，他都依照傳統，將牧師描述為關心羣羊的訪客；但另一方面，他又更新了這幅圖畫。例如：他留意到精神病的問題愈來愈嚴重，明白到在他那個時代，基本心理學在處理這問題方面的價值。[46]這是第一本以較科學化的方式，實際地研究牧養神學的著作。這個取向在20世紀變得相當普遍。

最後，我們也可以一提格拉登（Washington Gladden）的《基督教牧者和實幹的教會》（*The Christian Pastor and the Working Church*）。這本書在1901年出版，代表了牧養神學在19世紀末的發展。從那時到20世紀初，牧養神學都沒有多大進展。格拉登認為，牧養神學是實用神學的一個分支，它的主要內容是牧師和實幹的教會。接著，他有點隨意地斷定，某些公認屬於牧養神學的範疇，例如講道和崇拜，其實只是偶然地與牧養神學產生關連；牧養和訓練（牧養原則和教義問答）才是牧養神學的核心。

格拉登的取向，令他的著作與較早時的教科書有不同的面貌。他明顯視教會為一個繁忙、複雜的機構，他著作的目的似乎是為牧師提供一套領導的科學。因此，他較少集中討論牧師和有關的屬靈動力。他也相應地更全面研究教會生活的不同部分，包括牧師與下列事工的關係：婦女事工、主日學、週中崇拜、復興（也就是佈道事工）、宣教組織、對自己宗派和普世教會的責任。我們可以看到，格拉登描述的教會，更接近20世紀的教會，是一個自發（甚至是民主）的宗教組織，而不是反映了整個羣體的屬靈面貌。他將教會看為一個實幹的團體，牧養神學的目標變成提高教會的工作效率。這樣實際上是從著重神學，轉為側重科學、行政和技巧。後來證明，這個基礎並不穩固。其後的牧養神學往往是純粹處理技巧，很容易變得過時，不能提出更重要和基本的神學問題，而這些問題卻能夠維持這門學問的生氣。

士來馬赫（F. D. Schleiermacher，1768～1834）的著作對牧養神學朝更現代的方向發展，起了關鍵性作用。奧斯特茲、格拉登和不少人都繼承了他對實用神學的觀點。士來馬赫認為，神學是一門有關信仰的實證科學。他將神學定義為「一個察覺神存在的獨特方式」（1）。[47] 他認為，以啓示為基礎的正統神學取向，對後啓蒙時代並不足夠，需要為現代人重新解釋基督教的真理。他的神學建基於他對宗教的見解。他認為，宗教是對無限的感覺或意識。[48] 他對實用神學的理解，與他的整體取向一致，也受這個取向限制。

士來馬赫在《神學研究簡介》(*Brief Outline of the Study of Theology*) 中，提出他對實用神學的見解。他將神學分為三個範疇，並且強烈主張三個範疇互相依存。哲學神學 (philosophical theology) 處理護教學和論辯學。歷史神學 (historical theology) 與釋經、教義發展、教會歷史和對教會當代狀況的歷史性知識有關。實用神學 (practical theology) 以上述兩種神學為基礎，也是神學科學的頂峯。神學在此體現它的用處。士來馬赫對區分神學家和神職人員感到遺憾，並一再提出警告，如果這樣的區分確定下來，後果會相當嚴重 (6～12, 30)。神職人員 (作為實用神學家) 會變成純粹的技術人員，在實踐上變得膚淺，對神學的科學性發展漠不關心 (30)。他承認，沒有人能夠同時精通這三門學問，卻指出牧者應該能夠對每一個分支的結構，有概括的認識和理解，懂得快捷地找到有關資料，在使用資料方面有實際的經驗和信心 (14～18)。

哲學神學和歷史神學決定一個人怎樣理解牧養的任務。實用神學的設計是讓人明白怎樣將這個觀念實踐出來，並且具體説明有助將這個觀念應用到特定環境的步驟 (260～265)。士來馬赫認為，實用神學的任務是「使羣體穩定和進步」，以及「有效地傳遞宗教觀念，為的是影響羣體的生活，或是為了進行公共崇拜並發出有關道德的命令和指引」(268～269)。以布克哈特 (J. E. Burkhart) 的話説：「因此，實用神學只是研究和指出用來連繫理想和現實的合適規則、程序和方法。它的任務不是詮釋性，而是技術性的。」[49]

士來馬赫區分了「教會事工」(church service) 和「教會管理」(church government)。他認為，前者是地方教會的事奉

(local ministry),後者則是超越地方教會的領導(trans-local leadership),處理不同教會之間的關係(274)。教會的事工,主要是培育那些宗教意識已經覺醒的人。有效培育的關鍵,就是有效的溝通。因此,士來馬赫十分關注牧者應該怎樣以自由(例如講道)及固定(例如聖禮)的形式溝通(279~289)。牧者一旦完成了這個任務,便要留意溝通的對象,照顧在教會中進展緩慢的人、兒童、初信者、不認識宗教者(讓牧者的工作變成宣教)和反復無常的人(290~301)。

教會管理決定道德和崇拜等事情,這些事情是所有宗派都有的。教會管理要處理宗派內的不同教會,以及宗派與宗派之間的關係;教會管理也要處理地方教會不能夠自行解決的問題,以及教會與國家的關係(309~324, 327)。政府也有責任激發人民對神學產生合乎科學的興趣,並且決定應該出版甚麼著作(330~334)。根據士來馬赫的理解,教會管理的核心有一股不斷要化解的張力。怎樣行使教會權力,才不致威脅個別信徒或堂會的自由(325)?怎樣激發科學觀念,才不會削弱宗教經驗的力量(330)?

士來馬赫的貢獻相當大,不容低估。他提高了實用神學的地位,表明實用神學可以怎樣與其他神學學科結合,不是和它們平等,而是作為它們的頂峯。他毫不含糊地主張,一切神學都必須以促進教會的利益為目標,即使是思辨性最強的神學,也沒有例外。他也指出,實用神學本身也可以成為嚴肅的學科,而不是專業人士的業餘愛好。

不過,士來馬赫的《簡介》也有一些內在的致命缺點,削弱了它的用處。首先,士來馬赫似乎未能達到自己的要求。他對牧養神學的簡介,很可能淪為「純粹技巧」,變成一種膚淺的方法，不足以與神學的其他範疇溶合。很多追隨他的人，都墮入了這個陷阱。其次，正如巴特(Karl Barth)指出：「很多東西都未經過詳細的學術測試或特定的批評，便匆匆以耀目的方式拋出來。」[50]士來馬赫建議的牧養神學課程大綱，有時讀來的確頗為吸引！不過，這本書給人的印象是匆匆寫成，而不是成熟的著作。

這本書最嚴重的缺點在於，士來馬赫整個神學的人文主義前設。巴特對他的主要批評，在此同樣正確。他沒有視牧者為神的使者，只將他們當為羣體的發言人。巴特寫道：

> 屬靈引導變成了以自我為目的，主要由哲學性倫理支持，以歷史畫冊的方式，以基督教形式表達，在教會佔據一個神聖的位置。「那個神聖位置發生了甚麼事？」是一個毫無意義的問題。「那事情」**發生了**。「宗教力量」全面運作。只有「如何」才是更新的研究和討論的對象。[51]

在士來馬赫眼中，牧者服事羣體，嘗試引發和激起宗教經驗，不斷尋求令個體溶入羣體。但他這樣做時，卻沒有接受神的幫助。神從沒有介入，聖靈也沒有以任何活生生的形式出現。這是在錯誤意義上的以人為中心，從未真正容許朝聖者在旅途中離開地面，升上天堂。這個錯誤，並非來自士來馬赫的實用神學，而是源於它背後的錯誤神學。

結論

在本章所研究的時期中，牧養神學能夠生存和繁盛，主要歸功於福音派人士。他們由關注神的榮耀所推動，為教會的牧養關顧尋找更好的結構，制訂一些更好的方法，培養牧養的領袖。福音派以外的教會也接受了這份動力，加以發展，令牧養神學成了神學院一門嚴肅的學科。牧養神學也在神學院發生了方向上的改變，在很大程度上為20世紀牧養神學的取向鋪路。

士來馬赫的影響有好也有壞。在好的方面，它提高了牧養神學的地位，令它成為一門受尊重的學術性科目；壞的影響則是，許多人都輕率地接受了他對神和神學的自然主義取向，結果令牧養神學很易變成既沒有神，也沒有神學的成分。

註釋：

1. J. Wesley, *The Letters of John Wesley*, vol. 5, 26 April 1772, p. 316。
2. J. Wesley, *The Letters of John Wesley*, vol. 5, 4 November 1772, p. 344。
3. F. Baker, 'The People Called Methodist - 3. Polity', in R. Davies and G. Rupp (eds), *A History of the Methodist Church in Great Britain*, vol. 1, pp. 219～225。
4. A. Skevington Wood, *The Inextinguishable Blaze*, pp. 186～195。
5. 詳參 W. Dean, 'Successful House Groups - Lessons from History', *Church Growth Digest* (Autumn-Spring 1983-1984)。
6. J. Wesley, *Sermons on Several Occasions*, vol. 3, Sermon 115, 'The Ministerial Office', pp. 307～316。
7. 參 A. B. Lawson, *John Wesley and the Christian Ministry*；J. Kent, *Jabez Bunting: The Last Wesleyan*。
8. Lawson, *Wesley and the Christian Ministry*, pp. 32f.。
9. Lawson, *Wesley and the Christian Ministry*, p. 83。
10. Kent, *Jabez Bunting*, pp. 11f.。
11. Wesley, 'On obedience to Pastors', *Sermons*, p. 127。
12. J. Lawson, 'The People Called Methodists - 2. Our Discipline', pp. 183～209; R. Davies, 'The People Called Methodists - 1. Our Doctrine', pp. 168～173, in Davies and Rupp, *History*。
13. J. Wesley, 'On Obedience to Pastors', p. 123。
14. A. B. Lawson, *Wesley and the Christian Ministry*, p. 35。
15. H. D. Rack, 'The Decline of the Class Meeting and the Problem of Church Membership in Nineteenth-century Wesleyanism', *Proceedings of the Wesleyan Historical Society* 39 (1973), pp. 12～21。
16. Kent, *Jabez Bunting*, pp. 38～50。
17. H. E. Hopkins, *Charles Simeon of Cambridge*, p. 47。
18. H. E. Hopkins, *Charles Simeon of Cambridge*, p. 89。
19. D. Webster, 'Simeon's Pastoral Theology', in A. Pollard and M. Hennell (eds), *Charles Simeon 1759-1836*, p. 118。本節整體從這篇文章中獲益良多。
20. D. Webster, 'Simeon's Pastoral Theology', p. 75。
21. R. W. Dale (ed), *The Life and Letters of John Angell James*。
22. J. A. James, *An Earnest Ministry the Want of the Times*, p. 20。
23. J. A. James, *An Earnest Ministry the Want of the Times*, p. 8, 266。
24. J. A. James, *An Earnest Ministry the Want of the Times*, pp. 174～187。
25. J. A. James, *An Earnest Ministry the Want of the Times*, p. 34。

26. C. H. Spurgeon, *The Early Years*, p. 384。
27. C. H. Spurgeon, *An All-Round Ministry*, p. 102。
28. C. H. Spurgeon, *An All-Round Ministry*, p. 19。
29. C. H. Spurgeon, *An All-Round Ministry*, p. 373。
30. C. H. Spurgeon, *An All-Round Ministry*, p. 73。
31. C. H. Spurgeon, *An All-Round Ministry*, p. 125。
32. C. H. Spurgeon, *An All-Round Ministry*, p. 59。
33. C. H. Spurgeon, *An All-Round Ministry*, p. 71。
34. C. H. Spurgeon, *An All-Round Ministry*, p. 137。
35. C. H. Spurgeon, *An All-Round Ministry*, p. 264。
36. C. H. Spurgeon, *An All-Round Ministry*, p. 11。
37. C. H. Spurgeon, *An All-Round Ministry*, pp. 119f.。
38. C. H. Spurgeon, *An All-Round Ministry*, p. 256。
39. C. H. Spurgeon, *Lectures to My Students*, p. 384。
40. C. Bridges, *The Christian Ministry*。原版於1849年出版。
41. C. Bridges, *The Christian Ministry*, p. 344。
42. A. Russell, *The Clerical Profession*, p. 6。
43. 關於更詳細的記載，參 A. Russell, *The Clerical Profession*, p. 28～49。
44. A. Vinet, *Pastoral Theology*, pp. 231, 275f., 287～295。
45. J. J. van Oosterzee, *Practical Theology*, p. 1。
46. J. J. van Oosterzee, *Practical Theology*, pp. 580～583。
47. F. D. Schleiermacher, *Brief Outline of the Study of Theology*, p. 19，第一段。此後引述這部著作時，都會將段落的編號放在引文後的括號內。
48. 關於士來馬赫的神學，參 H. R. Mackintosh, *Types of Modern Theology*, pp. 36～101; S. Sykes, *Friedrich Schleiermacher*。
49. J. E. Burkhart, 'Schleiermacher's Vision for Theology', in D. S. Browning (ed), *Practical Theology*, p. 48。
50. K. Barth, *The Theology of Schleiermacher*, p. 169。
51. K. Barth, *The Theology of Schleiermacher*, p. 170。

[11]

20世紀的趨勢

向前邁出一大步

20世紀初期，牧養神學沒有多大發展。除了少數例外，主流的做法只是把牧養事奉看為提供實踐的指引。19世紀已稍微觸及的心理學新觀念，在這時期卻在很大程度上被忽視。[1]不過，二次大戰後，情況完全改變。神學家引入了很多新的取向和觀念，改變了牧養神學的面貌，較早時期的牧養神學家大概也辨認不出這門學科。這個時期的一個主要發展是，牧養神學和心理學組成了新的聯盟。

新牧養神學的重要人物希特納(Seward Hiltner)認為，美國發生這個轉變，原因是宗教教育運動的興起，心理學臨床研究的發展，人們明白更大的社會問題的重要性，以及博伊森(A. T. Boisen)的成就。[2]博伊森不只介紹聖職人員接受臨床訓練，更就心理學和神學的關係，提出好些創見。他發現一些偉大的先知和神秘主義者的宗教經驗，和某些精神失常的形式有相似之處，並且提出一個研究這些人類經驗的方法，同時符合神學和心理學。[3]他的雛形見解，後來由希特納系統地發展起來。

這些轉變出現後不久，第二次世界大戰便爆發，不僅令軍隊需要隨軍牧師，也改變了傳統以來，隨軍牧師所提出的問題和採用的方法。同時，牧養神學也引入新穎的輔導方法，特別是透過羅傑斯(Carl Rogers)迅速擴大的影響。這一切都顯示，當戰爭結束後不久，設立了實用神學的教席，牧養神學似乎有了一種新的特質。在這個時期，有四位相當有影響力的人開始他們的事業。他們是加勒特神學院(Garrett Theological Seminary)的懷斯(Carroll Wise)[4]、波士頓大學(Boston University)的約翰遜(Paul Johnson)[5]、美南浸信會神學院(Southern Baptist Theological Seminary)的奧茨(Wayne Oates)[6]和先後在芝加哥大學(University of Chicago)和普林斯頓神學院(Princeton Theological Seminary)任教的希特納。

這四個人中，希特納的影響力最大。他為牧養神學引入了新的取向。他於1935年接受按立，成為長老會的牧師，在麥克尼爾(John McNeill)和博伊森的門下受教，深受影響。他成為「神學生臨床訓練委員會」(Council for the Clinical Training of Theological Students)的秘書之後不久，立即透過工作發揮他的影響力。其後，藉著很多其他組織、大量著作、定期在大學授課、以及在《牧養心理學》(*Pastoral Psychology*)期刊發表的文章，開始重塑牧養神學的概念。雖然現在這門學科已經比他那時候更加進步，他留下的遺產仍然具有影響力。

希特納的開拓性觀念，可以從他在1958年出版的《牧養神學初探》(*Preface to Pastoral Theology*)中找到。他為牧養神學下的定義是：「從牧養角度，研究牧師和教會的活動，從而得到的神學理論」。[7]他否定牧養神學是與教會的紀律、安慰和培育有關的傳統觀念，例如見於麥克尼爾的《靈魂治療史》(*History of the Cure of Souls*)。相反地，希特納認為，這個學科的主要內容應該與治療、支持和指導有關。緊密相關的是溝通傳達(包括佈道和教育)和組織管理(包括教會行政),但兩者都不是牧養神學本身不可或缺的元素。[8]

希特納的原創性不只在於重組牧養神學,以及它與神學其他範疇的關係,也包括他所採用的方法。他在臨床心理學方面的訓練,令他強調個案研究取向的價值。詳細分析了一些個案後,便能夠歸納出一些通則。[9]這方法本身沒有甚麼新意。以前也有幾位學者用過個案研究方法,包括希特納大量引述其著作的斯潘塞(Ichabod Spencer)。然而,希特納創新之處在於他對個案研究的取向,以及他倚賴這方法作為標準技巧。斯潘塞是一位虔誠得有點不健康的人,他以相當褊狹的準則解釋個案,排除了某些問題,將屬靈事件從生命的其他部分分隔出來。希特納則堅持,在解釋時必須考慮到人是社會中的一個綜合個體。因此,以過分虔誠把人分隔是誤導的。雖然希特納發現,斯潘塞有很多值得讚賞的地方,但他也認為斯潘塞的理解過於表面,忽略了輔導過程中涉及的動態變化;他也過分喜歡將身體、靈魂和文化分開。[10]

希特納究竟怎樣探討牧師的治療、支持和指導等功能?治療的意思是恢復功能的整全。這個狀況由於某些原因而失去。[11]我們必須視治療為一個向健全發展的過程。缺乏健全的原因包括:弱智等缺陷、受細菌感染或其他疾病侵襲、由於缺乏維他命或不智的文化習俗帶來的畸型,或者並非憑理智,而可能只是因為個人的遺傳或環境而作出的決定等。那麼,罪的位置在哪裏?希特納認為,我們不能從審判的角度將罪惡與苦難連繫起來,因為耶穌在約翰福音九章否定了這個連繫;我們倒應該從動機的角度看,當人錯誤或偏執地作出決定時,罪便帶來疾病。因此,罪惡和苦難不能沒有關係。

為了說明自己的論點,希特納以一個過胖的人作為例子。有很多複雜的因素引致這個人過胖,包括腺活動(glandular activity)的缺陷,也可能是扭曲(distortion)的因素,這個人在童年時得不到愛,因而以暴食作為心理補償。當然,也可能包括侵襲(invasion),他一旦開始暴食,食物便對他產生影響,形成一個循環。不過,這些都不是充分的理由。個人的決定也是其中一個因素,這個人可能不夠自律,沒有遵照為他設計的餐單進食。因此,根據傳統的見解,將疾病歸咎於犯罪,認為病人受苦是對他的懲罰,這是不對的。不過,當中的確有罪的影響,因為他做了錯誤的決定。希特納認為,這是一個好消息,因為只有當一個人深深地體會罪的本質,以及自己在罪方面負有的責任,治療才能夠開始。這份體會,就是醫治過程的第一步。

在醫治的過程中,必須將那人視為一個整體,不能將靈魂和生命的其他部分分割,否則不能帶來真正的醫治。它應與醫療和其他服務配合,滿足那人的整全需要,制訂綜合的治療方法。

希特納承認,不是所有「疾病」都能得到醫治。如果病人不可能完全復元,便應該為他們提供支援。有兩種情況必須有這種服事,就是喪親和患了不治之症。支援的目的是讓人有勇氣面對自己的處境,給他們一顆新心。希特納認為,這樣做比傳統的安慰更進一步。傳統的做法看不到苦難的力量，而且不論方法和目的都是疏漏和短視的。提供支援的人毋須堅強。他們的目的是令受苦的人能夠運用可供的資源，而不是提供那些資源。最成功的支援是，讓病人看到支援以外的前景，渴望盡快朝醫治的方向發展。支援的事奉必須以基督徒對盼望的觀念為背景。對此，希特納提出兩個相反的警告。一方面，完全以這個世界為基礎的盼望，絕對不是盼望；另一方面，完全以將來的世界為基礎的盼望，則有礙支授的過程，同樣會令現在變得毫無盼望。[12]

希特納在論指導的一章中，或許顯露了他對傳統牧養神學感到最不安的地方。[13]指導不是強制，而是教導，應該激發和帶出受助者的內心感受和理解。希特納不同意傳統的管教觀念，因為這些觀念的指引性太強，過分建基於道德的假設。他同意，理想地說，道德神學是重要的，但實際上，道德神學卻往往被用來把責任強加給人，而不是帶來真正的指導。他不能接受由道德神學指揮牧養神學。他只容許這兩個學科互相協調。牧養神學致力以人們已經明白和擁有的資源為基礎，即使他們暫時忘記了這些資源。在以這些生命的內在領域為基礎時，牧養神學家在指導中必須容許創意，不能滿足於在一個封閉的框架內工作，無論受助人是誰，處身甚麼境況，都應該將這個框架向外應用。

希特納對牧養神學有很多原創和重要的見解，我們不應低估他的貢獻的價值。[14]他對全人的關注，以及他堅持因應不同的人採取不同的做法，都值得讚賞和採納。他拒絕表面、概括、從外面施加的牧養指示，也拒絕並非基於細心研究個案而得出的通則，以及他對包括社會和行為科學等其他學科持開放態度，同樣值得讚賞。

不過，希特納的取向也有一些基本的弱點。這些弱點逐漸明顯，在近年有關牧養神學的討論中引起不少迴響。希特納的取向最弱的一環，就是神學。即使最支持他的人也承認，早期的個案研究取向，幾乎完全是簡化的，容許心理學淩駕在神學之上。希特納難逃這個指摘。[15]他的神學立場屬於自由派，甚至有點傾向神體一位論（Unitarianism），[16]他也因為牧養關顧運動由那些不接受道德主義、律法主義、教條主義和完美主義的人發起而感到高興。他深被田立克（Paul Tillich）[17]的教導所吸引，從中找到配合自己取向的自然主義傾向。

最終，我們可以說，「希特納試圖從參與和研究特定的人類境況……並接受任何有助理解這些境況的學科啓發，從而歸納出一些神學洞見」。[18]但這是否足以作為牧養神學的基礎？以人為中心和功能性的取向，意味著自始便有世俗化的傾向，神學成分很容易變得模糊不清，甚至可能並不存在。這個取向也讓牧養神學的視野變得狹窄，結果牧養神學便等同教牧輔導或牧養心理學。

希特納以後的發展

希特納的《初探》出版後的十年，有幾位學者採納了他的觀點。隨著將神學和心理學連繫起來的取向佔了主導的地位，牧養神學也進入了一個新階段。[19]威廉斯（Daniel Williams）撰寫《牧者和靈魂關顧》（*The Minister and the Care of Souls*），討論基督徒對恩典（grace），以及心理學對接納（acceptance）

的解釋之間的關係。威廉斯的神學立足點相當清晰，他既避免簡化，又能夠運用羅傑斯的心理學，改進自己對救贖和赦罪的理解。布朗寧 (Don Browning) 循著相似的脈絡撰寫《救贖與心理治療》(*Atonement and Psychotherapy*)，嘗試揭示羅傑斯以受助人為中心的輔導理論所潛藏的神學假設。其後，拉普斯利撰寫《救恩與健康》(*Salvation and Health*)，批評將救恩這個神學概念，和當代對心理健康的見解過分連繫緊密的做法。

另一本著作中 (與布朗寧1966年出版的著作相似) 代表了這個時期的典型關注。與布朗寧一樣，奧登 (Thomas Oden) 關心的是發掘羅傑斯的心理學的神學假設。奧登在《宣講與輔導》(*Kerygma and Counselling*) 中，提出論點認為，羅傑斯有好些隱含的假設，是基督教的宣講所明確表達的。他承擔了一個非常艱巨的任務，在巴特的神學和羅傑斯的心理學之間，尋找對等點。雖然兩者之間有很多對應之處，但奧登沒有將兩者等同起來，因為他們有各自的目標和目的。在基督裏稱義，和對生命作出較好的心理調整，並不相同。[20] 奧登也沒有試圖將心理學語言轉譯為神學語言，而是嘗試揭示已經存在於心理治療取向的神學。[21]

奧登的論點主要是，如果沒有某些對存在本質的假設，整個心理治療過程都會變得毫無意義，而這些假設是屬於基督教的。輔導員接納受助人背後的假設是：受助人應該得到接納，意思必然是：他們得到接納只是基於存在本身。不可能有任何其他基礎。[22] 事實上，雖然神的活動、輔導員的行動和受助人的回應是在不同層面進行，但我們仍然可以看到當中的連繫。奧登這樣解釋那些連繫：

神的活動	治療者的行動	受助人的反應
道成肉身	移情性的理解	自我理解
神聖的和諧	治療性的和諧	自我身分
赦免	接納	自我接納
恩典	允許	自我引導
神聖的愛	無條件的正面對待	對別人的愛

我們還可以找到其他類似的共通點。心理學家視始祖墮落為不和諧，視意志受束縛為意識的扭曲，帶來的結果是防衛心態和焦慮。[23]不過，兩者也存在很重要的分別。對奧登來說，心理學提供了沒有基督論的救贖論。心理學希望提供救恩，但它只有人文主義作為參照系統，看不見在最深的領域，人是受造物，需要與造物主建立關係。[24]不過，奧登沒有因為這個限制而否定心理學，認為它毫無價值；相反，他嘗試更完滿地發展心理學，讓它為神所用。[25]無論心理學家怎麼說，他們的假設都表示，他們在一個無神的框架內工作並不足夠，應該接受邀請，更深入地探討那些假設。

這並不是說，奧登打算將所有心理治療師都變為傳講福音的傳道人。他們的治療的價值，主要不在於他們說甚麼，而是在於他們與受助者建立互相接納的關係。[26]不過，牧師必須清楚宣告這份接納——不單以言語，更藉著實踐基督賜給門徒的「治療權柄」。如果教會要忠於它的主，必須相信得到釋放是可以預期的，而且隨時可以得到。[27]

1960年代的取向，是渴望找到神學和心理學之間的關連。到了1970年代，取而代之的是更具批判性的立場。雖然1960年代的牧養神學家並非完全接受人文科學，他們卻無意中流露出一種態度，過分懾於人文科學，視它們為比神學更高的真理。在1970年代，愈來愈多學者——包括拉普斯利(James Lapsley)——開始質疑這種態度，並嘗試確保神學和人文科學展開真正的雙向對話。在這方面，最有説服力的學者是布朗寧。他呼籲人們更認真留意牧養神學的道德背景和倫理向度，拒絕某些心理學取向的縱容態度。這種態度似乎認可任何行為，無論那些行為多麼具破壞性或罪性。[28]有些人認為，布朗寧過分將牧養神學和基督教倫理學連繫起來。如果這是事實，那麼沒有必要限制牧養神學的範圍。不過，比較準確的説法是認為，布朗寧有力而健康地糾正了一門可能誤入歧途的學問。

同時，也有人渴望看見這門學問發展下去，以致既能夠得到大眾接受，在學術上又可信。為了做到這一點，牧養神學要繼續討論它所處理的知識的性質。[29]然而，它也必定不能以自己的歷史根源為恥。它的獨特貢獻，在於清楚表明它所屬的基督教傳統。這個傳統過去曾經很好地服事世界。放棄這一點，等於出賣自己天賦的權利。[30]不過，它也要採取主動，指出世俗治療方法固有的限制，強調它們的不足和潛在的宗教假設，即使有人公開否認有這些不足和假設。我們提出的呼籲是，校正奧登和布朗寧在過去提出相關取向的焦點。[31]

跟着的發展是渴望衝破「心理學對牧養神學的束縛」。[32]雖然從希特納開始，人們已經表示要留意受助者的社會背景，但實際上，卻幾乎完全以心理學作為治療取向。現在開始有人提出要求，不單要更認真看待個人的社會和羣體特點，[33]

更要重尋牧養關顧在舊約相當明顯的先知性質，將牧養關顧朝著政治化的方向發展。即使這個參與社會行動和公共政策的要求，拘束地取決於牧養關顧中更個人性和教士身分等元素，這個要求的主要倡導人坎貝爾（Alastair Campbell），相信這樣能夠令牧養關顧成為更豐富的神學。[34]

坎貝爾的要求，不只與聖經的牧養神學一致，而且考慮到當代的經驗，我們更難加以拒絕。很多人認為，謝潑德（David Sheppard）主教的著作具有政治性或社會性。這些著作表達了與牧養難題的艱苦鬥爭，是個人甚至家庭和小組輔導都永遠不能解決的。我們不能過分強調他的著作是由牧養問題啓發，而並非由意識形態推動。[35]同樣，解放神學的發展，部分也源於渴求一種牧養神學，能夠回應受壓迫和苦待者的真實處境，即使實際上，這種神學往往混入了馬克斯主義。如果舊約世界容許這些做法；在當代世界，人們的政治和社會意識已經加強了，溝通也增加了，這些做法不單是容許的，更是必須的。

埃弗里特（W. J. Everett）和巴克邁爾（J. J. Backmeyer）[36]大膽地嘗試澄清神學、心理學和社會學之間的關係，令三方真正的交流得以實現。很多方面都證實，他們的方案有點過分工整，但他們強調，要容許三個學科彼此轉化，同時又維持各自的完整性，則是對的。為了令這個目的保持清晰，他們建議，我們必須拒絕經常得到採納，卻不足夠的關係。他們提出五種形式的關係，是他們認為不足夠的，包括：不接納其他學科；將一門學科的一部分附加到自己的學科；將另一門學科約化為自己的學科；以其他學科支持自己的學科；和以一門學科的用語轉化另一門學科。

雖然有種種限制，《轉化中的學科》(*Disciplines in Transformation*) 仍然為構成牧養神學的各門學科建立了更成熟的模式。神學和行為科學之間的盲目愛情，似乎終於告一段落。而且，這關係更經過了接受對方一切的蜜月期，雙方現在能夠自信地互相批評，毋須害怕會被拒絕、誤解，或失去互信。

福音派牧養神學[37]

在衡量甚麼因素形成福音派的牧養神學時，奧格斯比 (William Oglesby) 提出了兩個原因：福音派的發展和重新發現信仰。他指出，這兩個因素顯示，「作為信仰遺產的一部分託付我們的宗教資源，現在可以讓我們以近年從未有過的方式運用。」[38]

若要尋找從福音派立場研究牧養神學的重要著作，我們竟要回到1962年圖爾奈森 (Eduard Thurneysen) 在英國出版的《牧養關顧神學》(*A Theology of Pastoral Care*)，儘管他的觀點接近巴特。[39] 圖爾奈森認為，牧養關顧的惟一元素是神的聖言。他承認，敬虔派對聖經的觀點存有弱點，傾向主觀。他強調，聖言必須「維持本身的自足性，而且相對於人的一切虔誠」，而且「人必定不能停止作聖言的學生」。[40] 因此，牧養神學的核心是傳遞聖言。這個目的主要是透過講道達成的。牧養關顧和牧養神學的主要分別是，前者將聖言向個別人士，而不是羣體傳達，目的是縮窄講員和聽道者之間的距離。與流行的觀念相反，圖爾奈森強調，牧養關顧不能取代講道，也不應該單由牧師提供，並且不應該只留待特別情況使用。

圖爾奈森只接受一種牧養關顧的技巧，那就是談話（conversation）。在神的聖言之下，談話雙方經驗到深入的團契。他們彼此互不相識，聖言卻令他們走在一起。讓談話有牧養性質的是談話的態度，而不是主題。雙方都要無所畏懼和開放心靈，才能夠讓聖言按己意引導他們。牧養談話面對很多試探，損害它的純潔。圖爾奈森明白，要保持這份純潔，禱告是必不可少的。[41]其中一個試探是好奇，圖爾奈森就此提出警告：

> 這種聆聽永不可以隨意進行。我們可能因為享受人類經驗的豐富和多元化，而對心理學產生興趣。但聆聽絕對不能純粹受這些興趣干擾。這種聆聽必須順服和受到控制，意思是：這種聆聽已經將對方帶進聖言的國度，差不多變成了禱告……[42]

第二個危險是審判式的法利賽主義。屈服於這種試探，等如完全否定牧養談話的真義。這種態度將輔導員淩駕在受助者之上，而不是讓雙方處於平等地位，彼此都在聖言之下；[43]也否定了輔導員惟一的信息就是饒恕。「以前和現在……在教會中，牧養談話的內容都只是罪得赦免。」[44]圖爾奈森強調，輔導員必須始終堅持赦罪這個立場，永不能以律法成為另一個策略。從某些意義來說，悔罪的命令的確是律法，但那是可喜的好消息，宣告解放，自始至終都是饒恕——而且只有饒恕，即使它是以命令的方式表達。[45]法利賽主義與饒恕之間水火不容，即使是掩飾得最好的法利賽主義，牧者都必須好像逃避魔鬼一樣遠離它。[46]

圖爾奈森強調，聖言和饒恕這個好消息是牧養輔導的惟一信息，令人懷疑他是否瞭解人的問題，以及當代人文科學在他的牧養輔導中佔甚麼地位——若有任何地位的話。對他來說，人的一切問題都可以追逆到罪惡，其他輔導員經常處理的疾病和困難，都只是這個隱藏在背後的麻煩的病徵。正如保羅在羅馬書七章清楚表明，歸根究底，人都是活在衝突之中，只有藉著饒恕和恩典，處理衝突的根源，病人才能夠得到醫治。其他解決衝突的方法，雖然可能有些價值，最終都只是觸及表面。惟有當神和人之間的障礙被清除，受苦的人發現自己蒙神接納，才能夠真正得到醫治。[47]

這並不表示，圖爾奈森否認心理學和精神病學的價值。事實上，他認為這兩門學科是十分有用的工具，能夠幫助我們明白人的本性。他鼓勵牧者與醫護人員合作。[48]不過，他確實認為，心理學和牧養關顧屬於不同系統。牧養關顧與靈魂有關。相對於身體，靈魂是一個獨立自主的存有，是人的內在面貌，受造與別人溝通。[49]心理學和精神病學則有不同的前設，這些前設在本質上與基督教不同，因此，牧師在運用這些學科知識時，必須持批判的態度。這些學科也需要接受神話語的判斷，無論它們承認與否。[50]而且，認為這些學科和牧養關顧是相同的學問，只是以不同的詞彙表達，也是錯誤的。它們「並不相同，不能互換」，因為正如圖爾奈森指出：「即使是最好的分析，也不能消除罪這個障礙」。[51]圖爾奈森這個立場的最終影響，是在神學和當代人文科學之間製造了一條鴻溝。

對於圖爾奈森的批評，有兩方面可能是公允的。首先，對心理學和社會學可能有的貢獻，他有太大的保留。其次，他毫無必要地將牧養關顧限制在饒恕這個課題內。

不過，在這兩方面，我們都能夠明白為甚麼他持這樣的立場。在他那個時代，牧養神學幾乎完全是被這些稚齡的學科取代，喪失了自己的立場。它似乎沒有甚麼獨特貢獻，它的屬靈向度也面臨消滅的威脅。許多人毫無保留地接受當代科學。這種態度既天真又危險，而且人們似乎忘記了人是有靈的生物，在基督裏可以找到解決人類靈性問題的答案。圖爾奈森關注的是恢復對聖經和禱告的信心，在面對要破壞恩典這個主要城堡的一切威脅時，維護恩典的完整性。因此，即使可能會引致誤解，圖爾奈森仍然強調神和恩典、聖經和禱告、牧師的獨特角色，以及求助者的屬靈需要。這一切都值得我們欣賞。他的著作十分感人，也為真正的福音派牧養神學奠定了基礎。

福音派的反精神病學

在較為近期，阿當斯(Jay Adams)也嘗試建構福音派的牧養神學。他是教牧研究學院(Institute of Pastoral Studies)院長，威斯敏特神學院(Westminster Theological Seminary)的客席實用神學教授。他的牧養神學相當具爭議性，有些人毫無保留地接受，另一些人卻提出嚴厲批評。[52]他某些教導的主要內容，引起很大爭議，他的論辯風格和多產，更突出那些富爭議性的地方。到目前為止，阿當斯已經出版了超過30本著作，[53]他的論點在自己的不同著作中，縝密地交互參照，令讀者在好些重要的地方，難以完全掌握他對某些特定題目的教導。

阿當斯從一個堅定的信念出發。他相信，基督教輔導只是為了一碗紅湯便出賣了自己的長子權，試圖將聖經真理和當代心理學綜合起來，甚至令聖經真理從屬於當代心理學。他否定佛洛伊德(S. Freud)、羅傑斯和斯金納(B. F. Skinner)的心理學，不單因為這些理論不能帶來甚麼改變，更因為它們基本上是錯誤的。還有，現代精神病學的整個取向都是十分危險的謬誤。現代精神病學視問題為需要治療的疾病，因此侵入人們生命的問題，也毋須負責。阿當斯切斷牧養關顧與近代趨勢的連繫，嘗試根據自己的見解，重新為牧養關顧建立符合聖經的體系。[54]

當這樣做時，他指出我們所有問題的根源都是罪。不過，他沒有好像很多人主張那樣，認為求助者的所有問題和痛苦都是咎由自取的。[55]他也察覺到苦難的成因可能是撒但的活動，也可能是身體器官有缺陷，或者與受苦的人無關。不過，就像狗隻在嬉戲時緊緊咬著一隻舊拖鞋那樣，阿當斯也牢牢抓著罪是牧養關顧的核心這個觀念。只有當牧師視問題是源於罪，對求助者才有話可說，可以提供盼望。一切痛苦和苦難，都可以追溯到亞當的罪。更直接的是，即使求助者痛苦的直接原因，不是有罪的生活方式，而是源於別人或其他問題，求助者對痛苦的反應也十分重要。他以犯罪的方式回應，也可能將痛苦加劇，但如果他以基督徒的方式回應，則可以將痛苦減到最低，藉著痛苦榮耀神。從阿當斯以下的話，可以清楚看到他關心的重點：

> 即使一個兒童受到嚴重的侵害(而勸戒式輔導員〔Nouthetic Counsellors〕也不會正如某些人的錯誤主張那樣，低估父母和別人的巨大影響)，輔導員仍然可能(而且永遠都需要)找出受害人(可能是在年

> 幼時)養成甚麼罪性的模式來回應這種罪。雖然其他人的影響也很大，但他們只是透過這些回應發揮影響。兒童(由於有罪的本性)生來就是罪人，會養成很多慣性的錯誤回應，這些回應可能延續到成年，為他們帶來許多困難。但有一點很重要，其他人不能引致那些回應的模式……其他人要為對神和受助者犯罪負責，但神也要求受助者為自己的反應負責。[56]

輔導員的任務是要受助者正視自己的罪，正視神的要求和帶來改變的方式。強調正視罪作為主要的牧養方法，是源於保羅在歌羅西書一章28節和其他地方使用的動詞*nouthetō*，意思是「我直視」或「我糾正」。這個詞的字根意即「我放在心裏」。「簡單來說，勸戒式輔導是正視聖經的原則和實踐。」[57]它的方法是以言語教導受助人對他們有益的動機。

這種輔導強調，人必須面對自己對罪的責任，這樣做，就有更大希望去改變，因為他們接受神對他們生命的判斷，能夠採取可以帶來改變的策略。當輔導員從聖經的角度找出問題所在，受助者又願意承擔責任，輔導員便可以著手制訂能夠帶來改變的計劃。計劃要令受助者能夠停止錯誤的行為，開始以正確的方式行事。罪往往只透過習慣，就變得根深蒂固，因此輔導員嘗試令受助者戒除錯誤的習慣，培養正確的習慣。[58]但單單停止錯誤的行為，仍然不能解決問題。阿當斯正確地強調，根據聖經(西三5～14；弗四17～五2)，只有放棄錯誤的行為，採納正確的行為，問題才能夠解決。[59]

透過實行和練習正確的行為，所帶來的並非是表面的改變，而是由聖靈促成的。聖靈是一切輔導的主要角色。[60]這種改變相當深入，因為改變的是人的態度和情感。和流行的觀念相反，阿當斯認為，根據聖經的教導，不是感覺模塑我們的態度和行為，而是我們的行為模塑我們的態度，從而模塑我們的感覺。因此，輔導必須由行為開始，而不是好像常見的那樣，從感覺甚至是態度開始。[61]

毫無疑問，阿當斯對復興以聖經為本的牧養神學貢獻良多。他令很多牧師重拾自信，明白自己和心理學家不同，具有宗教的特質。他也令很多人重拾對聖經的信心，相信聖經與人的問題並非毫不相干，也足以處理這些問題。他還令人重拾對聖靈的信心，相信祂能夠改變人們的生命。阿當斯揭露了人的基本問題是罪，而不是環境或遺傳，他們要為罪負上責任。他給予感覺一個恰當的位置。在拉施（Christopher Lasch）描述為「自戀的文化」中，這是一個頗大的成就。他也清除了很多來自醫學、多餘和虛飾的工具。這些工具成了輔導的重擔。他認為，國王實際上是一絲不掛的，對此直言不諱。更重要的是，他顯示自己十分關注將輔導和教義結合起來，[62]並牢固地將輔導置於教會之中。[63]

不過，阿當斯的取向仍然有好些嚴重缺點，令他的福音派牧養神學有嚴重缺陷。這些缺點大部分源自他強烈渴望維護真理的一面，以致犧牲了其他方面。我們特別需要指出其中四個問題。

首先，阿當斯發覺自己身處非指導性輔導的大氣候中，希望對抗這潮流，以致幾乎視輔導為完全是指導性和對抗性的。事實上，他稱自己的方法為「勸戒式輔導」（nouthetic counselling)。雖然勸戒式輔導要求受助者培養正確的習慣，其他人否定這個做法，就是嚴重的缺失，但我們也必須指出，聖經有關輔導的教導，不完全是勸戒式。雖然*nouthetō*這個希臘動詞在新約出現了13次，但新約也使用其他相關的詞語，特別是*parakaleō*這個詞，在新約出現了超過一百次。這個詞的意思是「我安慰」、「我勸勉」、「我懇請」、「我撫慰」等。牧養神學遠遠不單是逼視人們，要他們為自己的罪負責。正如卡爾森(David Carlson)指出，如果我們以耶穌為模範，便會發覺祂並非總是對抗性的。在很多情況下，祂扮演的是祭司，而不是先知的角色，給人安慰和支持。[64]

其次，雖然阿當斯多番申明和解釋，但他的取向對罪的最終觀念仍然是片面的。我們能夠明白，為甚麼他想強調罪是個人必須負責的行為。否定這一點，曾經帶來很嚴重的後果。但罪也並非好像他的推論那樣，只是外在、個人和與行為有關的行動。阿當斯似乎不大瞭解罪的深入程度和內在性。牧養輔導員肯定需要思考，罪的結果怎樣影響到第三、四代的兒童(申五9)。這並非容許個人不用為自己對環境的回應負責，而是讓輔導員有機會提供更充分的牧養關顧。阿當斯十分明白，提供輔導時需要考慮受助者的家庭背景。但他竟然無視那範圍更大的環境，實在令人費解。

第三，阿當斯完全否定當代心理學，走上不健康的虔誠這條老路，實在可惜。這不單沒有必要，也有點自相矛盾。雖然他聲稱拒絕一切聖經以外的知識，單單接受聖經引導，但他也親自承認，他的取向很大程度上是來自薩斯(Thomas Szasz)和莫勒(O. Hobart Mowrer)的反傳統精神病學

(anti-psychiatry)。他的取向和蒙羅(Herbert Munro)的現實療法(reality therapy)也十分相似。而且，雖然阿當斯一定會否認，但他有關戒除和養成習慣的教導，與斯金納備受批抨的行為主義有很多對應之處。[65]還有，我們也不明白，為甚麼他願意承認現代醫學的地位，卻完全否定現代心理學的價值。我們對精神病學當然必須保持徹底的批判態度，絕對不可以將它的錯誤歸咎於神的自然啓示。但這是否表示，神能夠使用古列這個異教君王實現自己的旨意，卻不可以讓現代的心理學家，在本身眾多的觀念中，包含一點真知灼見？

最後，與第三點相關的是，阿當斯對創造的教義似乎認識不深。他十分著意強調墮落的重要性，以致似乎忘記了創造的其他方面。雖然我們能夠明白，阿當斯渴望所有人都認識神是救主，但他又給人們甚麼空間認識神是創造主？以他對輔導非基督徒的態度為例。他認為，輔導未信的人是沒有用的，因為如果輔導不能深入地進行，根本沒有用處。深入的輔導，對已經重生的人才有意義。因此，在重生以前所做的一切，都只是為輔導作準備。當人真正歸信時，才有可能處理他們的真正問題，找到真正的解決方法。在人們需要接受大手術時，卻只是向他們施行急救，不單無濟於事，更危險萬分，因為這樣會給受助人虛假的安全感。[66]阿當斯認為，這永遠是自由主義的根源。同樣地，我們要承認他有道理。但事情是否完全是這樣？神是創造主，難道祂對人的福祉漠不關心嗎？雖然我們絕對同意，人的福祉最終只能在救恩中找到保證，雖然我們反對一切肯定會阻礙輔導員宣告福音的事情，不過可以肯定的是，神有一些比較次要的憐憫和仁慈舉動，祂自然啓示的某些方面，都是未信的人也能確實地從中得益的。

阿當斯提出了一套激動人心、發人深省的牧養神學。然而，我們不能過分頌揚這套神學。它只是不完整的牧養神學。我們期望透過和這套神學展開討論，可以得出一套更持平和適當的福音派牧養神學。

天主教牧養神學

我們對當代牧養神學的考察，如果沒有簡介羅馬天主教的做法，就不算完整。無論在歷史的哪個時期，如果有人在層層的世俗和虛偽中挖掘下去，總能夠在天主教中找到一層藏量豐富、真正的屬靈引導。天主教有為數不少的出色牧者。他們一直都好像優秀的清教徒牧師一樣，十分認真地為個別人士提供屬靈的引導。屬靈導師會透過談話和書信提供輔導，也重視「根本的糾正和漸進的引導」。天主教和清教徒的分別，不在於他們的誠懇程度，而在於他們所提供的引導。天主教十分重視禮儀和聖禮的施行，特別是告解和補贖。[67]

傳統天主教確信禮儀的價值，所以對行為科學一直都不大感興趣；除了少數例外，天主教會的牧者對由希特納提出，以更科學的取向研究牧養神學幾乎一無所知。[68]他們認為，禱告比心理學重要得多。因此，天主教一直視牧養神學為給神甫提供實際的訓練，幫助他們執行職務，直至近年才有改變。如果定義稍為放寬一點，我們也可以視道德神學為一個重要部分，因為它是神甫決定給予甚麼引導的依據。

不過，第二次梵蒂岡大公會議(The Second Vatican Council)卻令這個平靜的海面變得波濤洶湧。會議結束後，有迹象顯示，天主教會也好像外面一樣，渴望更全面地研究牧養神學。拉納(Karl Rahner)提到，需要提高牧養神學的地位。他也留意到，在理解牧養神學方面的混亂。他拒絕「實用提示的取向」(practical tips approach)，將牧養神學定義為「從科學和神學的角度，研究教會目前的任務，那就是實現它作為普世教會的圓滿本質」。[69]

拉納的文章有三點十分重要。首先，他承認自己對牧養神學的定義，可能會被視為只是以新形式談論教會論(ecclesiology)，所以他清楚地將兩者加以區分。教會論涉及教會的教義和組織。牧養神學則清晰地以教會在當代的處境為焦點，透過適當的鏡片看教會所討論的一切。其次，與很多以前的天主教徒相比，拉納更正面地評價當代的人文科學。他強調，不應該忽略這些學科，必須從神學角度進行研究。第三，他認為在神學的領域，牧養神學應該是一個重要的分支，教導所有其他神學學科時，都必須包含牧養的向度。他甚至能夠提出一個臨時性的例子，指出這樣做對天主教神學院的課程會帶來多大的影響。

雖然拉納能夠指出，有幾位學者已經開始朝這個方面研究，但他也認承很大程度上還要寄望將來。不過，從他許多著作都可以看到，他相信所有神學都應該有怎樣的牧養向度。他的作品內容包羅萬有，包括很多論文，從神學角度處理某些當代問題，例如由科技、多元主義或其他宗教所帶來的問題。[70]另一個他一再討論的主題，就是罪疚和饒恕。我們可以用這個主題來説明拉納的牧養神學。[71]

拉納的整個神學都是源自他對神的觀念，他神學的其餘部分最終的成敗，都取決於這個觀念。[72]從他因為現代人難以接受基督教信仰而產生的焦慮，可以看出他對牧養的關注。他對傳統以哲學方式證明神的存在不感興趣，卻希望為現代人提供一個令他們能夠接受基督教信仰的基礎。他從人自身中找到這個基礎。神不是一個與其他存有並存的獨立存有，而是在我們存在最內在的核心中，那無限和神聖的奧秘。正如人的超驗經歷顯示，我們在自己最內在的深處，以及最遙遠的渴望中接觸祂。

犯罪就是拒絕在我們存在核心的超驗同在。我們以自己的具體行動，否定自己最內在的自我，也冒犯別人最內在的自我。說我們有罪，就是強調我們要對自己的負面行動負責。這種罪疚感將人囚禁於失望、孤單和絕望之中。這些都是有限的人的特點。因此，拉納以最陰鬱的色彩，描畫罪和它帶來的後果。罪並非微不足道，而且深深的冒犯。

然而，被我們因著罪而出賣的超驗同在，也以恩典的神這個身分讓人認識。人在自己存在的深處，認識一個盼望，這個盼望一直伸延到無限，包圍那錯誤，帶來比拒絕罪更深刻的愛，提供超越人自身的赦免。神贖回和醫治過去。如果有人問拉納，我們怎能知道自己可以得到饒恕這份禮物？他的答案是，人的經驗包含盼望，已經證明了這份禮物的存在。如果沒有這份禮物，人就不會渴求它。

人對罪的絕望，帶來了盼望。這種絕望必須令人以悔改作回應。悔改包括使自己遠離罪，改變了犯罪的核心決定，以及把自我開放，接受一個醫治和改變的過程。拉納強調，這個過程可能相當困難和痛苦。

拉納的神學是一個十分複雜的嘗試。他試圖向世俗的現代人提出信仰的基本議題。但這套神學是以存在為基礎（existential foundations），令它變得模糊不清，最終使拉納變成一個徹底的相對主義者。因此，在我們提過有關赦免和救贖的一切，都毋須與基督有任何關連。這並不是說，拉納的神學沒有基督論。他給予耶穌的位格清晰的地位，認為祂是「救恩的絕對帶來者」（absolute bringer of salvation），即使他是以人類學為基礎，對耶穌和代贖也提出一些原創的觀點。最後，我們需要說，雖然拉納真誠地嘗試以現代辭彙表達聖經的觀念，但我們不能確定，他最終是否在談論聖經的觀念，有時甚至可以清楚見到他並非這樣做。

拉納的牧養取向值得欽羨。但他的神學基礎妨礙他建立一個穩固的上層結構。牧養的取向，不應該等同於向存在主義或任何完全從人出發的神學屈服。羅馬天主教仍然需要有更正統的牧養神學。

註釋：

1. 英國的取向比美國更為積極。這點從以下著作中可以看到：L. Dewar and C. E. Hudson, *A Manual of Pastoral Psychology*; W. L. Northridge, *Psychology and Pastoral Practice*; E. Waterhouse, *Psychology and Pastoral Work*。
2. S. Hiltner, *Preface to Pastoral Theology*, p. 51。
3. A. T. Boisen, *The Exploration of the Inner World: A Study in Mental Disorder and Religious Experience*。
4. C. A. Wise, *Religion in Illness and Health* (1942); *Psychiatry and the Bible* (1956); *The Meaning of Pastoral Care* (1966)。
5. P. E. Johnson, *Pastoral Ministration* (1955); *Personality and Religion* (1957); *Psychology of Religion* (1959)。
6. W. Oates, *The Bible in Pastoral Care* (1953); *Protestant Pastoral Counselling* (1962); *The Christian Pastor* (1964)。奧茨(W. Oates)的神學性最強，他認為牧者是基督的代表。
7. Hiltner, *Preface to Pastoral Theology*, p. 69。
8. Hiltner, *Preface to Pastoral Theology*, p. 28 詳細解釋牧養神學和其他神學分支的關係，對我們十分有幫助。
9. W. B. Oglesby (ed), *The New Shape of Pastoral Theology*, p. 13。I. F. McIntosh, *Pastoral Care and Pastoral Theology* 是一個例子。
10. Hiltner, *Preface to Pastoral Theology*, pp. 82～85, 114。
11. Hiltner, *Preface to Pastoral Theology*, pp. 89～115。
12. Hiltner, *Preface to Pastoral Theology*, pp. 116～144。
13. Hiltner, *Preface to Pastoral Theology*, pp. 145～172。
14. 有關對他貢獻的評價，參 'Pastoral Theologian of the Year: Seward Hiltner', *Pastoral Psychology* 29 (1980), pp. 5～77。
15. Oglesby, *New Shape,* p. 14 和 J. L. Adams and S. Hiltner (eds), *Pastoral Care in the Liberal Churches*, p. 112。
16. Adams and Hiltner, *Pastoral Care*, p. 242。希特納表示：「我從來不曾持守神體一位論，但很接近這思想。」
17. Oglesby, *New Shape*, p. 14。
18. G. Griffin, 'Pastoral Theology and Pastoral Care Overseas', Oglesby, *New Shape*, p. 18。
19. 有關這個階段的深入研究，參 D. Browning, 'Images of Man in Contemporary Models of Pastoral Care', *Interp*. 33 (1979), pp. 146～156。
20. T. C. Oden, *Kerygma and Counselling*, pp. 15～18。奧登仍然是一位相當有影響力的牧養神學作者。他最近的著作反映出一種渴望，以有別於他早期更自由化的方式，深入研究「古典的」基督教傳統。

21. T. C. Oden, *Kerygma and Counselling*, p. 83。
22. T. C. Oden, *Kerygma and Counselling*, p. 21。
23. T. C. Oden, *Kerygma and Counselling*, p. 87。
24. T. C. Oden, *Kerygma and Counselling*, p. 111。
25. T. C. Oden, *Kerygma and Counselling*, p. 144。
26. T. C. Oden, *Kerygma and Counselling*, pp. 28f.。
27. T. C. Oden, *Kerygma and Counselling*, pp. 152～170。
28. D. S. Browning, *The Moral Context of Pastoral Care* 和 'Pastoral Theology in a Pluralistic Age', in D. S. Browning (ed), *Practical Theology*, pp. 187～201。另參 W. B. Oglesby, 'Present Status and Future Prospects in Pastoral Theology', *Pastoral Psychology* 29 (1980), p. 41。
29. R. J. Hunter, 'The Future of Pastoral Theology', *Pastoral Psychology* 29 (1980), pp. 65～69。
30. Browning, *Practical Theology*, pp. 191f.。
31. Browning, *Practical Theology*, pp. 193～195。
32. A. V. Campbell, 'The Politics of Pastoral Care', *Contact* 62 (1979), p. 4。
33. J. Lapsley, 'Pastoral Theology Past and Present', *in Oglesby, New Shape*, p. 44 和 W. J. Everett and J. J. Backmeyer, *Disciplines in Transformation*。
34. Campbell, 'Politics of Pastoral Care', pp. 2～14。
35. D. S. Sheppard, *Built as a City* (1974) 和 *Bias to the Poor* (1983)。
36. Everett and Backmeyer, *Disciplines in Transformation*。
37. 我們無意全面介紹所有福音派的牧養神學，對福音派的輔導理論更是如此。我們選擇介紹圖爾奈森和阿當斯的著作是因為它們的重要性。我們也可以加上其他取向，例如 Frank Lake 的 *Clinical Theology*。從更廣闊的層面看，Paul Tournier 和 Jack Dominian 的著作也很值得介紹。有關更廣泛的研究，參 G. R. Collins (ed), *Helping People Grow*。
38. Oglesby, 'Present Status', pp. 38f.。
39. 就巴特對聖經的見解的一般性批評，也適用於圖爾奈森，但這些批評不應掩蓋他著作的正面性質。
40. E. Thurneysen, *A Theology of Pastoral Care*, p. 31。
41. E. Thurneysen, *A Theology of Pastoral Care*, p. 343。
42. E. Thurneysen, *A Theology of Pastoral Care*, p. 128。
43. E. Thurneysen, *A Theology of Pastoral Care*, p. 109。
44. E. Thurneysen, *A Theology of Pastoral Care*, p. 147。
45. E. Thurneysen, *A Theology of Pastoral Care*, p. 258。
46. E. Thurneysen, *A Theology of Pastoral Care*, p. 176。
47. E. Thurneysen, *A Theology of Pastoral Care*, pp. 226～241。

48. E. Thurneysen, *A Theology of Pastoral Care,* pp. 200, 221。
49. E. Thurneysen, *A Theology of Pastoral Care,* pp. 54f.。
50. E. Thurneysen, *A Theology of Pastoral Care,* pp. 131, 200。
51. E. Thurneysen, *A Theology of Pastoral Care,* pp. 226, 245。
52. 參 J. D. Carter, 'Adams' Theory of Nouthetic Counselling', *JPT* 3 (1975), pp. 143～155; R. Winter, 'Jay Adams - is he really biblical enough?', *Third Way* 5/4 (1982), pp. 9～12; R. Abraham, 'Yes, Jay Adams is biblical enough', *Third Way* 5/7 (1982), pp. 15～16。
53. 他的主要著作包括 *The Big Umbrella* (1973)、*The Christian Counsellor's Manual* (1973)、*Competent to Counsel* (1972)、*More Than Redemption* (1979) 和 *Shepherding God's Flock* (1975)。
54. *Big Umbrella,* pp. 39～61。
55. *Competent to Counsel,* pp. 198f. 和 *More than Redemption,* pp. 139f.。
56. J. Adams, 'Nouthetic Counselling', in G. Collins (ed), *Helping People Grow,* p. 156。另參 *Manual,* pp. 117～140。
57. *Competent to Counsel,* p. 51。
58. *Manual,* pp. 191～216。
59. *More than Redemption,* pp. 237～248。
60. *Manual,* pp. 5～8。
61. *Competent to Counsel,* pp. 93～96 和 *Manual,* pp. 112～116。
62. *More than Redemption* 顯然嘗試將輔導和系統神學連繫起來。
63. *More than Redemption,* pp. 276～296。
64. J. D. Carter, 'Adams' Nouthetic Counselling'; D. Carlson, 'Jesus' Style of Relating. The Search for a Biblical View of Counselling', *JPT* 4 (1976), pp. 181～192。
65. R. Winter, 'Adams⋯⋯biblical enough?', p. 12。
66. *More than Redemption,* pp. 309～326，特別參 pp. 318f. 和 *Big Umbrella,* pp. 95～112。
67. 有關概論，參 McNeill, *Cure of Souls,* pp. 287～307。
68. Oglesby, *New Shape,* p. 42。
69. K. Rahner, 'The New Claims which Pastoral Theology makes upon Theology as a whole', in *Theological Investigations,* vol. 11, p. 118。
70. 很多相關的論文都見於 *Theological Investigations,* vols. 10, 11。
71. 這一節是以 J. N. King, *The God of Forgiveness and Healing in the Theology of Karl Rahner* 為基礎的。
72. 有關簡介拉納複雜的神學，參 K. -H. Weger, *Karl Rahner: An Introduction to his Theology*。

當代應用

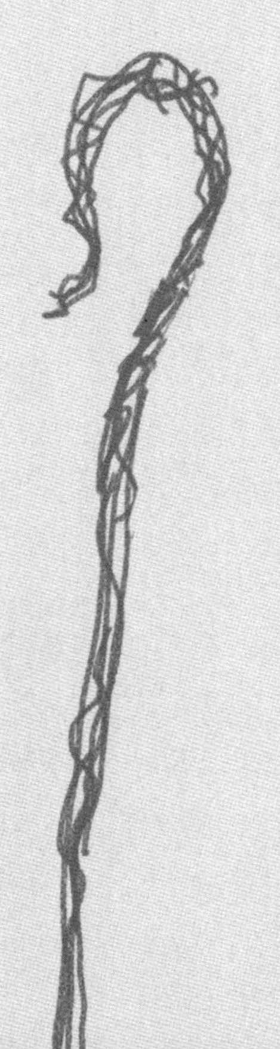

[12]

換檔……解釋原因

我要提醒讀者，本書在最後這部分會相當突然地「換檔」。在駕車時換檔，表示需要以不同的速度和方式駕駛。在此也一樣。到目前為止，我們都嘗試公允地考察和評價牧養神學。在這一部分，我們卻不會這樣做。

這部分包括五個課題，選擇這些課題是因為它們和當代處境息息相關。還有許多其他課題可供選擇，但我認為這幾個都是目前教會(特別是福音派教會)面對的重大問題。

我們身處在世俗或多元主義的社會，迫使我們將信仰的難題置於首項議程。雖然可惜的是，教會往往不明白當代環境的致命本質，因而經常忽略這個問題的重要性。福音派信徒因為他們對福音有正確的理解而自豪，但他們的宣講和生命往往自相矛盾。正是這個常見的悲劇，要求牧養神學家研究赦罪這個課題。沒有任何時代可以倖免於苦難，也沒有任何牧養神學可以忽略這個問題。近期大眾傳媒令公眾重新關注苦難，以及關於醫治的神學所帶來的挑戰，都令我們要重新討論苦難這個問題。教會往往以復興為理由而分裂，這個令人嘆息的普遍現象，迫使我們處理合一這個課題。在最後一章，我們會討論牧職這個我們在第一章已經勾畫的問題。我們會根據本書前面的討論，評估目前有關牧職的理想性質的正反主張。

正如這本書一直都沒有試圖處理所有相關課題，接下來這幾章也不會嘗試提供全面的指引。每一章都會提出一個論點。最好的做法是，將這些論點理解為系統性不強的思想，只是一些可行的取向，而不是經過細心引證的定論。這幾章不會提供透徹縝密的方法，因為從現代的學術觀點看，系統方法是否適合牧養神學也成疑問。正如賴特(Frank Wright)所說：「對那些沉迷於系統性闡釋的人，牧養神學不會有任何吸引力。牧養神學必定是沒有條理、不精確，舉步為艱地嘗試進行整合，而且要不斷改變和調整重點的。」[1]這幾章會說明多種有用的取向。我們認同個案研究的優點，雖然希特納不會同意我們的具體做法。我們也認同歷史、社會學和心理學的貢獻。不過我們會嚴守牧養**神學**和其他學科之間的界線，在神學範圍以內，首要的是聖經。為了忠於我們對牧養神學的定義，這幾章會嘗試將客觀真理和主觀經驗之間的關係，放在首要的討論。

在「換檔」時，我讓讀者自行決定是換高檔還是低檔。讀者的判斷無疑會反映他們的個人需要，無論他們是以學者還是牧者的身分閱讀本書。要緊的是，無論是朝哪個方向改變，車子都會安全抵達目的地，乘客也能夠有安全和舒適的旅程。

註釋：

1. F. Wright, *The Pastoral Nature of the Ministry,* p. 3。

[13]

信仰

在基督紀元前63年，羅馬將軍龐貝(Pompey)為了鎮壓由一個大祭司挑起的叛變，攻陷耶路撒冷的城牆，殺死了一萬二千個祭司和猶太人。他攻入耶路撒冷後，做的第一件事不單是進入聖殿——這已經是嚴重的褻瀆，他更直闖至聖所。令他吃驚的是，那裏甚麼也沒有。與所有羅馬人一樣，他感到很難想像，一個宗教的中心竟然沒有任何實體。

今天很多穩定參加崇拜的人都沒有龐貝那麼大膽。他們不敢揭開幔子，暴露出他們信仰的核心，以免自己也發覺，原來那裏是一無所有的。為了滿足家庭的期望，出於習慣或為了社交上的方便，他們維持外在的儀式，繼續參加教會聚會。由於人們很容易受外表欺騙，所以很多人仍然視這樣的人為信徒。然而，他們信仰的核心其實沒有任何實質。福音派教會沒有明顯鼓勵人們誠實，所以他們默默忍受，生怕如果他們提出自己的疑惑，便會受到責備或被逐出教會。

疑惑的問題

將問題單單理解為疑惑，會令我們誤解問題的性質，結果無法投身真正的牧養神學，這種神學需要與深刻的絕望搏鬥。因此，我們要十分小心。問題不是某種特定的疑惑，瀰漫在空氣中，癱瘓人的信仰。由於疑惑是一個複雜的現象，所以值得我們在處理要面對的課題前，先提出一些初步的意見，掃除障礙。

與流行的想法相反，疑惑不一定是錯的。人們往往誤以為這個詞語等同不信，但它的實際意思是「三心兩意」。不信是指拒絕相信或否定信仰，但疑惑往往是從相信的基本立場出發，提出一些問題，或道出一些困惑。當然，這些問題可以令人信，也可以令人不信。所以有需要提出警告；不過，如果這些問題得到圓滿解決，也可以增強信心。重要的是，我們要明白，播下不信種子的通常是沉默，而不是將疑惑提出來。

戴維森(Robert Davidson)指出，舊約一些最偉大的信徒常常提出他們的疑惑，而他們在掙扎中對神的行事和要求提出的疑問，往往帶來舊約一些最有深度的屬靈作品。希伯來書十一章臚列了一些信心英雄，我們也可以列出一些疑惑的人，而很多名字都會同時在兩份清單中出現。摩西主動提出一些問題，是源自「表面看來毫無意義的危機」。[1]經過迦密山一役後，以利亞宣洩了他對神令人疑惑地缺席的感受。耶利米甚至懼怕自己會是一個憤怒的神的玩物。在詩篇中的詩人也表明，他們感到自己接受的信仰教育，和他們的經驗有矛盾。先知則因為他們的預言遲遲未有實現，苦苦掙扎。舊約這些「非福音性的禱告」，[2]以及對信仰表示疑惑的話，都令人更牢牢地抓緊神。

吉尼斯（Os Guinness）在對當代的疑惑的出色分析中，列出了七個常見的「疑惑類別」。[3]他認為前四個與在接受信仰方面的不足有關，後三個則關乎繼續相信的困難。這七類疑惑是：

源自沒有感恩的疑惑
源自錯誤神觀的疑惑
源自根基薄弱的疑惑
源自缺乏委身的疑惑
源自欠缺成長的疑惑
由情緒失控引致的疑惑
源自害怕相信的疑惑

對於每一種疑惑，吉尼斯都指出，敏銳的牧養關顧可以怎樣避免過分溫和或過分強硬的極端，令疑惑的人信仰更堅固。他的分析裏最重要的觀念是，認為疑惑反映信心不足是錯的，因為疑惑往往是與知識不足有關的。穩定的信心和真正的理解緊密相連。很多時候，疑惑的產生都是因為無知或知識不足。因此，解決辦法不是鼓勵疑惑的人更努力相信，彷彿只要我們努力地想望，願望便能夠成真。正確的做法應該是，將疑惑視為病徵，處理跟教義及個人有關的不穩固信仰基礎。

可信性的問題

所有牧師都明白這幾類疑惑，為很多陷於其中的人提供幫助。然而，今天有很多人都不易清楚表達自己的疑惑，疑惑也可能沒有那麼容易解決。這些人未必質疑基督教所宣稱的真理，反而是懷疑基督教是否仍然可信。換句話說，他們的掙扎不是基督教是否真實，而是它**看來**是否真實。他們理性上知道答案，但內心深處卻害怕自己犯了錯。這並不是低估真理的重要性。它只是承認在這方面已經有很多著作，承認魔鬼好像變色龍一樣，不斷以不同的偽裝，愚弄神的子民，使他們放棄信仰。今天，對很多人來說，信仰的掙扎都圍繞著可信性（plausibility）這個問題。

以珍為例子。她在14歲時透過別人向她傳福音而信主，很快便積極參與了一個熱心的青年團契和學校的基督徒團體。她的學業受到輕微影響，她父母抱怨她將家當為酒店一般，因為她似乎總是去了教會。雖然這樣，縱使她父母沒有信主，但仍然支持她接受這個新發現的信仰。經過兩年時間，她成為一個成長得很快的基督徒，很多人都以她為榜樣。畢業後，她到了一間銀行工作。那裏沒有基督徒，她的同事也似乎從不認真思想神。祂似乎沒有進入他們的世界。再加上他們那個比較成熟的世界的誘惑，已經成年的珍感到愈來愈難認同少年時代那個信主的自己。她從沒有真正懷疑信仰，也沒有刻意放棄信仰，只是隨波逐流。

又例如亞倫。他並非來自基督教家庭，但當他本地的青年基督徒團體舉辦營會，他父母也就樂意讓他參加。在充滿基督教氣氛的環境下，他與很多堪作模範的基督徒一起生活了兩個星期，在營會結束時，亞倫差不多無可避免地會到牧師的帳幕，告訴牧師自己決志信主。不過，與無數同樣在那個夏季決志的人一樣，亞倫的決志並不持久。回到家裏和學校後不久，他的信仰就好像那個假期一般遙遠和虛幻。

從某個角度看，這些耳熟能詳的故事並不難理解。我們還可以加上無數複雜的變化。有些人似乎十分委身，但搬家後卻沒有積極投入另一間教會；有些人本來是十分堅定的基督徒，後來卻受到其他信仰影響，最後似乎很輕易便改信其他宗教，令人難以解釋；有些人本來接受了一個對生命的宗教性解釋，後來卻放棄這個信仰，追隨政治、心理學或其他意識形態，相信它們提出的答案更適切世界的問題。還有很多這類的故事。它們不斷發生。在這個世界，人們總是歸信，然後再歸信；成了信徒，然後又不信。

如果我們記得耶穌撒種的比喻就是要門徒預期有這樣的事情發生，而正如約翰福音六章60至66節記載，祂自己的事奉也出現這個情況，就會對我們有幫助。有時，問一問這些人當初是否真的信主，也會有幫助。有時，我們會發現歸信的人只有表面的回應，卻從未有過真正的屬靈生命。真正的信徒裏面有聖靈的生命，而且這生命不斷成長，給他們力量，即使因為沒有團契而缺乏屬靈的餵養。但這個問題也可能引致無用的學術辯論，試圖深入探討別人是否重生得救，以只有神才有權使用的方法判斷別人。因此，有時提出這個問題並不能解決困難。

另一個取向

我們也可以從另一個層面考慮，運用社會學，或者它的分支知識社會學的洞見。[4]好像其他社會學的研究方法一樣，知識社會學（sociology of knowledge）並不理會它嘗試描述的觀點是否有效。這是它的一個嚴重弱點。它關注的是解釋人們藉著甚麼採納和維持他們對生命的看法，以及描述在某個時期存在的普遍意義系統。在這兩方面，知識社會學對我們都會有幫助。在個人層面，它有助我們研究信仰可以怎樣維持下去；在社會層面，它則能夠幫助我們明白信仰為何難以維持。

知識社會學認為，人不斷牽涉入一個辯證的過程。對一個嬰兒來說，他接受的文化世界和生命的各種意義與解釋，都似乎是固定的。它們有客觀的外表，好像物質世界一樣真實。但他很快便明白，事實並非如此。人創造自己的文化世界，自行賦予事件解釋和意義。他們實際上是最富創意的生物。人創造了自己的一套意義後，這套意義便取得客觀地位，倒過來影響個人，塑造個人將來對世界的一切理解和解釋。

所有文化活動，不單是藝術和宗教，更包括科學，都是這樣建構出來的。語言就是一個很好的例子。小孩接受怎樣正確說話的教導，學習拼音的規則、語法、散文和詩歌，彷彿這一切都是固定的。小孩被帶到某間博物館，站在一個玻璃箱面前，觀看「規範英語」(the Queen's English)，並不會感到奇怪，彷彿的確存在這種英語。然而，最終有兩件事情驅使他們相信，語言並不是別人要他相信的那樣客觀存在。首先，有些人說其他語言，有他們自己的詞彙和語法規則，甚至書寫方式。其次，小孩也會發現，經過那麼多年，自己的語言也改變了很多，在自己的時代一些十分受歡迎的作家和詩人，都違反了所有規則！弔詭的是，他們受到讚賞往往是因為創新。要留意的是，社會學家這樣說時，關心的並不是對錯，他們只是描述事情怎樣發生。

不是所有人都十分富有創意。大多數時候，雖然人們有創新的潛力，但他們都接受別人對事物的解釋，將這些解釋吸收到自己的意識中。情況就好像他們戴了眼鏡，透過眼鏡觀看世界，卻沒有察覺自己是戴了眼鏡，還相信自己是以肉眼觀看世界，沒有發覺自己是透過濾鏡解釋所看見的事物。

這個過程怎樣發生？它是來自社會化（socialization）。開始時，每個人都屬於一個關係網絡。這種網絡最早和最基本的榜樣，就是家庭中的一些重要人物，例如母親和父親，向我們灌輸一套世界觀。這套世界觀藉著談論維持，而談話同時明確和隱晦地強化他們眼中的世界現實。還有一些儀式延續他們對現實的理解。例如：根據基督教家庭的世界觀，食物是神所賜的，我們應該為此感謝祂。飯前的感恩祈禱，就是強調這個觀念的儀式。當這個家庭的孩子到朋友家裏喝下午茶，看見這個世界觀與自己不同的家庭沒有在進食前感恩，便會大感意外。不單因為他不知道應該在甚麼時候開始進食，更是因為他們眼中的世界和他不同。所以，世界不可能好像他以為的那樣固定。世界觀也由「合法性」（legitimations）維持，也就是支持和解釋世界觀的理由。因此，在最初的階段，男孩子會獲告知：「男孩子不玩洋娃娃，那是娘娘腔的。」人們也會施加一些管束，將富創意的偏差帶回正軌，並且運用一些技巧，說服男孩子繼續持守他自己開始質疑的世界觀：「如果你不吃這些對你有益的白菜，便不准吃布丁！」

如果生命只是接受了單一的世界觀，就會相當美好。我們抓緊有關觀念，不會質疑。然而，由於我們這個世界提供很多不同的世界觀，而且正如我們稍後會看到，這個世界認為這種多元化是十分重要的，問題便產生了。當一個人開始接觸其他世界觀，這個人自己的世界觀的真實性便開始減弱。所以，小孩入學後，發現同樣是「重要他人」(significant others)的老師看事情和父母不同，甚至老師可能取笑父母的某些見解。後來，小孩又受到朋友和朋友家人的影響。不久，小孩開始參加會社和娛樂活動，從中接受其他解釋和價值觀。在這一切之外，還有傳媒的影響。傳媒宣揚一套不同又往往是「虛假」的世界觀。有這麼多選擇，即使小孩沒有拒絕父母的世界觀，至少也不會好像他們那樣堅定地持守那個世界觀，包括宗教在內的所有文化活動，都是一樣。

總而言之，在這個社會化過程中，最重要的因素是社會學家所說的「可信性結構」(plausibility structure)。它們是「重要他人」棲身其間的關係網絡，有助使人相信自己對世界的解釋是可信的，並維持這個信念。他們透過談話、儀式、給予合法性和施加管束，明確或隱晦地達到這個目的。

讓我們將這種分析，應用到珍和亞倫的個案。珍是一個很聰明的女孩，有能力接受高等教育，這是她父母沒有的機會。她整個學業生涯削弱了父母的世界觀，他們鼓勵她努力，參與進一步減弱其世界觀的一切。當她特別能夠開放自己，接受新解釋的時候，她成了基督徒。她對基督教產生興趣，主要是因為她認識的基督徒很有吸引力和活力，特別是一位她相當敬佩的老師。這位老師以自己的基督徒觀點而為人所熟悉。因此，她進入了一個新的可信性結構，在其中「重要他人」確定了她的世界觀。藉著經常和基督徒談話，以及基督徒羣體差不多每天都有的儀式，包括聯合聚會、青年團契和祈禱會，這種世界觀得以維持。珍很快便培養了私禱和讀經的習慣，這些習慣也有助她維持這種世界觀。每當她遇到疑難，總會有好像那位老師或教會的青年領袖等比她有智慧得多，深受尊敬的人給她解答。因此，這種世界觀的合法性便得以建立。一旦她似乎偏離了這種世界觀，例如沒有出席某個聚會，很快便會受到約束，某位前輩會找她「傾談」。前輩會因為她沒有「靈修」而不高興；如果有人發現她懈怠，就會向她表示不贊同。

本來一切都很好。但珍畢業後，進入了一個完全不同的可信性結構。在這個結構裏面，「重要他人」似乎完全不理會神(即使他們私底下信神，也不會在商業世界流露出來)；在那裏，人們談話時也不會將神放進自己的生活中。在那裏，談話、儀式、合法性和約束都有不同的目的，神已經完全被遺忘。珍希望在這個世界有良好表現，所以要在晚間進修，參加專業考試。她不能夠好像以前那樣，經常參加基督徒聚會；即使參加了，那些聚會也不如以前那樣適合她，因為那些聚會主要是為了學生或她父母那一代人而設計的。基督教的可信性，逐漸被另一個可信性結構取代，這個新的結構告訴她，對神的認真信仰已經不再可信。於是，她便漸漸放棄信仰。

亞倫的個案更嚴重。在營會的兩個星期，他在一個百分百基督教的可信性結構中生活，那裏每一個重要人物，每一個他當為英雄的人都是基督徒。他們總是明確或隱晦地談及基督教的世界觀。儀式、合法性和約束(「如果你不參加聚會，我們便會送你回家」)都以鮮明的色彩出現。某程度上，他很容易接受他們的觀點。他們也提醒他，回到家裏後會遇到困難。然而，他們只告訴了他事實的一半。他可以應付別人的嘲笑，但沒有人嘲笑他。他新發現的信仰沒有受到迫害，只是被壓制，因為他的家人和學校的重要人物，並非以基督教觀點看世界。他與教會的青年團體的接觸沒有甚麼特別，他每個星期在基督教可信性結構中度過大約一小時，並不足以讓基督教的世界觀抗衡沒有神的世界觀。

這個個案對我們傳福音和牧養關顧，都有很多實際意義。我們要問，向兒童傳福音時，視他們為獨立於家庭的個體，是否最好的做法。這個個案也可以令我們重新檢視，在露營或宿營這些「遠離家庭」的地方領人歸信是否明智，除非我們能夠肯定，這些營會是一個持續的可信性結構的一部分。很多人從學校的基督徒團體這些靈性火熱的地方，轉到工作世界這些靈性冰冷的地方時，都會強烈感受到那份突如其來的失落感。我們應該更留意這個問題。可信性結構既可以強烈得不健康，也可能微弱得不健康。不過，上述兩個故事也指出一個更深層的問題：每個信徒都會遇到靈性的枯乾。

剖析當代世界觀

研究西方世界的本質，讓貝格爾（Peter Berger）[5]提出，有三個主要因素在有意無意間模塑了我們的世界觀。它們形成一個無所不包的可信性結構，令信徒必須相信或不相信。第一個因素是對科技的接受，以解決問題的態度據此對待世界，並且深信生活可以是不斷進步的。無論有甚麼問題，解決的辦法都是在我們掌握之中，最終可以藉著理性的方法找到。更多知識、更多研究和更多金錢，就會帶我們到烏托邦。誠然，很多人關心科技會帶我們到哪裏，反核運動就最清楚表達了這份關注。不過，主流社會卻完全聽命於科技。批評家得不到認真的看待。事實上，很多批評家都被視為可笑的怪人。

因此，科技不斷向人灌輸一種抗拒相信超自然事物的態度。1979年一間英國石油化學工業公司（BP Chemicals）的廣告很好地總結了這種態度。在一幅五餅二魚的圖畫下面，寫著：「世界人口每天增加175000人，要餵飽他們，不能依靠神蹟，需要依靠技術和科技。」[6]神秘事物的觀念已經被驅逐。我們可以研究、明白和解決任何問題。正如吉尼斯所說，解決世界問題已經變成玩「扭計骰」般，而不是解開宇宙之謎。[7]

第二個因素是官僚制度。驟眼看來，它對信仰一個活神的影響，不如科技那麼具決定性，不過更仔細地研究它的含義，就會發現它的影響力同樣大。官僚制度相信，任何難題，或者更準確地說，解決難題的方法，都能夠組織起來。然而，這樣的組織必須建基於能力。只有擁有適當學歷證明的人，才能夠實行解決方法。因此，必須將人分門別類。例如：有一次，我的鄰居沒有應門，後來我發現她的屍體。警方替我錄取口供時，不容許我說：「進入房子後，我發覺她死了。」因為那是一個醫學上的判斷，而我不是醫生，雖然我看到一個屍體時，清楚知道那人已經死了！還有，官僚制度在非人性的層面運作，完全接受公正或公平這種觀念。因此，當社會保障官員的親戚申請救濟金時，那官員不能給予任何優待，必須絕對公平地只批出親戚應得的款額。這一切都表示，生命的個人層面已經被擠掉，我們對恩典的理解也被大大削弱。

第三個，或許也是最重要的因素，那是我們已經提過的，對多元主義(pluralism)的接受。多元主義的意思是，個人可以有無數選擇，決定接受哪一個世界觀。這個價值觀在我們的社會結構中，已經變得根深蒂固。學校希望擴闊學生的視野，訓練他們從不同角度論證，衡量所有相關因素，而不是複製不受質疑的信念。傳媒不斷的喧嘩，對一個課題不停提出不同的觀點。某個特輯令觀眾確信，種族隔離是罪惡；翌日便有一個訪問，反對這個見解，指出這個制度的合理性，令觀眾感到疑惑，甚至改變主意。現在的典型節目是沒有特定安排的清談節目。這些節目沒有任何結論，也沒有提出誰勝誰負。人和就業市場的流動性表示，我們不再有地理或職業方面的「家」，我們的將來絕對是開放的。

這個觀念帶來的心理影響，是在我們心裏製造一種無家(homelessness)的狀態。很多人都不再有確定、堅信和不變的世界觀。普遍真實的事情，對宗教有特殊含義。移民大量湧入，世界因為電視而縮小，都意味著其他民族的多元信仰來到基督徒的門口。再加上某些有傳統基督教文化背景的人也不再委身於宗教，我們便很容易明白，為甚麼要相信一位活著的神，變得那麼困難。我們很難抗衡世界，肯定自己的解釋是正確的。因此，基督徒離開教會，或者接受另一個信仰，經過一段時間後，再信奉另一個宗教，也不是沒有發生過的。

代代相傳的，只有一個版本的現實，這很可能是從未出現過的情況。然而，我們這個時代的選擇之多，以及對多元選擇的接受程度，卻是前所未有的。這個現象令很多人眼花繚亂，以致不再作任何選擇。事實上，從前有些時期，公眾對宗教的認可程度比現在大，宗教對社會的重要性，得到較一致的贊同。雖然這樣也有缺點，但信徒卻可以活在一個普遍的可信性結構中，而這個結構對宗教是有利的。現在，宗教變成了私人事務，人們不容許宗教闖進真正的公共世界中。人們不再容許信仰影響個人的商業決定，就好像不容許一個人的虎皮鸚鵡會會籍影響個人的商業決定一樣。信徒生活在一個被世俗主義海洋包圍的小島上。

有些人會覺得，這樣說好像令人沮喪的化約論(reductionism)。信仰不是我們在不同的社會力量影響下作出的個人決定嗎？但這種看法只是誤解。不要忘記，知識社會學並不評價不同觀念的**真實性**，只是描述我們憑藉甚麼接受和維持有關觀念。接受或拒絕不同的觀念，必須根據其他理由。說信仰需要可信性結構的支持，並非懷疑它的真理；就好像說人需要食物維持生命，並不等如懷疑人是否由神創造一樣。人是由神創造成身體、靈性和社會性的存有，知識社會學留意人的社會性，研究神工作的一般原則。它本身並不完整，但也不一定是錯的。事實上，知識社會學的分析能夠啓發牧者，令他們能夠提供更有效的牧養關顧，因為這樣不單顧及客觀啓示，也考慮人們怎樣經驗信仰；知識社會學亦能夠讓牧者留意已經存在的可信性結構，無論他們是否看到這些結構。

聖經的觀點

我們討論過的問題都不是新的，雖然它們以現代的獨特形式出現。神的真正子民一直都是少數派，他們信仰的可信性一直都受到威脅。雖然從前人們可能更容易相信超自然的領域，但科技和官僚制度，只是舊約信徒身處的偶像崇拜和政治處境的現代版本。某程度上，多元主義一直都是生命中的現實。猶太人於被擄時期的經驗，在這方面尤其富啓發性。正如我們已經指出，以賽亞書較後的部分，[8]和但以理書的故事都是處理這些問題。在一個信仰永活真神似乎是不智的，信奉巴比倫的諸神好像容易得多的世界，還怎麼可能信神？當信仰的可信性結構已經瓦解，人們被迫在一個陌生的可信性結構中生活時，怎樣能夠持守信仰？巴比倫人的談話、儀式、合法性和約束，都與猶太人完全不同。和那時一樣，現在我們在輔導和教導時，也必須認真處理這些問題。舊約處理這些問題的方法，為我們指出一條出路。

新約明顯也有同樣的關注。新約很多內容都是關於面對其他可信性結構時，怎樣持守真信仰。因此，新約也指出一些可行的出路。

我們已經研究過，路加福音和使徒行傳怎樣處理提阿非羅積聚起來的疑惑，讓他明白他信仰的確實性，並且能夠找到很多絕對可靠的證據支持他。[9]路加提出的部分答案，就是記載可以怎樣在自然世界中追尋超自然的世界。他的做法是記錄聖靈的活動，以及神聖言的進展。邁尼爾雖然渴望現代的牧者可以好像路加那樣，卻懷疑路加的做法是否仍然可行。[10]他相信，由於人們不再先入為主地相信超自然事物，我們就要採取另一條途徑。不過，路加的解決方法真是那麼不合時宜嗎？在路加的時代，也有很多人感到難以接受超自然的世界觀。另一方面，我們這個時代雖然受到世俗主義的籠罩，但這種風氣不難消散，超自然主義似乎很可能再度流行。人們發覺，世俗主義不能令人滿意，現在不少人逐漸明白這點。[11]

世俗主義有時不過是一層薄薄的掩飾，人們在公眾場合保存著它，只是因為害怕承認其他事物，但回到家裏後，就很樂意將它連同工作服一起脫下。世俗主義不能處理生命中更深刻的問題，而且往往被家庭危機或苦難所戳破。數以千計的人對神秘儀式感到著迷，顯示對超自然的信仰仍未消亡。新興宗教運動的發展，也表明人們渴求永恆。雖然，知識分子或許能夠與超自然介入的可能性保持距離，無數其他人士卻不能夠這樣。有趣的是，約克大教堂（York Minster）在1984年7月按立了富爭議性的達勒姆主教（Bishop of Durham）後被燒毀，兩位大主教都立刻否認這是神介入，彷彿神是不能夠這樣做。普通的男女雖然不一定聲稱那是神的審判，卻更願意相信，神可能做這樣的事情。這件事的反諷是暴露了世俗主義的脆弱神經，顯示如果人是神所造的，很多人的心靈深處仍然渴求神。

使徒約翰也關注可信性的問題。他的福音書著意提供來自目擊證人的證據，令人們相信；但他同時也承認，不是所有人都可以得到這些證據。這卷福音書的高潮，是宣告那些沒有看見證據，卻仍然相信的人會得到特別的祝福。在啓示錄中，約翰解釋為何表面看來，信心和羅馬的行動所帶來的經驗互相衝突。那是可見和短暫的權力，以及不可見和永恆的權力之間的張力。前者有很穩固的可信性結構，後者卻沒有。

在聖經處理有關可信性問題的眾多取向中，希伯來書可能最為突出。雖然這卷書是與猶太信徒討論一些明顯屬於內部的事情，因而往往被視為晦澀；但沒有任何一卷書比它更清楚地談及不信為教會帶來的威脅，它也相當出色地示範了牧養神學怎樣抗衡多元主義。希伯來書的讀者處於脫離基督教信仰的危機中，很可能重新接受猶太教。他們肯定在苦苦掙扎，被其他宗教那些似乎更可信的世界觀圍繞。究竟希伯來書的作者怎樣處理這個難題？

首先，他承認那是問題。他知道自己要鼓勵人們信仰一些看不見的事物（十一1）。猶太教有聖殿、儀式、傳統和律法，比較容易令人相信。在基督教出現前，猶太教可能是最沒有實體的宗教，但它畢竟仍然比基督教更有實體。希伯來書的作者沒有輕視讀者的問題，或嚴厲地給他們一個簡單的命令，要他們相信。他體諒地説明，真信仰總是面對同樣的困境，雖然有很多確實的證據，對象已經存在，但仍然是難以證實的（十一3～40）。

其次，希伯來書的作者小心解釋真信仰的對象和本質。那是指信仰耶穌基督，神透過基督以終極的言語向世界説話（一1～三6）。神的啓示是他們信仰的基礎。[12]相信神，不單是人嘗試在自己的世界中找到意義，而是回應神在人類歷史和經驗中，為了顯明自己——特別是透過耶穌基督——所做的一切。

每當信仰受到多元主義的威脅，便必須小心奠定基督的道成肉身、受死和復活的歷史基礎。這些基礎無可避免地帶來基督是獨特的這個結論。祂不單提供認識神的更好途徑，那更是惟一的途徑。雖然我們都應該禮貌地對待持其他觀點的人，基督徒卻不能選擇很多人都樂意接受的多元主義。這種觀點破壞我們的教導根源，令基督教的花凋謝。

第三，希伯來書的作者揭露其他世界觀的弱點，從而削弱它們的可信性。他最留意的當然是猶太教，那是讀者信仰的基督教的主要對手。在整封書信中，作者小心地逐一提出猶太教的教導，然後指出每一個教導有何不足之處。他指出，猶太教並非極端錯誤，而是不完整，因為它也預期耶穌降生。然而，如果信仰停留在那裏，誤以為那就是神最終之言，就會十分危險。

不過，還有其他人面對不同的世界觀。對他們來說，那些世界觀也同樣有說服力。在法老王宮中的摩西（十一24～25）可以輕易留在那裏享樂。這看來一定比事奉「那位看不見的」真實得多。不過，他選擇離開王宮，明白罪中之樂不會長久。對喇合來說，耶利哥的城牆和它們所象徵的一切，一定是十分強的可信性結構。有甚麼能夠使城牆倒塌？不過，由於某個原因，喇合選擇一個在耶利哥屬少數派的世界觀！不料，城牆真的倒塌了，最終證明喇合是對的。今天我們要更多留心當代那些排斥神的空洞世界觀。就像舊約的先知一樣，我們應該自發地嘲笑偶像，揭露它們的虛假，而不是不加批判地，被吸引到它們的祭壇前下拜。

第四，希伯來書的作者顯示他明白可信性結構的重要性，雖然他從未聽過這個詞語！他不斷鼓勵讀者效法一些

「重要他人」。最重要的他人是耶穌(十二2～3)。祂受苦和忍耐的一生，是他們要依從的模式。如果他們真的明白祂，便能夠抵擋其他世界觀的引誘。但祂不是惟一的榜樣。還有很多見證人提醒他們，他們走的路是對的(十二1)，正如對他們意義重大的領袖(十三7)。

作者強調談話對維持他們的信仰是不可或缺的。信徒需要有人聽他們談及自己的世界觀(三13，十25)。單獨上路，等如想招致靈性上的災難。猶太人明白在聖殿敬拜，並提醒自己神的偉大工作是多麼重要。基督徒也絕對有這個需要。強大、誠實和適合的團契，是必不可少的。

從最廣義角度理解的禮儀，也是一樣的。聚集在一起，讓大家可以談話是很重要的，但也必須以正確的行為支持。十三章1至5節鼓勵信徒相愛、有道德和知足，就是例子。

希伯來書的大部分內容都是以「合法性」的形式出現。作者小心地解釋，讀者的信仰和猶太人的有甚麼分別，並提出原因，指出為甚麼他們正確，猶太人錯誤。書中很多經文都是與此有關，不能一一引述。另一個「合法性」的例子是作者怎樣面對一個難題：如果他們的世界觀是正確的話，為甚麼他們有那麼多掙扎和苦難？作者的答案是研究主的管教(十二4～13)，並再次強調一個信息：眼前所見所歷的事情，永遠都不是完整的圖畫。

約束也是有的。一些有關放棄信仰會帶來甚麼後果的警告，散佈在整封書信裏。希伯來書使用了一些新約中最生動的言詞，以神的審判加以威嚇(三7～19，六4～6，十26～31，十二14～29)，也運用了以色列過往遭受審判的經歷，支持這樣對神的理解。

結論

任何世界觀，無論是自然的還是超自然的，都與信仰有關。我們接受某一個世界觀，最終卻不能證明它是對還是錯的。有些人可能隨便接受一套世界觀。但基督徒無須這樣做，因為有很多證據支持這個世界觀，這些證據在耶穌基督那裏達到高峯。不過，信仰最終都是關乎信靠，基督徒不能避免委身的挑戰。「人非有信，就不能得神的喜悅；因為到神面前來的人必須信有神，且信他賞賜那尋求他的人」（十一6）。希伯來書充滿勸勉別人要有信心的話（例如四1～2），但這些勸勉出現在明白信仰並不輕鬆的背景中，而且信徒要屬於一個能夠阻止他們墮進不信的可信性結構。

正如聖經的很多其他部分一樣，希伯來書為牧者制訂了一個模式，嘗試幫助那些為可信性問題而掙扎的信徒。這卷書信為信心動搖的人提供一套神學，嘗試把他們帶回堅實的信仰中。社會學補足了這一方面，提出一些洞見，指出這套神學對當代基督徒是多麼重要的。信徒具體關注的事情，可能不再是猶太儀式或在聖殿的敬拜，但原則仍然一樣，而有形和無形之間的張力比以前更強。

信徒可能進入至聖所，發現那裏空無一物。他們可能發覺，別神更具實體的祭壇有更強的證據。不過，最真實的並非總是最明顯的，他們無須害怕得放棄信仰。

註釋：

1. R. Davidson, *The Courage to Doubt*, p. 69。
2. Davidson, *The Courage to Doubt,* p. 8。
3. Os Guinness, *Doubt: Faith in Two Minds*。
4. 最好的入門著作仍然是貝格爾 (Peter Berger) 的 *A Rumour of Angels* (1971)、*The Social Construction of Reality* (with Thomas Luckmann) (1972) 和 *The Social Reality of Religion* (1973)。
5. 全面的闡釋參 P. Berger, *The Homeless Mind* (with B. Berger & H. Kellner) 。
6. *The Daily Telegraph,* 1979年9月21日 。
7. Os Guinness, *The Gravedigger File,* p. 62。本書是有關這裏所提問題的最佳通俗解釋。
8. 參頁44～45。
9. 參頁70～74。
10. P. S. Minear, 'Dear Theo', p. 150。
11. 現在很多社會學著作都承認，人的宗教天性一直存在。這些著作包括 D. Bell, *Sociological Journeys*; R. Bellah, *Beyond Belief;* P. Berger, *Facing up to Modernity;* 甚至是 B. Wilson, *Religion in Sociological Perspective*。
12. 我們不應將啓示這個觀念看為與現實的社會建構相反，也不應視它們為互相衝突的。現實的社會建構描述接受和解釋啓示的機制。因此，比如說，在耶穌的教導和神蹟中明顯看見神的啓示，但並非所有人都這樣看。考慮到人的墮落本質，以及如果沒有神的介入，他們本身沒有能力真正認識神，那麼神的啓示是基督教神學必不可少的元素。

[14]

饒恕

饒恕的需要

大衛來自一個充滿愛和鼓勵的基督徒家庭，他也是一個十分熱心傳福音的信徒。他隨時準備回應教會的需要，雖然自己已經十分忙碌，仍然總是率先主動參與教會的每個佈道活動。他是十分屬靈的活躍分子，甚至只因要賺取足以維生的金錢才工作，將其餘時間都花在基督徒的事奉上。他有十分強的屬靈生命。神好像對他總是有更多要求，而他永遠都不滿足，要從神那裏得到更多。他的教義沒有錯誤。不過，雖然他相信一位充滿愛的神，經常在別人面前提到神，他的生命卻似乎沒有多少證據證明他認識神。他最常提及的是神的聖潔和審判。

以大衛這樣緊張的人，患有嚴重頭痛，並不足為怪。他的情況不斷惡化，身體卻沒有任何明顯問題。頭痛不時妨礙大衛的屬靈活動，令他更沮喪，也更害怕自己會令神失望。

經過長時間的牧養關顧，最終找到問題的核心。他對神的不平衡觀念，暗地裏是受到家人的鼓勵。他們當然愛他，也希望給他最好的東西，但他們的愛總是隨著要他達到他們的期望。那些期望雖然不算高，但始終是期望。那些期望的定下，似乎是由於他需要在教會以某個形像示人，以及在鄰居面前維持一定的受尊重程度。

這已經夠糟了，而且一如常見的，可能會造成有缺陷的神觀，而且在靈性上普遍缺乏安全感。不過，大衛的情況更嚴重。幾年前，他作為青年團契裏備受尊重的成員，曾經數度和女朋友發生性關係。她似乎早已忘記了這件事，而且很快樂地和別人結了婚。然而，大衛卻充滿罪疚感，每天都活在恐懼中，害怕別人揭發他的罪。他最害怕的是，如果他的罪被揭發，就會令父母多麼痛心，自己也會被別人拒絕。

大衛沒有勇氣承認自己的罪，也經歷不到饒恕，於是便藉著無休止的活動，證明自己是可以得到神的接納。由於這樣做只是將問題掩蓋起來，沒有加以處理，罪疚感便透過頭痛這個身體上的途徑表達出來。

這是一個令人震驚的提醒。一個一直都是福音派教會會友的人，竟然從未經歷過福音。雖然他相信以信心為基礎的福音，卻是活在建基於行為的福音之中。他的成長和他每個星期都聽到關於委身的講道，都帶來這個結果。

有人帶領大衛明白真正的福音後，他面對自己的罪，而且承認了罪。這樣，他便以世俗的哀痛，換作神聖的哀傷。前者專注於自己和別人，只會帶來破壞；後者卻帶來真正的懊悔和救恩(林後七10)。這樣，他便靠著基督的名得到饒恕，整個人的心思也開始改變過來。人們清楚看到他得到釋放，此後他也不再感到頭痛。

大衛和數以千計的福音派信徒一樣，在理論上相信耶穌的福音，卻沒有真正經歷祂帶來的饒恕。他們不明白脫離罪疚感，以及罪得饒恕帶來的自由，卻將罪疚感埋葬，期望永遠都不會被人揭發；他們忙於從事正確的活動，在潛意識裏盼望這樣足以令他們在神眼中得以稱義。就像大衛一樣，有些人內心的混亂會以神經官能症的 (neurotic) 病徵表現出來。另一些人則顯得相對健康，正常地活動，卻好像圖尼耶 (Paul Tournier) 所說的那樣，仍然是「無知的病人」(unwitting invalids) 。[1]

饒恕的事奉是基督教聖工的核心，絕對不可以被其他信息取代。正如大衛和很多其他人的個案，由於我們的社會躁動不安，他們表現出一些情緒或心理上的不平衡，我們就很容易受到試探，為他們提供某種形式的心理學和精神病學治療。毫無疑問，這樣做對大衛會有點價值。他的罪疚感可以減輕，他對神的錯誤觀念——只是他父母諸多要求的性格的投射——也可能改進。不過，這不能從根本解決問題，因為他的罪疚感是真實和與道德有關，不單是錯誤教導的結果。只有在揭露了真正的問題，面對那問題後，處理壞的心理影響才有意義。正如其他個案一樣，在這個個案中，一旦找到了饒恕，很多心理上的問題都會自動解決。

福音的獨特性

因此，牧者一定不能放棄自己的獨特角色。他們是神恩典的使者，不是讓人感到心理上獲得接納的供應商。[2]這並非否定優秀的心理治療真正能夠扮演的角色，也不是假裝牧者不能從心理學家那裏學到輔導技巧。然而，牧者不能出賣自己的長子名分。他們對當代心理學的認識往往比較膚淺，只接觸到自我接納這類流行的心理學崇拜。這種崇拜相當於宗教，[3]獻身於它，就讓人陷入傳講另一個福音的危險。

我們可以指出基督教福音的五個範疇，説明福音和流行心理學的分別。首先，福音處理人與神的關係，心理學則處理人與自己和其他人的關係。

其次，根據福音，接納的基礎是饒恕。這需要透過耶穌基督的歷史性作為，才能夠找到(林前十五3～4)。心理學似乎倚靠某種深層人類學原理，關乎自我接納的價值，或者在絕望時向外界尋找幫助，卻不能肯定會找到合適的幫助。可是，福音説當人不能幫助自己時，神主動來拯救他們(羅五6～8)。救恩不能從模糊的盼望，而只能從神的恩典中找到。這恩典在歷史上確實透過耶穌基督的生命、死亡和復活表現出來。沒有這啓示和行動，人仍然可能有盼望，卻不能肯定得到救恩。[4]

第三個分別是，基督教的福音比所有當代心理學都更認真看待罪。有些心理學的確關注人要為自己做的錯事，以及他們行動帶來的道德後果負責。然而，沒有一種心理學好像福音那樣深入。罪不單是冒犯別人，更是得罪了一位有位格的神(詩五十一4；路十五18)。罪不單是一些錯誤的行動，從墮落開始，罪就損害了我們複雜的人性，[5]包括我們誠實面對自己的能力。因此，藉著治療消除某些罪疚感是可能的，但這樣卻不能夠在人和他們的創造主之間提供饒恕。惟有這種饒恕，才能夠徹底處理人作為罪人的問題。

第四個對比，在於治療者尋求與受助者的痛苦和失敗認同，他們進入這些感受時，甚至偶然會用類似道成肉身的字眼，但耶穌的十字架遠遠不只是神和罪人認同。十字架也談到神和有罪的人認同。那位完全正直者，為了人而成為不正直者。這是神最徹底地和我們的罪認同(林後五21；來四15)。不過，還不單這樣。十字架超越了認同，更進而實現了解決的辦法。這個解決辦法要求冒犯神的作出補償。[6]這種接納並非如在裂縫上面糊上紙張，而是因為基本問題得以解決才出現的接納。

第五，人在治療中的地位，與在救恩過程中的不同。根據心理學，答案在於人自己，或在於他們用來解決自己問題的行動。至於在福音裏，人卻不能夠提供甚麼。他們只需要相信神的應許。蕭伯納(George Bernard Shaw)寫道：「饒恕是乞丐的避難所；我們必須還清自己的債。」[7]他反對在基督裏白白得到寬恕，令我們大部分人都產生共鳴。可是，方法就是這樣。如果我們能夠做點甚麼事，令自己得到神接納，那麼便要好像保羅那樣坦率地說，基督的死毫無益處(加五2)。

有人會提出反對，說人必須悔改、認罪和相信。這是對的。不過，這些都不是人藉以賺取救恩的功德，縱使我們很容易這麼想。路德十分明白這個危險，甚至勸人有時在領聖餐前不要認罪，「讓他們學習信靠神的憐憫，多於信靠自己的認罪或努力。因為我們對自己的作為有一種可惡的信任。我們對抗這種信任的努力永遠都不足夠。」[8]這是多麼令人震驚的勸告！路德是一位聰明的牧者，他知道要讓人真正掌握福音，有時令他們震驚，是一種必須的牧養策略。悔改、認罪和信心，都不是得到饒恕的條件，而是恩典藉以來到的途徑，或者「接受神赦免的平面」。[9]以托普萊迪(Augustus Toplady)那為人熟悉的話，我們接觸福音的惟一方法是說：

> 我空手而來；
> 單靠近祢的十架；
> 赤身，到祢跟前找衣服；
> 無助，仰望祢的恩典；
> 污穢的我飛到泉源；
> 救主啊，洗淨我，免我死亡。

經歷饒恕為何那麼困難

大衛很可能也懂得說上述的話。可是，為甚麼他經歷不到饒恕？答案其實很簡單：他並不相信神會饒恕。他仍然未絕望到能夠相信饒恕，而他接受的一切基督教訓練，都阻止他接受饒恕。他沒有視罪為得罪神。他關心自己的聲譽受損，多於神受到冒犯。他也不接受基督的工作已經足夠。即使他決志時曾經這樣相信，現在卻好像那些愚蠢的加拉太人一樣，他「還靠肉身成全」(加三3)。他並不相信自己不能獻甚麼給神。事實上，他所做的一切都宣告，他有很多東西可以給神。

當他的頭痛變得那麼嚴重，以致他被迫向別人透露，而輔導要求他正視自己要誠實地認罪時，教義便從理論層面，上升到經驗層面。在這些牧養談話中，他在教會聽過——或者更正確地說，他聽錯——千百次的真理，得到澄清，並應用在他自己身上。接著，他開始運用信心，也就是以福音的客觀真理，引導自己的主觀經驗。大衛的故事說明了圖尼耶的主張的真理：私下說的話，比任何普普通通的赦罪禮儀有效得多。[10]這個故事也強調，每一個牧者都要花時間進行這種私人談話。

基督新教一直都對認罪告解（confession）感到不安，對牧者作為聽告解者的角色加以警惕。這是對的。認罪告解的儀式太容易淪為無意義的舉動。聖經也完全沒有限制只有受按立的牧者才有赦罪的權力。任何奉基督之名行事的基督徒弟兄姊妹，明白自己和弟兄姊妹處於平等地位，都可以向他們保證，他們只要證明悔改是真誠的，都能夠得到基督的饒恕（加六1；雅五16）。可是，我們對「認罪」的恐懼，令我們將人在神面前孤立起來，使他在最需要其他信徒幫助時，與他們隔離。當代心理學和牧養經驗都表明，人們彼此認罪是多麼重要的。雖然正如我們已經看到，心理學和牧養談話並不相同，[11]但類似的心理動力也在發揮作用。

個人的親口認罪，有助人們接受自己道德上的罪疚感，以神的眼光看這種罪疚感。單單在心裏細細思量自己的罪，很容易令人欺騙自己，假裝自己已經認了罪。可是，認罪的談話卻令犯罪的人不能逃避。詩篇的作者明白，我們多麼容易逃避，並指出認罪這種淨化方法的價值（詩三十二，五十一篇）。而且，在理論上明白的饒恕，往往在認罪時抓緊悔罪的人，變得十分真實。[12]因為犯罪而感到絕望的人，得到神饒恕的保證，不用再在罪中打滾。

大衛一旦看到基督為他做了甚麼，接受了神的話，放棄試圖為自己辯解，真正相信神，赦罪的經驗就變得真實。不要誤會。饒恕需要親身經歷，不只是要接受的事實，不用理會經驗。麥金托什（H. R. Mackintosh）認為，後期的宗教改革家把神宣判我們得到無罪開釋，從我們個人的內在經驗分開，讓其中一方不必影響另一方。[13]當然，沒有聖經作者將饒恕視為學術象牙塔的事實。聖經期望人們「嘗嘗主恩的滋味，便知道他是美善」（詩三十四8）。可是，明白我們經驗了甚麼，沒有經驗甚麼，是十分重要的。

麥金托什給饒恕的定義是：「受到傷害的人心裏和情緒上的一個活躍過程，藉以消除令他與得罪他的人團契的心理障礙，重建友誼帶來的自由和快樂」。[14]饒恕是修好關係，重建契合。這樣令我們看到甚麼事是自己不能要求得到饒恕的，並繼續做我們能夠做的事情。

尋求饒恕是韋斯特（Morris West）的《玻璃世界》（*The World is Made of Glass*）的主旨。這本小說雖然直率，卻十分感人。小說描述在歐洲開妓院的瑪格特（Magda）怎樣處理自己生命中的傷痕。她跟隨榮格（Carl Jung）修讀一個精神分析治療課程，期間她和榮格內心深處的混亂，都被挑起，釋放出來，卻得不到解決。故事的真正主角是一位信奉天主教的醫生。表面看來，他不能給瑪格特甚麼幫助，實際上卻比任何人都更能夠帶領她經歷饒恕。在向瑪格特解釋饒恕的意義時，他說：

> 妳完全錯了。得到恢復的不是清白，而是創造主和受造物的關係。孩子說：「對不起」。父親歡迎他回到家裏。可是，我們仍然帶著自己愚昧所造成的傷痕，直到我們離世。[15]

不過，正如這位醫生已經告訴過瑪格特，饒恕的教義表示，重新開始是可能的，我們可以視自己為蒙揀選和蒙愛的人，而不是失常和古怪的人，或失敗者。[16]

饒恕的影響

饒恕不一定令我們免於承擔犯錯的後果，或心理上的傷痕，正如歸信不會令折斷了的腿可以自動得到醫治一樣。浪子回家後，雖然得到父親無條件饒恕，但仍是已經花費了大筆金錢，這筆金錢不會突然奇迹地在他的銀行戶口重新出現，他仍然要面對自己與兄長那段已經破裂的關係。鍾馬田以十分強烈的字眼說：「我們的性格和氣質的基本元素，並沒有因為歸信和重生而改變。新人的意思是新的傾向、新的理解、新的取向，但那個人的本身，在心理方面基本上仍然和從前一樣。」[17]無論我們在地上有甚麼進展，都只能在到了天堂或主再來時，在生理和心理上達致完美。

這樣，饒恕對我們的性格究竟有沒有影響？答案必定是毫不含糊的「有」。饒恕對大衛的性格確實有影響。他不再感到頭痛，也可以放鬆下來。拉開的彈簧開始鬆弛。大衛變得更能夠接納別人，他的判斷也沒有那樣嚴厲。這些改變，往往源自真正經歷到饒恕，期待這些改變也與聖經的教導一致。舊約表明接受饒恕和得醫治的密切連繫（例如：詩四十一4，一〇三3；賽五十七17～21），也同意饒恕帶來的醫治既是生理上，又是心理上的（例如：參詩一四七3）。耶穌的事奉鞏固了這個理解。有時，身體上得到醫治被描述為得救，例如馬可福音五章34節和十章52節。而且個人的整全和藉著基督得饒恕，明顯地連繫在一起，例如馬可福音二章1至12節。

因此，薛華(Francis Schaeffer)正確地主張，雖然饒恕不會帶來完全的醫治，卻確實能夠帶來真正和實質的改變。[18]如果人們知道無論他們是怎樣的人，做了甚麼事，神都已經饒恕了他們，在基督裏接納了他們，良心便再不能控訴他們。薛華形容，自己的良心好像一隻大黑狗，在皮帶約束下仍然掙扎著要吞吃他。然而，由於基督已經完成的工作，他可以說：「安靜下來！」而那條狗不能堅持，也別無選擇，只能夠服從！這本身已經可能減低張力和焦慮，讓受錯誤的心理罪疚感折磨的基督徒得到釋放。

知道神在基督裏接納了一個人，還可以消除其他恐懼——害怕失敗，不能達到別人的期望，被人看為古怪，被人拒絕，被人揭發犯了錯，或者讓神失望。從這些恐懼中得釋放，可以令人更健康地過活。更弔詭的是，能夠令人達到自己努力追求，卻由於焦慮而不能達到的目標。得到神的接納，可以令人接納自己，不再那麼自我保護。明白神的饒恕是白白賜給他們，人們肯定可以因而饒恕別人，正如耶穌的教導多次清楚表明一樣(太六12，十八23～35)。當有人道了歉，怨恨得以解除，爭執已經停止之後，關係就會大為改善。

饒恕所做的是提供一個角度，讓我們能夠看到整個生命。宣稱饒恕能夠解決所有困難，除去所有傷痕，只是一個錯覺。很多人仍然要和自責苦苦搏鬥，還有些人會繼續為了心理障礙而掙扎。

有時，相信神已經饒恕了我們，似乎比饒恕自己更容易。客觀真理是神已經塗抹了我們的過犯，不記念我們的罪惡(賽四十三25)。但不知怎的，我們繼續使那些罪復活。這令我想起我現時正在使用的文字處理器，這部機器上面有一個註明「中止」(Break)的按鈕。如果我按一下這個按鈕，儲存在電腦記憶體的所有文字都會消失，而且似乎是全部失去，不能恢復過來。那些小心寫成的文字已成了過去，永不復返。神的饒恕就是這樣。不過，我們學懂，原來是有辦法恢復那些文字，只要我們迅速行動。只要快速地按一些其他按鈕，似乎失去的文字也可以再出現。神對我們的罪已經按下了「中止」鍵，但我們卻堅持要將罪帶回來！

饒恕並不會使我們回復無罪的狀況，我們仍然會記得過去的罪，但我們要將伴隨罪的自責放在恰當的位置。如果宇宙至高的神裁定了事情經已完結，我們是誰，竟然膽敢一再將問題放在心裏的議程上？這種自責的記憶，可能奪去我們的力量，令我們感到自卑，妨礙我們作神的真兒女，讓我們繼續做祂家裏的奴僕(加三26～四7)。因此，重要的是將特定的罪疚感轉化為真正感到自己不配。這樣做之後，我們的記憶絕對不會奪去我們的力量，反倒令我們感受到真正的自由和深刻的感恩。怎可能這樣呢？我們可以引述鍾馬田對抑鬱的見解：

> 屬靈生命裏的主要藝術是，知道應該怎樣對待自己。你需要好好控制自己，對自己說話，向自己傳道，向自己提問。你必須對自己的靈魂說：「你為甚麼憂悶」——你有甚麼理由不安靜？你必須

> 振作起來，對自己說：「以神為盼望」── 而不是這樣沮喪不快地低聲抱怨。接著，你必須提醒自己要記起神，記起神是誰，神是一位怎樣的神，神做了甚麼事，神應許會做甚麼。做了這一切後，就以這個偉大的句子結束：抗拒自己，抗拒別人，抗拒魔鬼，抗拒全世界……[19]

鍾馬田一再指出，我們的問題是太多聆聽自己，對自己的說話卻不夠多。

個人得到饒恕的經驗，不能醫治所有心理問題。這些問題可能會得到緩和，但更常見的情況是，饒恕給受苦的人有勇氣面對自己的問題，尋求解決的方法。基督徒對精神病並沒有免疫力，假裝有這種免疫力是既愚蠢又危險的。在神面前的道德罪疚感，也不是惟一真實的罪疚感。例如，有些患了抑鬱症的人可能會發現，經歷神的饒恕可以得到醫治。然而，抑鬱症是一隻多頭怪物，患者可能還需要其他治療方法。對某些人來說，抑鬱是深層的性格傾向；對另一些人來說，則是他們對處境的反應；還有些人的抑鬱症是內因性(endogenous)的。[20]牧者要鼓勵患者尋求合適的治療，除非他們想因為自己的疏忽，而令患者的病情惡化。藥物和電休克療法等治療都有幫助，視乎患者的需要和造成抑鬱的原因而定。[21]

因此，牧養關顧需要相當全面。靈巧的牧者會明白，他們要同時間在所有層面上服事人。實際的、社會的、醫藥和精神病學的幫助，不應彼此競爭，而應互相補足，令人可以更整全。二取其一的心態，可能會對我們嘗試幫助的人帶來損害。不過，牧者絕對不能忘記自己的首要角色，他們不能容許自己被迫而變為社工，或其他關懷別人的專業人士。他們必須緊守中心，緊守恩典的信息，以肯定和確定的信念宣講這信息，相信這信息就是他們能夠為別人問題提供的最徹底和最適切的答案。

對福音主義的反復威脅

圖爾奈森花了很多功夫闡釋饒恕這個課題，溫和地責備我們的膽怯表現。[22]我們在傳講恩典的信息時不夠放膽。我們害怕別人沒有回應，忘記了聖靈的工作，忘記了是祂令我們談話的對象給我們回應。我們也害怕冒福音本身包含的危險。我們對主榮耀的熱誠，讓我們擊退惟信仰論(antinomianism)的威脅，後者令我們彷彿配得神無條件的恩典。正如保羅在羅馬書回應的批評者一樣，我們不能相信事情就是那麼簡單。

或許對福音主義一再出現的最大威脅，就是它很容易變質為法利賽主義(Pharisaism)，因此，它最大的牧養需要是真誠對待恩典的教義。雖然我們不再受到誘惑，要求會友接受割禮，但我們對他們仍然提出無數要求——要求他們尊重，要求他們達到某些道德標準，要求他們有某些屬靈經驗，要求他們一絲不苟地遵行某些儀式。我們的講道往往充斥著各種要求，令人聽起來好像只是說教，而不是宣講好消息。當代教會需要重新研究羅馬書和加拉太書。

我們不單要相信和傳遞恩典的福音，也要創造彼此接納的團契，那裏是我們要顯出委身之處。有些教會的流行做法是強調需要分享，完全誠實，以及與團契的每一個成員，甚至是陌生人，都有親密的關係。這樣的要求，很容易變為一種新的教條主義，並不健康。它所產生的團契是內聚和以人為中心的。將自己的心完全袒露出來，對自己和對被迫看我們的心的人，都不一定是好事。我們需要和大小不同的組別交往，有不同的親密程度，而且只能夠與少數幾個人有很健康的親密關係。不過，在很多教會中，推動這種非個人的形式主義的反應——可能是過分的反應——的渴望是可以理解的。很多教會的氣氛都鼓勵人們虛偽，因為沒有人和別人親密到知道他們究竟是真誠，還是在偽裝。然而，這也表示，很多有嚴重個人問題的人，受到最可怕的罪疚感捆綁，在離開教會時，他們的需要都得不到滿足。

每間教會中都有人背負著罪和罪疚感的重擔。有些人有不誠實行為，有些人犯了姦淫罪，有些人和同性戀傾向苦苦搏鬥，有些人因為婚姻失敗而感到被遺棄，或憤怒，或暴戾，有些人覺得自己毫無價值，或者感到沮喪。痛苦以不同形式和強烈程度出現。對我們教會裏這些好像大衛那樣的人，我們不只必須宣講恩典的信息，也需要讓他們在教會的團契中經歷恩典的關係。瀰漫在教會的氣氛必須誠懇，而且不帶威脅和審判。同時也不能放棄紀律，必須維持對聖潔的關注，因為很多人都只有這樣才有勇氣面對罪和失敗，而不是試圖掩飾。只有當人們不再覺得自己要有點成績，或者達到某個標準，才可以感到將重擔卸給那些能夠根據基督的律法幫助他們的人（加六2）。只有這樣，他們才能夠真正掌握神的恩典是多麼浩瀚。這恩典能夠將他們從罪中釋放出來，讓他們能夠開始在生命的各個方面帶來改變。

結論

在正如我們所身處的破碎世界裏，我們最大的需要是重拾對福音的信心。有太多的時候，我們好像不安的羊，看著其他草場那些表面看來更綠的草。基督徒應該參與政治學、心理學和社會學等領域，它們本身都有價值。然而，福音處理一個更根本的問題，是這些學問所不能觸及的。這些學問在本質上處理人與自己或其他人的關係，福音卻是處理人與神的關係。藉著帶領人們經歷饒恕，讓他們與神和好，不單能夠為人帶來最深刻的改變，更能帶來最適切的改變，因為這樣能夠影響人的心靈深處，與他們生命的所有其他方面都有關連。

我們對福音的信心需要恢復，不單在與其他尋求減輕人們困難的學問的關係上，也在與當代傳福音實踐的關係上。太多時候，我們都將太多社會和文化的要求加諸福音之上，從而限制了神的愛。我們需要學習冒險，單單傳講因信稱義，不以言語或非言語限制福音。

註釋：

1. P. Tournier, *Guilt and Grace,* p. 137。
2. D. D. Williams, *The Minister and the Care of Souls,* pp. 78f., 117f.。有關心理學家Melanie Klein的思想和饒恕的神學之間的關係，詳細評論參D. Atkinson, 'The Freedom of Forgiveness', *Third Way* 5/10 (1982), pp. 4～7; 'Forgiveness and Personality Development', *Third Way* 5/11 (1982), pp. 18～21。
3. 參 P. Vitz, *Psychology as Religion*。
4. Francis Schaeffer, *True Spirituality, passim*。
5. Tournier, *Guilt and Grace,* pp. 128～133。
6. 有關一切都必須付出代價這份深刻的感受，參 Tournier, *Guilt and Grace,* pp. 174～180。
7. 轉引自 H. R. Mackintosh, *The Christian Experience of Forgiveness,* p. 184。
8. 'A Discussion on how Confession should be made', *LW,* vol. 39, p. 40。
9. Mackintosh, *Forgiveness,* p. 211。
10. Tournier, *Guilt and Grace,* p. 204。
11. 圖尼耶過分強調了兩者的關係，令人覺得兩種談話是完全相同的。Tournier, *Guilt and Grace,* pp. 149f., 204。
12. Thurneysen, *A Theology of Pastoral Care,* p. 290。
13. Mackintosh, *Forgiveness,* p. 137。薛華同意這觀點，Schaeffer, *True Spirituality,* p. 102。
14. Mackintosh, *Forgiveness,* p. 33。
15. M. West, *The World is Made of Glass,* p. 89。
16. M. West, *The World is Made of Glass,* p. 75。
17. 轉引自 I. H. Murray, *D. Martyn Lloyd-Jones: The First Forty Years 1899～1939,* facing p. 1。
18. Schaeffer, *True Spirituality,* pp. 93～147。
19. D. M. Lloyd-Jones, *Spiritual Depression: Its Causes and Cures,* p. 21。
20. 簡單來說，抑鬱症既可能是反應性，即是由對外在環境的反應導致；也可能是內因性的，即是一種疾病，往往和年老有關，源自個人本身。有關進一步資料，參 J. White, *The Masks of Melancholy*。
21. 抑鬱症是一個很大的問題，有人稱它為「心理上的普通傷風」(the common cold of psychological illness)，這是正確的。如果本書是一本有關牧養輔導的書，便應該花很多篇幅討論這問題。我極力推薦讀者閱讀韋約翰(J. White)的 *The Masks of Melancholy*。這是一本很好的指南，也給牧師提出很多十分寶貴的洞見。
22. E. Thurneysen, *A Theology of Pastoral Care,* p. 188。

[15]

苦難

四周都有許多苦難。對很多開始事奉的年青人來說，生命其中一個令他們驚訝的特點，就是他們立即從各方面接觸到深重的哀傷和苦難。牧者不敢隨便提供一些淺陋的答案。這些答案只會令苦難加深，也顯出他們並不了解苦難。然而，牧者必須提供答案，將受苦的人從主觀思想中拉出來。他們提供的答案，必須既現實又帶感情，同時也要顯示他們沒有忽略了聖經。

痛苦的問題：討論和經驗

魯益師(C. S. Lewis)的妻子逝世之後，他以文字表達了自己的痛苦，在喪妻的經歷中大聲爭辯。他一度這樣寫道：「告訴我宗教的真理，我會樂意聆聽；告訴我宗教給我甚麼責任，我會順從地傾聽；但不要告訴我宗教帶來安慰，否則我會懷疑，你根本並不明白。」[1]將魯益師在《卿卿如晤》(*A Grief Observed*)中這樣主觀地表達痛苦，和他較早期在《痛苦的奧秘》(*The Problem of Pain*)中的客觀討論加以比較，是相當有趣的。

最簡單地看，苦難的問題表示，神要不是不良善，就是沒有能力；或者是既不良善，也沒有能力。人怎能夠在苦難的存在之下，相信一位全能和良善的神？魯益師提出了很多論據，顯示兩者可以沒有衝突。我們必須小心地定義「全能」(omnipotence)。無所不能的神有能力做任何本質上可能做到的事情。然而，說神不能做無意義，或本質上不可能做到的事，並不是限制神的全能。我們可以在創造中看到這真理。神創造了自由和自覺的靈魂，但這也表示祂創造了一個環境，是相對於靈魂可以成為自覺的。一個隨著任何念頭而改變的世界，抹殺了任何自由和選擇的可能性；因此，神同時要創造一個相對獨立和不能停止的自然世界。然而，這樣自然既固定、又服從不變的定律，不會對所有人都是同樣有利的。魯益師的結論是：「自然的規律和自由意志的存在，令苦難有可能發生。試圖排除這個可能性，等如連生命也排除掉。」[2]

魯益師的論據的第二個主要特點，就是研究宣稱神是良善有何意思。他的基本前設是，我們將良善和仁慈混為一談。神是愛，包含真正關懷的真愛，必定有所要求。真正關心兒女的父母，不會准許子女為所欲為，做破壞性很大、罪大惡極的事情。真愛包含模塑、管教和懲罰。

> 你要求一位充滿愛的神，你找到了。你那麼輕鬆地祈求的神，也即是那「有可怕一面的主」，祂就在這裏的。祂並不是仁慈的老人，睡眼惺忪地祝福你以自己的方式得到快樂；祂也不是全神貫注的審判官，冷漠地行善；祂亦不是一位主人，覺得自己有責任令客人感到舒適；祂是烈火，創造

> 世界的愛，好像藝術家對自己的作品那樣堅定地愛，好像人對狗隻那樣霸道地愛，好像父親對子女那樣有遠見和值得尊重地愛，好像情侶那樣嫉妒、不變和強烈地愛。[3]

接著，魯益師將注意力轉向罪，並提出我們很多有關苦難的問題，都源於我們不明白我們的罪是多麼的糟。我們對罪的看法十分表面，以為時間可以將罪一筆勾銷，因為每個人都犯罪，所以罪不會是那麼差。但在墮落時，我們從神轉向自己，拒絕我們真正的受造地位。我們不能輕看罪，一旦我們對罪有了正確的觀念，便會看到我們在神眼中是多麼可怕。一旦到了那個光景，我們便必定看到神對罪的烈怒，乃是祂的良善的必然結果。

然而，痛苦又怎樣呢？魯益師承認世上有痛苦。他將五分四的責任歸咎於人。就是因為痛苦存在，人們便將它加諸別人身上。這樣做時，便將痛苦增加。痛苦本身並不好，但神卻可以利用痛苦帶來好處，而且祂往往藉著痛苦最清楚地向人說話。苦難粉碎了一切都是美好，以及人是自足的這兩個幻象。苦難挑戰人降服在神面前，這樣做的意思是：自我降服是源自純潔的動機，而不是因為它所帶來的快樂。如果生命只有喜悅、快樂和高興，我們便會感到滿足。在這樣的世界中，我們會忘記神。魯益師不斷以邏輯將自己的論據推進到地獄的領域，證明對地獄教義的感性反對是錯誤的。雖然他認為，地獄的教義永遠都是不能容忍的，但我們至少可以證明它是合乎道德的。我們反對這教義，很大程度上源自中世紀對地獄的錯誤描述。長遠來說，神必須在某處定下界線。然後，正如魯益師清楚地論證：

> 長遠來說，給所有反對地獄這個教義的人的回答，是一個問題：「你要求神做甚麼？」要祂除去他們以往的罪，不惜任何代價，給他們一個新的開始，排解每一個困難，提供一切奇迹般的幫助？但祂在各各他已經做了這一切。要祂赦免他們？但他們不肯接受赦免。要祂不理會他們？噢，恐怕祂正是這樣做。[4]

如果魯益師在喪妻後才寫《痛苦的奧秘》，他會否修改他的論據？答案必定是「不會」。《卿卿如晤》以全新的深刻情感寫成，更強烈地抗議苦難的邪惡。但這本書是由同一個人清楚地寫出，以相同的基礎提出論證，他也願意將論據應用到自己身上。和從前一樣，魯益師有一個健康的意識：知道我們的思想必須是以神，而不是以人為中心。對我們來說，似乎毫無意義的事情，在神看來卻可能十分不同。反過來說，我們最想問的問題，實際上可能無關重要，或者毫無意義，因此連神也不能回答。

魯益師明白，無論苦難多麼難以忍受，它都是人生不能逃避的現實。如果神是良善的，苦難一定是必須的，否則祂不會讓我們受苦。如果神不是良善的，只是宇宙裏的一個虐待狂，祂總會要我們受苦。無論怎樣，人都不能得勝。不過，魯益師並不滿足於這樣懸而未決。我們可以清楚看到他的信念和以前一樣。苦難本身並不好，但神可以利用苦難帶來好處。牙醫可能令我們感到痛楚和害怕，但他這樣做是有良好的動機。神也是這樣。[5]

和以前一樣，魯益師論證說，我們需要苦難粉碎我們的幻象，令我們降服在神面前。

> 玩橋牌的人告訴我，這遊戲必須涉及金錢，「否則人們不會玩得認真」。事實明顯是這樣的。如果沒有押下甚麼，你下的注——有神或者沒有神，神是善良還是宇宙的虐待狂，有永生還是不存在——不會怎樣認真。你永遠都不會發覺那是多麼重要，直至你發現賭注是多麼大；直至你發現自己不是為了籌碼或六便士而打賭，而是押上自己所擁有的一切。只有這樣才會令人——或者至少是令像我這樣的人——脫離自己單單以言語為基礎的思考，或單單以概念為本的信念。人需要先被擊暈，才能夠清醒過來。只有折磨才能夠帶出真理。只有在折磨下，人才能夠自己發現真理。[6]

我們從這兩本書可以明顯看到同一種毫不妥協、拒絕感情主義的邏輯。兩本書都沒有提供輕易的安慰。不過，兩本書都包含強而有力的安慰。《痛苦的奧秘》似乎令魯益師在親歷痛苦時能夠站立得穩。當然，他叫喊、反抗、尖叫。但他沒有放棄原先的立場，反而在很重要的一方面邁進一步：以前只是相當有力的學術性論據，現在變成了相當有力的個人經驗。他對苦難這個問題那嚴厲但體諒的取向，就是牧養神學的一個經典示範。

傳統的安慰

魯益師或許反對宗教可以給受苦的人帶來安慰這個觀念，但提供安慰一直都是牧師的主要工作。這也是牧者其中一個最困難的任務。這是一個困難的任務，因為苦難最終是一個奧祕。不過，我們仍能夠以言語合理地評價苦難，或許可以藉此減輕痛苦，或者令受苦的人可以從這種經驗中得益。例如：我們可以在受苦者感到神因為他們的罪而直接懲罰他們時，減低他們的焦慮。考慮到保羅對哥林多教會所說的話（林前十一30），我們不能否認，苦難和罪可能有關連。可是，約伯記應該堵截了這種觀念：罪和苦難有必然關連；耶穌也清楚教導，苦難不一定由個人的罪引致（路十三1～3；約九1～3）。然而，我們一切解釋苦難的嘗試，都不能告訴我們想知道、想聽到的事情。我們的理解始終相當有限，最終我們只能好像約伯那樣，順服在神面前，謙卑地接受我們只不過是受造物。

那麼，有甚麼安慰的話可以說呢？首先，神對我們的苦難並非漠不關心，祂自己也在基督裏經歷過苦難的深刻和痛苦。希伯來書二章9節說，基督和所有人一樣，嘗過死亡的滋味，因此能夠為人提供擊敗這個最大敵人的方法。彼得前書四章1節強調，基督在肉身經歷過實際的苦難，而整卷彼得前書都向我們保證，神同情我們的苦難。由於基督藉著道成肉身，進入人類苦難的黑暗，我們也往往蒙召分擔別人苦難的擔子和痛苦。我們常常要默默地這樣做（賽五十三7；彼前二21～23），不要急於提出簡單的解釋，或者為神辯解。

其次，神是「發慈悲的父，賜各樣安慰的神」（林後一3）。我們對苦難的本能反應，往往是攻擊神。幸好聖經很實際地看待人的情緒，詩篇和耶利米書往往認同這些反應。然而，神從不故意令人受苦（哀三32～33）。在這樣的環境下，人對於諉過於人——更遑論埋怨神——的渴望，往往是最不重要的事情。神自我顯現為一位可以在苦難中找到的神。苦難往往令人智窮力竭，因而能夠鼓勵他們倚靠神。即使受苦的人很了解神，痛苦也往往能夠令他們對自己與神的關係有新的認識，他們也能夠以做夢也想不到的深刻程度，經歷神的愛。就好像沃森（David Watson）那樣。他表示癌症令他比以前更享受神，崇拜的真實對他而言，也比以前更有意義。他寫道：「我們需要找到神的愛，在其中休息。沒有甚麼比這更重要。」[7]而且，我們絕對不能忘記，管教是神表達祂對我們的承諾（來十二4～13），它絕對不應該令我們懷疑神，倒應該使我們更確信祂的愛。

第三，神利用苦難帶給我們好處。神沒有參與和邪惡勢均力敵的鬥爭（賽四十五7），而是統治邪惡。由約瑟（創五十20）到保羅（羅八28），我們從這些神的子民口中，一再得到保證，神會從邪惡中帶出好處。無數基督徒也證實這個主張，他們都能夠在看似災難的當中，發現神的良善，即使只是在事後回顧時才有這樣的發現。保羅提到苦難對我們品格的價值（羅五3～5），指出有些東西只能透過痛苦才能學會。彼得強調苦難在我們對抗罪方面的價值（彼前四1）。耶穌談及苦難可以怎樣榮耀神（約九1～3）。因此，有效的安慰服事，不單給受苦的人支持，也能夠鼓勵他們從苦難中學習和成長。真正的安慰會防止受苦的人在對神、自己或別人的態度方面倒退。它是希望透過這經驗挑戰自我中心的態度，促進靈命成長。

第四，苦難使我們與基督連結。基督徒不能和他們的主有完全的團契，除非他們認同主所忍受的苦難（腓三10）。對基督徒來說，苦難不是要不惜任何代價避免的事情；苦難來到時，我們應該歡迎它，視之為促進我們與基督聯合的途徑。苦難過後，我們會得到榮耀。正如在基督的生命中，苦難是榮耀必須有的前奏，我們的生命也應該如此。「親愛的弟兄阿，有火煉的試驗臨到你們，不要以為奇怪（似乎是遭遇非常的事），倒要歡喜；因為你們是與基督一同受苦，使你們在他榮耀顯現的時候，也可以歡喜快樂。」（彼前四12～13）。

第五，苦難不會永遠持續下去。耶穌的復活給我們肯定的盼望，人類的仇敵已經被擊敗，我們的痛苦經歷遲早會完結。苦難在今生很可能不會無止境地繼續下去（彼前五10），但即使苦難會無休止地持續下去，我們也可以肯定，神最終會結束苦難，結束所有受造物都經歷到的沮喪（羅八18～25）。現在，我們所接受的呼召是耐心地懷著盼望。

這些安慰可能需要加上補充：嘗試處理一位善良的神怎能容許苦難存在這個難以解答卻揮之不去的問題。人們很少會容許我們迴避這個問題。因此，我們牧養關顧的焦點要根據魯益師定下的界線擴闊，但不犧牲我們的主要責任，就是要讓受苦者與神有個人的接觸。這個擴闊了的焦點，可能會淪為哲學性論辯，能夠刺激思考，卻不能改變人。但它不一定是要這樣，它可以為非常內省和主觀的事情，注入客觀的元素。

奧登[8]研究了歷代教會有關這個課題的教導，擬定了12個經常被引用的論點。每一個答案都有本身的限制，但將它們結合起來，卻會變得相當有力，而且只要小心地採納和運用，就會相當有用。簡單來說，這些論點包括：

1. 雖然由於我們的有限和有罪，神容許苦難存在，但神並不直接引發苦難。
2. 神給我們有限自由這額外的恩賜，但這恩賜有可能被濫用。
3. 神絕不容許邪惡的事情發生，除非祂能夠從中帶出好處。
4. 神的力量並不因邪惡存在而受限制。邪惡促進神的力量，祂冒險創造擁有有限自由的人，而且不受可能引致的反抗所威脅。
5. 正如有時需要用藥物潔淨身體，或者需要嚴格的控制令體格強健；同樣，我們可能需要痛苦，才能夠令個人健康和成長。
6. 懲罰有潔淨和教育的作用。
7. 基督徒並不因為邪惡而感到絕望，雖然邪惡深入社會和個人。他們相信一位超越人所能理解，卻又在歷史中讓人對祂有足夠認識的神。歷史在基督裏達到高潮。神鼓勵基督徒在他們看不見和不明白的事情上信任祂。
8. 苦難突顯良善，加強我們享受生命的能力。
9. 反對、張力和掙扎，都是成長、發展和健康所必須的。
10. 我們的有限意味著，我們沒有足夠的能力去接受神完全和無可比擬的良善。
11. 邪惡就是缺乏美善。因此邪惡存在，能夠帶來美善。例如：疾病的存在，可以在人對抗疾病時引發努力和愛，這是沒有疾病時不能產生的。

12. 神無限的美善，會創造一個盡可能最好的世界。從我個人的觀點，這可能不是可能中最好的世界，但那是因為神創造了對整體而不是對我來說最好的世界。(這點忽略了墮落對受造物帶來的影響，那就是我們的世界現在不是神最好的創造；不過，這一點仍然是很有趣的哲學見解。)

醫治的挑戰

近年，傳統的安慰事工受到攻擊，因為醫治的事奉重新出現。在這方面，很多人宣稱自己重新發現了聖靈的恩賜，將基督教一個不平衡的教導糾正過來。有人說，聖經不單對苦難的價值有很多教導，對醫治的可能性同樣提出很多教導。麥克納特 (Francis MacNutt) 是在這方面備受尊重的發言人，他公正地抱怨教會向信徒灌輸一套對苦難的態度，令他們完全沒有得到醫治的盼望。佔主導的態度是，苦難來自神，因此，要求得醫治，便是違反神的旨意。雖然我們可能容許要求得到一點舒緩，但病人最好還是忍受痛苦。麥克納特抱怨，人們「不恰當地強調十字架和受苦的好處」，[9]他也提及大部分基督徒都受到訓練，以致對神產生了一種異教的觀點，將苦難等同為對罪惡的懲罰。相反地，麥克納特指出，耶穌施行的醫治是福音的中心，也是將神啓示自己為愛的神所不可或缺的部分。[10]他認為，這就是聖經的教導所強調的。

並非所有在這方面事奉的人，都有麥克納特的智慧。正如任何獲重新發現的重點一樣，總會有人走到極端，所以詳細解釋這種事工可能帶來的一些麻煩，以及必須否定的特點，仍然是合宜的。

我們必須明白，每當有人行了一些神蹟奇事，總會有一個危險：人們會視神蹟本身為目的，忽略了神蹟是指向神；並且是為了奇迹，而不是為了施行奇迹的神而追求奇迹。耶穌的服事清楚顯明，對某些人來說，奇能異事是信仰的絆腳石，而不是踏腳石。因此，主張耶穌自己對神蹟持保留態度，也並非不合理（太十一21～22，十六4；可一32～38；約四48，十二37）。耶穌在福音的話語這個背景下施行奇迹。福音和奇迹並不是分割的。

將神貶低，不把祂視為元首是危險的。有些人談及神時，將祂當為個人的流動藥劑師。他們不服食藥物，卻期望神即使在他們有最輕微的痛楚時，也介入為他們除去痛楚。如果連我們的每一根頭髮神都數過（太十30），相信神對我們生命中最微不足道的細節都感興趣也是合理的。但不斷利用神，讓我們自己更舒適，並相信祂隨時候命，便是將永活的神變為偶像。

有些人則提出一些衝動和大膽的要求，當這些要求沒有實現時，就讓神顯得好像很愚蠢。堅定地斷言神的旨意是要某人得到醫治，但那人最終卻死去；刺激人們相信神蹟，結果卻令他們失望。這些都是近期牧養上的一個主要難題。結果，不蒙應允的禱告這個問題，以全新的形式變得十分迫切。我們也需要說，有些人對這個難題所提供的答案不夠誠實。

有時，說病人死亡是因為教會信心不足，或者禱告得不夠多，明顯是錯誤的。當所有人都明顯期望病人恢復健康，結果病人卻死去。在這情況下，仍然聲稱神應允了禱告，醫治了病人，只不過是幻象。同樣，為一個令人痛苦的健康問題禱告，祈求神醫治，然後因為神令病人的腿長了（但對病人的病情卻毫無幫助）而歡欣，只是把神淪為笑柄。而聲稱雖然我們仍未經驗到醫治，但神已經施行了醫治，則完全不合乎聖經。我們的不誠實，並不能榮耀神。令人沮喪的牧養經驗，應該驅使我們謙卑謹慎地作出聲言（傳五2～3、7）。我們渴望參與神的行動，有時會令我們以別人靈性的安好來冒險。聖經就是不容許我們沉迷於油嘴滑舌的偽裝，說神總是要人得到醫治，讓人得到醫治。

信心和神蹟的連繫，帶來另一個牧養的難題。在福音書的某些地方，這個連繫是十分明顯的。一方面，耶穌將自己所行的一些神蹟，歸因於病人或其他人的信心（可二5，五34，九23～24，十52）。另一方面，由於祂的同鄉缺乏信心，所以祂不能在家鄉施行神蹟（太十三58）。不過，這個連繫並非總是那麼明顯的（例如：約五1～9）。現在有些人的表現是，彷彿有一條鐵一般的律法，將尋求醫治者的信心和神施行奇迹連繫起來。這不單是以不合法的方式限制神的能力，也很容易變為實行屬靈專制的工具。這種連繫，由恩典的福音墮落為工作的福音。在恩典的福音，神以祂的大愛和大能，為人的好處行動；但在工作的福音，神的愛則是人相信的行動的獎勵，奇迹只有當人繼續相信才能夠維持下去。

我們也可以再次指出，人們對死亡的態度也是一個問題。如果有人聽到一些基督徒怎樣說話，他們不會認為死亡已經被打敗，人最後的敵人已經失去它的毒鉤（林前十五

54～56）。那些基督徒所說的話，彷彿顯示死亡就是失敗，需要不惜任何代價逃避它。保羅在哥林多後書五章1至10節和腓立比書一章20至23節的態度，是多麼不同啊！不信的人肯定懷著不屈不撓的決心，渴望抓緊此生，但這卻反映在某些人為別人得醫治的祈求中。

近期重新強調醫治的事工，帶來好些牧養上的難題迅速出現。但我們不應該因為推銷員不好，而拒絕優良的貨品。正如在其他範疇一樣，福音派的牧師會要求自己的實踐符合聖經的啓示，不會根據個人對不幸的牧養經歷的反應，形成自己的觀點。

沒有人會不同意醫治和其他神蹟是耶穌的服事中必不可少的部分。即使粗略地閱讀馬可福音，也會得到這個印象。沒有人能夠不同意斯梅爾（Tom Smail）的結論：

> 人們往往根據耶穌教導的真理和祂流露的憐憫，解釋祂的服事。然而，與這一切不能分割的是特定的靈恩向度（charismatic dimension）。耶穌教導別人，愛別人，以能力和權能改變別人和事物，祂聖言所宣告，以及祂的愛所渴望的事情，祂為人做，也令這些事在人們裏面發生。在福音作為真理的宣告，愛的服事與能力的行動之間，我們無須將它們對立起來。[11]

同樣明顯的是，耶穌在世時，將祂的權力賜給門徒，讓他們在服事時不單傳講福音，也施行奇迹（可六7～13；路九1～6）。這權力不限於12使徒，因為72個門徒完成了工作回去時，都很高興，因為「因你的名，就是鬼也服了我們」(路十17)。新約其餘部分都見證一個事實：在耶穌死後，初期教會傳講真理和帶有權能的行動，會繼續它們之間的連繫(徒；林前二4)。不過，這也完全是耶穌自己引導他們抱有的期望(可十六15～18；約十四12)。

有一套給人深刻印象的神學教導，強調這些奇迹標誌著神國的最初介入，在基督和使徒時代以後，不應該再期望這些事情發生。我們十分同意神蹟標誌著神國的介入，但認為神蹟會在新約時代結束後消失，卻似乎沒有聖經的根據。歷史似乎肯定會反駁這個判斷，因為奇迹和醫治一直都是教會生活的事實，即使並非總是十分突出。

我們宣稱自己相信一位使耶穌從死裏復活的永生神，所以期望我們的服事包含這個超自然範疇，肯定並不奇怪。事實上，如果要忠於耶穌對服事的教導，似乎就要包含這個範疇。這種權能的行動顯示，神勝過邪惡，入侵黑暗的國度，藉此一直榮耀神。在人們的生命受到比自己更強大的掌權者——基督比掌權者更強大——囚禁時，這些行動以戲劇性的方式，顯示神的愛，從而繼續榮耀神。雖然我們有先進的科學和技術，但人類仍然被較他們強大的力量和恐懼所抓緊，需要從中得到釋放。從基督的時代到現在，那些力量都沒有怎麼改變。它們仍然是壓迫人類的結構、大自然、疾病、惡魔、罪和死亡的力量。[12]

醫治事工的部分價值，在於它不斷挑戰我們的信心。耶穌多次要祂的追隨者正視他們缺乏信心，祂並非以抽象的方式這樣做，而是在需要神蹟的具體情況下，要他們正視問題(可四40，五36，九23)。我們太容易有模糊的或學術性的信心；在理論上相信神的能力，實際上卻從未見過這能力發揮作用。傳統主流的福音派信仰(evangelicalism)往往犯了過分側重理性的錯誤。值得留意的是，在過往的歷史，每當有不可思議的事情出現，福音派信徒的典型回應，都是假如神選擇以那個方式介入，祂可以那樣做，但在這個具體情況下，神並沒有那樣做。毫無疑問，在很多情況下，這都是一個明智的回答；但在另一些情況下，上述答覆卻有點迴避問題的意味。醫治的挑戰，就是挑戰我們清楚表達我們的信心。信心不單要求對神蹟的可能性大體上持開放的態度，有時更要求我們對神的介入作具體的委身。

以目前的情況，我們可以說醫治事工是格外重要的。雖然有些人很容易就相信，但大部分人都是理性主義者。神蹟挑戰他們的世俗主義，以及對世界的「現實」態度。這並非表示，對不信的人，奇迹是信仰的有力證據。奇迹並不是這樣。我們需要信心，才可將發生的事情解釋為是神的行動。沒有信心，不信的人仍然對信仰抱懷疑態度，或只成為懷著好奇心的尋道者，甚至完全是無神論者。不過，藉著出人意表的方式施行醫治，至少能夠對世俗的世界觀提出強烈質疑。與僅僅使用言語相比，這種事工或許能夠更有效地刺穿理性主義的盔甲。很多人都以這套盔甲來抵擋神。

雅各書五章14至16節提到醫治的事工時，似乎表示它可以在持續的牧養境況下進行。雅各書肯定醫治是可能的，也強調要有信心。雖然雅各沒有明確提到病人的信心，但從向教會領袖提出要求這個行動，就已經可以看到。不過，經文環繞的重點，是在為病人禱告時需要有信心。

雅各還有更多話要說。正如福音書一樣，在雅各書中，福音的話語和權能的行動也是分不開的。提出了醫治這個主題後，雅各便改變話題，討論罪和赦免的需要。他這樣做，提醒了我們兩者有緊密的連繫，不過這連繫並非必然。雅各書提出，只有在更廣闊的牧養背景下，才能夠擁有有效的醫治事工。由於人是複雜卻統一的存有，對人的服事必須包括整個人，而不單是人的身體。很多時候，只有經過個人靈性、道德和情感上的服事，才能夠醫治他們的身體；甚至只有經過了這一切，醫治身體才是合宜的。

雅各書提到「奉主的名」抹油，以及「出於信心」的祈禱，指出另一個重要的問題。在祈求醫治前，我們需要辨別基督的心意，否則便不能奉祂的名，或憑著信心進行。不大考慮主的旨意是否要某人得醫治，便匆匆為那人祈禱求醫治；如果那人最終得不到醫治，就會帶來很多麻煩和混亂。神明顯不是要所有人都得到醫治。保羅為自己「肉體上的刺」尋求醫治，但藉著這根刺，而不是藉著得醫治，他領略到神的恩典。提摩太、特羅非摩和以巴弗提明顯都患了病，卻得不到醫治。因此，在服事受苦的人時，必須作出分辨。如果我們不辨別神的旨意，便無權行使主的名的權能；如果我們不作出辨別，便不可能以真正的信心祈禱。

雅各的教導中另一個十分重要的方面是，醫治的工作要由教會的領袖代表整個教會施行。他們被稱為長老或有其他稱呼，那並不重要，重要的是他們的角色和作用。他們是團契的牧養領袖。部分人可能有醫治這種聖靈的恩賜，而在日常的牧養事奉中，明智的做法就是找出有這種恩賜的人，以便為受苦的人提供綜合的服事。不過，容許那些認為自己有這種恩賜的人，在未經病人邀請，也未與牧養領袖配合之下，便運用這種恩賜，卻肯定是不智的。有醫治恩賜的人在地方教會獨立行事，就是否定保羅在哥林多前書十二章為屬靈恩賜定下的基本原則。這樣做帶來的牧養難題，往往多於所解決的難題。上面提過的很多問題，正是因這缺乏紀律而起的。

我們永遠都不應該將醫治的事工和受苦的神學分開。由於我們活在一個墮落的世界，痛苦的經驗具有救贖作用，是有用處的，有時甚至是必須的。班德（Paul Brand）講過一個動人的故事。他努力為一個痲瘋病人重造手指和筋腱，結果它們很快便在病人睡覺時被老鼠吃掉，因為病人沒有痛的感覺，不能警覺到老鼠看中了他。那病人知道，如果沒有痛楚，他不能夠得到自由。[13]只要我們仍然活在這個墮落的世界中，不是所有苦難都能夠或應該減輕。不過，我們必須保持平衡。同樣重要的是，確保受苦的神學不會和醫治的神學分開。每當遇到苦難，我們必須尋求主的心意，嘗試辨別主有甚麼目的，雖然這樣的辨別往往是不圓滿的。對於應該尋求醫治，還是無可避免地要繼續受苦，我們不敢在心裏先有決定，然後才處理有關個案。

更廣闊的角度

我們在關注苦難時，目光往往過分褊狹。如果我們單單藉著為受苦的人禱告，表達我們關懷的本質，那麼便要說，我們的關注實在是太有限了。在大部分時間，我們的祈禱就像一個讀出醫院候診名單的儀式。當然，我們關心即將入院的朋友是對的，但我們是否同樣關心那些不能入院的人？還有，我們是否知道，苦難遠遠不單是沒有健康的身體？

在英國，雖然政府機關和計劃對國家的福利貢獻良多，苦難仍然相當普遍。還有「被遺忘的羣體」(communities of the left-behind) 存在。[14]他們沒有接受教育、沒有房屋、沒有工作、沒有健康，情況相當嚴重。但與世界其他受苦的人相比，他們還是比較富裕的。聯合國一份報告詳細列出拉丁美洲的小部分苦難：

> 三分二人口營養不良。
> 四分三人口是文盲。
> 一半人口患有傳染病和營養缺乏病。
> 大部分人都沒有土地。
> 居住環境不穩定，主要因為他們倚賴由其他國家操縱的市場力量。那些國家擁有他們的工業，維護自己的利益。[15]

與世界某些地方的饑荒和旱災相比，拉丁美洲人的不幸也不算嚴重。還有，政治獨裁和軍事壓迫也廣泛地威脅人權。

舒適的西方教會對這些苦難無動於中，而且缺乏處理這些苦難的神學，令一個全新的神學運動產生。這種神學有不同名稱，例如政治神學或解放神學。它是為了一個迫切的需要而出現。但由於馬克斯主義似乎比基督教較多談及這問題，所以這種神學也往往不健康地過分依賴這無神論哲學。不過，對這些問題，聖經並不是沉默的。

聖經顯示神關心受苦的人。這種關心，在整本舊約都十分明顯。不過，在神藉著出埃及解放祂的子民，在被擄的經歷中給他們盼望時，這份關心達到最高峯。在這以外，律法和先知定期的教導顯示神渴望限制邪惡和貪婪，並譴責壓迫。祂的關心不限於自己的子民，更包括所有受到不公平壓迫的人（詩三十三13～15、18～19；摩九7）。

聖經教導我們，神是公義的，祂會為人的邪惡和他們對別人的不公平壓迫而審判他們（摩一3～二16）。祂留意他們的舉動，要求他們為自己的行為負責。從國際關係的起伏和人類歷史的正常範疇中，都可以看到這審判已經在進行（但四32）。

聖經提到一個王國的開始，這王國必然會成功，對抗那些在撒但控制下行事的人，即使那些人沒有察覺自己被撒但控制。神的國度具有最激進的本質（路一46～55），完全照顧弱勢社羣的需要（路四17～21）。

聖經指向未來，那時，神的國度就會以現在仍然不可能的方式完全實現（太二十五章）。因此，聖經呼召我們對將來抱有盼望，即使我們現在所有的經驗都顯示，這種盼望是愚蠢的。

聖經現實地面對邪惡的複雜和紛繁，以及人在沒有神的幫助下，是如何無力擊敗邪惡。正如謝潑德（David Sheppard）承認：「我愈面對我們的城市中這些重大的人類問題，就愈明白要解決這些問題，不能依靠我們人類的資源。這些表面上世俗的事情，迫使我一再回到自己的屬靈資源。」[16]已經勝過這世界有組織的邪惡系統的，只有一位（約十六33）。

聖經也強調，認識神的人應該分擔鄰舍的傷痛，設法糾正使他們受傷的錯誤（路十25～37）。解放神學的傑出倡導者古鐵雷斯（Gustavo Gutierrez）同意，藉著福音歸信基督

(evangelical conversion) 是「一切靈性的試金石」，但他也警告說，「我們的悔改歸主，表示這種歸信是面向鄰舍的。」歸信是思想和感情的徹底轉化；它意味著好像基督那樣生活，並因而將我們的生命重新轉向受壓迫的人、社會上被剝削的階級、被鄙視的種族，以及被侵佔的國家。[17]

本章的概覽無意詳盡闡釋苦難的牧養神學，[18]只是希望鼓勵我們擴闊自己的視野，明白到處理身體疾病以外的苦難問題，是十分合理和合乎聖經的關注。不單如此，在我們這個世界裏，大眾傳媒透過每天的電視新聞，讓世界的苦難侵入我們的客廳，使我們必須有一套回應全球性苦難的神學。這套神學所提出的答案，可能有很多都與我們向個別患病人士提供的答案相同，只是範圍擴大了。然而，我們的答案不會全部都屬於這一類。我們可能永遠都不能除去當中涉及的奧秘成分。但可以肯定的是，除非我們能夠見證一位神，祂關心世上數以百萬計的饑民和受壓迫者，正如祂關心我們教會個別成員的背痛一樣，否則我們的神就是不可信的。

結論

牧養神學對苦難的任務，是處理人類最艱難—— 會帶來很多不同情緒—— 的經驗，並嘗試更客觀地看待這種經驗。這樣做時，牧師設法在自己有限的凡人理解的限制下，向別人解釋神的作為。牧師會設法表明，神的能力、聖潔和愛，並非不能與苦難調和。而且，牧師會為著好處而要發掘出苦難的片段，運用它，讓受苦的人在神的恩典中成長。牧師會注視神醫治的能力，在全人服事的前提下，他可以懷著信心禱告，祈求神在受苦或死亡中賜下恩典，或給予醫治。這些做法都能夠榮耀神的名——甚至在不信的人中間。不過，牧師的視野不是狹窄的，他們會察覺到在我們這個世界，苦難是一個多麼大的難題；他們也不會忽略以適切苦難的方式說話的需要。

牧師不斷提醒人們，神不會輕易給人傷害或痛苦；即使這樣做時，祂仍然掌管一切，並非與邪惡進行結果不明的競爭，而是會帶來釋放和拯救。以賽亞準確地記錄了那個情況：

> 因為那至高至上、永遠長存、名為聖者的如此說：我住在至高至聖的所在，也與心靈痛悔謙卑的人同居；要使謙卑人的靈甦醒，也使痛悔人的心甦醒。我必不永遠相爭，也不長久發怒，恐怕我所造的人與靈性都必發昏。因他貪婪的罪孽，我就發怒擊打他；我向他掩面發怒，他卻仍然隨心背道。我看見他所行的道，也要醫治他；又要引導他，使他和那一同傷心的人再得安慰。我造就嘴唇的果子；願平安康泰歸與遠處的人，也歸與近處的人；並且我要醫治他。這是耶和華說的。惟獨惡人，好像翻騰的海，不得平靜；其中的水常湧出污穢和淤泥來。我的神說，惡人必不得平安！
> （賽五十七15～21）

註釋：

1. C. S. Lewis, *A Grief Observed,* p. 23。
2. C. S. Lewis, *The Problem of Pain,* p. 22。
3. Lewis, *The Problem of Pain,* pp. 34f.。
4. Lewis, *The Problem of Pain,* p. 116。
5. Lewis, *Grief Observed,* p. 36。
6. Lewis, *Grief Observed,* p. 34。
7. D. Watson, *Fear No Evil,* p. 63。
8. T. C. Oden, *Pastoral Theology, Essentials of Ministry,* pp. 226～244。
9. F. MacNutt, *Healing,* p. 41。
10. MacNutt, *Healing,* pp. 98～108。
11. T. Smail, *Reflected Glory,* p. 101。
12. 參 Smail, *Reflected Glory,* p. 65。
13. P. Brand and P. Yancey, 'Putting pain to work', *Leadership* 5/4 (1984), pp. 121f.。
14. D. S. Sheppard, 'The poverty that imprisons the spirit', The 1984 Richard Dimbleby Lecture, *The Listener,* 19 April 1984, p. 9。謝潑德指出，有兩類英國人：第一類是「舒適的英國人」，第二類他稱為「另一類英國人」，這類人普遍相當貧窮。
15. 轉引自 J. M. Bonino, *Revolutionary Theology Comes of Age,* pp. 22f.。
16. Sheppard, 'The poverty that imprisons', p. 9。
17. G. Gutierrez, *A Theology of Liberation,* pp. 204f.。關於從福音派角度闡釋基督徒的社會參與，參 J. R. W. Stott, *Issues Facing Christians Today,* pp. 2～28。
18. 一位福音派學者對相關經文的出色解釋，參 J. A. Kirk, *Liberation Theology,* pp. 95～135。

[16]

合一

目前，每個教會都面對的其中一個尖銳問題，就是合一。更準確地說，問題是怎樣解除致力合一與堅持發展和純正，兩者之間所產生的張力。聖靈新的吹拂，以及伴隨而來的人工贗品，已經迫使很多人面對這個問題，而且它往往是以令人最痛苦的形式出現。教會以不同的方式回應。對一些教會來說，分裂的威脅令他們拒絕任何與不受控制的靈恩運動有關的事物。他們已經不惜任何代價，維持合一。另一些教會則對改變的風氣持開放態度，但當中比較傳統的人卻對新的崇拜方式和新的領導模式帶來不穩定和混亂，感到悲嘆；那些較激進的人則因為改革進展緩慢，感到失望。還有一些人覺得，今天的教會深受有名無實的基督教所滲透，惟一忠於聖靈的做法，就是脫離古老的結構，以及它們代表的一切，建立新的結構。這種新結構不會妨礙他們發展，或損害他們的純正。[1]

雖然聯合全國基督教會的力量已經幾乎靜止，但每一間地方教會都將合一這個問題放到議程上。真正聯合的難題，需要在直接交往的層面中解決。在各種解決這問題的嘗試中，許多都不當地訴諸人類的傳統、自私的利益或黨派的關注，而且往往明顯缺乏對教義和聖經的理解。我們不應該歸咎聖經，因為它多次處理這些問題，而且指出分裂的威脅是多麼難測。事實上，甚至在一封給新約裏最喜樂的腓立比教會的書信中，也提過這個問題。腓立比教會亦面對分裂的威脅（四2，二1～11）。問題不是教義氾濫，而是缺乏。

分裂是否總是錯誤的？

歷代以來都有分裂的威脅。過去一些最嚴重的分裂，今天卻因為成了形成我們福音派傳統的最重要轉折點，因而受到讚揚。根據福音派的本質，當福音的真理面對威脅時，福音派會率先提出需要分離（約十七17～21）。福音派信徒絕對不會視合一本身為目標，並強調我們只能夠從真理這個出發點，追求合一。[2]

可惜，似乎在每一代，神都要提醒教會，它們忽略了某方面的真理；或者藉著興起一羣受到反對和拒絕的人，為垂死的教會帶來新生。結果，往往是成立了一些新羣體。這種趨勢的主要代表包括路德、史密斯（J. Smyth）、衞斯理、達祕（J. N. Darby）、卜威廉（W. Booth）和很多其他人。他們絕對不是完美的人，隨著時間過去，他們興起的運動甚至變得比他們更不完美，但誰能夠否認，他們激進地與主流教會分離，不是出於神？如果這個在歷史上一向都十分明顯的趨勢[3]沒有在我們這個時代出現，倒會令人大感意外。這個歷史角度必會令我們體諒那些因為建立了新的教會，而被現存建制教會的領袖指摘者的複雜感受。那些建制教會的領袖，也以過去的分離運動為榮。[4]

然而，這並非表示，要忠於神，惟一的方法是離開傳統教會，加入新興教會。歷史也表明，新興的運動對較古老的結構也可能帶來戲劇性的改變和復興，令它們同樣能夠榮耀神。例如：18世紀由衛斯理帶來的復興運動，在那個世紀結束時，對聖公會和自由教會都產生相當有益的影響，在英國本土和海外，都令人重新強調宣講真正的福音。

我們也必須謹記，分裂並非總是具破壞性的。有足夠的證據表明，教會可以透過分裂而健康地成長，就好像細胞一樣。歷史證實了教會增長學者的理論：應該積極地將地方教會的分裂，視為教會增長的主要策略。[5]甚至當分裂的動機不是最單純，正如近年產生的一些分裂那樣，仍然可以有這個情況出現。從某方面看，當教會透過痛苦的分裂成長時，其實只是使徒行傳八章1節的主題的變奏。當時神讓迫害臨到，令教會離開舒適的團契，激起新的進步。迫害好像分裂一樣，可能是邪惡的，但神也可以利用它帶來好處。

不過，雖然分裂有這些合理之處，我們仍然必須強調，分裂通常有可能造成破壞。耶穌警告說：「凡一國自相分爭，就成為荒場；一城一家自相分爭，必站立不住。」(太十二25) 我們要謹記，有一個源自神的分裂，便有十個不合神心意的分裂。雖然我們宣稱自己追求聖靈裏的新生命或教義的純正，但導致分裂的最常見原因，就是我們有罪的性格，以及我們不願意尋求聖經裏這種強調愛和合一、難以達致的聖潔模式。

從歷史汲取教訓

最明白這點的是巴克斯特。他寫了一本關於《醫治教會分裂》(*The Cure of Church Divisions*)的巨著。這本書有很多適切這個時代的牧養建議。在巴克斯特的時代，教會處於動盪之中，很多人離開英國國教(the Church of England)，到一些比較純正的教會。他以敏銳的洞見和屬靈的深度，向那些會引致分裂的人提出60個建議，並向需要處理這個問題的牧者另外提出22個建議。雖然巴克斯特不支持分離分子，但他顯然明白他們的渴望，而且沒有完全歸咎他們。事實上，他願意承認，有些時候要離開自己的基督徒羣體，和另一個信徒羣體一起崇拜，是容許的。然而，最重要的是精神和態度。篇幅所限，我們不能在這裏列出巴克斯特的所有建議，但可以介紹其中一些較重要的內容。[6]他認為，最可能引致分裂的是那些年青和不成熟、在靈性上有點性急的基督徒。他誠懇地提醒他們：

1. 不要忘記年輕和年長的基督徒之間的合理分別。
2. 提防屬靈驕傲這個根深蒂固的試探。
4. 不要藉著疏遠其他基督徒，滿足要比別人聖潔的渴望。
5. 要謹記關於有形和無形教會的教義。
6. 要明白有形和無形教會的分別，不要比神對地上的教會提出更多要求。
7. 聖經對合一及和諧的重視。
8. 最好的基督徒在發覺教會裏有需要改善之處時，就會尋求改革，而不是利用它作為分裂的藉口。
9. 教會驅逐無悔意的人是履行責任，但虔誠的信徒離開教會，則通常是罪。
10. 驅逐人離開教會不應該隨便進行，應該依照馬太福音十八章15至18節的規定。

12. 基督仁慈地接納最軟弱的人到祂那裏，教會的紀律必須配合這個福音。
13. 即使如此，教會對罪也不能不置可否，因為基督來到世上，是要毀滅罪和潔淨人。聖潔與和睦必須並存。
16. 談及一個基督徒的信仰表白是否可信時，必須明白有不同程度的可信性。
19. 委身於一個分離的派別，以致損害整體教會和基督徒是錯誤的。
20. 要十分懷疑宗教的激情，小心分辨有益和有罪的熱誠，以免聖靈被怪責讓罪出現，而我們受到迷惑，在嚴重冒犯神時，還以為自己在討神喜悅。
21. 不要相信說別人壞話的信徒，甚至不要聽他們說話。
22. 不應該論斷別人的狀況和行動。
26. 有些過分熱誠的基督徒批評比較清醒的信徒；有些較仁慈的信徒，顯示消滅愛是罪和錯誤。花較多時間與這些過分熱誠的信徒一起是不智的。
27. 我們可能誤解神給我們禱告的回應，相信神都已經答允；但實際上，我們只看到自己的偏見、激情和無知帶來的影響。
28. 要試驗對神話語的一切啓示和意見，無論提出這些啓示或意見的人給我們留下多麼深刻的印象。
29. 在不能確定時需要小心，以免因為渴望為自己紛亂的思緒找到解答，便走上一條通往陷阱的路。
30. 一個人必須學習，直至適合並蒙召教導別人。
32. 比基督更強調不同的禱告方式是錯誤的。試金石是真誠，而不是形式。

33. 不應該將別人在崇拜時所犯的錯誤誇大。
35. 不可能將自己和一切有缺點的崇拜分開。
38. 不應該忽略真理，但也不應因為堅持真理的每一個細節，而犧牲了教會的和睦。
41. 不應該單單因為講員充滿熱誠，便受他們迷惑。
43. 不應該根據追隨者判斷目標。有些壞人支持好的目標，有些好人卻拒絕這些目標。
45. 以最大程度的聖潔，而不是優越為目標。以最好而不是第一為目標。
46. 對故意犯罪，冒犯教會的人應該敬而遠之；但對軟弱的基督徒，則應該盡力將他們引進親密的團契。
47. 反對錯誤時，有矯枉過正的危險。這樣走向另一個極端，同樣是不好的。
48. 我們要談及自己的錯誤，多於別人的過失。
49. 我們要多談別人的優點，而不是他們的過錯。
50. 指導和勸戒，比責備和挑錯處是更明智的做法。
52. 在心裏和舌頭上報復，與以行動報復同樣是糟的。
59. 如果因為某些原因而不可能繼續聚會，仍然要保持在信仰和愛中合一。屬靈上的傲慢不單令情況更差，而且是不容許的。

巴克斯特給牧者一些額外建議。他們需要被分裂的威脅所激勵，反省自己和自己的教導，在不足之處進行改革(1～3)。[7]無論別人有甚麼弱點，牧者都不應該以不耐煩和自義來回應(4)。牧者必須辨別出引致分裂的原因(5、6、7、9、11)。在分裂時，人們究竟是否定普世教會的有效性，還是只表示喜歡另一間教會的事工或崇拜？這些人是否不明白教會和它的結構？但即使這樣，他們是否仍然緊緊抓著恩典？真正重要的，其實是後者。在決定甚麼過錯是教會能夠容忍，甚麼是不能容忍時，同樣需要作出辨別。

巴克斯特的現實主義取向令他強調，人們現在的理解和將來的理解之間的重大分別。他寫道：「這裏的教會是一間醫院，住著染病的靈魂；他們沒有一個能夠在今生完全康復。」(10) 從他對基督最軟弱的僕人多麼敏銳(8、10、18)，以及他察覺到，年長的基督徒可能對充滿熱誠的信徒不滿(19)，我們可以看到他的牧養技巧。他對處理帶來分裂的信徒的建議，促請牧者努力教導這些信徒真理(16)，並警告牧者不要充滿防衛性地向這些信徒強加一些限制，期望管束他們的作風(15)。牧養關顧必須小心地取得平衡。忽略那些引致分裂的信徒，顯示牧者對他們不再有任何好處。不過，向他們屈服，令他們繼續高興下去，那就等如為自己製造更多麻煩。「不要讓他們統治你，也不要跟隨他們越軌，藉以得到他們的愛，或逃避他們的審查。」(20)

巴克斯特在最後兩個建議中鼓勵牧者以身作則。如果他們顯得妒忌那些較受歡迎的講員，不忿地在背後說別人壞話，喜歡吵架，又怎能期望教會保持合一(21)？接著，他促請他們研究聖經有關「愛和柔和、溫柔和忍耐」的教導，直至這些特質成為他們性格的一部分，自然地從他們身上流露出來為止。

我們這個時代的牧者，比任何時代的牧者都更需要巴克斯特的建議。令人難過的是，我們想到，很多分裂都是由牧者自己促成。要不是因為他們缺乏耐性，渴望改變，強迫教會向某一個方向走，便是因為他們以自己的強大權力阻礙改變，或者因為他們打算牧養那些更容易與他們溝通的羊羣，而忽略了其他羊隻(參徒二十28)。我們很容易看到，這些牧者往往是由最高的理想推動，但也飽受挫折。不過，使羣羊分裂四散的，究竟是怎樣的牧羊人？巴克斯特發覺，除了知識、言辭、聖潔和以天國為念外，牧者還需要十分謹慎(2)。就是這樣。多一點耐性，加上十分的謹慎，便能夠解決近年很多由分裂帶來的麻煩。

巴克斯特所寫下的一切，在當代可以怎樣應用，十分明顯。他的著作就像一位富經驗的牧者提出的明智和敏銳建議，值得我們研讀。不過，我們還可以更進一步，因為巴克斯特關注的問題和聖經一致，我們牧養神學的源頭也在那裏。

聖經的角度

在整本聖經中，最直接談及我們這情況的是以弗所書。近年很多人都訴諸於以弗所書四章，藉以明白重新發掘的屬靈恩賜。這些屬靈恩賜，近年在教會中得到更廣泛的運用。然而，同一段經文也定下了教會合一的基本原則。只有當我們知道，分裂的威脅對以弗所教會是多麼嚴重時，才能夠完全明白以弗所書。對以弗所教會和我們來說，合一都不是學術性的課題。他們的合一面對多麼大的障礙！以弗所是一個那麼重要的大都會，以致人們稱它為「落腳的台階」(the landing stage)。在那裏居住，就像在倫敦希斯羅機場(Heathrow airport)定居那樣。在種族和文化分歧的背後，是猶太人和外邦人之間的鴻溝。基督的死要消除的，正是這條鴻溝(二14～18)。

還有，不用怎樣細心閱讀，我們也可以從第四、五章找到其他引致分裂的原因，包括性格上的衝突(四1～6)、有關屬靈恩賜的張力(7～13節)和靈命的不成熟(14～15節)。更嚴重的是，很多自稱為基督徒的人，卻做出基督徒不應該有的行為，而且仍然感到未重生的生活方式十分有吸引力(16～32節)。以弗所教會一定只有少得令人失望的屬靈生命，值得保羅提及。在一間充斥著謊言、憤怒、不誠實、淫辭妄語、甚至不道德和醉酒(五3～18)的教會，還有甚麼合一的盼望？在這一切以外，當然還有任何教會都面對的，因為性別、年代和社會階級的分別而在人際關係方面產生的張力(五21－六9)。這還未包括撒但對付教會的計謀，以及其中涉及的屬靈爭戰(六10～18)。

保羅怎樣處理這個問題？整封書信為面對分裂的教會建立了一整套牧養神學。雖然我們只會集中研究其中一部分，但明智的做法是將它放入一個更大的背景來處理。書信以討論教會的本質開始，並定下三個主要基礎，作為我們的集體行為的根據。首先，保羅指出，教會是一份神很珍貴的財產(一1～23)，這帶出一個清楚的含義：沒有人可以不加思考或不用心地作教會的成員。其次，保羅列出教會會友的基本要求。在教會裏，地位、種族背景和人為的長處，都毫無重要性。作為會友的惟一根據，就是透過信心而得到的恩典(二1～10)。從這一點，保羅得出一個不證自明的結論：如果教會成員因為某些原因而分裂成為一等公民和二等公民，便損害了福音的核心(二11～22)。第三，保羅指出，以弗所的基督徒羣體怎樣配合神永恆和全球性的計劃(三1～21)。他們的重要性，遠比他們在爭吵時對自己的認知為大，而且保羅肯定，更了解自己的真正身分，能夠令他們的行為改變。

設定好背景後，保羅直接處理不合一這個問題。他提出四個有力的論點，敦促他們和睦相處。他們首先要思想**他們接受的呼召的性質**（四1～3）。這樣會令他們明白，必須培養某些態度。那些不是能夠自然生出的品格。事實上，世界往往毫無保留地指摘這些品格是懦弱的明證。可是，教會正是應該由這些品格組成。

謙卑必須擠掉驕傲。驕傲是那麼隱晦和普遍，所以需要徹底的行動，將它連根拔起。由種族、傳統、家庭、基督徒經驗和知識而來的驕傲，都會形成陷阱，我們一旦跌入這個陷阱，就會導致教會分裂。我們永遠都不能忘記，基督為教會定下的模式，就好像是個小孩子，而不是甚麼都懂、就讀中學六年級的少年人。溫柔是一種強而有力的品格。我們太容易誤以為這種品格就是懦弱。這個詞是用來描述一匹被馴服的馬，它表明我們的性格要敏感於神手執轠繩時所施行的控制，以致我們所有衝勁、能量和熱誠，都向好的方面發揮。沒有這樣的控制，我們的熱誠可能毫無用處，並會帶來破壞，好像一匹未經馴服的馬一樣。我們可能四處亂跑，撞倒圍欄和別人，對主人卻毫無幫助。

用屈梭多模的話說，忍耐的意思是「有一個廣闊和廣大的心靈」。它是一個「有能力報復，但從來不這樣做的靈」。它表示我們不會屈從於憤怒或怨恨，也表示我們不會太輕易放棄和我們意見不同的人。根據聖經，愛是無所不包的品格，永遠都不是個人感受到的情緒。事實上，它是最實際的品格，藉著意志，獻出自己，為別人服務。

和平也同樣是一種積極的品格。有些人似乎有一種永遠都處於衝突中的心態，從敵對的立場看整個生命。成熟的基督徒不會總是尋求對抗或挑起爭端。他們也不會開展讓自己顯得惟我獨尊的遊戲。相反地，他們努力消除衝突，營造接納及和諧的氣氛。和平是脆弱的，很容易被我們的自信和自我中心破壞，必須十分小心地對待。

很多基督徒正是在這一點迴避這個問題。我們並未做好足夠的準備，培養這些不容易理解的個人品格，而且太輕易便放棄。產生分裂和張力，是因為我們不夠謙卑、溫柔、忍耐、仁愛及和平。我們不理會這些品格，卻宣稱希望更圓滿地經歷聖靈。可是，如果我們採用的方法基本上與神的呼召背道而馳，根本不可能從神那裏得到更多。很重要的是，我們需要明白，保羅不單是給我們凡人建議，令我們生活得更好，他更是向我們解釋我們基督徒接受的呼召有甚麼意義。

保羅繼續深入討論。其次，以弗所人需要思想**他們的神的本性**（4～6節）。事實上保羅告訴他們，他要求他們合一，並非要他們實現一些沒有可能實現的事情。他對他們的要求，只是維持聖靈已經賜下，也是他們的神和福音本身已經包含的合一。他們的合一，不過是三一神合一的副產品。因此，他們的任務不是製造合一，更不是發明合一，只是「竭力保守聖靈所賜合而為一的心」。正如巴爾特（Markus Barth）指出，[8]如果神的統一性（oneness）是絕對的話，提到神的統一性不會有多大意義。神的單一性與教會會友——千般百樣的創造物——有甚麼可能的連繫？然而，保羅提出的是，神是三而一，卻仍然是合一的。這正是三一神的本質。

這同一的靈，就是創造一個身體，給信徒一個共同盼望的一位。因此，除非有幾位聖靈，否則根本沒有理由分裂。上主是我們信仰的惟一主體，也是我們在洗禮中與之聯合的那一位。沒有幾位主存在，讓我們相信，而洗禮(無論以甚麼形式)也並非象徵我們與幾位不同的主聯合。因此，它再次表明分裂是毫無道理的。更進一步，保羅指出在一切之上，怎能有「一神，就是眾人的父」。祂創造了一個家庭。用司托德的話說，神和祂的工作合一的意思是，「教會的合一好像神自己的合一那樣不能破壞。要分裂教會，就好像要分裂三一神那樣不可能。」[9]那麼，試圖分裂教會又有甚麼用？

三一神的合一和我們福音的合一顯示，我們信仰的構造，就是一個合一。雖然實際上似乎並非總是這樣，但這是事情的真相，我們要調整我們的實踐加以配合。神不會調整祂的真理，配合我們的實踐。因此，教會中的對抗，直接攻擊教會的根基。

第三，保羅邀請信徒思想**他們至高救主的本質**(7～13節)。留意這一章的敏銳性，它是多麼切合我們這個時代，這是相當有趣的。保羅已經提過聖靈和洗禮怎樣指向合一──在這兩方面，教會經常失敗。現在他討論屬靈恩賜的問題。這也是信徒的意見相當分歧的問題。保羅承認，恩賜是多種多樣的(11節)，而且恩賜會在教會裏廣泛地分佈，任何會友都不能宣稱自己擁有所有恩賜。他也強調，這些特定的恩賜──領導教會的恩賜，有別於他在別處提到的恩賜──的目的是在教會邁向成熟時，裝備教會執行它的任務。而教會成熟的其中一方面，就是合一。這些恩賜不是供私人享受，也不是提供理由，讓一小羣人圍繞某個行使一種有別於其他人的恩賜的人。這種行為與12和13節的教導不符。事實上，恩賜是教會的肌肉，幫助教會成長，使整個身體連合起來。

還有，保羅對屬靈恩賜的基本觀點是，它們是由高升和至高的基督賜下的。保羅巧妙地修改了詩篇六十八篇18節。那裏描述，得勝的君王接受被他征服的人進貢。然而，保羅卻利用這節經文強調我們救主的慷慨。祂是真正的解放者，征服了敵人後，祂沒有奪去我們的禮物，反倒將禮物賜給我們。祂必定得到勝利，以及祂在宇宙的至尊地位都表明，祂在分派禮物時無須斤斤計較或吝嗇。祂會在自己認為合適，以及需要時賜下恩賜。祂不會令接受恩賜的人有欠缺。因此，為甚麼要為屬靈恩賜而爭鬥？祂會給某些人某一種恩賜，給其他人另一種恩賜。羨慕和妒忌，都是不應該的。自覺高人一等和俯就別人，也是不應該的。以這個方式和有不同恩賜的基督徒相交，就是詆毀至高的基督。總而言之，恩賜是要讓教會在復活的基督管理下成長，變得成熟。

第四，保羅邀請信徒思想**他們福音的本質**。分黨分派地行事，表示他們沒有完全掌握福音。說他們不能改變是錯的。他們在基督裏聽到的好消息表示，在他們生命的動力中心發生了根本的轉變，令他們能夠脱去舊有的行為方式，穿上新的行為方式。說這是不可能，就是懷疑他們曾否擺脱未重生的世界的無知。

從這個根本前提（17～24節）出發，保羅一再以一些關於改變應該在哪裏發生的應用例子，重申這個信息。正如鍾馬田醫生敏銳地指出，[10]保羅提到的每一個問題，如果不是以基督的能力處理，都會破壞團契。如果弟兄姊妹彼此説謊、彼此懷怒、彼此偷竊、或不肯彼此寬恕，真正的團契就不可能存在，更遑論興旺。因此，這一章下半部的應用倫理學，並不是一個新的課題，而是進一步揭示教會合一的教義，而保羅在前面已經闡釋了這教義。每一點都與教義有清晰的關連。在短短幾節經文（25～32節）中，保羅提到關於教會、撒但、聖靈、基督再來和救恩的教義。他藉著將讀者重新帶到福音那裏，將他的囑咐帶到高潮。簡單卻要求高的規則是：我們應該好像神在基督裏對待我們那樣彼此相待（32節），意思是我們不可能宣稱自己與神相交，卻不饒恕別人、對人懷怨和有破壞性行為。如果我們明白福音，便應該饒恕別人。

結論

對於分裂的威脅，保羅沒有提出實用的答案，而是用基本的神學性批判，要求整個教會注意，並回到核心問題。我們往往宣稱，分裂是源於屬靈的原因，實際上卻經常只是因為性格或文化的因素。宣稱某一種崇拜方式比另一種更符合聖經，是很難成立的。希望程序比較固定或比較自發，希望使用某一套辭彙，往往都反映了我們怎樣透過文化這副眼鏡，而不是其他東西，解釋聖經。

與文化**無關**的是，聖經要求教會合一。那些為了渴望繼續和神相交而分裂教會的人，必須問一個問題：如果他們公然違反合一這個由神提出的明確命令，怎能繼續與神相交？我們很容易制訂一些試驗，量度別人的靈性。我們採用的方法包括：他們是否喜歡某一種教會音樂，他們在崇拜時有沒有舉起雙手，他們有沒有某一種聖靈的恩賜，或者他們能否忍受持續某一段時間的講道。可是，這些都不是合乎聖經的試驗。聖經一再定下自己的準則——謙卑、溫柔、忍耐、愛及和平。我們必須將這一切清楚地置於焦點，讓它們引導我們彼此之間的關係。

惟一合乎聖經的分裂似乎是，福音的中心真理被否定（加一6～10；約壹二18～19）。因為比較弱的論據而分裂，表示我們容許自己無須順從神在教會設立的檢驗學校，退出能夠讓我們成長，變得聖潔的地方，也表示我們不能根據聖經的真理生活，因此，如果其後有麻煩出現，也不足為怪。

很多人會回應說，事情並非那麼簡單，只有在象牙塔裏的學者才會假裝事情其實很簡單。宗派是我們的歷史現實，我們不能將以往的經驗一筆勾銷，假裝宗派不曾存在。這迫使我們選擇與某羣基督徒一起崇拜。好像自己家人目前的需要這類實際的原因，可能令我們不時要離開某個羣體，加入另一個羣體。我們的不同氣質也可能顯示，我們需要不同風格的崇拜。有些人喜歡比較熱情和自發的風格，其他人則選擇比較安靜和形式固定的崇拜。合一的呼召，不是要求我們劃一。而且有證據顯示，雖然初期教會在基督裏十分合一，但他們的崇拜風格卻非劃一。

可是，如果出現了這種分歧，我們必須努力保持在聖靈裏的合一。不容許人專橫地宣稱某個羣體有聖靈在其中，另一個則沒有。如果有兩個教會都忠於基督工作的主要真理，感到其中一個教會是真教會，而另一個教會則仍未是，也是不容許的。

分裂可以是合乎神的心意，那是因為真理是會引起紛爭的（太十34；路十二51）。但我們必須肯定，引致分裂的是神的真理，而不是我們自己的喜好。神真理的分量會顯示，那些雖然屬於基督，但對教會的無數小問題和我們意見不同的人，我們要耐心地和他們團契。這並不是要教會接受削足就履的心態。在每一方面，我們都要認真地委身，努力邁向成熟的地步。我們也要謹記，合一是成熟的其中一面。合一是抗拒對不夠理想的事情不耐煩的試探。普林斯（Derek Prince）曾經說過這樣先知性的語：

> 事情分為兩種：現實和理想。成熟就是看見理想，並且活在現實之中。失敗就是接受現實，拒絕理想。只接受理想而拒絕現實，是不成熟的。不要因為看見理想而批評現實。不要因為看見現實而拒絕理想。成熟是容忍現實，但堅持理想。[11]

這似乎表達了使徒那平衡的品格。新約的很多書信，都是因為現實的教會遠遠不及理想而寫成的。解決的方法不是分裂，以為可以在這個墮落的世界創造理想。現在，分裂仍然不是解決問題的方法。解決的方法是繼續活在現實中，同時注視著理想，朝著理想努力。正因為這樣，保羅才撰寫了以弗所書。

註釋：

1. A. Wallis, *The Radical Christian,* pp. 122～136。
2. D. M. Lloyd-Jones, *The Basis of Unity*。
3. E. Troeltsch, *The Social Teachings of the Christian Churches,* vol. 2, p. 993。
4. 有關這種複雜性的生動描述，參 G. Coates, *What on Earth is this Kingdom?* p. 136。在這本書中，作者徘徊於同情那些想留在傳統宗派和完全消除這些宗派的提議之間！
5. D. McGavran, *Understanding Church Growth,* p. 13。
6. R. Baxter, *The Cure of Church Divisions* (1670)。
7. 括號裏的編號，是巴克斯特著作裏的段落編號。*The Banner of Truth* 259 (1985), pp. 19～20 重述這些目標。
8. Barth, *Ephesians 4～6,* p. 467。
9. J. R. W. Stott, *The Message of Ephesians. God's New Society,* p. 151。
10. D. M. Lloyd-Jones, *Darkness and Light,* p. 222。
11. 我找不到這段引文的出處。不過，普林斯在好幾個場合中都說過這番話，多份不同的雜誌也刊登過這段說話。

[17]

聖工

今天人們眾聲喧嘩，爭相宣佈傳統聖工已經壽終正寢。社會學家説，這行業已經式微。[1]教會的官僚説，在新的教會模式和羣體生命的張力下，聖工正在瓦解，不能再存在。[2]靈恩派擔心聖工遲遲不消失，盡他們最大的努力關掉維持聖工生命的儀器。[3]同時，某些牧者也確定聖工已經瀕臨死亡。某些牧者為自己的傷口和痛楚哀傷，另一些人則選擇更明確的輔助工作，還有些人乾脆脱離聖工行列。

現實當然複雜得多。地理學家努力表述一塊陸地的真實面貌，取了真實面貌的一個角度，以地圖表現出來，並且不斷重複這個做法，直到得出一系列地圖，才得以開始表達他們看見的複雜性。在本書最後這一章中，我們也會用同樣的方法研究聖工這個課題。

稱心的地圖

宣佈傳統聖工很快便會壽終正寢，是相當過分的誇大。將這個隱喻説得明白，聖工就像在周圍都是鏡子的露天展覽館看自己，只見到現實的反映，但自己身體的某些部分，卻顯得完全不合比例。批評家都忘記了，雖然面對很多困難，今天仍然有數以千計的牧者大體上繼續以傳統的方式發揮作用，並且從這工作中得到很大滿足感。他們愈接近會眾，看見神的能力怎樣改變人們的生命，便愈發覺得事奉是十分豐富、有價值和使人滿足的。他們相信，神呼召他們參與聖工，他們也不會和任何人調換角色。他們滿足於日常的牧養職責，透過教會這個擴大了的家庭，找到很多服事別人的機會。他們很喜歡帶領崇拜和定期講道，當教會稍為有增長，他們便會十分高興。很多牧者完全沒有感到不安，反而相當滿足。

或許，他們感到滿足的部分原因是，他們並非很有野心。不過，即使最感滿足的牧者都必定留意到，他們的事奉的地方中那種冷淡的氣氛。世俗思想、由統計數字決定的道德，以及分崩離析的社會都表示，他們的羊羣在很大程度上正在萎縮。外面的人愈來愈少尋求他們的服務。有些感到滿意的牧者，嘗試藏在羊羣的趕急生活中，不理會這些令人不安的事實。由於他們得到羊羣的仰慕，從羊羣那裏找到溫暖，以及某程度的隔離，保護他們免受外面世界的疾風吹襲。這樣，他們實際上已經停止作牧人。他們沒有將羊羣帶到更肥沃的草原，卻成了監護人，成了羊羣的朋友，接受羊羣牧養。

雖然有很多人真的對聖工感到滿意，我們也需要面對許多牧者感到不滿意這個事實。他們抱怨自己被孤立，感到沮喪。他們感到那些在教會的等級比他們高的人並不關心他們，那些在他們之下的人不愛他們。他們明白教會管理當局已經盡了力。可是，主教、領袖、監督或其他人都過分忙於維持必須的官僚機構的運作，以致不能給予牧者足夠的牧養。當然，良好的例外也是有的，但情況大致是這樣。牧者也不想上司覺得他們能力不足，對現狀不滿，以免妨礙他們的事業發展。有些牧者會從其他地方尋求支持，例如教會或宗派以外的羣體。不過，有時這樣做會引起懷疑，進一步損害關係。

教會會友則以為，牧師接受按立後，在屬靈和情感上都是自足的。他們和牧師沒有親密接觸，沒有發現事實並非這樣。牧師努力活出會友心中的牧師形像，嘗試配合他們的期望，這很可能就是他的問題根源。於是，牧師往往受到束縛，變得具防衛性，拒絕別人提供的幫助，因為如果他接受幫助，便會視自己為失敗者。結果，牧師經常感到憤怒，卻不能表達，便轉而將一切都歸咎自己，雖然他們已經自覺毫無價值。這種憤怒進一步內化為抑鬱，牧師往往朝這條下坡路走下去。他們繼續掙扎，自己也得不到足夠的養分，於是無可避免地愈來愈少提供食物給羊羣。無論他們曾經擁有甚麼屬靈權威，現在都遇到抵抗，他們也不再發揮真正牧者的功能。

提出牧者應該從同工中找支持，並不能解決問題。牧者之間在神學上往往缺乏和諧，因此，執委會、長老會、聖堂參事會等組織，並不是在靈性上彼此支持的團體，只是退而處理公務，或處理一些大家意見一致，不會冒犯任何人的課題。即使在神學上有較為一致的看法，牧者也往往不能卸下他們的防衛機制，承認自己的真正需要。他們也感到不能分享真正的喜樂。他們強烈察覺到，驕傲、優越感、羨慕和妒忌，總是隱藏在他們的談話中，他們不想給這些不屬靈的情感有可乘之機，因此錯誤地以為，最好是避免捲進任何深入的關係，以免助長試探。因此，他們在靈性和情感上都十分飢渴。

聖工是孤獨和壓力很大的職業，主要是因為牧者面對很多要求和期望。如果他們要作領袖——而這就是他們存在的目的，便必須冒險。不過，很多牧者都害怕冒險，因為他們依靠那些可能被他們冒犯的人為生。無論牧者多麼有技巧，都必然會冒犯一些人，得到另一些人的歡心。他們還有其他恐懼，例如懼怕失敗、懼怕親密，以及懼怕不可知的境況，令他們不敢冒險。哈里斯（John C. Harris）的詳細研究《壓力、能力和聖工》（*Stress, Power and Ministry*）指出，牧者對這困境的反應是多麼重要的。他們的反應可能令他們自由地發揮作用，有屬靈的權威；也可能使他們飽受壓力折磨，沒有能力牧養。

哈里斯指出，雖然張力是健康的，能夠帶來更新和新生，但恐懼卻有相反的效果。他提出，因為害怕人們不同意，便不表達個人對聖工的意見和價值觀，這是有害的，會帶來壓力和失望。他建議牧者學習自主。他這樣寫道：

> 我們這個時代流行將自主定義為做自己的事，不理會別人的要求，這些別人包括老闆、父母、機構、鄰居等。我們害怕即使他們現在仍未控制我們，阻礙我們實現自我，他們遲早也會這樣做。這樣看自主，歪曲了它的主要意思，鼓勵一種靈性上的孤立，如果成功的話，就會完全奪去一個人自主的能力。
>
> 自主的根本意思是自我管理。自主就是在與別人的真正關係中站穩自己的立場。[4]

耶穌的生命（可一35～39）和保羅的生命（特別是哥林多後書記載他與哥林多教會的關係）顯然都有這種自主。這種自主，令人在與別人的關係中更開放和坦誠，在和別人討論時減低操控性。哈里斯建議的領導策略，是以整合的方式（integrative fashion）運用自己的影響力。也就是說，牧者不應該試圖躲避會眾或其他教會領袖，反而應該尋求與他們分享權力，一起行動，開放，並且互相影響。這樣能夠更有創意地利用張力，將由差異帶來的破壞減到最低，也儘量充分利用會友的潛力。危險在於，牧者更完全地和別人分享時，可能不會得到他想得到的所有答案。然而這樣做，比訴諸其他策略更可能成功，他們也更有機會更能夠承受牧職的壓力。

哈里斯認為，牧者往往以其他策略維持自己的權力，實際上卻迫使自己走入死胡同。許多牧者實行「反應性的影響」（reactive influence），試圖透過配合會眾的價值觀和期望取得權力。這種策略雖然有維持穩定這個明顯的好處，卻否定了存在真實的掙扎，往往令牧者變得沮喪。牧者可能採取的另一種策略是「主動性的影響」（proactive influence），主張自己有權管轄別人，試圖獨自模造教會。這樣做，將「自我主張這個令人焦慮的擔子」放在牧者肩頭上，而且可能威脅教會的穩定。第三種策略是「非積極性的影響」（inactive influence），這是最常見的。牧者沒有面對任何真正的問題，只專注於那些無關重要的事情，很快便將精神花在教區生活的瑣事上。這種策略，讓牧者能夠避免行使權力帶來的張力，但也會令他們一事無成。[5]

在與其他牧者的討論中，哈里斯找出一些他們認為會扼殺他們的經驗。這些經驗支持他的見解：「整合性的影響」

(integrative influence)能夠給牧者更大自由實行聖工，並且減輕當中的壓力。從有關討論中找到的經驗包括：

需要答允所有要求
害怕強烈的反對意見
安撫積極進取的女性領袖
害怕別人的回應——找出我給別人甚麼印象
沒有說出自己需要更多金錢
需要顯得很忙碌
不能有效地挑戰教區的價值觀
不能清楚說出自己對工作的期望
得不到回應——永遠都不知道自己給人甚麼印象
需要得到所有人喜愛
堅持自己的價值觀和信念
不能改變任何上述挫折。[6]

很明顯，建議牧者尋求更大的個人自主是危險的，除非我們清楚依從哈里斯對自主的定義。他清楚區分自主和獨裁，完全沒有鼓吹更大的專制，因為這是輕率地對待會眾的價值觀和感受。近年很多經驗都顯示，專制只會破壞和分裂教會，令牧者變得困惑或自大。這一切都不能榮耀神。然而，如果自主的意思是在與別人的真正關係中自我管理，便是值得追求的。以哈里斯的話說：

在今天的教會中，牧師以權力領導教會的能力，
最主要是個人的自主。這特別包括他們在以下幾

方面的能力：面對自己內心的恐懼，和別人分享影響力，帶領會友一起反省生命的意義，培養一種氣氛，認真看待教會生活的非理性力量，有勇氣透露自己的需要和判斷，讓別人也可以發揮影響。可以肯定的是，宗教的真誠所要求的，不單是自主的人，而是自主的關係。不過，牧者不能等待別人開始，他們必須有亞伯拉罕的異象和勇氣，在未看見終點時，就獨自上路。[7]

模式的地圖

巴克（Montagu Barker）醫生描述了另一幅和第一幅相似的地圖。[8]他是精神科顧問醫生，也是精神病學講師。他在處理聖工帶來的壓力方面，擁有豐富經驗，而且不單照顧牧者，還顧及他們的家庭。他指出，雖然世俗社會經常談及從事關顧人的職業所需要的支持系統，但在教會卻很少類似的討論。還有，人們提議，牧者也樂意接受的不同事奉模式，都令這工作的壓力增加。他找出了三種事奉模式。

牧者是一個領袖。這種牧者的模式，就像是商業機構的行政人員。他們相當有效率地管理教會。教會領袖的會議好像公司的董事會。牧者惟一的支持系統是他的同工。整間教會都有良好的管理架構，良好的信息流通，所有服務和運動都相當專業和出色地推行。人們視這樣的教會為卓越的典範，值得效法的榜樣。

牧者從自己的成功得到支持，從工作得到很大滿足感。但在其他地方，他卻為成功付上代價。這種事奉模式危害牧者的妻子和家人。他的妻子嫁給了一個牧師，不是一個商界鉅子。有些牧師的妻子會扮演女主角，享受這個角色。但更常見的情況是，牧師的妻子過著獨立的生活，遠離丈夫的事奉，變得抑鬱。這種事奉模式無可避免地有的壓力，就是財政上的缺乏。牧師可能希望自己好像行政人員那樣，也可能希望妻子也這樣，但他的收入卻和行政人員不符。因此，他不能達到自己加諸自己的期望。

這種事奉模式的另一個代價是，教會在聖職方面變得依賴。會友依靠一個接著一個的成功活動或計劃。在這一切中，他們彼此都沒有怎樣建立真正的關係，而團契的核心也並不存在。教會的真正增長相當有限。事實上，這種教會既不自足，會友又沒有彼此支持。

牧者是一個僕人。這種牧者以人為中心。人們總能夠找到他，他也深受愛戴。他對羣體有很大影響力，因為他經常探訪會友，而且對他來說，似乎沒有事情是太麻煩，他也好像有無限的興趣和耐性。不過，他的事奉有某些方面可能會受到虧損。例如：他可能沒有花足夠的時間預備講章，因此不時在講壇上傳講一些不成熟的觀念。但會眾樂意忽略這個缺點，因為他有出色的牧養技巧。他能夠堅持下去，因為人們需要他；他的支持則是來自他的同工。

這種事奉模式也需要付上代價。牧者可能過分樂意為會友服務，以致有時因為不能兑現承諾，或達到別人的高期望而自討苦吃。當發生這種事情時，牧者退而求助於一種新的專業精神，滿懷熱誠地進行輔導，付出相當大的代價，以得到能力和技巧。

他過分樂於為人服務，他的家人肯定需要為此而付上代價。他們會發覺外遊和慶祝都會取消，牧者為了服務別人，因而忽略了他們。不過，教會也付上代價。牧者在每一個課題上都好像乳娘一樣照顧他們，令他們變得依賴聖職人員，永遠都不能成熟，因為他們從未負過責任。或許，付上最大代價的是繼任的牧者，因為他永遠都不能以定下的標準作出衡量。

牧者是一個會友。巴克醫生認為這是聖經的模式。牧養事奉的傷亡率高，是因為牧者拒絕讓別人作他們的牧者，將自己當為一種特別的人，和平凡人不同。當危機出現時，他們發覺自己找不到牧者，而其他牧者或弟兄卻不足以幫助他們。只有在放棄將聖職人員的身分提高這種不符合聖經的做法，而按照聖經把牧者包括到羣體裏面，牧者和他的家人才能夠得到他們需要的關懷。牧者好像其他人一樣，在教會裏要有親密和委身的友誼。這樣，不單能夠提供每個家庭都需要的一般支持，也能夠讓牧者和少數人有深入的交往，傾訴自己的疑惑和困難。牧者需要這幾個人，正如耶穌需要門徒的幾個核心成員一樣。認為牧者在教會中不應該有朋友，應該在其他地方尋找支持，就會帶來破壞和孤立。

巴克醫生的分析將現實簡化了，因為大部分牧者並非完全符合他的任何一個分類。而且，認為牧者作教會成員是聖經的惟一模式，也是言過其實。聖經確實將牧者當為教會的成員，但也提到牧者有領袖和僕人的身，雖然意思和巴克醫生有點不同。不過，巴克醫生也描述了一些愈來愈明顯的趨勢，我們社會的非人化傾向，對牧者和所有其他人的影響同樣大。巴克醫生認為，我們在神學院將未來的牧者孤立起來時，破壞已經開始。從那時起，牧者便和教會的其他人疏遠。雖然這種訓練模式，不大可能在一夜之間取消——即使這樣做是對的，但我們確實可以做很多事情，糾正牧者之間，以及他們與會眾之間的期望和態度，藉以放棄不合乎聖經和代價高昂的事奉模式。

架構的地圖

這幅地圖主要有兩個基本類別，雖然很多牧者都不會完全符合任何一個類別，很多人也曾嘗試將兩者結合起來。籠統地說，事奉分為制度性(institutional)和靈恩型(charismatic)。有人可能會表示，這兩個詞語帶有貶義。當然，這樣的標籤並不準確。制度性事奉包括很多靈恩的成分，靈恩型事奉很快也會制度化。新約的事奉模式是兩者兼備。然而，這些粗略的標籤仍然可以提供指引。

我們可以用制度性事奉來描述傳統對事奉的理解。它強調牧者和平信徒之間的分別。這種模式從平信徒中揀選一些人，要他們到神學院接受訓練，通常集中在學術方面。一旦他們達到頗為嚴格的學術水準，便會按立他們，進一步將他們和平信徒分開，並且委派他們一些平信徒往往不適宜執行的工作。

這個做法不是無緣無故出現的。神學院在19世紀興起之前，很多神職人員都是因為社會地位，而不是神學知識而分別出來，對基本的屬靈或神學課題仍然頗為無知。難怪當時的教會在屬靈上軟弱無力。強調需要訓練牧者，至少比較好一點！在學校受訓的好處是，讓學生有機會廣泛和快速地學習，而且不用受限制只在自己教會接受在職訓練，可以脫離教區制度(parochialism)。制度性事奉十分認真看待要好好實行事奉所需要的技巧和訓練。

制度性事奉也可以確保人們能夠完全獻身於聖工，不用在嘗試應付別人在牧養上的迫切需要之餘，同時花上大量精力謀生。事奉因而成了首要的工作，而不是在完成工作後，有空閒時間才進行的閒暇活動。享有自由，就是制度性事奉的一個有利條件。

另一個常被提到的優點是，對聖工的制度性取向，能夠維持教會的秩序。這個取向防止任何受到誤導或無知的人建立起領袖或教師的地位，也阻止教會單單因為這些人的主觀反應便跟隨他們。制度性事奉樹立了一些客觀標準，衡量一個人是否適合事奉。藉著要求嚴謹的考察和認可一些規條或信仰陳述，可以捍衛真理。

另一個支持制度性事奉的論點是，理論上，它能夠創造一個組織和一羣同工，讓他們可以在當中互相支持。

不過，細心的研究顯示，這些優點不單不能實現，更製造了一些得不償失的缺點。制度性事奉能夠維持良好秩序，只是一個神話。有那麼多的教會領導階層，雖然通過了所有必須的測驗，認可所有必須的規條，卻仍然否認基督教會的基本教導，清楚表明，宣稱制度性事奉能夠維持秩序，明顯是一派胡言。

同樣，宣稱制度性事奉認真對待訓練，也只是在理論上正確，在實踐上卻要細心檢討。建立在教會以外的神學院和神學系，意味著它們會以自己的目標取代教會的目標。和教會無關的學術性神學，就會佔了主導的地位，甚至可能由非信徒任教，而沒有人會感到奇怪。可是，這是一種甚麼訓練？這種訓練教導牧者不跟從神，脫離他將要服事的人，到了一個程度，甚至不能與他們有效地溝通。學術訓練是必須的，但不應該犧牲最終建立牧者的靈性和個人訓練。

這種事奉，也引致不符合聖經的階級分別。將聖職人員和平信徒分開，在新約中完全沒有根據。新約確實認可領袖和領導的恩賜，但總是牢牢地在基督的身體這個背景下提出，領導的恩賜也總是為了讓別人發展他們的事奉（弗四11～12）。聖職人員和平信徒之間的界線，從沒有清晰定下，也沒有任何階級制度的設想。區分聖職人員和平信徒，導致了全權事奉（omnicompetent ministry）這種神話——即認為一個人能夠也應該負責一切的假象。平信徒說：「那是他的工作，我們付出金錢，就是要他做那些工作。」聖職人員則說：「那是我的工作，你為甚麼要干涉？」這樣，造成了依賴聖職人員的會眾，阻止他們的屬靈成長。正如我們已經提過一樣，區分聖職人員和平信徒，令很多聖職人員感到被孤立。因此，這樣既妨礙基督的身體成長，也阻礙牧者的成長。

這個不符合聖經的區分，還帶來更多問題。這些問題很多都與規條有關，例如誰有權施行聖禮？[9]或者哪些按立應該被視為有效？[10]或者按立女性是否正確？似乎太少人留意到，真正的問題不在於按立女性，而在於按立本身。[11]如果教會對聖工沒有採取一種平民化服務的取向，近年有關這個問題的那些曠日持久、痛苦和內省性的討論，便會變得毫不相干。

制度性事奉的問題令一些人走向另一個極端，支持靈恩型的事奉。這種事奉也可以宣稱擁有好些優點。

這種事奉形式認為，事奉的主要資格不是達到某個學術水平，而是有能力運用一種或多種屬靈恩賜。因此，這種事奉沒有把有潛質的領袖隔離在神學院裏，而是在本地的團契中為他們提供訓練。牧者來自他們所屬的會眾，也服事這些會眾。因此，他們擁有的權力有賴屬靈上的認可，以及他們維持的關係的好壞。這個對事奉的觀念，十分認真對待教會作為身體的概念。如果有任何訓練提供，那也是在職和實際的訓練。

靈恩型事奉幾乎總是支持多元領導的，強烈反對一人事奉。領導隊伍形成一個彼此支持的結構，也較少將牧者孤立起來。由於沒有制度在法規方面的限制，事奉的模式更有彈性，可以更快適應環境轉變，回應新的需要；也可以擴展得更快，包含更多人，容許人們在地位上得以成長，不會一直都依賴別人。

矛盾的是，這種事奉模式往往重新強調權力。有人強調，如果希望靈性進步，便應該容許領袖領導，其他人必須跟從。制度性權力往往被視為空泛。在制度性系統中，人們希望有領袖，讓他們可以吹噓領袖的地位，但他們卻並非總是希望領袖帶領他們。在靈恩的環境下，人們渴望跟隨領袖的帶領，進步因而可能大得多。

不過，這種事奉取向也有它的問題。缺乏控制，讓甚麼人都可以成為領袖，只要他們能夠在自己周圍聚集一小羣人——有時甚至是容易受騙的人。這個取向帶來的壞領導，與好領導一樣多。由於它十分倚賴自願的跟從，就傾向避免漠不關心的領導，後者在制度性的結構中很容易找到避難所。不過，我們必須承認，雖然好的靈恩型領袖可以很好，壞的靈恩型領袖卻也可以很壞。

這種領導也可以倒退為由無知的人領導。如果發生這種情況，領袖便不再是牧羊人，而變得更像牧羊狗。它們並不愛羣羊，也沒有餵養它們，而只是咬牠們的腳跟，迫牠們朝自己喜歡的方向走。沒有神學訓練和更廣闊的視野，可能會帶來災難。如果那些對歷史毫無認識的人註定要重複歷史的錯誤，那些沒有神學知識的人則註定要重複成為異端。他們也的確這樣做。對聖經和歷史缺乏更廣泛的理解，往往令人誤讀他們身處的環境，有時還會在牧養方面帶來災難性後果。對經驗的強調，需要以對真理的著重作平衡。將聖靈和聖言分開，對我們總是危險的。

而且，雖然靈恩型的事奉自詡消除了對聖職人員和平信徒的區分，但實際上往往只是替這種區分穿上新衣，以新的面貌出現。重新發現權力，既是大資產，也是大負債，因為很多人都破壞了保羅[12]對權力的小心規限，為了自己的目標而濫權。這樣，絕對沒有消除聖職人員和平信徒之間的區分，這種區分只是產生新的影響。

歷史給我們的其中一個教訓是，所有這些靈恩運動開始時，都很好地實現它們增長、富靈活性和自發性等目標，但在維持這些成就方面，卻有困難。缺乏基礎和傳統，往往令這些運動產生分裂或瓦解。它們也可能很快便固定下來，形成新的結構，開始面對制度性事奉那些受到他們譴責的問題。

靈恩型事奉的復興，是歷史上一再出現的模式，我們不應該視之為不受歡迎的意外，[13]倒應該歡迎它，視之為對制度性事奉的素質的重大挑戰，以及令制度性事奉改革和重新得到活力的推動力。制度總會變得僵化，需要重新得到活力。靈恩型事奉應該引發對階級分野的悔改，這種分野是制度性事奉的基礎；對於經常以錯誤的準則衡量事奉，靈恩型事奉也應該引發悔改。它也應該刺激我們重新研究事奉的模式，確保運用屬靈領導的方式能夠令基督的身體和它的成員成長。它也應該令我們渴望讓牧者恢復接觸會眾，亦應該令我們關注怎樣克服牧者被孤立的情況，只將他視為擁有恩賜的教會成員。

不過，我們也不應該不加批判地接納靈恩型事奉的復興。對某些以勝利者自居的宣告，我們要抱懷疑的態度。我們不能忽略歷史，也必須聆聽歷史的教訓。反智的崇拜，並不比理智的崇拜更能夠榮耀神。被人們發現的活力和生命，需要得到引導，以帶來持久的結果。我們太容易展開一個刺激卻輕浮的運動，最終只是再次將它的傷亡散佈在歷史的書頁中。權力的運用要受到聖經規限，否則會變為危險和具破壞力的武器。

我們較早時研究保羅的事奉時，拒絕將靈恩型恩賜和制度性事奉分開的觀念。如果我們謹記，要事奉變得成熟，兩者都是必須的，而且應該互相補足，便能夠做得很好。靈恩型事奉必須十分留意制度性事奉提出的問題，正如制度性事奉必須十分留意靈恩型事奉提出的問題一樣。如果任何一方忽略另一方，被忽略的問題遲早會有力地要求人們留意它們。但到了那個時候，要從它們得益就已經太遲，也會錯過了得到更整全的事奉模式的機會。

功能的地圖

我們還需要多一幅地圖，引領我們明白今天牧者要執行的是甚麼任務。正如我們已經看到，牧者面對的壓力很大程度上來自別人期望他們有多種功能，扮演多個不同角色。由這多元性帶來的壓力，更因為沒有一致同意的議程而增強。面對那麼多要求，牧者往往自行列出一些要優先處理的事情，但會眾往往暗地裏以為他們正在做其他事情。

人們期望牧者執行的任務包括：講道、教導、訓練、牧養、探訪、輔導、主持崇拜、執行宗教禮儀、帶領會眾、處理行政工作、服事所屬的宗派、推動教會合一、代表羣體和作先知。牧者列出這些任務，邀請教會的領袖，甚至所有會眾，討論他們怎樣排列這些任務的優先次序，會是很有用的練習。這種討論可以令會眾對牧者應該做甚麼，以及他們可以怎樣協助牧者，有更多了解。

在這份清單中，有四項工作是最重要的，雖然其他任務也圍繞著這幾項工作進行。這樣綜合的結果，形成我們對聖工的基本定義。牧師是教師、牧者、祭司和先知。有人認為，宗派的社會化(denominational socialization)對牧者將那一種功能放在第一位，起著十分重要的作用。[14]宗派仍然十分有影響力，不容忽略，即使今天他們沒有以前那麼重要。不過，聖工的基本取向，仍然由人們對聖工的神學理解決定。

教師。司托德説出很多人的心聲：「牧師的主要功能是教導、餵養和牧養羣羊」。[15]這份強調是源自宗教改革，一直保持聖工的基本福音性取向。它決定了我們的教會架構，確保講壇處於中心地位，我們的聖所就好像演講廳一樣。它也引導我們的模式，支持將聖工限制於一個人，這人站在前面，以獨白的方式教導。其他的學習方法，例如透過羣體或自我發現，都受到懷疑。在最壞的情況下，它會淪為理性枯燥資料的傳授，而且推崇牧者到了一個程度，以致在他和會眾之間畫出了一條不健康的鴻溝。[16] 不過，這個功能無需墮進上述陷阱中。

這個對聖工的取向，最重要的特點是委身於真理，相信權威和聖經的自足，確信神的聖言會改變人們的生命，使人歸信神，令教會增長。這個取向相信，只要找到這份強調，對個人輔導的需要便會減少。斯蒂爾（William Still）相當清晰地闡釋這種事奉模式，他說：

> 我雖然花了不少時間牧養個別人士，但近年，在這方面的事奉已大為減少，因為透過神聖言的事奉建立人的信心，為他們解決了生命中的很多問題，並令那些接受聖言，尋求倚靠它而活的人，明白和解決別人生命中的很多問題，以致他們不會成為我時間和精力方面的負債，自己反倒也成了牧者。[17]

而且，他指出這個事奉取向的危險，是可以而且必須避免的。這種事奉要求參與的人有最高的屬靈素質，才夠有果效：

> 要成為真正的牧師，你要花一生的時間認識這聖言的真理，不單在言語、主題和神學上，也在宗教上，也就是在虔誠和道德上敬拜神。聖言包含了神的命令。這些命令包括祂應許的所有恩典和警告。要成為牧師，你必須得到餵養，不單在知識上，更包括在智慧、恩典、謙卑、勇氣、敬畏神、不懼怕人這幾方面。[18]

教士／祭司。雖然福音派信徒迴避從「教士」的取向看事奉，但實際上，「教士」式事奉的許多重要特點，都和福音派信徒最關注的事情完全一致。福音派信徒擔心的是，「教士」篡奪了基督的中保地位，人們依賴牧者，而不是基督赦免他們的罪。而且，教士／祭司(英文同是"priest")這個取向往往背負舊約的包袱，而新約的信徒應該光榮地卸下這個包袱。因此，我們必須拒絕當中透過儀式和聖禮，以及一再獻上基督的犧牲所帶來的救恩元素，因為基督已經完成了祂的工作。另一個壞處是，這個取向幾乎讓「教士」壟斷了宗教活動的舉行。因此，如果要舉行崇拜、聖餐、洗禮、婚禮或葬禮，都要由「教士」主持。在最糟的情況下，更會將「教士」變成宗教活動的執行者，忙於應付各種公開禮儀，而不能實行真正的牧養關顧。

前坎特伯雷大主教拉姆齊(Michael Ramsey)對「教士」職責的闡釋，贏得普遍讚賞。他肯定「教士」在現代社會的角色，雖然他也察覺到世俗主義的發展，人們對敬虔的反對，以及對權力和制度的廣泛質疑。他認為，「教士」在身為代表方面，仍然有他們的重要性，他們能夠展示、授權和動員教會。[19]

拉姆齊的主要關注是，「教士」應該促成神人的復和(林後五20)。因此，事奉的要旨是與赦罪有關的。雖然他看到「教士」在改善人們的際遇方面不再有專利權，但仍然指出：

> 在所有糾正人類錯誤的活動中，往往缺乏一整個範疇，就是罪和赦免。並不罕見的是，精神病學不是釋放病人進入道德責任的領域，以及自覺的

> 罪和赦免，而是可以把藥物取代道德責任。「教士」藉著這個職位，代表赦罪的教會和赦免人的主耶穌，維持這個罪和赦免的範疇活力。[20]

為了讓「教士」成為神賜恩的媒介，拉姆齊強調，「教士」必須懂得神學。然而，這不是為了令他學識淵博，而是要他單純。[21]「教士」必須是一個禱告的人，因為對神的真知識，以及神學的活力，都是透過禱告產生。[22]更具爭議性的是，拉姆齊指出，「教士」必須是主持聖餐的人。在這裏，罪可以得到赦免，但尋求赦免的人必須悔改。[23]拉姆齊無意將「教士」限制在狹隘的虔誠中。他強調，這個有關罪和赦免、悔改和歸信的信息，能夠深深影響社會中的人。雖然他拒絕提倡任何特定的政治方案，但他強調如果「教士」的角色能夠發揮效力，就會影響人各方面的關係，從而模塑他們的政治態度和價值觀。[24]

對「教士」工作最簡潔的總結，恰當地見於《公禱書》(*Book of Common Prayer*) 關於聖餐儀式的訓誡中：

> 因為必不可少的是，人們來領聖餐時，需要完全信賴神的憐憫，並懷著安靜的良心；所以，如果你們當中有任何人，不能藉此安靜自己的良心，需要進一步的安慰或輔導，請到我這裏來，或到另一位聖言謹慎和博學的牧者那裏，解開鬱結，藉著聖言的服事接受赦罪的好處，以及屬靈的輔導和建議，讓你們的良心得以安靜，避免任何顧慮或疑惑。

牧師。雖然牧師是用來描述聖職的綜合辭彙，我們將它作為聖工一個獨立的取向時，卻有更特定的意思。傳統以來，牧師都是屬靈導師，不單提供道德指引，或者引導人們接受神的赦免，也和別人一起走過生命中的危機和苦難。牧師的目的是帶領羊羣到青草地，但到那裏可能要經過寒冷和黑暗的山谷，而牧師也必須和羊羣一起。這個對聖工的觀點，視牧師的首要功能為幫助者和輔導者。

雖然這個角色在很大程度上都似乎很傳統，但近期對它的闡釋方式，卻令它以一個不同面貌出現。[25]生命的困難和壓力，似乎重新得到重視。再沒有人試圖將苦難、疑惑和絕望這整幅圖畫淡化，人們也避免提供老套的答案。人們尋求的答案，不在於提供指導性的輔導，而在於和別人分擔。牧師不是處於比求助者較高的地位，而是和他們平等。如果牧師能夠向需要幫助的人開放自己，和他們分享自己的軟弱和恐懼，就會最有果效。這樣，牧師在甚麼意義上提供幫助呢？賴特（Frank Wright）努力描述這種事奉模式。他寫道：

> 或許「吸收」(absorb)這個詞語最能夠表達我嘗試描述的態度：能夠吸收別人的感受，而不將感受反彈，是很大的牧養恩賜牧師需要有能力吸收別人的抑鬱。在今天，他們可能尤其需要吸收很多覺得自己被教會遺棄者的感受。許多牧養方法的中心都是吸收，吸收也肯定是赦免的中心。在十字架上的耶穌吸收了所有憎恨的感受，所有這些感受都發洩在祂身上。而祂卻回應：「父啊！赦免他

> 們，因為他們所作的，他們不曉得」，祂阻止了邪惡的力量帶來更多邪惡。[26]

坎貝爾(Alastair Campbell)指出，這種事奉可能加深痛苦的經驗，而不是容許人們選擇一條快速卻不智的逃生路徑。他這樣界定這種事奉的目的：

> 和別人一起，同時卻拒絕打開他們尋找的脫離痛苦的路徑，藉此我們可以使他們重拾勇氣，說出他們最深的恐懼，表達令他們感到威脅性很大的痛苦。我們的主要任務，是和他們一起等候和守望。這也是耶穌要求祂的朋友給祂(但卻得不到)的簡單服事。[27]

有好些聖經主題，都支持這個對聖工的觀點。透過道成肉身，耶穌基督確實完全參與在人的存在中，但祂沒有犯罪，故此祂能夠體諒我們的軟弱。我們透過祂的傷痕得到醫治。因此，尋求作「負傷的治療者」(wounded healers)的牧師，只不過是效法基督。這種事奉模式，也很著重基督對好牧人的描述：好牧人十分了解自己的羊羣，為它們捨命。而且，聖靈保惠師的形像也表明與受苦的人一起，以所有最可行的方法，提供安慰的需要。

不過，這種事奉取向也有需要小心的地方。困難之處來自要從護教的立場得到答案。福音派人士往往在未停下來提問問題究竟出在哪裏之前，就硬著心腸宣告基督就是答案。然而，可以肯定的是，令基督教牧師與很多其他處理人們存在的絕望景況、給予關懷的人不同的地方是，牧師的確能夠在基督裏提供答案。我們必須向那些坐在黑暗中的人宣告，耶穌是世界的光，向那些面對死亡的人宣告復活。

給人一個印象，以為福音派本身沒有受到這些趨勢所影響，這是錯誤的。他們提供的答案，可能更具指導性，但很多人都比以往幾代更能感受到人類景況的絕望，也發覺傳統的傳道和牧養方式，在面對這些複雜的問題時，不能發揮多少作用。因此，他們採取了一種牧養的取向，將重點放在輔導室，而不是講壇。有些人認為，輔導是牧師的基本任務。這種取向往往顯示，這樣實踐的人成了他們時代之子，不單因為他們特別關注實存的問題，也因為他們將自己的神學連繫到一個特定，因而也必定是短暫的心理學取向。牧師脱下屬靈和全面的實踐者這件外衣，換上了專業心理學家的裝束。[28]

輕看我們這個時代的問題是錯誤的。教會必須既完全深入人們經驗的苦難，又提供專業的幫助，讓人們能夠處理他們錯綜複雜的問題。在這方面，牧師透過讓個別羊隻能夠接觸他們，得到他們關心，扮演十分重要的角色。然而，將牧養事奉解釋為只限於，甚至很大程度上只包括這方面，卻是片面的。牧養事奉有更廣泛的關注。有很多需要牧師的人，沒有面對這樣的具體困難。即使在生命相對來説沒有困難時，他們仍然需要牧師在基督裏建立他們，堅固他們。而且，牧師必須抗拒一個試探：放棄他們可以運用的屬靈資源，採用表面看來更吸引的流行心理學取向。雖然這些心理學可能有助他們明白人的本性，但首先和首要的仍然是：牧師是屬神的人。

先知。還有些人強調先知這個聖工的第四個功能。教師、祭司和牧師很大程度上都是關注教會的內部事務。採取這些事奉取向的牧師，主要是關注自己教會會友的利益。他們主要專注於自己團體的健康和發展。有些人認為，這種事奉觀念是安舒和不足夠的。湯樸．威廉有一句著名的格言：「教會是世上惟一為了未成為它成員者而存在的機構。」那麼，牧養事奉必須以教會以外的人為對象。形式可能是佈道，雖然持這種見解的人通常都比較關注牧者的先知身分，而不是傳福音使命。

這種事奉取向由兩股力量推動。首先是神學的力量。[29] 它源自神不單是救贖者，也是創造者的理解。這種神學認為，神仍然關注祂創造的世界，而不是單單限於祂已經拯救了的教會。它更強調耶穌的來臨開展了神的國度，而這個國度雖然主要透過教會彰顯，卻並不等同教會，而是廣闊得多。它也視教會為得到更新的人類的展示場地。正因為教會屬於一個公正和公義的國度，終有一天會完全繼承這個國度，所以它的成員現在與其他人以正確的關係相處，在地上爭取公義。

第二股動力是社會性的。托勒（R. Towler）和考克森（A. P. M. Coxon）[30] 在預測這事奉的未來時承認，短期來說，它的生存和成功，有賴牧者視自己的功能為服事和建立教會。然而他們提出，隨著世俗主義蔓延和制度化帶來的破壞，成功只能是短暫的。長遠來說，惟一的成功希望是，教會的專業人士衝破他們宗教會所的圍牆，逃到世界。他們必須再次將社會基督化，「令敬虔不單是少數人的嗜好」。

驟眼看來，他們的論點似乎很有說服力。不過，艾伯特（Alan Gilbert）提出一個很合理的疑問：這樣專注於世界，最終對教會可能是致命的。他認為有另一條出路：

> 即使歷史確實證明，還就是一個令主流教會消失的策略，細小、強烈、堅決和絕對排他的宗教文化仍然會繼續抵擋世俗化的「世界」，致力改變它。要讓新教派主義（new sectarianism）在後基督教的英國令很多人重新歸信基督，當然需要深刻的運動，將世俗主義和現代化扭轉過來—— 改變現代工業社會的本質。出現這個情況的可能性大約等如在二千年前，一個毫不重要的猶太人教派，將偉大的古代世界弄得天翻地覆！[31]

支持先知式事奉的神學論據比社會學論據更強。而且，社會學論據完全脫離神學規範，有將教會政治化，而不是將國家基督化的危險。神學論據提供必須的規範，確保在教會以外事奉的牧師以神的代表這個身分行事，明白自己正在參與一場屬靈的爭戰。因此，不會沉浸在凡人的策略或論據之中。

這幅地圖就聖工的功能提出的四個取向，事實上，並非好像我們描述的那樣截然分開。教導的取向確實和佈道有連繫，祭司的取向和教會的牧者身分極有連繫，牧師的取向很大程度上源自當代心理學和哲學，而先知立場則與廣泛的牧者身分有關。堅定地維護傳統福音派觀念的價值是對的，但近年其他取向更受到重視也是好的。明白它們的觀點，讓我們對聖工有一個更平衡的取向，最終會令聖工變得更有效。

結論

一位作者最近在一篇文章中抱怨，一週復一週地在一間小教會傳道的日常牧養經驗，與他在神學院聽到對傳道的高超理想十分不同。「有時，我覺得要偉大和著名的人，就傳道和牧養工作撰寫一些精彩的書籍是很容易的，因為他們曾經在大教會事奉過。但如果他們擁有的恩賜比較少，又在小教會事奉，還會那麼喜愛這個角色嗎？」[32] 有些人會受到誘惑，放棄本書定下的崇高理想，認為這些理想與他們自己的牧養經驗無關。理想，可以成為苛刻和令人沮喪的監工。然而，本書提出的理想，大多源自在平凡的教會生活中的掙扎。就是這些現實，令屈梭多模和巴克斯特有要求人們聆聽的權威。不過，即使情況不是這樣，思想聖經和歷史給我們的理想仍然是明智的。我們要有理想，使我們在自己經驗的困境中抬起頭來，將我們從自己的主觀中拉出來，擴闊我們的視野，挑戰我們的疏忽，增強我們的能力。雖然我們仍然必須小心，確保自己不會受到這些理想譴責和奴役，我們也同樣需要小心，謙卑地學習，明白我們還不是我們應該成為的靈巧牧者。

很多人都傾向預測聖工會面對很大的轉變。可是我認為，雖然會有新的模式，但聖工卻不大可能會很快出現大變革。教會仍然是保守的機構，改變很可能只會逐漸出現。主流以外的宗派的發展，對打斷傳統聖工的安穩會扮演有用的角色。不過，它們本身也很可能會面對同樣的制度化力量。不用多久，這股力量便會吸掉它們的活力。因此，在一段時期內，牧者仍然不會是專家或顧問，更準確地說，他們會是教會的全面工作者。

提出這個論點並非過分謙恭或抱失敗主義，而是因為這是很可能會出現的情況，也是我們必須從聖經和歷史汲取重要教訓的背景。那是甚麼教訓呢？

靈巧的牧者必須拒絕對聖工的官僚觀念。這個觀念源自羅馬帝國，將聖工與學術、法律、名望結繫起來，甚至連表演從捆綁中脱身的魔術師也感到難以逃脱。

靈巧的牧者會將他們的事奉建基於他們的屬靈呼召、屬靈品格和屬靈恩賜上。

靈巧的牧者對聖靈的風會很敏鋭。因而在實踐時會有彈性，事奉也會相當全面，不會將神的聖言和聖靈的奇妙作為分開。

靈巧的牧者會將他們的事奉，牢固地置於基督的身體裏面。他們會記得，他們雖然是牧羊人，但同時也是羊。這樣他們便不會孤立，他們和會友會彼此給予對方牧養上的支持，領袖和會眾之間的文化差異也會縮窄。

靈巧的牧者會視聖工為基督身體的多元運動，而不是由一個人負責的工作。多種技能和角色會因而出現，大家也會尋求以隊工形式事奉。

靈巧的牧者不會尋求接受訓練，除非他們明顯有事奉的恩賜，而且經過試驗。他們不會基於自己對某些未經試驗的潛質的盼望，便貿然前進。

靈巧的牧者會視聖工為需要接受訓練才能執行的任務。人的問題是那麼複雜，牧者的工作又永遠都那麼重要，這會令他們拒絕對聖工抱隨便或自以為是的態度。他們會明白牧者需要技巧才能夠餵養羊羣。這些技巧包括對神的話和人都有深入的認識。這些認識滲入他們受過敬虔訓練的個性之中。

靈巧的牧者會明白，餵養羊羣最主要的食物是神的聖言。他們不會被人們的經驗淹沒，也不會被他們的論據嚇怕。他們會懷著溫柔和忍耐，嘗試令人的主觀經驗和觀念，降服在神客觀和啓示出來的真理之下。

靈巧的牧者會帶領羊羣。他們不會滿足於讓羣羊維持現狀，甚至不會滿足於更有效地管理羣羊。他們會尋求令羣羊的數目增加，也會尋求令羣羊個別和集體地成長，變得成熟。他們會作領袖而不會作經理，因為經理處理看得見的現實，但領袖卻處理看不見的潛力。

靈巧的牧者「為要成全聖徒，各盡其職，建立基督的身體，直等到我們眾人在真道上同歸於一，認識神的兒子，得以長大成人，滿有基督長成的身量」(弗四12～13)。

註釋：

1. A. Russell, *The Clerical Profession*; R. Towler and A. Coxon, *The Fate of the Anglican Clergy*。
2. J. Tiller, *A Strategy for the Church's Ministry,* pp. 11～44。
3. G. Coates, *What on Earth is this Kingdom?*; P. Greenslade, *Leadership*。
4. J. C. Harris, *Stress, Power and Ministry,* p. 75。
5. Harris, *Stress, Power and Ministry*, p. 95～114。
6. Harris, *Stress, Power and Ministry,* pp. 134f.。
7. Harris, *Stress, Power and Ministry,* p. 94。
8. M. Barker。這裏引述的未經出版材料蒙巴克醫生允許轉載。
9. Tiller, *A Strategy for the Church's Ministry,* p. 67。
10. Baptism, *Eucharist and Ministry,* 51～55, p. 32。
11. 司托德（John Stott）在 *Issues Facing Christians Today,* p. 253 中，的確視這為根本的問題。
12. 參頁125～128。
13. 進一步的資料，參 D. J. Tidball, *An Introduction to the Sociology of the New Testament,* pp. 123～136。
14. S. Ransom, A. Bryman and R. Hinings, *Clergy, Ministers and Priests,* pp. 164f.。
15. J. R. W. Stott, *One People,* p. 45。
16. D. M. Lloyd-Jones, *Preaching and Preachers,* pp. 83, 121～142。
17. W. Still, *The Work of the Pastor,* pp. 15 f.。
18. Still, *The Work of the Pastor,* p. 10。
19. M. Ramsey, *The Christian Priest Today,* p. 6。
20. Ramsey, *The Christian Priest Today*, p. 8，另參 p. 52。
21. Ramsey, *The Christian Priest Today,* p. 7。
22. Ramsey, *The Christian Priest Today,* p. 9。
23. Ramsey, *The Christian Priest Today,* p. 50。
24. Ramsey, *The Christian Priest Today,* pp. 34～42。
25. 例如，參 A. V. Campbell, *Rediscovering Pastoral Care*; H. J. M. Nouwen, *The Wounded Healer*; F. Wright, *The Pastoral Nature of the Ministry*。
26. Wright, *Pastoral Nature of Ministry,* p. 64。
27. Campbell, *Rediscovering Pastoral Care,* p. 44。
28. 關於角色的不同，參 M. Barker, 'Models of pastoral care: medical, psychological and biblical', in M. A. Jeeves (ed), *Behavioural Sciences: A Christian Perspective*, pp. 230～245。
29. 從福音派立場提出的論點，參 J. Gladwin, *God's People in God's World*; D.

S. Sheppard, *Built as a City*; J. R. W. Stott, *Issues Facing Christians Today*。另一個主要和深入討論先知性事奉的主要論壇是 R. Gill, *Prophecy and Praxis*。

30. Towler and Coxon, *Fate of the Anglican Clergy,* p. 205。
31. A. D. Gilbert, *The Making of Post-Christian Britain,* p. 153。
32. G. Neal, 'The call to the ministry - some mid-point reflections', *The Fraternal* (October 1984), pp. 10f.。

附錄

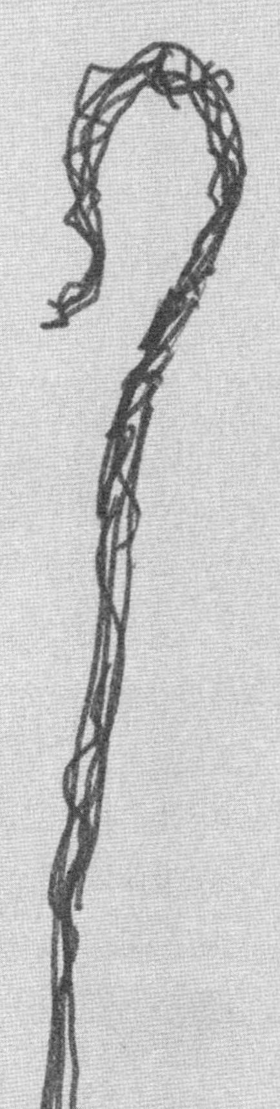

[參考書目]

外文書目〔附中譯書目〕

R. Abraham, 'Yes, Jay Adams is biblical enough', *Third Way* 5/7 (1982), pp. 15～16.

J. E. Adams, *The Big Umbrella* (Nutley, N.J.: Presbyterian and Reformed Publishing Company, 1973).

J. E. Adams, *The Christian Counsellor's Manual* (Nutley, N.J.: Presbyterian and Reformed Publishing Company, 1973).

J. E. Adams, *Competent to Counsel* (Nutley, N.J.: Presbyterian and Reformed Publishing Company, 1972).〔中譯本：亞當斯著，陳若愚譯：《成功的輔導》(香港：種籽，1977)。〕

J. E. Adams, *More than Redemption* (Grand Rapids: Baker, 1979).

J. E. Adams, 'Nouthetic Counselling', in G. R. Collins (ed), *Helping People Grow* (Santa Ana: Vision House, 1980), pp. 151～164.

J. E. Adams, *Shepherding God's Flock* (Nutley, N.J.: Presbyterian and Reformed Publishing Company, 1975).

J. L. Adams and S. Hiltner, *Pastoral Care in the Liberal Churches* (Nashville: Abingdon Press, 1970).

J. Adamson, *The Epistle of James. NICNT* (Grand Rapids: Eerd- mans, 1976).

Ambrose of Milan, *On the Duty of Clergy. NP-NF* Second Series, vol. 10 (Grand Rapids: Eerdmans).

R. S. Anderson (ed), *Theological Foundations for Ministry* (Edinburgh and Grand Rapids: T. & T. Clark and Eerdmans, 1979).

Apostolical Constitutions. A-NCL, vol. 17 (Edinburgh: T. & T. Clark, 1870).

D. Atkinson, 'Forgiveness and personality', *Third Way* 5/11 (1982), pp. 18～21.

D. Atkinson, 'The Freedom of Forgiveness', *Third Way* 5/10 (1982), pp. 4～7.

J. Atkinson, *Martin Luther and the Birth of Protestantism* (Harmondsworth: Pelican, 1968).

Augustine, *On Christian Doctrine. NP-NF* First Series, vol. 2 (Grand Rapids: Eerdmans).

Augustine, *On the Catechising of the Uninstructed. NP-NF* First Series, vol. 3 (Grand Rapids: Eerdmans).

P. D. L. Avis, *The Church in the Theology of the Reformers* (London: Marshall, Morgan & Scott, 1981).

R. H. Bainton, 'The Ministry in the Middle Ages', in H. R. Niebuhr and D. D. Williams (eds), *The Ministry in Historical Perspective* (New York: Harper & Row, 1983).

J. G. Baldwin, *Haggai, Zechariah, Malachi. TOTC* (London: Tyndale Press, 1972).〔中譯本：包德雯著，劉良淑譯：《哈該書，撒迦利亞書，瑪拉基書》(台北：校園書房出版社，1988)。〕

R. Banks, *Paul's Idea of Community* (Exeter: Paternoster Press, 1980).

Baptism, Eucharist and Ministry (Geneva: WCC, 1982).〔中譯本：郭乃適、鍾玉心、李耀昌等譯：《聖洗，聖餐，聖職》(香港：香港基督教協進會，1984)。〕

G. W. Barker, W. L. Lane and R. Michaels, *The New Testament Speaks* (New York: Harper and Row, 1969).

M. Barker, 'Models of pastoral care: medical, psychological and biblical', in M. A. Jeeves (ed), *Behavioural Sciences: A Christian. Perspective* (Leicester: IVP, 1984), pp. 230～245.

C. K. Barrett, *The First Epistle to the Corinthians.* Black's *NTC* (London: A. & C. Black, 1968).

C. K. Barrett, *The Gospel according to St John* (London: SPCK, 1955).

G. Barth, 'Matthew's Understanding of the Law', in G. Bornkamm, G. Barth and H. J. Held (eds), *Tradition and Interpretation in Matthew* (London: SCM, 1963), pp. 58～164.

K. Barth, *Church Dogmatics,* iv, Part 2 (Edinburgh: T. & T. Clark, 1958).

K. Barth, *The Theology of Schleiermacher* (Edinburgh: T. & T. Clark, 1982).

M. Barth, *Ephesians* 4 ～6. AB (New York: Doubleday and Cox, 1974).

Basil of Caesarea, *Letters. NP-NF* Second Series, vol. 8 (Grand Rapids: Eerdmans).

R. J. Bauckham, *Jude,* 2 *Peter. WBC* (Waco, Texas: Word Books, 1983).

R. Baxter, *The Cure of Church Divisions* (London: Nevil Symmons, 1670).

R. Baxter, *The Reformed Pastor,* with an Introduction by James I. Packer (Edinburgh: Banner of Truth, abridged edition, 1974. First published 1656).

F. W. Beare, *The First Epistle of Peter* (Oxford: Blackwell, 1958).

G. R. Beasley-Murray, *The Book of Revelation. NCB* (London: Oliphants, 1974).

D. M. Beegle, *Moses, the Servant of Yahweh* (Grand Rapids: Eerdmans, 1972).

D. Bell, *Sociological Journeys* (London: Heinemann, 1980).

R. Bellah, *Beyond Belief* (New York: Harper & Row, 1970).

E. W. Benson, *Cyprian: His Life, His Times, His Work* (London: Macmillan, 1897).

P. L. Berger, *Facing up to Modernity* (Harmondsworth: Penguin, 1979).

P. L. Berger, *A Rumour of Angels* (Harmondsworth: Penguin, 1971) .

P. L. Berger, *The Social Reality of Religion* (Harmondsworth: Penguin, 1973).

P. L. Berger, B. Berger and H. Kellner, *The Homeless Mind* (Harmondsworth: Penguin, 1974).〔中譯本：彼得柏格著，曾雄宗譯：《飄泊的心靈》(台北：巨流，1978)。〕

P. L. Berger and T. Luckmann, *The Social Construction of Reality* (Harmondsworth: Penguin, 1972).

E. Best, Mark: *The Gospel as Story* (Edinburgh: T. & T. Clark, 1983).

H. Bettenson (ed), *Documents of the Christian Church* (London: OUP, 1963).

H. W. Beyer, '*Kubernesis*', *TDNT,* vol. 3 (Grand Rapids: Eerdmans, 1965), pp. 1035～1037.

E. Beyreuther, 'Shepherd', *NIDNTT,* vol. 3 (Exeter: Paternoster Press, 1978), pp. 564～569.

W. P. de Boer, *The Imitation of Paul* (Kampen: J. H. Kok, 1962).

J. M. Boice, *Witness and Revelation in the Gospel of John* (Exeter: Paternoster Press, 1970).

A. T. Boisen, *The Exploration of the Inner World: A Study in Mental Disorder and Religious Experience* (New York: Willett, Clark & Co, 1937).

J. M. Bonino, *Revolutionary Theology Comes of Age* (London: SPCK, 1975).

G. Bornkamm, G. Barth and H. J. Held (eds), *Tradition and Interpretation in Matthew* (London: SCM, 1963).

P. Brand and P. Yancey, 'Putting Pain to Work', *Leadership* 5/4 (1984), pp. 121f.

W. Bridge, *Lifting Up of the Downcast* (Edinburgh: Banner of Truth, 1979).

C. Bridges, *The Christian Ministry* (London: Banner of Truth, 1958. First published 1849).

A. E. Brooke, *The Johannine Epistles. ICC* (Edinburgh: T. & T. Clark, 1912).

P. N. Brooks (ed), *Seven-Headed Luther* (Oxford: OUP, 1983).

T. Brooks, *Heaven on Earth* (London: Banner of Truth, 1961. First published 1654).

C. Brown and H. Seebuss, 'Moses', *NIDNTT,* vol. 2 (Exeter: Paternoster Press, 1976), pp. 635～643.

R. Brown, 'An Early Christian Conception of the Pastoral Office', *The Fraternal* (July 1978), pp. 3～11.

R. Brown, 'Luther as a Pastoral Counsellor', unpublished lecture.

R. Brown, *The Message of Hebrews. Christ Above All. BST* (Leicester: IVP, 1982).

R. Brown, *Pastoral Care: An Early Christian Perspective.* Annual Laing Lecture (Northwood: London Bible College, 1977).

R. E. Brown, *The Gospel According to John.* 2 vols *AB* (London: Geoffrey Chapman,

1971).

D. S. Browning, *Atonement and Psychotherapy* (Philadelphia: Westminster Press, 1966).

D. S. Browning, 'Images of Man in Contemporary Models of Pastoral Care', *Interp.* 33 (1979), pp. 146～156.

D. S. Browning, *The Moral Context of Pastoral Care* (Philadelphia: Westminster Press, 1976).

D. S. Browning (ed), *Practical Theology* (San Francisco: Harper & Row, 1983).

F. F. Bruce, *The Epistle to the Hebrews. NICNT* (London: Marshall, Morgan and Scott, 1965).

F. F. Bruce, 'The Revelation of John', in G. C. D. Howley (ed), *A New Testament Commentary* (London: Pickering and Inglis, 1969), pp. 629～666.

W. Brueggemann, 'Covenanting as Human Vocation', *Interp.* 33 (1979), pp. 115～129.

M. Bucer, 'Visitation of the Sick', in D. F. Wright (trans and ed), *Common Places of Martin Bucer.* Courtney Library of Reformation Classics, vol. 4 (Appleford: Sutton Courtenay Press, 1972), pp. 429～451.

M. Bucer, 'Von der Waren Seelsorge ...', in *Martini Bucer Opera Omnia Series I: Deutsche Schriften,* vol. 7 (Gutersloh and Paris, 1964), pp. 67～245.

T. C. Butler, *Joshua. WBC* (Waco, Texas: Word Books, 1983).

G. B. Caird, *A Commentary on the Revelation of St John the Divine.* Black's *NTC* (London: A. & C. Black, 1966).

J. Calvin, 'Draft Ecclesiastical Ordinances', in *Theological Treatises,* translated by J. K. S. Reid. *LCC*, vol. 22 (London: SCM, 1954).

J. Calvin, *The Epistles of Paul to the Romans and to the Thessalonians,* edited by D. W. & T. F. Torrance. *CC* (Edinburgh: St Andrew Press, 1961).〔中譯本：加爾文著，趙中輝、宋華忠譯：《羅馬人書註釋》(台北：基督教改革宗翻譯社，1971）。〕

J. Calvin, *Institutes of the Christian Religion.* 2 vols (London: James Clarke, 1962).〔中譯本：加爾文著，徐慶譽等譯：《基督教要義》，三冊 (香港：文藝，1970-1974）。〕

J. Calvin, *St John 1～10,* edited by D. W. & T. F. Torrance. *CC* (Edinburgh: St Andrews Press, 1959).

J. Calvin, *St John 11～21 and First John,* edited by D. W. & T. F. Torrance. *CC* (Edinburgh: St Andrews Press, 1961).

J. Calvin, *The Second Epistle of Paul to the Corinthians and the Epistles to Timothy,*

Titus and Philemon, edited by D. W. & T. F. Torrance. *CC* (Edinburgh: Oliver & Boyd, 1964).

A. V. Campbell, 'The Politics of Pastoral Care', *Contact* 62 (1979), pp. 2～14.

A. V. Campbell, *Rediscovering Pastoral Care* (London: Darton Longman & Todd, 1981).

H. von Campenhausen, *Ecclesiastical Authority and Spiritual Power in the Church of the First Three Centuries* (London: A. & C. Black, 1969).

D. Carlson, 'Jesus' Style of Relating. The Search for a Biblical View of Counselling', *JPT* 4 (1976), pp. 181～192.

D. A. Carson, 'Recent literature on the fourth gospel: some reflections', *Themelios* 9 (1983), pp. 8～18.

D. A. Carson and J. D. Woodbridge (eds), *Scripture and Truth* (Leicester: IVP, 1983).

J. D. Carter, 'Adams' Theory of Nouthetic Counselling', *JPT* 3 (1975), pp. 143～155.

W. E. Chadwick, *The Pastoral Teaching of St Paul. His Ministerial Ideals* (Edinburgh: T. & T. Clark, 1907).

B. S. Childs, *Exodus. OTL* (London: SCM, 1974).

John Chrysostom, *On the Priesthood. NP-NF* First Series, vol. 9 (Grand Rapids: Eerdmans).

J. Clayton, *St Hugh of Lincoln* (London: Burns, Oates & Washbourne, 1931).

W. A. Clebsch and C. R. Jackee, *Pastoral Care in Historical Perspective* (New York: Harper and Row, 1967).

G. Coates, *What on Earth is this Kingdom?* (Eastbourne: Kingsway Publications, 1983).

G. R. Collins (ed), *Helping People Grow* (Santa Ana: Vision House, 1980).

H. Conzelmann, *The Theology of Luke* (London: Faber and Faber, 1960).

P. Cotterell, *The Eleventh Commandment* (Leicester: IVP, 1981).

G. G. Coulton, *Ten Medieval Studies* (Cambridge: CUP, 1930).

P. C. Craigie, *The Book of Deuteronomy. NICOT* (London: Hodder & Stoughton, 1976).

C. E. B. Cranfield, *The Epistle to the Romans. ICC,* vol. 2 (Edinburgh: T. & T. Clark, 1979).

C. E. B. Cranfield, *The Gospel According to Mark. CGTC* (Cambridge: CUP, 1963).

O. Cullmann, *Early Christian Worship* (London: SCM, 1953).

O. Cullmann, *Peter: Disciple, Apostle, Martyr* (London: SCM, 1953).

Cyprian, *Epistles. A-NCL*, vol. 8 (Edinburgh: T. & T. Clark, 1868).

Cyprian, *On the Immortality. A-NCL,* vol. 8 (Edinburgh: T. & T. Clark, 1868).

R. W. Dale, *The Evangelical Revival* (London: Hodder & Stoughton, 1880).

R. W. Dale (ed), *The Life and Letters of John Angell James* (London: Nisbet, 1849).

P. Davids, *The Epistle of James. NIGTC* (Exeter: Paternoster Press, 1982).

R. Davidson, *The Courage to Doubt* (London: SCM, 1983).

R. Davies and G. Rupp (eds), *A History of the Methodist Church in Great Britain,* vol. 1 (London: Epworth Press, 1965).

W. Dean, 'Successful House Groups - Lessons from History', *Church Growth Digest* (Autumn-Spring 1983-1984).

V. A. Demant, *The Responsibility and Scope of Pastoral Theology Today* (Oxford: OUP, 1950).

L. Dewar and C. E. Hudson, *A Manual of Pastoral Psychology* (London: Philip Allen, 1932).

D. L. Douie, *Archbishop Pecham* (Oxford: OUP, 1952).

J. D. G. Dunn, *Jesus and the Spirit* (London: SCM, 1975).

J. D. G. Dunn, *Unity and Diversity in the New Testament* (London: SCM, 1977).

W. Eichrodt, *Ezekiel. OTL* (London: SCM, 1970).

W. Eichrodt, *Theology of the Old Testament,* vol. 1 (London: SCM, 1961).

J. H. Elliott, *A Home for the Homeless. A Sociological Exegesis of 1 Peter and its Situation and Strategy* (London: SCM, 1981).

E. E. Ellis, *The Gospel of Luke. NCB* (London: Oliphants, 1974).

E. E. Ellis, 'The Role of the Christian Prophet in Acts', in W. W. Gasque and R. P. Martin (eds), *Apostolic History and the Gospel* (Exeter: Paternoster Press, 1970).

T. W. Engstrom and E. R. Dayton, *The Art of Management for Christian Leaders* (Waco, Texas: Word Books, 1976).

W. J. Everett and J. J. Backmeyer, *Disciplines in Transformation* (Washington: University of America Press, 1979).

P. Fairbairn, *Pastoral Theology* (Edinburgh: T.& T. Clark, 1875).

G. G. Findlay, *Fellowship in Life Eternal (*London: Hodder & Stoughton, 1909).

P. T. Forsyth, *Positive Preaching and the Modern Mind* (London: Hodder & Stoughton, 1907).

R. Y. K. Fung, 'Charismatic Versus Organised Ministry', *EQ* 52 (1980), pp. 195～214.

V. P. Furnish, *Theology and Ethics in Paul* (Nashville: Abingdon Press, 1968).

V. P. Furnish, 'Theology and Ministry in the Pauline Letters', in E. E. Shelp and R.

Sunderland (eds), *A Biblical Basis for Ministry* (Philadelphia: Westminster Press, 1981), pp. 101～144.

E. Gibbs, *I Believe in Church Growth* (London: Hodder & Stoughton, 1981).

A. D. Gilbert, *The Making of Post-Christian Britain* (London and New York: Longman, 1980).

R. Gill, *Prophecy and Praxis* (Basingstoke: Marshalls, 1981).

S. M. Gilmour, 'Pastoral Care in the New Testament Church', *NTS* 10 (1964), pp. 393～398.

W. Gladden, *The Christian Pastor and the Working Church* (Edinburgh: T. & T. Clark, 1901).

J. Gladwin, *God's People in God's World* (Leicester: IVP, 1979).

M. Green, 2 *Peter and Jude. TNTC* (London: Tyndale Press, 1968).〔中譯本：格林著，歐思真譯：《彼得後書，猶大書》(台北：校園，2000)。〕

P. Greenslade, *Leadership* (Basingstoke: Marshalls, 1984).

F. Greeves, *Theology and the Cure of Souls* (London: Epworth Press, 1960).

Gregory of Nazianzus, *In the defence of his flight to Pontus. Oration II. NP-NF* Second Series, vol. 7 (Grand Rapids: Eerdmans).

Gregory the Great, *The Book of Pastoral Rule. NP-NF* Second Series, vol. 12 (Grand Rapids: Eerdmans).

G. Griffin, 'Pastoral Care and Pastoral Theology Overseas', in W. B. Oglesby (ed), *The New Shape of Pastoral Theology* (Nashville: Abingdon Press, 1969).

M. Griffiths, *Cinderella with Amnesia* (London: IVP, 1975).

L. Grollenberg, J. Kerkhofs, A. Houtepen, J. J. A. Vollebergh and E. Schillebeeckx, *Minister? Pastor? Prophet?* (London: SCM, 1980).

O. Guinness, *Doubt: Faith in Two Minds* (Berkhamsted: Lion, 1976).〔中譯本：歐士．葛尼斯著，康來昌譯：《懷疑：心懷二意》(台北：中國主日學，1978)。〕

O. Guinness, *The Gravedigger File* (London: Hodder & Stoughton, 1983).

R. H. Gundry, *Matthew. A Commentary on his Literary and Theological Art* (Grand Rapids: Eerdmans, 1982).

D. Guthrie, *Hebrews. TNTC* (Leicester: IVP, 1983).〔中譯本：古特立著，校園編輯小組譯：《希伯來書》(台北：校園，1999)。〕

D. Guthrie, *New Testament Introduction* (London: IVP, 1970).

D. Guthrie, *New Testament Theology* (Leicester: IVP, 1981).〔中譯本：古特立著，高以峯、唐萬千譯：《古氏新約神學》(台北：華神，1990)。〕

G. Gutierrez, *A Theology of Liberation* (London: SCM, 1974).

G. Haendler, *Luther on Ministerial Office and Congregational Function* (Philadelphia:

Fortress Press, 1981).

D. R. Hall, 'Pauline Church Discipline', *Tyndale Bulletin* 20 (1969), pp. 3～26.

J. C. Harris, *Stress, Power and Ministry* (Mount St. Alban: The Alban Institute, 1977).

H. J. Held, 'Matthew as Interpreter of the Miracle Stories', in G. Bornkamm, G. Barth and H. J. Held (eds), *Tradition and Interpretation in Matthew* (London: SCM, 1963), pp. 165～299.

G. Herbert, *The Country Parson and The Temple,* edited by J. N. Wall (London: SPCK, 1981).

K. Hess, 'Serve', *NIDNTT,* vol. 3 (Exeter: Paternoster Press, 1978), pp. 544～549.

D. Hill, *The Gospel of Matthew. NCB* (London: Oliphants, 1972).

S. Hiltner, *Preface to Pastoral Theology* (Nashville: Abingdon Press, 1958).〔中譯本：馬鴻述譯：《牧範學導言》(香港：基督教文藝出版社，1967)。〕

H. T. Hoekstra, *Evangelism in Eclipse* (Exeter: Paternoster Press, 1979).

B. Holmberg, *Paul and Power* (Lund: C. W. K. Gleerup, 1978).

H. E. Hopkins, *Charles Simeon of Cambridge* (London: Hodder & Stoughton, 1977).

C. W. Horland, 'Anfectung in Luther's Biblical Exegesis', in F. H. Littell (ed), *Reformation Studies, Essays in Honour of Roland H. Bainton* (Richmond, Virginia: John Knox Press, 1962).

P. E. Hughes, *A Commentary on the Epistle to the Hebrews* (Grand Rapids: Eerdmans, 1977).

E. Hulse, 'The Puritans and Counselling Troubled Souls', *Foundations* 8 (1982), pp. 6～28.

R. J. Hunter, 'The Future of Pastoral Theology', *Pastoral Psychology* 29 (1980), pp. 58～69.

J. A. James, *An Earnest Ministry the Want of the Times* (London: Hamilton Adams, 1848).

M. A. Jeeves (ed), *Behavioural Sciences: A Christian Perspective* (Leicester: IVP, 1984).

J. Jeremias, '*poimēn*', *TDNT,* vol. 6 (Grand Rapids: Eerdmans, 1967), pp. 485～502.

M. Jeschke, *Discipling the Brother* (Scottdale: Herald Press, 1972).

P. E. Johnson, *Pastoral Ministration* (London: James Nisbet, 1955).

P. E. Johnson, *Personality and Religion* (Nashville: Abingdon Press, 1957).

P. E. Johnson, *Psychology of Religion* (Nashville: Abingdon Press, 1959).

Justin Martyr, *First Apology. A-NCL,* vol. 2 (Edinburgh: T. & T. Clark, 1867).

E. Käsemann, *Essays on New Testament Themes* (London: SCM, 1964) .

H. C. Kee, *Community of the New Age* (London: SCM, 1977).

J. N. D. Kelly, *The Epistles of Peter and Jude*. Black's *NTC* (London: A. & C. Black, 1969).

J. Kent, *Jabez Bunting: The Last Wesleyan.* Wesley Historical Lecture (London: Epworth Press, 1955).

D. Kidner, *Wisdom to live by* (Leicester: IVP, 1985).

J. N. King, *The God of Forgiveness and Healing in the Theology of Karl Rahner* (Washington: University of America Press, 1982).

R. M. Kingdon, *Geneva and the Coming of the Wars of Religion in France, 1555-1563* (Geneva: 1956).

J. A. Kirk, *Liberation Theology* (Basingstoke: Marshalls, 1979).

K. E. Kirk, *The Apostolic Ministry* (London: Hodder & Stoughton, 1946) .

C. Kruse, *New Testament Foundations of Ministry* (London: Marshall, Morgan & Scott, 1983).

H. Küng, *The Church* (London: Search Press, 1968).〔中譯本：漢斯．龔著，田永正譯：《教會發微》，上下冊（台北：光啓，1976）。〕

G. E. Ladd, *A Theology of the New Testament* (Grand Rapids: Eerdmans, 1974).〔中譯本：賴德著，馬可人譯：《新約神學》，上下冊（台北：華神，1984-1986）。〕

W. L. Lane, *The Gospel of Mark. NICNT* (London: Marshall, Morgan & Scott, 1974).

J. Lapsley, 'Pastoral Theology Past and Present', in W. B. Oglesby Jnr (ed), *The New Shape of Pastoral Theology* (Nashville: Abingdon Press, 1979), pp. 31～48.

J. Lapsley, *Salvation and Health* (Philadelphia: Westminster Press, 1972).

W. S. LaSor, D. A. Hubbard and F. W. Bush (eds), *Old Testament Survey* (Grand Rapids: Eerdmans, 1982).〔中譯本：賴桑著，馬傑偉譯：《舊約綜覽》（香港：種耔，1988）。〕

A. B. Lawson, *John Wesley and the Christian Ministry* (London: SPCK, 1963).

G. Leonard, *God Alive: Priorities in Pastoral Theology* (London: Darton, Longman & Todd, 1981).

C. S. Lewis, *A Grief Observed* (London: Faber and Faber, 1961).〔中譯本：路益師著，曾珍珍譯：《卿卿如晤》（台北：雅歌出版社，1994）。〕

C. S. Lewis, *The Problem of Pain* (London: Fontana, 1957).〔中譯本：魯益師著，魯繼曾譯：《痛苦的奧秘》（香港：文藝，1989）。〕

P. Lewis, *The Genius of Puritanism* (Haywards Heath: Carey Publications, 1975).

B. Lindars, *The Gospel of John. NCB* (London: Oliphants, 1972).

T. M. Lindsay, *The Church and the Ministry in the Early Centuries* (London: Hodder

& Stoughton, 1902).

D. M. Lloyd-Jones, *The Basis of Unity* (London: IVF, 1962).

D. M. Lloyd-Jones, *Darkness and Light. An Exposition of Ephesians 4:17～5:17* (Edinburgh: Banner of Truth, 1982).〔中譯本：鍾馬田著，鍾越娜譯：《黑暗與光明：以弗所書四章十七節至五章十七節》(美國：活泉出版社，2000)。〕

D. M. Lloyd-Jones, *Preaching and Preachers* (London: Hodder & Stoughton, 1971).

D. M. Lloyd-Jones, *Spiritual Depression: Its Causes and Cure* (London: Pickering and Inglis, 1965).〔中譯本：鍾馬田著，詹正義譯：《靈性低潮》(香港：福音證主協會，1977)。〕

R. Longenecker, *The Ministry and Message of Paul* (Grand Rapids: Zondervan, 1971).

R. Lovelace, *Dynamics of Spiritual Life. An Evangelical Theology of Renewal* (Exeter: Paternoster Press, 1979).

M. Luther, *Luther's Works* (Philadelphia: Fortress Press, 1955-).〔中譯本：馬丁路德著，雷雨田、伍渭文總主編：《路德文集》(香港：香港路德會文字部，2003-)。〕

M. Luther, *Luther: Letters of Spiritual Counsel,* translated and edited by T. Tappert. *LCC*, vol. 18 (London: SCM, 1955).

U. Luz, 'The Disciples in the Gospel according to Matthew', in G. N. Stanton (ed), *The Interpretation of Matthew* (London: SPCK, 1983), pp. 98～128.

R. Macaulay and J. Barrs, *Christianity with a Human Face* (Leicester: IVP, 1978).

E. McCracken (trans and ed), *Early Medieval Theology. LCC,* vol. 9 (London: SCM, 1957).

D. McGavran, *Understanding Church Growth* (Grand Rapids: Eerdmans, 1970).〔中譯本：馬蓋文著，李本實譯：《教會增長》(台北：浸宣會文字出版部，1973)。〕

H. R. Mackintosh, *The Christian Experience of Forgiveness* (London: Collins, 1961).

H. R. Mackintosh, *Types of Modern Theology* (London: Fontana, 1964). .

I. F. McIntosh, *Pastoral Care and Pastoral Theology* (Edinburgh: St Andrew Press, 1972).

J. T. McNeill, *A History of the Cure of Souls* (New York: Harper & Row, 1977).

F. MacNutt, *Healing* (Notre Dame, Indiana: Ave Maria Press, 1974).〔中譯本：麥格納著，林約翰譯：《醫治》(台北：以琳，1985)。〕

R. Maddox, *The Purpose of Luke-Acts* (Edinburgh: T. & T. Clark, 1982).

A. J. Malherbe, 'Gentle as a Nurse. The Gnostic Background to 1 Thessalonians ii', *Nov. T* 12 (1970), pp. 203～217.

I. H. Marshall, *The Epistles of John. NICNT* (Grand Rapids: Eerdmans, 1978).

I. H. Marshall, *Luke - Historian and Theologian* (Exeter: Paternoster Press, 1979).

I. H. Marshall (ed), *New Testament Interpretation* (Exeter: Paternoster Press, 1977).

I. H. Marshall, 'Pauline Theology in the Thessalonian Correspondence', in M. D. Hooker and S. G. Wilson (eds), *Paul and Paulinism* (London: SPCK, 1982), pp. 173～183.

I. H. Marshall, *1 and 2 Thessalonians. NCB* (Grand Rapids: Eerdmans, 1983).

R. P. Martin, *Mark - Evangelist and Theologian* (Exeter: Paternoster Press, 1979).

R. P. Martin, *New Testament Foundations,* 2 vols (Grand Rapids: Eerdmans, 1975, 1978).

E. Massaux, *Influence de l'évangile de Saint Matthieu sur la Literature Chrétienne avant Saint Irenée* (Louvain: Publications Universitaires, 1950).

H. T. Mayer, *Pastoral Care, Its Roots and Renewal* (Philadelphia: John Knox Press, 1979).

W. A. Meeks, 'The Man from Heaven in Johannine Sectarianism', *JBL* 91 (1972), pp. 44～72.

F. van der Meer, *Augustine the Bishop* (London and New York: Sheed & Ward, 1961).

P. S. Minear, 'Dear Theo (The Kerygmatic Intention and Claim of the Book of Acts)', *Interp.* 27 (1973), pp. 131～150.

C. L. Mitton, *The Epistle of James* (London and Edinburgh: Marshall, Morgan & Scott, 1966).

L. Morris, *Commentary on the Gospel of John. NICNT* (Grand Rapids: Eerdmans, 1971).

L. Morris, *Luke. TNTC* (London: IVP, 1974).〔中譯本：莫理斯著，潘秋松譯：《路加福音》(台北：校園，1996)。〕

C. F. D. Moule, 'The Individualism of the Fourth Gospel', in *Essays in New Testament Interpretation* (Cambridge: CUP, 1982), pp. 91～109.

R. H. Mounce, *The Book of Revelation. NICNT* (Grand Rapids: Eerdmans, 1977).

W. Munro, *Authority in Paul and Peter.* SNTS Monograph 45 (Cambridge: CUP, 1983).

I. H. Murray, *D. Martyn Lloyd-Jones: The First Forty Years 1899-1939* (Edinburgh: Banner of Truth Trust, 1982).

J. Myrc, *Instructions for Parish Priests* (London: Early English Text Society, 1868).

G. Neal, 'The Call to the Ministry - Some Midpoint Reflections', *The Fraternal* (October 1984), pp. 9～16.

H. R. Niebuhr and D. D. Williams (eds), *The Ministry in Historical Perspective* (New York: Harper & Row, 1983).

C. R. North, *The Second Isaiah* (Oxford: OUP, 1964).

W. L. Northridge, *Psychology and Pastoral Practice* (London: Epworth Press, 1938).

The Nottingham Statement. The Official Statement of the Second National Evangelical Anglican Congress (London: Falcon, 1977).

H. J. M. Nouwen, *Creative Ministry* (New York: Image, 1978).〔中譯本：盧雲著，吳秋媚、黃偉明譯：《建立生命的職事》(香港：基道，1996)。〕

H. J. M. Nouwen, *The Wounded Healer* (New York: Doubleday, 1972).〔中譯本：盧雲著，張小鳴譯：《負傷的治療者：當代牧養事工的省思》(香港：基道，1998)。〕

G. F. Nuttall, *Richard Baxter* (London: Nelson, 1965).

W. Oates, *The Bible in Pastoral Care* (Philadelphia: Westminster Press, 1953).

W. Oates, *The Christian Pastor* (Philadelphia: Westminster Press, 1964) .

W. Oates, *Protestant Pastoral Counselling* (Philadelphia: Westminster Press, 1962).

T. C. Oden, *Kerygma and Counselling* (Philadelphia: Westminster Press, 1966).

T. C. Oden, *Pastoral Theology: Essentials of Ministry* (San Francisco: Harper & Row, 1983).

W. B. Oglesby Jnr (ed), *The New Shape of Pastoral Theology. Essays in Honour of Seward Hiltner* (Nashville: Abingdon Press, 1969).

W. B. Oglesby Jnr, 'Pastoral Care and Counselling in Biblical Perspective', *Interp.* 26 (1973), pp. 307～326.

W. B. Oglesby Jnr, 'Present Status and Future Prospects in Pastoral Theology', *Pastoral Psychology* 29 (1980), pp. 36～45.

J. J. van Oosterzee, *Practical Theology* (London: Hodder & Stoughton, 1889).

T. H. L. Parker, *John Calvin* (London: Dent & Sons, 1975).

L. Paul, *A Church by Daylight* (London: Geoffrey Chapman, 1973).

L. Paul, *The Deployment and Payment of the Clergy* (London: CIO Publishing, 1964).

G. L. Phillips, 'Faith and Vision in the Fourth Gospel', in F. L. Cross (ed), *Studies in the Fourth Gospel* (London: Mowbray, 1957), pp. 83～96.

H. D. Rack, 'The Decline of the Class Meeting and the Problem of Church Membership in Nineteenth-century Wesleyanism', *Proceedings of the Wesleyan Historical Society* 39 (1973), pp. 12～21.

G. von Rad, *Old Testament Theology* (Edinburgh and London: Oliver & Boyd, 1962).

G. von Rad, *Wisdom in Israel* (London: SCM, 1972).

K. Rahner, *Theological Investigations,* vols. 10 and 11 (London: Darton, Longman & Todd, 1973, 1974).

A. M. Ramsey, *The Christian Priest Today* (London: SPCK, 1972).

S. Ranson, A. Bryman and R. Hinings, *Clergy, Ministers and Priests* (London: Routledge & Kegan Paul, 1983).

K. H. Rengstorf, '*Huperetēs*', *TDNT,* vol. 8 (Grand Rapids: Eerdmans, 1972), pp. 530～544.

H. Ridderbos, *Paul. An Outline of His Theology,* (Grand Rapids: Eerdmans, 1975).

T. Rowe, *St Augustine, Pastoral Theologian* (London: Epworth Press, 1974).

P. F. Rudge, *Management in the Church* (London: McGraw Hill, 1976).

A. Russell, *The Clerical Profession* (London: SPCK, 1980).

J. O. Sanders, *Men from God's School* (London: Lakeland, 1974).〔中譯本：孫德生著，周李玉珍譯：《屬靈模範生》(香港：福音證主協會，1996)。〕

F. A. Schaeffer, *True Spirituality* (Wheaton: Tyndale House, 1971).〔中譯本：薛華著，林怡俐、葉鳴和譯：《屬靈的真義》(台北：橄欖基金會，1989)。〕

L. Schaller, *The Change Agent* (Nashville: Abingdon Press, 1972).

E. Schillebeeckx, *Ministry* (London: SCM, 1981).

F. D. Schleiermacher, *Brief Outline of the Study of Theology,* translated by T. N. Tice (Atlanta: John Knox Press, 1966).

J. H. Schütz, *Paul and the Anatomy of Apostolic Authority.* SNTS Monograph 26 (Cambridge: CUP, 1975).

E. G. Selwyn, *The First Epistle of Peter* (London: Macmillan, 1946).

G. Shaw, *The Cost of Authority. Manipulation and Freedom in the New Testament* (Philadelphia: Fortress Press, 1982).

W. G. T. Shedd, *Homiletics and Pastoral Theology* (London: Banner of Truth, 1965).

E. E. Shelp and R. Sunderland (eds), *A Biblical Basis for Ministry* (Philadelphia: Westminster Press, 1981).

D. S. Sheppard, *Bias to the Poor* (London: Hodder & Stoughton, 1983).

D. S. Sheppard, *Built as a City* (London: Hodder & Stoughton, 1974).

D. S. Sheppard, 'The poverty that imprisons the spirit', *The Listener,* 19 April 1984, pp. 8～12.

T. Smail, *Reflected Glory* (London: Hodder & Stoughton, 1975).

S. Smalley, *John: Evangelist and Interpreter* (Exeter: Paternoster Press, 1978).

C. E. Smith, *Innocent Ill: Church Defender* (Louisiana: Louisiana State University, 1951).

D. M. Smith, 'Theology and Ministry in John', in E. E. Shelp and R. Sunderland (eds), *A Biblical Basis for Ministry* (Philadelphia: Westminster Press, 1981).

G. A. Smith, *The Book of Isaiah,* vol. 2 (London: Hodder & Stoughton, 1897).

R. W. Southern, *Western Society and the Church in the Middle Ages* (Harmondsworth: Penguin, 1970).

C. H. Spurgeon, *An All-Round Ministry* (London: Passmore & Alibaster, 1900).〔中譯本：司布真著，邵慶彰譯：《全面的事奉》(香港：證道，1975)。〕

C. H. Spurgeon, *The Early Years* (London: Banner of Truth, 1962).

C. H. Spurgeon, *Lectures to my Students* (London: Marshall, Morgan & Scott, 1962).

M. Staniforth (trans), *Early Christian Writings* (Harmondsworth: Penguin, 1968).

G. N. Stanton, 'Introduction: Matthew's Gospel: A New Storm Centre', in G. N. Stanton (ed), *The Interpretation of Matthew* (London: SPCK, 1983), pp. 1～19.

A. M. Stibbs, *The First Epistle General of Peter. TNTC* (London: Tyndale Press, 1959).

W. Still, *The Work of the Pastor* (Aberdeen: Oidasko Press, 1976).

J. R. W. Stott, *The Epistles of John. TNTC* (London: Tyndale Press, 1964) .〔中譯本：斯托得著，劉良淑譯：《約翰書信》(台北：校園，2001)。〕

J. R. W. Stott, *Issues Facing Christians Today* (Basingstoke: Marshalls, 1984).〔中譯本：斯托德著，劉良淑譯：《當代基督教與社會》(台北：校園，1994)。〕

J. R. W. Stott, *The Message of Ephesians. God's New Society. BST* (Leicester: IVP, 1979).〔中譯本：斯托得著，陳恩明譯：《以弗所書》(台北：校園，1997)。〕

J. R. W. Stott, *The Message of 2 Timothy. Guard the Gospel. BST* (London: IVP, 1973).〔中譯本：史托德著，梁汝照譯：《為真道而戰：提摩太後書的信息》(香港：種籽，1978)。〕

J. R. W. Stott, *One People* (London: Falcon, 1969).

B. H. Streeter, *The Primitive Church: studied with special reference to the origins of the Christian Ministry* (London: Macmillan, 1929).

J. Sweet, *Revelation.* SCM *Pelican Commentaries* (London: SCM, 1979) .

S. Sykes, *Friedrich Schleiermacher* (London: Lutterworth Press, 1971) .

J. B. Taylor, *Ezekiel. TOTC* (London: Tyndale Press, 1969).〔中譯本：泰勒著，校園編輯小組譯：《以西結書》(台北：校園，2003)。〕

M. H. Taylor, *Learning to Care, Christian Reflection on Pastoral Practice* (London: SPCK, 1983).

W. Temple, *Readings in St John's Gospel* (London: Macmillan, 1968).〔中譯本：湯樸．威廉著，張伯懷譯：《讀約翰福音劄記：全集》(香港：文藝，1952)。〕

Tertullian, *On Baptism. A-NCL,* vol. 11 (Edinburgh: T. & T. Clark, 1869).

G. Theissen, *The Social Setting of Pauline Christianity* (Edinburgh: T. & T. Clark, 1982).

J. A. Thompson, *Deuteronomy. TOTC* (London: IVP, 1974).

W. G. Thompson, *Matthew's Advice to a Divided Community* (Rome: Biblical Institute Press, 1970).

M. Thornton, *The Function of Theology* (London: Hodder & Stoughton, 1968).

M. Thornton, *Pastoral Theology: A Reorientation* (London: SPCK, 1956).

E. Thurneysen, *A Theology of Pastoral Care* (Richmond: John Knox Press, 1962).

D. J. Tidball, *An Introduction to the Sociology of the New Testament* (Exeter: Paternoster Press, 1983).

J. Tiller, *A Strategy for the Church's Ministry* (London: CIa. Publishing, 1983).

R. B. Tollinton, *Clement of Alexandria,* vol. 1 (London: Williams & Norgate, 1914).

P. Tournier, *Guilt and Grace* (London: Hodder & Stoughton, 1974).

R. Towler and A. P. M. Coxon, *The Fate of the Anglican Clergy* (London: Macmillan, 1979).

E. Troeltsch, *The Social Teachings of the Christian Churches,* vol. 2 (London: George Allen & Unwin, 1931).〔中譯本：特爾慈著，戴盛虞、趙振嵩譯：《基督教社會思想史》(香港：文藝，1976)。〕

A. Vinet, *Pastoral Theology* (Edinburgh: T. & T. Clark, 1853).

P. Vitz, *Psychology as Religion* (Grand Rapids: Eerdmans, 1977).

S. Volbeda, *The Pastoral Genius of Preaching* (Grand Rapids: Zondervan, 1960).

G. S. M. Walker, *The Churchmanship of St Cyprian* (London: Lutterworth Press, 1968).

G. S. M. Walker, *The Growing Storm. Sketches of Church History from AD 600 to AD 1350* (London: Paternoster Press, 1961).

A. Wallis, *The Radical Christian* (Eastbourne: Kingsway Publications, 1981).〔中譯本：華理斯著，何國強譯：《急進的基督徒》(台北：以琳書房，1986)。〕

A. F. Walls, 'Introduction' to A. M. Stibbs, *The First Epistle General of Peter. TNTC* (London: Tyndale Press, 1959).

E. Waterhouse, *Psychology and Pastoral Work* (London: Hodder & Stoughton, 1939).

D. Watson, *Fear No Evil* (London: Hodder & Stoughton, 1984).〔中譯本：屈大衛著，蔡貴恆譯：《勇者無懼》(香港：天道，1991)。〕

D. Watson, *In Search of God* (London: Falcon, 1974).〔中譯本：大衛·華生著，陳毓華譯：《追尋》(台北：校園，1977)。〕

D. Webster, 'Simeon's Pastoral Theology', in A. Pollard and M. Hennell (eds), *Charles*

Simeon 1759-1836 (London: SPCK, 1959), pp. 73～119.

K.-H. Weger, *Karl Rahner: An Introduction to His Theology* (London: Burns & Oates, 1980).

J. Wesley, *Letters.* Standard Edition, edited by J. Telford. 8 vols (London: Epworth Press, 1931).

J. Wesley, *Sermons on Several Occasions,* edited by J. Beecham, vol. 3 (London: Wesleyan Conference Office, 1876).

M. West, *The World is Made of Glass* (London: Hodder & Stoughton, 1983).

C. Westermann, *Isaiah 40～66. OT*L (London: SCM, 1969).

J. A. Wharton, 'Theology of Ministry of the Hebrew Scriptures', in E. E. Shelp and R. Sunderland (eds), *A Biblical Basis for Ministry* (Philadelphia: Westminster Press, 1981).

J. White, *The Masks of Melancholy* (Leicester: IVP, 1982).

R. E. O. White, *An Open Letter to Evangelicals* (Exeter: Paternoster Press, 1964).

J. A. Whyte, 'New Directions in Practical Theology', *Theology* 76 (1973), p. 235.

D. D. Williams, *The Minister and the Care of Souls* (New York: Harper & Row, 1977. First published 1971).

G. H. Williams, 'The Ministry in the Ante-Nicene Church' and 'The Ministry in the Later Patristic Period', in H. R. Niebuhr and D. D. Williams (eds), *The Ministry in Historical Perspective* (New York: Harper & Row, 1983).

B. Wilson, *Religion in Sociological Perspective* (Oxford: OUP, 1982).

S. G. Wilson, *The Gentiles and the Gentile Mission in Luke-Acts* SNTS Monograph 23 (Cambridge: CUP 1973).

R. Winter, 'Jay Adams - is he really biblical enough?', *Third Way* 5/4 (1982), pp. 9～12.

C. A. Wise, *The Meaning of Pastoral Care* (New York: Harper & Row, 1966).

C. A. Wise, *Psychiatry and the Bible* (New York: Harper & Row, 1956).

C. A. Wise, *Religion in Illness and Health* (New York: Harper & Row, 1942).

H. W. Wolff, *Anthropology of the Old Testament* (London: SCM, 1974) .

A. S. Wood, *The Inextinguishable Blaze* (Exeter: Paternoster Press, 1967).

F. Wright, *The Pastoral Nature of the Ministry* (London: SCM, 1980).

W. Zimmerli, *Man and his Hope in the Old Testament* (London: SCM, 1971).

W. Zimmerli, *Old Testament Theology in Outline* (Edinburgh: T. & T. Clark, 1978).

J. van Zyl, 'John Calvin the Pastor', in *The Way Ahead.* Papers read to the Carey Conference 1975 (Haywards Heath: Carey Publications, 1975), pp. 69～78.

近代華人著作中文書目

朱有德：《基層教會牧養手冊》。南京：中國基督教兩會，1996。
沈子高：《牧師的工作與生活》。香港：基督教輔僑，1953。
何時鑑：《認識二十世紀牧養工作的範圍與路線》。香港：基道，1984。
李耀全：《心靈輔導：心理輔導與屬靈導引的整合》。香港：建道神學院，2002。
余達心、馮蔭坤合編：《事奉的人生：中國神學研究院講師誌賀滕近輝院長六十壽辰論文集》。香港：宣道，1982。
《牧者，時代，使命：1984年全國牧者研討會彙編》。台北：教會更新研究中心，1985。
周聯華：《今日教牧事奉的裝備》。香港：浸信會出版社，1981。
______：《新編講道法》。台北：台灣基督教文藝出版社，民國78〔1989〕。
吳明節：《聖工門徑》。香港：靈文，1990。
吳庭樑：《2樓B座：牧養職事案例彙編》。香港：福音證主協會，2002。
邵慶彰：《教會事工面面觀》。台北：校園，1989。
敖恆宇、黃慧貞：《香港教會男女教牧同工事奉實況研究：簡要報告》。香港：香港基督教協進會，2002。
祝健：《牧養教會》。Lomita, CA：海外校園雜誌，2000。
高集樂：《教牧協談概論》。台北：中華福音神學院出版社，1976 [1992印]。
高建國：《教牧人員的素養與工作》。南京：金陵協和神學院文字工作室，1996。
唐佑之：《在講壇邊》。香港：基道，1983。
______：《忠勤事主：執事同工同心同步》。香港：香港浸信會神學院，2001。
______：《教牧人語：工人的素質與職事》。香港：浸信會出版社，1999。
______：《教牧倫理》。香港：香港浸信會神學院，2002。
陸輝：《竹居台上牧養剪影》。香港：中華基督教會灣仔堂，1997。
陳佐才：《牧師手記》。香港：基督教文藝出版社，1979。
______：《牧養縱橫》。香港：基督教文藝出版社，1982。
陳克平：《香港的轉變與教會教導策略》。香港：福音證主協會，1987。
陳浩昌：《愛在相遇中：推動信徒牧養關顧》。香港：匯美傳意，2002。
陳終道：《永恆的事奉： 教會真理研討》。香港：宣道，1988。
陳道明：《牧師的聖職》。香港：福音團契書局，1991。
陳潤棠：《簡易講道法》。香港：金燈台出版社，2000。
陳熾彬：《牧．思．情》。香港：中華基督教會坂魚涌堂，1997。
郭乃弘：《更新地方教會的策略》。香港：香港基督徒學會，2000。
梁永善：《離異家庭青少年的牧養》。香港：建道神學院，2000。

梁廷益、鄧美琴合著：《牧養先鋒：小組教會全新牧養概念》。香港：沙田浸信會出版部，2002。
梁國棟：《生離死別的牧養關顧》。香港：香港基督徒學會，2003。
麥希真：《工人的典範》。香港：福音證主協會，1993。
______：《工人的領人歸主》。香港：福音證主協會，1993。
______：《工人的領人事主》。香港：福音證主協會，1994。
______：《工人的成長》。香港：福音證主協會，1994。
______：《工人的講道》。香港：福音證主協會，1995。
______：《工人的輔導》。香港：福音證主協會，1995。
______：《工人的生活》。香港：福音證主協會，1995。
______：《工人的配搭》。香港：福音證主協會，1994。
______：《工人的指標》。香港：福音證主協會，1994。
______：《鐵磨鐵信箱》。香港：世界華人福音事工聯絡中心，2001。
曹敏敬：《教牧心理輔導》。香港：基督教文藝出版社，1987。
張子華：《教牧與教會：獻給廿一世紀有名、無名的傳道者》。香港：恩奇書業，2001。
______：《釋經講道學》。香港：恩奇書業，2002。
張有光：《無愧的工人：最受敬重的教牧職事》。香港：宣道，1987。
彭福：《教牧良助》。香港：信義宗聯合出版部，1960。
彭聖傭：《教牧與教牧工作》。上海：中國基督教協會神學教育委員會，1989。
葉恩漢：《傳道人面對的問題》。香港：金燈臺，1997。
黃彼得：《牧羊人語：福音，靈修，事奉，教義，歷史》。印尼瑪琅：東南亞聖道神學院，1993。
黃慧貞、黃慧賢、蘇敏幗主編：《婦女經驗與婦女牧養》。香港：香港婦女基督徒協會，2003。
曾立華：《教會職事的重尋與更新：從神學、歷史及實踐角度探討教會職事的更新》。香港：建道神學院，1996。
______：《講道職事的重尋》。香港：宣道，1993。
曾家彬：《羊圈內外》。香港：恩奇書業，1991。
馮蔭坤：《恩賜與事奉：保羅神學點滴》。香港：天道，1980。
蔣佩芬等編：《怎樣做一個傳道人》。上海：中國基督教協會，1983。
劉達芳：《本是同根生：新移民牧養策略》。香港：基道，1995。
滕近輝：《生命的事奉》。香港：宣道，1984。
______：《給我羊：滕近輝牧師牧養感言》。香港：宣道，1995。
關禮仁:《講台上下》。香港：宣道，1987。
蕭壽華：《牧野心路》。香港：宣道，1993。

______：《貼近主心懷》。香港：宣道，2000。

盧家駿：《可喜悅的祭：事奉者的操守》。香港：福音證主協會，1993。

謝任生：《有福音傳給貧窮人？：香港教會貧窮人福音事工的聖經及神學反思》。香港：建道神學院，2001。

羅杰才：《牧汝情長：中華基督教會長洲堂牧語隨筆》。香港：香港醫院院牧事工聯會，2001。

龐德明：《今日華人牧師》。台北：基督教論壇社，1977。

蘇文隆：《教會建造的藝術：從自我成長到教會發展》。EL Monte：台福傳播中心，1998。

蘇穎智：《直攀高峯：教會質量增長的關鍵與策略》。香港：福音證主協會，2000。

[聖經經文索引]

撒母耳記上

列王紀上

歷代志上

約伯記

詩篇

箴言

傳道書

以賽亞書

馬可福音

路加福音

約翰福音

使徒行傳

羅馬書

哥林多前書

以弗所書

腓立比書

歌羅西書

雅各書

彼得前書

[索引]

十一劃

教會事工系列 伴您作多方面裝備，服事教會！

心靈關顧——修正基督徒的培育和輔導觀念
Care of Souls: Revisioning Christian Nurture and Counsel
貝內爾(David G. Benner)著／尹妙珍 譯／HK$83

崇拜：歷久常新
Ancient-Future Worship: Proclaiming and Enacting God's Narrative
韋柏(Robert E. Webber)著／陳永財 譯／HK$73

崇拜與聖樂——理論與實踐全方位透視
陳康 著／HK$98

屬靈生命的素質——聖靈果子研讀本(組長本)
The Quality of A Spiritual Life: Fruit of the Spirit Bible Studies (Leader's Guide)
施家倫(Peter Scazzero)著／郭詠儀 譯／HK$98

屬靈生命的素質——聖靈果子研讀本(組員本)
The Quality of A Spiritual Life: Fruit of the Spirit Bible Studies (Study Guide)
施家倫(Peter Scazzero)著／郭詠儀 譯／HK$83

信主之後(附研讀指引)
梁家麟 著／HK$83

人際衝突與靈命塑造
陳校慈 著／HK$48

不可或缺的教會——重獲流失的一代
Essential Church? Reclaiming a Generation of Dropouts
湯姆・雷納(Thom S. Rainer)、薩姆・雷納(Sam S. Rainer III)著／陳永財 譯／HK$88

此時此道
孫寶玲 著／HK$58

宣講中的聖經——生命更新的信仰記號
The Sign Language of Faith: Opportunities for Preaching Today
戴歌德(Gerd Theissen)著／許子韻 譯／HK$83

緊扣時代 服事教會

以文字傳揚基督真道

讀者意見表

衷心多謝你購買本社書籍。本社一直致力以出版事工服事教會，幫助信徒扎根於神的話語，促進靈命增長。為使我們的出版更能滿足你的需要，請填寫下列各項資料，並寄回或傳真予本社。

所購書籍：______________________________

本書最吸引你的地方：

☐作者　☐適切性　☐文筆　☐設計　☐實用性

☐其他：______________________________

購買本書地點：

☐基道書樓　☐基督教書店　☐非基督教書店

性別：☐男　☐女　職業：__________________

信仰：☐基督徒　☐非基督徒

年齡：☐ 16 歲或以下　☐ 17～25 歲　☐ 26～35 歲

☐ 36～55 歲　☐ 56 歲或以上

學歷：☐中三或以下　☐中五　☐預科

☐大學　☐研究院

☐我欲更多了解基道出版社的事工及考慮支持，請寄給我下列資料：

☐機構簡介　☐新書資料　☐基道會員通訊

☐《基道文字事工通訊》

姓名：______________________電話：______________

地址：______________________________________

____

傳真：______________電子郵件：________________

其他意見：__________________________________

____

多謝賜教！

意見表可以傳真（2687-0281）或直接郵寄以下地址：

香港沙田火炭坳背灣街26號富騰工業中心1011室

基道出版社編輯部收